LibreOffice 6

Praxiswissen für Ein- und Umsteiger

Winfried Seimert

LibreOffice 6

Praxiswissen für Ein- und Umsteiger

mitp

Bibliografische Information der Deutschen Nationalbibliothek
Die Deutsche Nationalbibliothek verzeichnet diese Publikation in der Deutschen Nationalbibliografie; detaillierte bibliografische Daten sind im Internet über <http://dnb.d-nb.de> abrufbar.

Bei der Herstellung des Werkes haben wir uns zukunftsbewusst für umweltverträgliche und wiederverwertbare Materialien entschieden.
Der Inhalt ist auf elementar chlorfreiem Papier gedruckt.

ISBN 978-3-95845-844-4
1. Auflage 2018

http://www.mitp.de
E-Mail: mitp-verlag@sigloch.de
Telefon: +49 7953 / 7189 - 079
Telefax: +49 7953 / 7189 - 082

Lektorat: Sabine Janatschek
Sprachkorrektorat: Petra Kleinwegen
Covergestaltung: Christian Kalkert, www.kalkert.de
Satz: Petra Kleinwegen
Druck: Medienhaus Plump, Rheinbreitbach
Bildnachweis Cover: fotolia.com/stuartbur

Inhalt

Kapitel 1

LibreOffice – das Büropaket

Das lizenzkostenfreie LibreOffice.org 6 ist eine aus dem Office-Paket OpenOffice.org hervorgegangene Abspaltung und wird seither unabhängig weiterentwickelt. Ursache für diese Abspaltung war die Unzufriedenheit innerhalb der OpenOffice.org-Gemeinschaft – Unzufriedenheit insbesondere darüber, dass Oracle seit der Übernahme von OpenOffice Anfang 2010 dessen Zukunft offenließ und das Projekt immer spärlicher unterstützte. Deshalb entschlossen sich im Herbst 2010 führende Mitglieder der OpenOffice.org-Gemeinde, die neue Document Foundation zu gründen. Da Oracle das Namensrecht an OpenOffice.org besitzt und nicht gewillt war, den Namen abzugeben, beschloss man, die Entwicklung unter dem Namen LibreOffice weiterzuführen. Das war insoweit problemlos möglich, als dass LibreOffice.org als freie Software entwickelt wird. Nicht zuletzt deshalb wählte man den Namen *Libre*, was im Französischen sowie im Spanischen so viel wie »frei« heißt.

Abb. 1.1: LibreOffice – The Document Foundation

1.1 LibreOffice 6

LibreOffice läuft sowohl unter Windows als auch unter Linux und Mac OS, enthält alles, was man für die täglichen Büroarbeiten am Computer benötigt, und bietet Privatpersonen und Unternehmen eine Alternative zu den kostenpflichtigen Office-Paketen. Und im Gegensatz zu manchen anderen Office-Suiten merkt man, dass beim Entwickeln darauf geachtet wurde, gleiche Module in den einzelnen Programmen auch stets gleich anzulegen.

Der vollständige, offizielle Name des Programmpakets, welches im Februar 2016 erschien, lautet *LibreOffice 6*. Es enthält sozusagen sechs neue Mitarbeiter, die Ihren Büroalltag begleiten werden. Als da sind:

Symbol	Name	Anwendungsgebiet
	Writer – die Textverarbeitung	Das Programmmodul *Writer* ermöglicht das Erstellen, Bearbeiten und Aufbereiten von Texten.
	Calc – die Tabellenkalkulation	Das Programmmodul *Calc* stellt alle Funktionen bereit, die eine Tabellenkalkulation benötigt.
	Impress – der Präsentator	Das Präsentationsmodul *Impress* können Sie nutzen, um eigene (Folien-)Präsentationen zu erstellen.
	Draw – der Zeichner	Das eingebaute Vektorgrafik-Zeichenprogramm *Draw* ermöglicht das Erstellen einfacher Logos oder komplizierter Grafiken und kann entweder als eigenständiges Programm gestartet oder von anderen Modulen aus aufgerufen werden.
	Math – der Formulierer	Mit dem Modul *Math* lassen sich mathematische Formeln visuell darstellen.
	Base – die Datenbank	Das integrierte Datenbankmodul trägt den Namen *Base*. Damit können Sie entweder eine Datenbank neu erstellen oder auf vorhandene Datenbanken zugreifen.

Das Buch wurde mit der Version 6.0.1 erstellt, es kann aber auch für alle Versionen mit der Versionsnummer 6.x sinngemäß verwendet werden. Sehr häufig findet man nur die Bezeichnung *LibreOffice*, die auch in diesem Buch meistens verwendet wird.

1.2 Einleitung

Dieses Buch soll Ihnen den Ein- oder Umstieg in das doch recht umfangreiche Programm erleichtern. Das Buch soll als Handbuch dienen, mit dem Sie die meisten Klippen umschiffen und nach dem Studium der einzelnen Kapitel in der Anwendung des jeweiligen LibreOffice-Programms ein wenig sicherer werden.

Dieses Buch kann von vorn bis hinten durchgelesen werden oder – und das wurde beim Schreiben berücksichtigt – nur kapitelweise. Die einzelnen Kapitel unterliegen zwar einer chronologischen Reihenfolge, sind aber jeweils in sich abgeschlossen. Allerdings nimmt der Umfang von vorn nach hinten ab. So werden in Writer beispielsweise die Formatierungen noch ausführlich erklärt, in den folgenden Modulen dagegen nur noch spezifisch, da sich einige Schritte gleichen. Bestimmte Arbeitsschritte mit Formen werden bei Impress erklärt, obwohl sie eigentlich thematisch zu Draw gehören. So werden Sie zunächst mit dem Handwerkzeug, der grundlegenden Arbeitsweise und den Funktionen des Programms vertraut gemacht. Es hilft Ihnen meiner langjährigen Erfahrung als Trainer und Dozent nach nicht so viel, wenn Sie nur die Schritte eines Workshops nacharbeiten. Gerade wenn Sie sich ein wenig Hintergrundwissen, gemischt mit einigen Praxisanteilen, verschafft haben, werden Sie vieles besser verstehen.

Wie Sie bemerken werden, werden nicht alle Bestandteile und Möglichkeiten des jeweiligen Programms erläutert. Vielmehr wurde beim Aufbau des Buches Wert darauf gelegt, dass fast alle praxisrelevanten Programmfunktionen erläutert werden und Sie mit dem so gewonnenen Wissen in der Lage sind, sich noch tiefer in die einzelnen Programme einzuarbeiten.

An wen richtet sich dieses Buch?

Es richtet sich an alle, die sich für eine Alternative zu herkömmlichen Office-Programmen interessieren, die ein kostenloses Programm fürs Büro suchen und die sich zügig und ohne viel Theorie einarbeiten möchten. Anhand konkreter Beispiele werden die wichtigsten praxisrelevanten Funktionen und Techniken vermittelt. Sie erfahren alles, was Sie für die tägliche Arbeit mit LibreOffice wissen müssen.

Der Schwerpunkt dieses Buches wurde auf grundlegende Arbeitsweisen gelegt, die im Alltag wohl am häufigsten eingesetzt werden. Die Möglichkeiten des Programms sind jedoch gewaltig und dementsprechend galt es, eine praxisbezogene Auswahl zu treffen. Das Buch, das Sie gerade in Ihren Händen halten, stellt nicht explizit die Neuheiten heraus und ist auch nicht für passionierte Officeprofis geschrieben. Es ist auch nicht so konzipiert, dass es Ihnen alle Fragen zu LibreOffice beantworten kann, sondern möchte Ihnen so viel grundlegendes, strukturelles Wissen an die Hand geben, dass sich viele Probleme erschließen lassen.

Muss ich mich entscheiden: Windows, Linux oder Mac?

Das Buch wurde auf einem Windows-PC mit Windows 10 erstellt, die gezeigten Schritte können aber analog auf einem Mac-OS- oder Linux-Computer durchgeführt werden.

Wenn Sie mit einem Mac arbeiten, so unterscheidet sich Ihr Bildschirm von den gezeigten Abbildungen im Wesentlichen durch das Apple-typische Aussehen. Gleiches gilt für die zumeist genauso aufgebauten Menüs. Bei der Bedienung müssen Sie als Apple-Anwender lediglich darauf achten, statt der nicht existierenden `Strg`-Taste die `Apfel`-Taste und für die `Alt`- die `Wahl`-Taste zu verwenden, und im Fall, dass Sie die rechte Maus betätigen müssen und das nicht zum gewünschten Ergebnis führt, die `Ctrl`-Taste zu drücken.

Abb. 1.2: LibreOffice Writer auf einem Mac

Beim Arbeiten mit einen Linux-System fällt die Umstellung naturgemäß einfacher aus, da dieses System je nach verwendeter Oberfläche ähnlich wie Windows funktioniert.

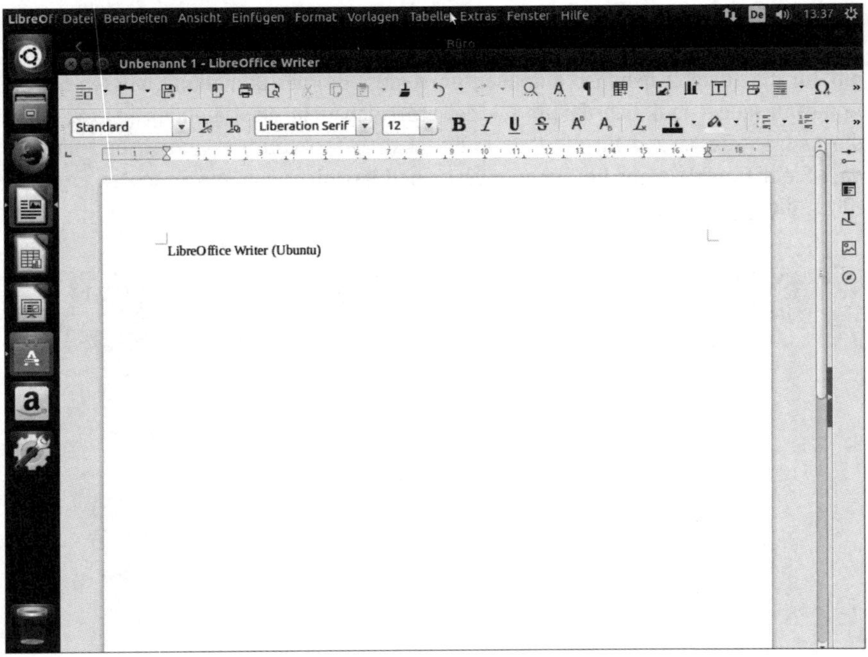

Abb. 1.3: LibreOffice Writer auf einem Linux-PC (hier Ubuntu)

> **Hinweis**
>
> Für Android, der mobilen Form von Linux, gibt es einen Viewer, den Sie sich von der LibreOffice-Homepage herunterladen können, um LibreOffice-Dateien auf dem Smartphone oder Tablet betrachten zu können.

Gibt es Beispieldateien?

Dieses Buch ist eigentlich so angelegt, dass Sie die benötigten Daten aus Übungsgründen selbst eingeben sollten. Reicht allerdings Ihre Zeit nicht aus, können Sie die Daten auch von der Website des Verlags herunterladen.

www.mitp.de/844

In dem Ordner *Buchdateien* finden Sie alle im Buch beschriebenen Dateien im dem jeweiligen Programmmodul entsprechenden Ordner.

1.3 Let's go LibreOffice 6!

Bevor Sie loslegen können, muss zunächst LibreOffice auf Ihrem Computer installiert werden. Doch keine Bange, auch wenn Sie das bislang noch nie gemacht haben. Der Vorgang ist recht einfach und in gut zehn Minuten können Sie anfangen.

Hardwareanforderungen

Zunächst werden Sie sicherlich wissen wollen, ob Ihr Computer für das neue LibreOffice die erforderlichen Systemvoraussetzungen mitbringt.

Diese sind auf allen Plattformen erfreulich gering.

Windows

LibreOffice stellt geringe Anforderungen. Bei einem Windows-Gerät sollte folgende Grundkonfiguration vorhanden sein:

- Windows-Versionen: Windows 7 SP1, Windows 8 (8.1) oder Windows 10 sowie die Server-Versionen 2008 bzw. 2012
- Prozessor: Pentium-kompatibler PC (Pentium III, Athlon oder aktuellere Systeme empfohlen)
- Arbeitsspeicher: 256 MB RAM (512 MB empfohlen)
- Festplatte: 1,5 GB freier Speicherplatz
- Bildschirm: Auflösung 1024 x 768 oder höher mit mindestens 256 Farben (16,7 Mio. empfohlen)
- Java: Für einige Funktionen benötigen Sie Java, insbesondere für Base ist dies erforderlich.

Linux

Bei einem Linux-Rechner gilt es Folgendes zu beachten:

- Linux-Kernel: Version 2.6.18 oder neuer
- GNU-C-Bibliothek: Version 2.5 oder höher
- gtk: Version 2.10.4 oder höher
- Prozessor: Pentium-kompatibler PC
- Arbeitsspeicher: 256 MB RAM (512 MB empfohlen)
- Festplatte: 1,5 GB freier Speicherplatz
- Grafik: X-Server mit Auflösung 1024 x 768 oder höher und mindestens 256 Farben

- Benutzeroberfläche: Gnome 2.16 oder höher mit Pakete gail 1.86 und at-spi 1.7
- Java: Für einige Funktionen benötigen Sie Java, insbesondere für Base ist dies erforderlich.

Mac OS X

Falls Sie Mac OS einsetzen, benötigen Sie:

- Betriebssystem: Mac OS X 10.9 (Mavericks) oder neuer
- Prozessor: Intel
- Arbeitsspeicher: 512 MB RAM
- Festplatte: 800 MB freier Speicherplatz
- Bildschirm: Auflösung 1024 x 768 oder höher mit 16,7 Millionen Farben
- Java: Für einige Funktionen benötigen Sie Java, insbesondere für Base. Wird im Regelfall jedoch bei der Installation von Mac OS mit installiert.

Installation

Befindet sich noch kein LibreOffice auf Ihrem Rechner, können auf Sie zwei Installationsarbeiten zukommen: die Installation des Programms und die Installation der Java-Laufzeitumgebung.

Programm

Das Programm können Sie sich kostenfrei aus dem Internet herunterladen.

Web

Die benötigte Setupdatei können Sie sich über die deutschsprachige Internetpräsenz *(http://de.libreoffice.org)* herunterladen.

Hinweis

Auf dieser Seite finden Sie auch die Versionen für den Mac oder Ihren Linuxrechner. Deren Herunterladen und das Installieren gestalten sich im Prinzip ähnlich wie bei der im Folgenden aufgezeigten Windows-Variante.

Abb. 1.4: Die Website von LibreOffice

Klicken Sie auf den entsprechenden Hyperlink und laden Sie die Dateien herunter.

Anschließend suchen Sie über den Explorer den entsprechenden Ordner mit der Setupdatei von LibreOffice auf und führen einen Doppelklick auf das Programmsymbol aus.

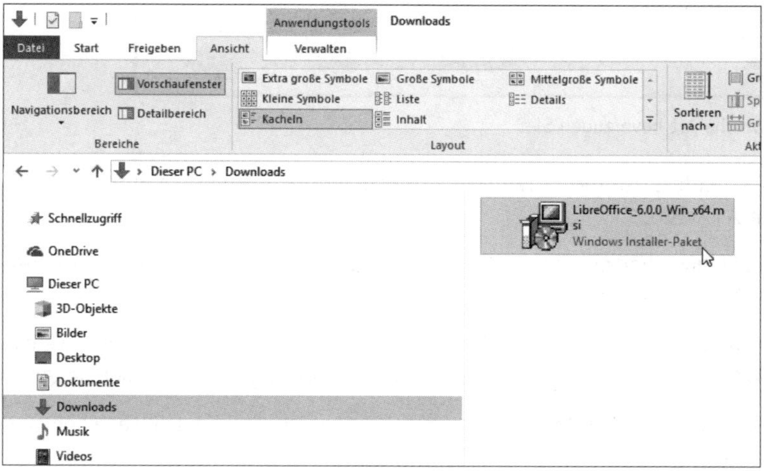

Abb. 1.5: Hierauf gehört ein Doppelklick.

Nach einer Weile erscheint das Begrüßungsfenster und weist Sie darauf hin, dass Sie von einem Installationsassistenten begleitet werden.

Bestätigen Sie mit WEITER.

Im folgenden Fenster müssen Sie entscheiden, ob Sie das Programmpaket vollständig oder angepasst installieren wollen.

Sind Sie unsicher, was Sie nehmen sollen und/oder haben Sie genug Speicherplatz, wählen Sie ruhig die Variante TYPISCH.

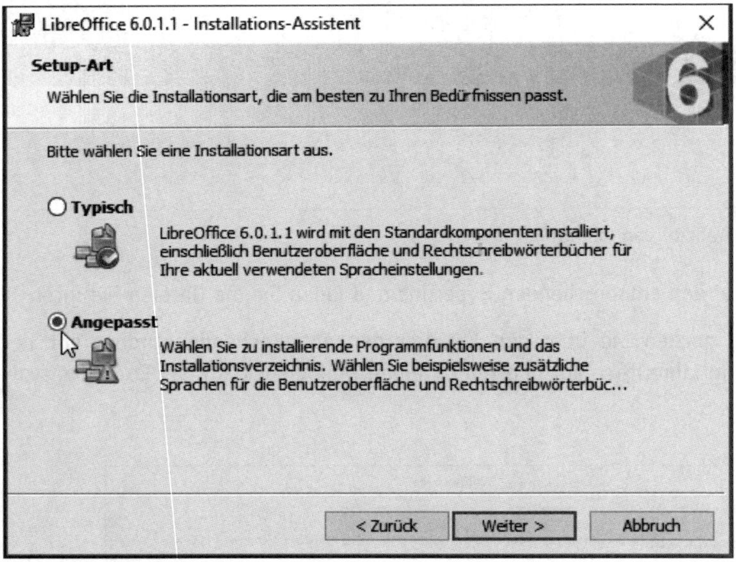

Abb. 1.6: Welche Art bevorzugen Sie?

Möchten Sie Einfluss auf die installierten Programmteile nehmen, dann entscheiden Sie sich für ANGEPASST.

Ein entscheidender Vorteil dieser Variante ist, dass Sie den Speicherort des Programms bestimmen können.

Nachdem Sie auf WEITER geklickt haben, können Sie noch auswählen, welche Microsoft-Office-Dateitypen standardmäßig mit LibreOffice geöffnet werden sollen.

Setzen Sie an den gewünschten Stellen ein Häkchen in das Kontrollkästchen und klicken Sie wieder auf WEITER.

Nun können Sie noch entscheiden, ob Sie eine Programmverknüpfung auf den Desktop legen und behindertengerechte Zugangsprogramme unterstützen möchten und/oder ob Sie LibreOffice schon während des Systemstarts laden wollen, damit es Ihnen beim Rechnerstart sofort zur Verfügung steht.

Jetzt hat das Programm alle Informationen, um loszulegen. Mit einem erneuten Klick auf WEITER gelangen Sie in das letzte Fenster, das Ihnen die Möglichkeit gibt, noch einmal zu den vorherigen Einstellungsoptionen zurückzukehren.

Sind Sie sich Ihrer Sache sicher, dann startet ein Klick auf INSTALLIEREN den Vorgang, den Sie über einen grünen Fortschrittsbalken schön beobachten können.

Nach einer Weile meldet Ihnen dann der Installationsassistent, dass alles geklappt hat und Sie ihn durch Klick auf die Schaltfläche BEENDEN aus seiner Pflicht entlassen sollen.

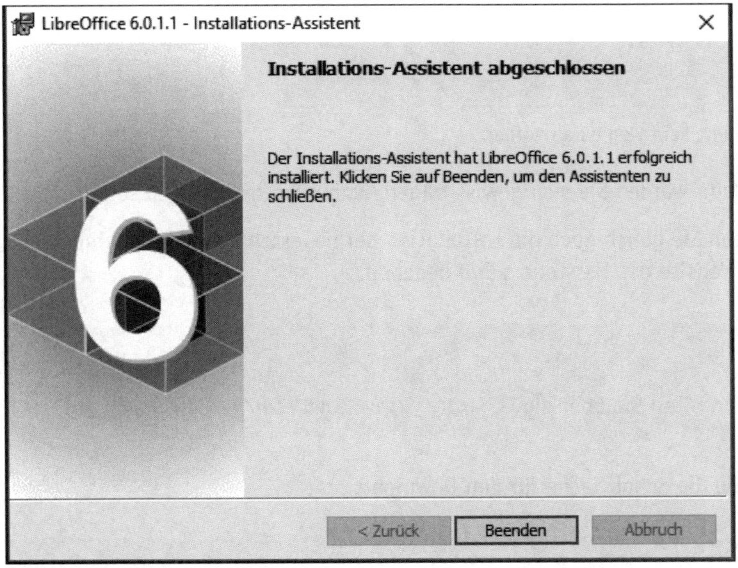

Abb. 1.7: Das war es!

Java-Laufzeitumgebung

Später beim Arbeiten mit Base, der Datenbank, kann es sein, dass LibreOffice feststellt, dass auf Ihrem PC die Java-Laufzeitumgebung fehlt.

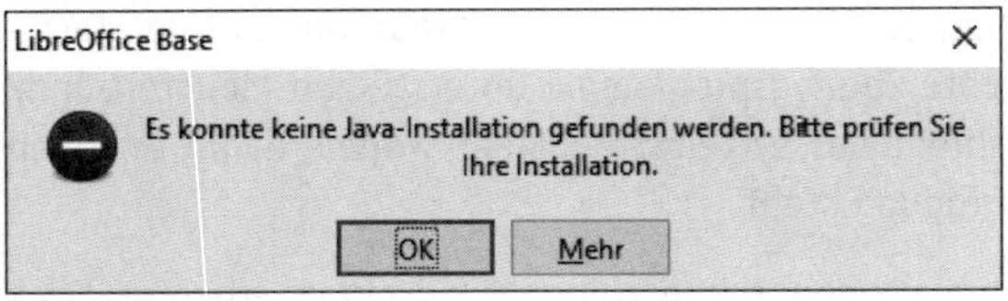

Abb. 1.8: Da fehlt etwas!

Würden Sie den Hinweis mit *OK* bestätigen, dann erhielten Sie die nächste Meldung, dass keine Java-Installation gefunden wurde und Sie diese nachholen müssen, damit es weitergeht.

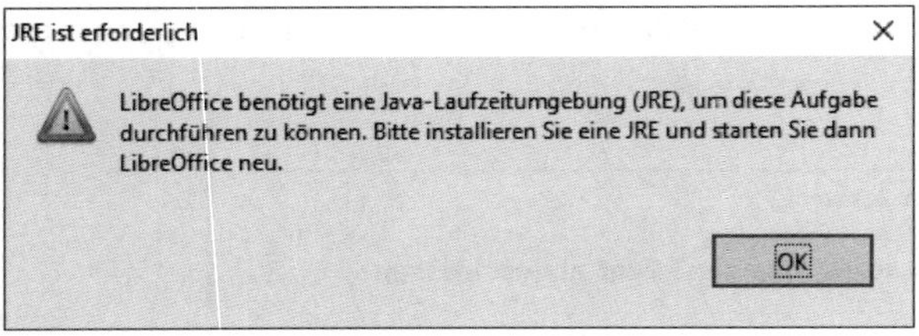

Abb. 1.9: Es führt kein Weg daran vorbei.

Spätestens dann würden Sie sich gewiss fragen, woher Sie die nehmen sollen.

Deshalb sollten Sie gleich noch die Installation der neuesten Version vornehmen und sich auf die Website des Herstellers *Sun* begeben.

Web

Die Webseite rufen Sie über die URL *http://www.java.com/de/download/* auf.

Hier finden Sie die Schaltfläche für den Download.

Tipp

Achten Sie darauf, dass die Version der Laufzeitumgebung mit Ihrer LibreOffice-Installation übereinstimmt. Nehmen Sie bei einer 32-Bit-LibreOffice-Installation die 32-Bit-Version von JRE und bei einer bei einer 64-Bit-LibreOffice-Installation die 64Bit-Version von JRE. Bei einer Mischinstallation traten bei mir bei zwei Rechnern heftige Probleme auf und Base war – trotz ordnungsgemäßer Installation – der Meinung, dass keine Laufzeitumgebung installiert war.

Abb. 1.10: Diese Website hilft Ihnen weiter.

Klicken Sie auf die Schaltfläche und nach kurzer Zeit finden Sie in Ihrem Download-Ordner die betreffende Datei, auf die Sie einfach einen Doppelklick setzen, um sie zu installieren.

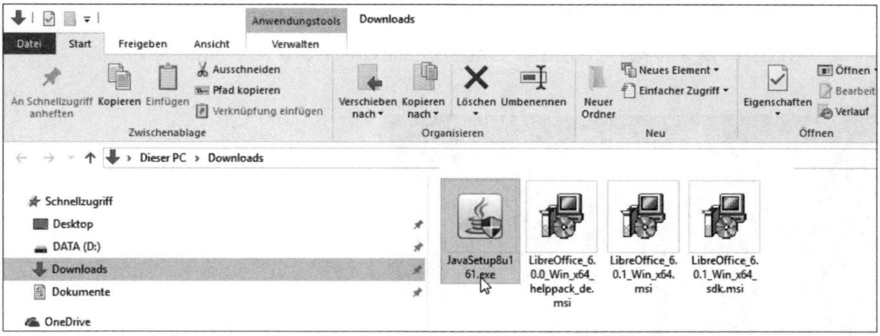

Abb. 1.11: Java installieren

Nachdem Sie ein paar Fragen beantwortet haben, läuft die Installation allein durch. Danach können Sie problemlos mit Base arbeiten.

1.4 Erste Schritte

Sie haben LibreOffice auf Ihrem Rechner und möchten gleich loslegen? Prima! Dann sollten Sie sich zunächst mit dem grundlegenden Aufbau und der Arbeitsweise vertraut machen und das Programm ein bisschen näher kennenlernen.

Voller Ungeduld werden Sie sicherlich gleich loslegen und LibreOffice einmal ausprobieren wollen. Also los!

Programmstart

Haben Sie sich für ein Programmsymbol auf dem Desktop entschieden, so müssen Sie lediglich einen Doppelklick darauf ausführen.

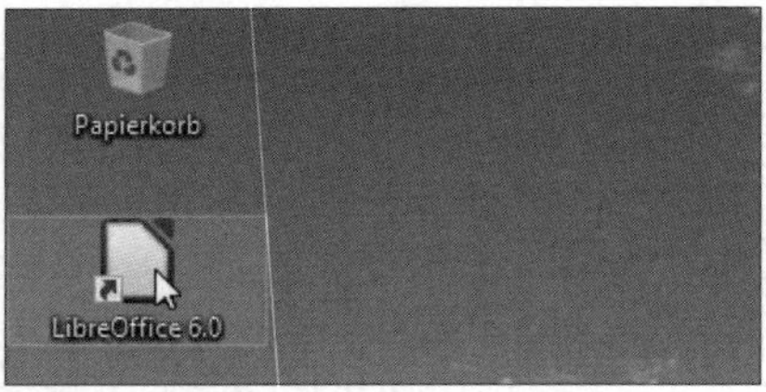

Abb. 1.12: LibreOffice über ein Programmsymbol starten

Verwenden Sie Windows 10, finden Sie den Aufruf stets auch im Startmenü. Klicken Sie dazu auf den Eintrag ALLE APPS und scrollen Sie bis zur Kategorie L. Dort angekommen, zeigt Ihnen ein Klick auf den Eintrag LIBREOFFICE 6.0 alle Module an.

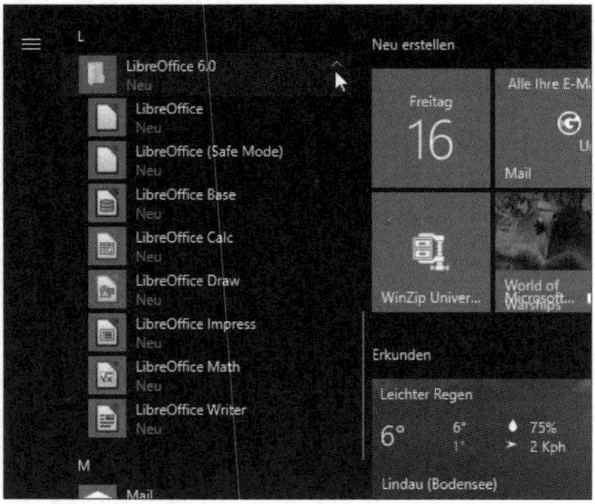

Abb. 1.13: LibreOffice unter Windows 10 starten

Verwenden Sie LibreOffice auf dem Mac, begeben Sie sich in den Finder und führen einen Doppelklick auf dem Programmsymbol LIBREOFFICE in dem Ordner PROGRAMME aus.

In allen Fällen erscheint das Startcenter mit den entsprechenden Auswahloptionen.

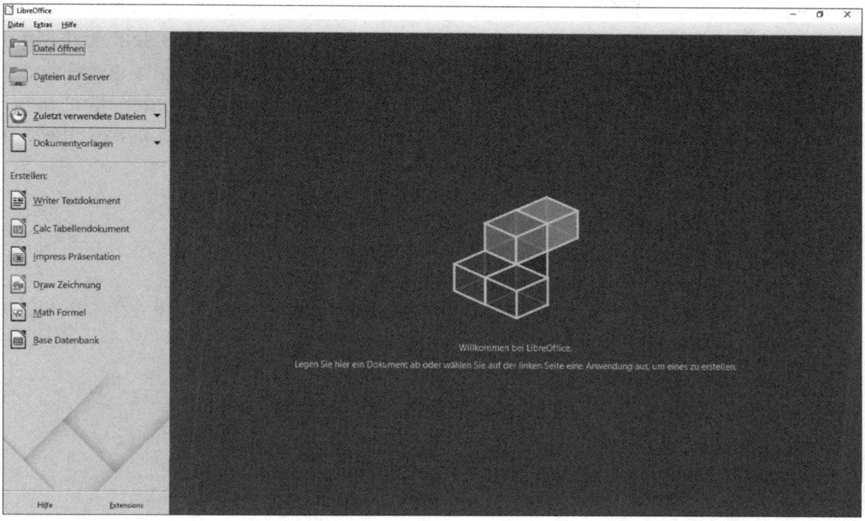

Abb. 1.14: Jetzt kann es losgehen.

Auf der linken Seite befinden sich alle wichtigen Schaltflächen.

Hier finden Sie die Schaltfläche DATEI ÖFFNEN, über die Sie entsprechende Dokumente öffnen können, und zum anderen die Schaltfläche, über die Sie auf die ZULETZT VERWENDETEN DATEIEN zugreifen.

Mit der nächsten Schaltfläche können Sie auf vorhandene DOKUMENTVORLAGEN zugreifen.

Darunter befinden sich die Schaltflächen, über die Sie direkt die einzelnen Anwendungen starten können.

Hinweis

Wenn Sie LibreOffice nicht über ein Dokument oder die direkte Wahl eines Moduls starten, wird beim Programmaufruf bzw. beim Schließen eines Dokuments das neue Startcenter präsentiert.

Die einzelnen Programme werden Ihnen in den folgenden Kapiteln der Reihe nach vorgestellt.

Tastenkombinationen

Im Folgenden finden Sie eine Aufstellung der wichtigsten und meines Erachtens interessantesten Tastenkombinationen. Es muss nicht immer die Maus sein und wenn Sie es einmal ausprobiert haben, werden Sie bestimmt feststellen, dass der ein oder andere Arbeitsschritt mithilfe von Tastenkombinationen rascher von der Hand geht. Nicht alle werden in diesem Buch ausdrücklich vorgestellt, aber ich denke, die ein oder andere dürfte auch für Sie interessant sein.

LibreOffice generell

Strg + N	Neue(s) Dokument/Mappe/Präsentation/Zeichnung
Strg + X	Ausschneiden (in Zwischenablage)
Strg + V	Einfügen (aus Zwischenablage)
Strg + C	Kopieren (in Zwischenablage)
Strg + Z	Letzter Schritt rückgängig
Strg + Y	Letzten Schritt wiederherstellen
Strg + P	Drucken
Strg + S	Speichern
Strg + Q	Modul beenden

Writer

Strg + F	Such-Funktion
F1	Hilfe aufrufen
F3	AutoText auslösen
F4	Gallery ein-/ausblenden
F5	Navigation

F7	Rechtschreibung
Strg + Alt + C	Kommentar einfügen
Strg + F10	Anzeige nicht druckbarer Zeichen (z. B. Absatzmarke)
Strg + -	Bedingter Trennstrich
⇧ + Strg + -	Geschützter Bindestrich
Pos1	Zum Anfang einer Zeile springen
Ende	Zum Ende einer Zeile springen
←	Cursor ein Zeichen nach links
→	Cursor ein Zeihen nach rechts
↑	Cursor eine Zeile nach oben
↓	Cursor eine Zeile nach unten
Strg + ←	Cursor ein Wort nach links
Strg + →	Cursor ein Wort nach rechts
Strg + ↑	Cursor einen Absatz nach oben
Strg + ↓	Cursor einen Absatz nach unten
Strg + Pos1	Cursor zum Dokumentanfang
Strg + Ende	Cursor zum Dokumentende
Entf	Zeichen rechts vom Cursor löschen
←	Zeichen links vom Cursor löschen
Strg + Entf	Wort rechts vom Cursor löschen
Strg + ←	Wort links vom Cursor löschen
⇧ + →	Ein Zeichen nach rechts markieren
⇧ + ←	Ein Zeichen nach links markieren
Strg + ⇧ + →	Ein Wort nach rechts markieren
Strg + ⇧ + ←	Ein Wort nach links markieren

⇧ + Pos1	Bis Zeilenanfang markieren
⇧ + Ende	Bis Zeilenende markieren
Strg + ⇧ + ↑	Bis Absatzanfang markieren
Strg + ⇧ + ↓	Bis Absatzende markieren
⇧ + Bild↓	Bildschirmseite nach oben markieren
⇧ + Bild↑	Bildschirmseite nach unten markieren
Strg + ⇧ + Pos1	Bis Dokumentanfang markieren
Strg + ⇧ + Ende	Bis Dokumentende markieren
Strg + A	Gesamtes Dokument markieren
Strg + D	Dialogfeld ZEICHENFORMATIERUNG
Strg + ⇧ + F	Fett
Strg + ⇧ + I	Kursiv
Strg + ⇧ + U	Unterstrichen
Strg + E	Zentrieren
Strg + R	Rechtsbündig
Strg + L	Linksbündig
Strg + B	Blocksatz
Strg + 1	Überschrift 1
Strg + 2	Überschrift 2
Strg + 3	Überschrift 3
Strg + F12	Tabelle einfügen
⇆	Markieren des Inhalts der nächsten Zelle
⇆ *(in letzter Zelle)*	Neue Zeile anlegen

Calc

Strg + Bild↓	Zum nächsten Arbeitsblatt wechseln
Strg + Bild↑	Zum vorherigen Arbeitsblatt wechseln
←	Zelle nach links
→	Zelle nach rechts
↑	Zelle nach oben
↓	Zelle nach unten
Pos1	Auf die erste Zelle der aktuellen Zeile
Ende	Auf die letzte Zelle der aktuellen Zeile
Strg + Pos1	Auf Zelle A1 des aktuellen Blatts
Strg + Ende	Auf die letzte bearbeitete Zelle des aktuellen Blatts
Strg + Bild↑	Blattregister vor
Strg + Bild↓	Blattregister zurück
⇧ + →	Zellenweise nach rechts markieren
⇧ + ←	Zellenweise nach links markieren
⇧ + ↑	Zellenweise nach oben markieren
⇧ + ↓	Zellenweise nach unten markieren
⇧ + Pos1	Von aktueller Zelle bis erste Zelle markieren
⇧ + Ende	Von aktueller Zelle bis letzte gefüllte Zelle markieren
⇧ + Strg + Pos1	Ab aktueller Zelle bis Zelle A1 markieren
⇧ + Strg + Ende	Ab aktueller Zelle bis letzte Zelle des aktuellen Bereichs markieren
Strg + 1	Dialogfenster ZELLEN FORMATIEREN
Strg + F	Fett

[Strg] + [I]	Kursiv
[Strg] + [U]	Unterstrichen
[Strg] + [L]	Zelle linksbündig ausrichten
[Strg] + [R]	Zelle rechtsbündig ausrichten
[Strg] + [-]	Zellen löschen
[Strg] + [+]	Zellen einfügen
[F2]	Zellinhalt bearbeiten / Rechenleiste aktivieren

Impress

[Strg] + [M]	Neue (Standard-) Folie
[F5]	Präsentieren ab Folie 1
[⇧] + [F5]	Präsentieren ab aktueller Folie
[Leer], [N]	Nächste Folie
[P]	Vorherige Folie
[B] / [W]	Schwarze/Weiße Pause
[S]	Stopp
[Strg] + [↵]	In den nächsten Platzhalter gelangen
[⇆]	Einrücken Aufzählungspunkt
[⇧] + [⇆]	Ausrücken Aufzählungspunkt
[Strg] + [↵]	Neue Standardfolie anlegen
[Strg] + [⇧] + [R]	Lineal einschalten

Draw

[+]	Vergrößern der Ansicht
[-]	Verkleinern der Ansicht
[*] *(Ziffernblock)*	Zoom auf ganze Seite
[/] *(Ziffernblock)*	Zoom auf aktuelle Selektion
[⇧] + Rechteck/Ellipse	Quadrat/Kreis zeichnen
[F2]	Text bearbeiten
[F3]	Gruppierung beitreten
[⇧] + [F3]	Gruppierung verlassen
[F4]	Dialogfenster POSITION UND GRÖSSE
[F5]	Navigator
[F8]	Punkte bearbeiten ein/aus
[Strg] + [⇧] + [F8]	Text an Rahmen anpassen
[F11]	Dialogfenster FORMATVORLAGEN
[Strg] + [⇧] + [G]	Gruppierung
[⇧] + [Strg] + [Alt] + [A]	Gruppierung aufheben
[Strg] + [⇧] + [K]	Kombination
[Alt] + [Strg] + [⇧] + [K]	Hebt Kombination auf

Base

[⇆]	Innerhalb einer Zeile vorwärts bewegen
[⇧] + [⇆]	Innerhalb einer Zeile rückwärts bewegen
[Strg] + [W]	Fenster/Tabelle/Objekt schließen
[F4]	Zugriff auf die Datenquellen

1.5 Arbeiten mit Dateien

Das Arbeiten mit Dateien bestimmt Ihr Arbeiten mit LibreOffice. Deshalb ist es wichtig zu wissen, wie man Dateien erstellt, speichert und verwaltet. Diese Vorgänge sind bei den einzelnen Programmen weitestgehend gleich.

Vorarbeiten

Bevor es losgeht, sollten Sie sich mit ein paar Dingen vertraut machen.

Zum einen sollten Sie sich die Dateinamenerweiterungen anzeigen lassen, damit Sie wissen, mit welchem Dateityp Sie es zu tun haben und was man mit »alten« MS-Office-Dateien anstellen kann. Und zum anderen werden Sie rasch bemerken, dass Sie über eine Menge an Dateien verfügen, die Sie von Anfang an Ordnung halten sollten, was am Besten mit Ordnern geht.

Dateinamenerweiterungen Beim Arbeiten mit LibreOffice sollten Sie auf die Dateinamenerweiterungen achten. So wird beispielsweise bei Writer zwischen Dokument und Dokumentvorlage unterschieden. Zwar unterscheiden sich die Symbole, doch im Eifer des Gefechts kann man sie schon mal verwechseln. Das passiert nicht so schnell, wenn man die Dateiendungen betrachtet. So tragen Writer-Dokumente die Endung `*.odt`, Writer-Dokumentvorlagen dagegen die Endung `*.ott`. Bei Calc finden Sie `*.ods` bzw. `*.ots`, bei Impress `*.odp` bzw. `*.otp`, bei Base `*.odb`, bei Math `*.odt` und bei Draw `*.odg`.

Deshalb ist es wichtig zu erkennen, welches Dateiformat verwendet wird. Doch Windows ist standardmäßig leider so eingestellt, dass man die Dateinamenerweiterungen bei registrierten Dateitypen nicht sieht.

Diese Einstellung ist insbesondere beim Arbeiten mit Dokumentvorlagen sehr störend, denn man kann nicht sofort erkennen, welches Format eine bestimmte Datei hat.

Sie können diese Einstellung aber schnell und problemlos ändern.

Bei Windows 10 ist das schnell erledigt. Sie müssen lediglich im Windows-Explorer (Sie können ihn rasch mit [Win] + [E] aufrufen) auf der Registerkarte ANSICHT in der Gruppe EIN-/AUSBLENDEN das Kontrollkästchen DATEINAMENERWEITERUNGEN aktivieren.

Jetzt kann man den Unterschied deutlich ablesen.

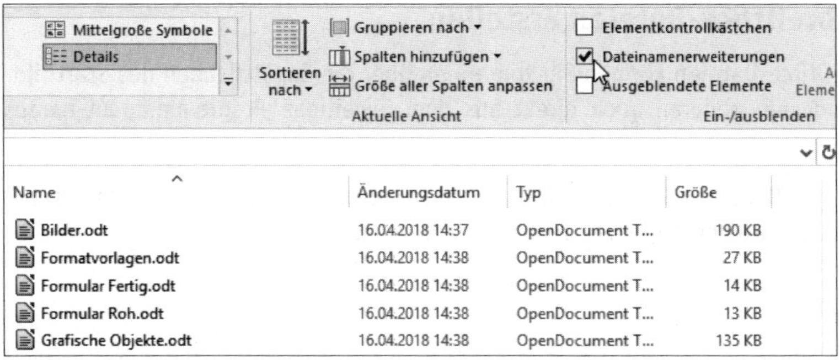

Abb. 1.15: An der Dateiendung erkennt man die Datei.

Arbeiten Sie mit macOS, dann rufen Sie im Finder die Einstellungen auf, was am schnellsten mit `Apfel` + `,` geschieht. Dort aktivieren Sie das Kontrollkästchen ALLE DATEINAMENSUFFIXE EINBLENDEN.

Ordner anlegen

Ordner dienen gemeinhin dazu, einen strukturierten Überblick über Ihre Dateien zu erhalten. Um Ordner anzulegen, klicken Sie in der Navigationsleiste auf das Symbol NEUER ORDNER.

Die Vorgabe können Sie beispielsweise mit `Writer` überschreiben und mit `↵` bestätigen.

Wie Sie der Adressleiste entnehmen können, befinden Sie sich sogleich in diesem Ordner.

Anschließend sollten Sie für jedes Modul einen eigenen Ordner erstellen.

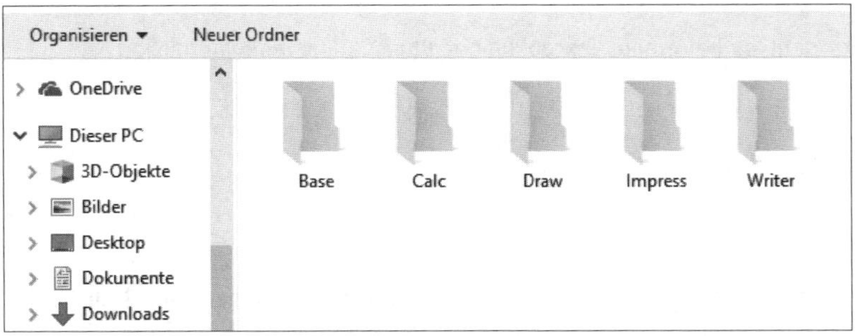

Abb. 1.16: Für jedes Modul ein Ordner

Neue LibreOffice-Dateien erstellen

Neue LibreOffice-Dateien können Sie zum einen über die Schaltflächen des Startbildschirms und zum anderen auch direkt aus dem jeweiligen Programmmodul heraus erstellen.

Im letzteren Fall klicken Sie im Menü DATEI auf den Eintrag NEU. In dessen Untermenü wählen Sie aus, welche neue Datei Sie erstellen wollen.

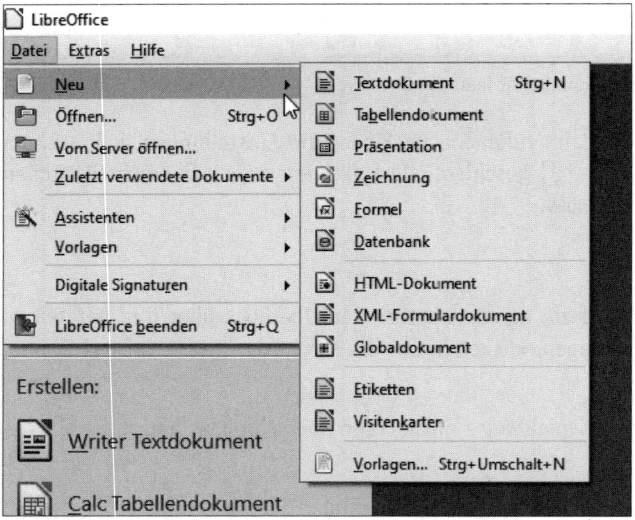

Abb. 1.17: Ein neues Dokument erstellen

> **Tipp**
>
> Schneller geht es bei einem Textdokument über die Tastenkombination [Strg] + [N].

Und schon wird die neue Datei angelegt.

Vorlagen

Nicht immer muss man das Rad neu erfinden, sprich ein Dokument von Null beginnend gestalten. LibreOffice bringt eine Reihe an Vorlagen mit, auf die Sie rasch zugreifen und so schnell das gewünschte Dokument erstellen können.

Im Startcenter rufen Sie dazu die Menüfolge DATEI / VORLAGEN / NEUES DOKUMENT AUS VORLAGE auf.

Tipp

Zu den Vorlagen gelangen Sie auch durch Betätigen von [Strg] + [⇧] + [N].

Es öffnet sich das Dialogfenster VORLAGEN VERWALTEN, in dem Sie über den Listenpfeil FILTER Zugriff auf die einzelnen Vorlagen haben.

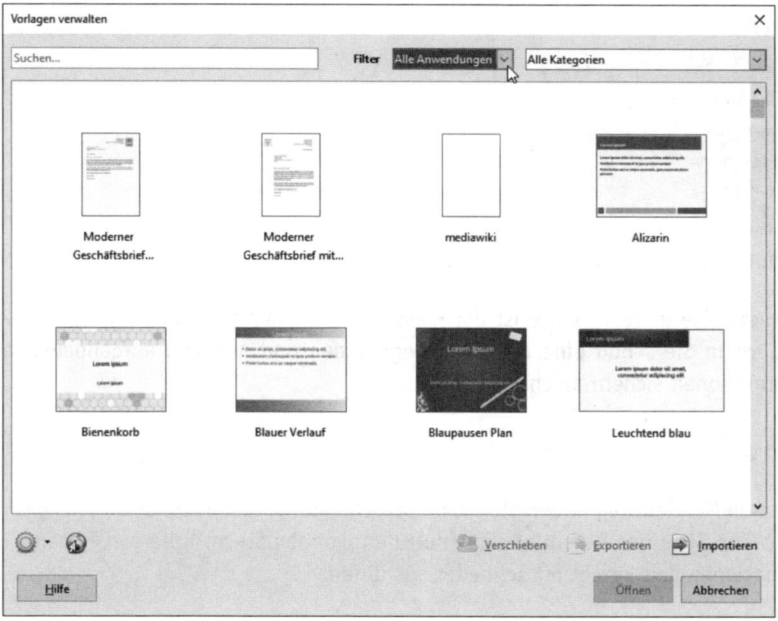

Abb. 1.18: Rascher Zugriff auf die Vorlagen

Anschließend wählen Sie eine Vorlage aus, klicken sie an und bestätigen mit einem Klick auf die Schaltfläche ÖFFNEN.

Hinweis

Die so erstellten Dokumente verfügen über Platzhalter und Felder, die Sie Ihren Wünschen gemäß anpassen können.

Dateien speichern

Nachdem eine neue Datei erstellt wurde, sollten Sie sie gleich speichern. Es ist empfehlenswert, diesen Vorgang möglichst frühzeitig zu erledigen, um einen Datenverlust zu vermeiden, wenn es mit Ihrem Computersystem einmal Probleme gibt. Das gilt auch dann, wenn – wie im Moment – im Dokument noch nicht ein einziger Buchstabe steht.

Speicheroptionen

Dazu wählen Sie das Menü Datei. Dort finden Sie fünf Möglichkeiten zum Speichern.

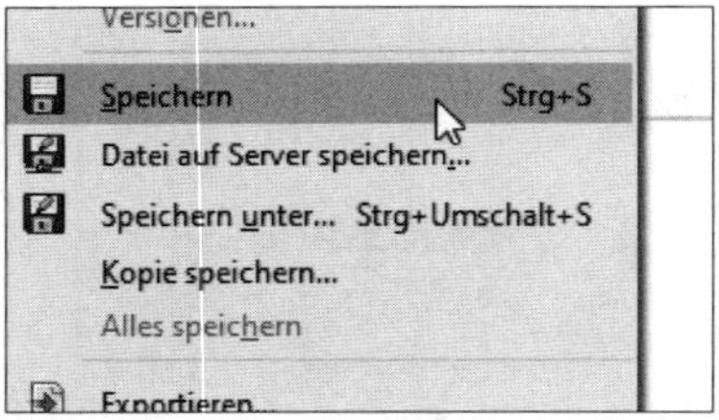

Abb. 1.19: Die Speicheroptionen

- Speichern: Die erste Variante ist der Klassiker und kommt immer dann zum Einsatz, wenn Sie schon eine Datei angelegt haben und nun neu aufgenommene Informationen sichern möchten.

Tipp

Hinter dem Menüeintrag finden Sie die entsprechende Tastenkombination [Strg] + [S]. Wenn Sie einen Befehl häufiger aufrufen, können Sie mithilfe von Tastenkombinationen den Befehl oft schneller ausführen.

- Dateien auf Server speichern: Haben Sie einen Speicherplatz auf einen Webserver bzw. einer Cloud eingerichtet, dann können Sie direkt über diesen Menüeintrag darauf zugreifen.

Tipp

Wie der Zugriff auf einen Server eingerichtet wird, erfahren Sie weiter hinten in diesem Kapitel.

- SPEICHERN UNTER: Dadurch erhalten Sie das Dialogfenster SPEICHERN UNTER, in dem sich auf der linken Seite der sogenannte NAVIGATIONSBEREICH befindet, der Ihnen Zugriff auf die Speicherorte gewährt. Hier können Sie beispielsweise unter dem Eintrag DIESER PC den Ordner DOKUMENTE aufrufen, um dort Ihre Dateien zu speichern.

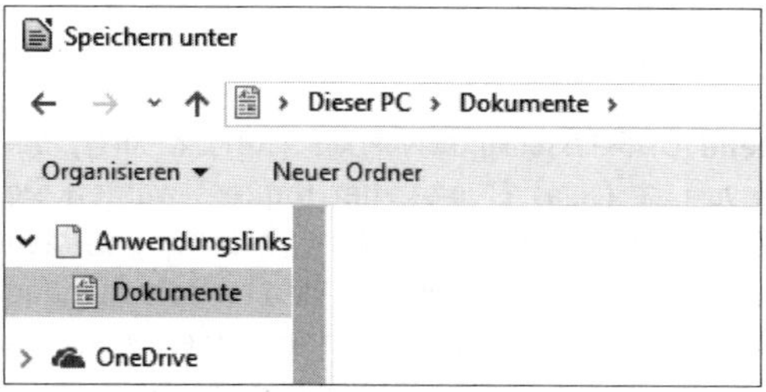

Abb. 1.20: Den Speicherort aufsuchen

Tipp

Diesen wichtigen Dialog können Sie rasch über die Tastenkombination [⇧] + [Strg] + [S] aufrufen. Die vorgefundene Struktur sollte für Ihre Arbeiten allerdings durch entsprechende Projektordner verfeinert werden.

- KOPIE SPEICHERN: Diese Option erzeugt eine weitere Datei mit demselben Inhalt wie die aktuelle Datei. Die aktuelle Datei bleibt allerdings zum Weiterbearbeiten geöffnet. Damit können Sie einzelne Fortschritte an Ihrem Dokument festhalten.
- ALLES SPEICHERN: Haben Sie mehrere Dokumente geöffnet, so können Sie mit dieser Option alle dort vorgenommenen Änderungen auf einen Schlag sichern.

Vorlage erstellen

Eine Vorlage dient im Allgemeinen zur Erstellung von Dokumenten oder Dokumentteilen. Sie stellt eine Art Grundgerüst dar, das einen Teil des Inhaltes oder der Gestaltung des Dokumentes vorgibt und durch Einsetzen der fehlenden Bestandteile zu einem vollständigen Dokument ergänzt wird.

Aus folgenden LibreOffice-Dokumenten können Sie rasch eine Vorlage erstellen: Writer, Calc, Impress und Draw. Sie müssen dazu lediglich im SPEICHERN-UNTER-Dialog unter DATEITYP den entsprechenden Typen auswählen.

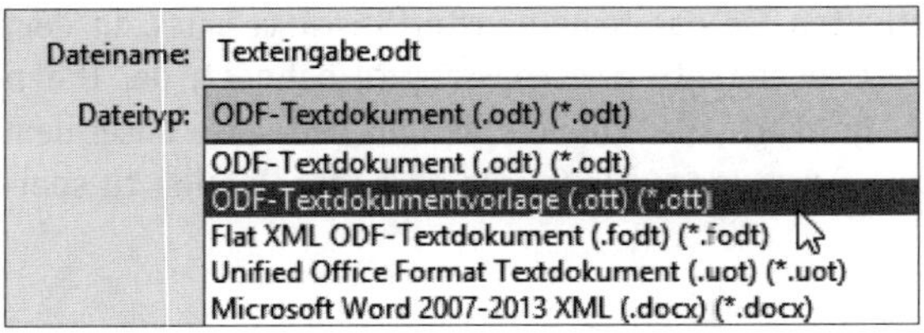

Abb. 1.21: Ein Textdokument als Vorlage speichern

Bei Writer wählen Sie dementsprechend ODF-Textdokumentvorlage (.ott) (*.ott), bei Calc nehmen Sie ODF-Tabellendokumentvorlage (.ots) (*.ots), bei Impress wählen Sie ODF-Präsentationsdokumentvorlage (.otp) (*.otps) und bei einer Draw-Zeichnung wählen Sie den Typ ODF-Zeichnungsdokumentvorlage (.otg) (*.otg), wählen den entsprechenden Speicherort (hier bietet sich ein Ordner Vorlagen an) aus, vergeben einen aussagekräftigen Namen und bestätigen mit einem Klick auf die Schaltfläche Speichern.

Standardspeicherorte

Die von LibreOffice verwendeten Standardspeicherorte sind für Ihre tägliche Arbeit im Regelfall nicht sehr praktisch. Gewiss wäre es einfacher, wenn Sie beim Speichern gleich in Ihrem Arbeitsordner landen würden.

Das lässt sich an zentraler Stelle im Startcenter leicht bewerkstelligen. Klicken Sie auf das Menü Extras und wählen Sie den Menüpunkt Optionen. Im folgenden Dialogfenster wählen Sie den Bereich LibreOffice aus und klicken dann auf den Eintrag Pfade.

Im rechten Teil des Fensters markieren Sie nun den ersten Eintrag Arbeitsverzeichnis.

Um diesen zu bearbeiten, klicken Sie auf die Schaltfläche Bearbeiten.

Tipp

Wie Sie sicherlich an dieser Stelle bemerken, werden die Benutzervorlagen, die Dokumentvorlagen, tief im System gespeichert. Bei einer Standardinstallation von Windows werden Sie diese zudem nicht ausfindig machen können, denn diese Ordner sind standardmäßig versteckt. Aus diesem Grund ist es ratsam, einen anderen Speicherort zu wählen, der sich zudem beispielsweise bei einem Rechnerwechsel problemlos sichern lässt.

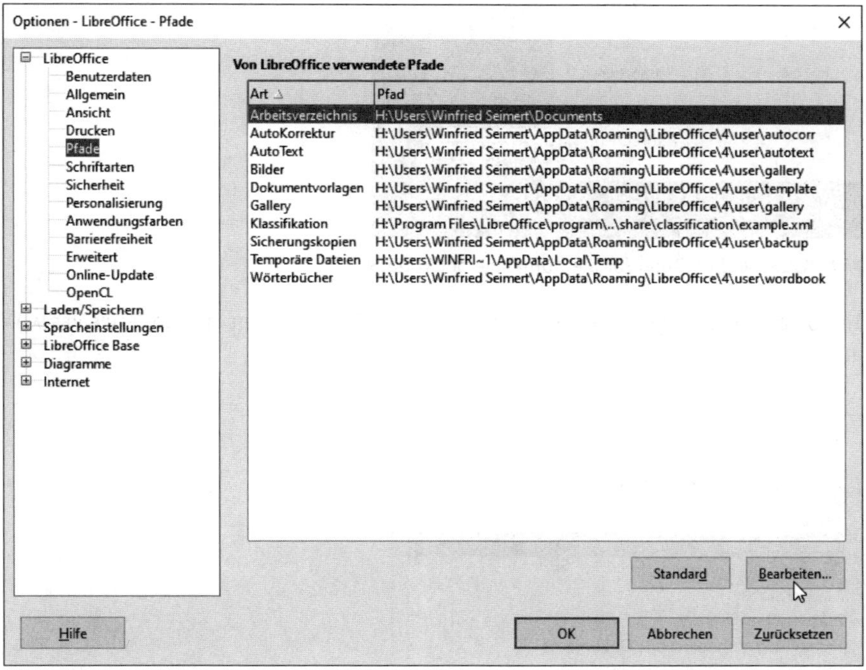

Abb. 1.22: Gut versteckt!

Im Dialogfenster PFAD AUSWÄHLEN wählen Sie anschließend den Speicherort für Ihre Dokumente aus und bestätigen Ihre Wahl mit einem Klick auf OK.

Wenn Sie jetzt in Zukunft auf SPEICHERN UNTER klicken oder die Tastenkombination [Strg] + [⇧] + [S] drücken, wird das Dialogfenster SPEICHERN UNTER gleich mit dem »richtigen« Speicherort geöffnet und Sie müssen nur noch den Dateinamen vergeben und mit SPEICHERN bestätigen.

Vorlagen verwalten

Beim Arbeiten mit dem Programm werden Sie das ein oder andere Dokument gestalten, welches Sie öfters verwenden wollen. In diesem Fall ist es hilfreich, sich Vorlagen anzulegen, die Sie dann auf Dauer verwenden können.

In einem solchen Fall klicken Sie im Dialogfenster VORLAGEN VERWALTEN (Aufruf über DATEI / VORLAGEN / NEUES DOKUMENT AUS VORLAGE) auf die Schaltfläche IMPORTIEREN.

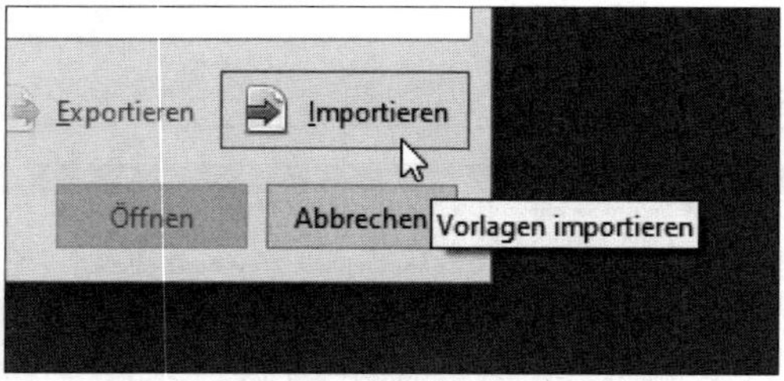

Abb. 1.23: Vorbereitung für die Aufnahme der Vorlage

Im folgenden Dialogfenster Kategorie auswählen wählen Sie den Eintrag Meine Vorlagen aus.

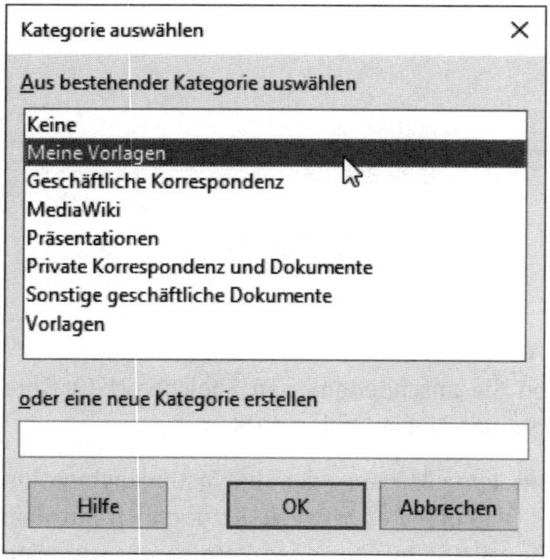

Abb. 1.24: Eine Vorlage in eine bestimmte Kategorie importieren

Nach einem Klick auf die Schaltfläche OK suchen Sie den Speicherort der Vorlage auf, markieren diese und bestätigen mit Öffnen.

Zurück im Dialogfenster Vorlagen verwalten wird Ihnen Ihre Vorlage angezeigt.

Nun müssen Sie diese nur noch markieren und nach einem Klick auf Öffnen können Sie loslegen.

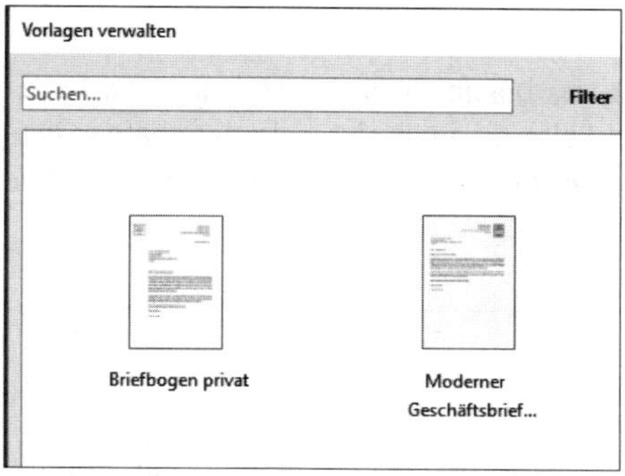

Abb. 1.25: Die Vorlage lässt sich nun über die Schaltfläche VORLAGEN finden.

Hinweis

Anders als die Bezeichnung ÖFFNEN assoziiert, wird nicht etwa die Vorlage selbst geöffnet, sondern es wird davon eine Kopie gezogen. Sie brauchen also keine Angst zu haben, dass Sie die Vorlage »kaputtmachen« könnten.

Dateien schließen

Dateien können Sie wie gewohnt über das Menü DATEI oder das SCHLIESSEN-Feld schließen. Schneller geht es allerdings mit der undokumentierten Tastenkombination `Strg` + `W` (wie »Weg damit«).

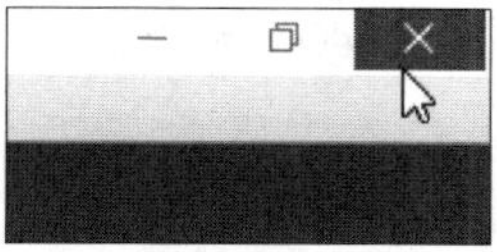

Abb. 1.26: Eine Möglichkeit des Schließens

Dateien drucken

Wie Goethe so schön im Faust sagen: »Denn was man schwarz auf weiß besitzt, kann man getrost nach Hause tragen.« Auch im digitalen Zeitalter werden Sie das ein oder andere LibreOffice-Dokument ausdrucken wollen.

Druckvorschau

Vor dem eigentlichen Ausdruck sollten Sie das Dokument in der sogenannten *Druckvorschau* betrachten. Dort wird Ihnen die Seite so angezeigt, wie der spätere Ausdruck aussieht. In der Symbolleiste STANDARD finden Sie hierfür die entsprechende Seitenansicht.

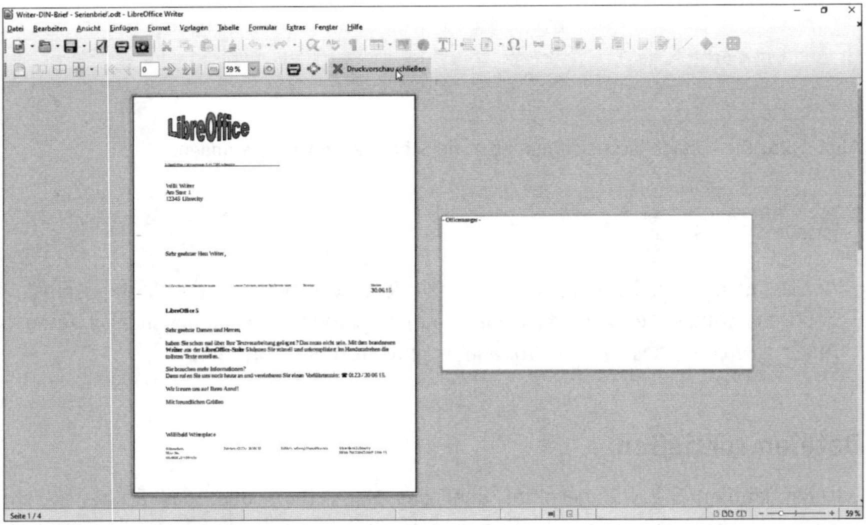

Abb. 1.27: Die Druckvorschau aufrufen

Writer schaltet zur Druckvorschau und blendet gleichzeitig die dazugehörige Symbolleiste ein, über die Sie beispielsweise die Darstellung vergrößern oder die Druckvorschau auch wieder schließen können.

Ausdruck

Zum Drucken klicken Sie im Menü DATEI auf den Befehl DRUCKEN oder Sie drücken [Strg] + [P].

Nachteilig ist dabei allerdings, dass Sie keinen Einfluss auf den Druckvorgang nehmen können und das Dokument sofort – gegebenenfalls auf dem falschen Drucker – ausgedruckt wird.

Möchten Sie die Einstellungen für den Druck ändern, wählen Sie die Befehlsfolge DATEI / DRUCKEN. Dadurch erhalten Sie das gleichnamige Dialogfenster, in dem Sie beispielsweise einen anderen DRUCKER oder die Anzahl der EXEMPLARE festlegen können.

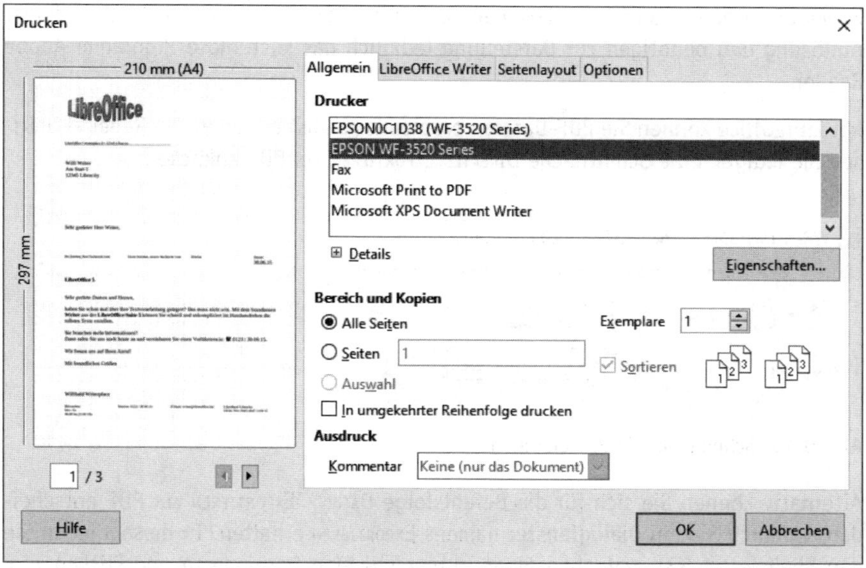

Abb. 1.28: Das Dialogfenster Drucken

Darüber hinaus können Sie unter Bereich und Kopien festlegen, was alles gedruckt werden soll. Standardmäßig ist die Option Alle Seiten aktiviert. Es stehen Ihnen aber auch die Optionen Seiten, bei der Sie die Seitenzahl(en) der bestimmten Seiten eingeben, und Auswahl für einen markierten Textbereich zur Verfügung.

Über die Registerkarte LibreOffice [Programmmodulname] können Sie eine Reihe von weiteren Einstellungen vornehmen. So können Sie beispielsweise festlegen, welche Inhalte Sie drucken möchten und ob bei einem Farbdrucker der Text in Schwarz (Kontrollkästchen Text schwarz drucken) ausgegeben werden soll.

Nachdem Sie Ihre Wahl getroffen haben, verlassen Sie dieses Dialogfenster mit OK. Mit einem weiteren Klick auf OK im Dialogfenster Drucken startet dann der Druckvorgang gemäß Ihren Angaben.

PDFs erstellen

Jeder, der schon einmal ein EDV-Dokument an einen anderen weitergeben wollte, kennt vermutlich das Problem, dass der Empfänger es nicht öffnen konnte. Hier können PDF-Dateien weiterhelfen.

Die Abkürzung *PDF* steht für *Portable Document Format*, das immer mehr Verbreitung findet. Das ist auch kein Wunder, denn die in diesem Format veröffentlichten Dokumente enthalten alle Informationen zu Schriftarten, Grafiken und Druck in hoher Auflösung und benötigen zur Darstellung lediglich das kostenlose Programm Adobe Reader.

Mit LibreOffice können Sie PDF-Dateien problemlos selbst erstellen. Im Regelfall müssen Sie lediglich die Schaltfläche DIREKTES EXPORTIEREN ALS PDF anklicken.

Abb. 1.29: Schnell mal ein PDF erstellen

Alternativ können Sie sich für die Befehlsfolge DATEI / EXPORTIEREN ALS PDF entscheiden, wodurch Sie ein Dialogfenster namens EXPORTIEREN erhalten. In diesem legen Sie den Speicherort fest, vergeben einen entsprechenden Dateinamen und klicken zum Schluss auf SPEICHERN, um den Exportvorgang einzuleiten.

1.6 Datenaustausch mit Microsoft Office

Sie verfügen (noch) über eine stattliche Zahl von Word-, Excel- und PowerPoint- oder gar Visio-Dateien oder erhalten von Kollegen solche Dateien? Keine Sorge, Sie können mit LibreOffice problemlos Word-, Excel-, PowerPoint- und sogar Visio-Dateien öffnen, weiterbearbeiten und so abspeichern, dass man sie wieder mit den Ursprungsprogrammen öffnen kann.

Dazu müssen Sie lediglich im Startcenter auf die Schaltfläche ÖFFNEN klicken oder im betreffenden Modul das Menü ÖFFNEN aufrufen. Im folgenden Dialogfenster achten Sie darauf, dass im Listenfeld DATEITYP der Eintrag ALLE DATEIEN (*.*) steht, oder Sie stellen gleich den entsprechenden Microsoft-Office-Dateityp ein.

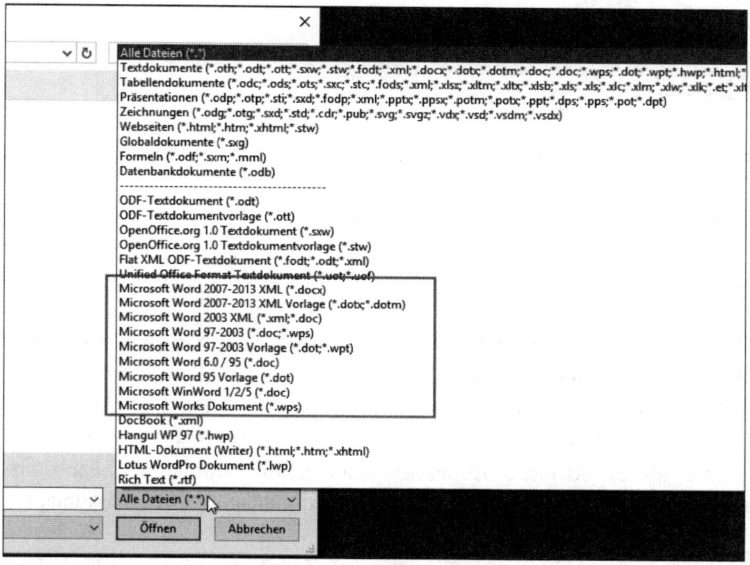

Abb. 1.30: LibreOffice öffnet auch Microsoft-Office-Dateien.

Möchten Sie ein LibreOffice-Dokument an jemanden weiterreichen, der beispielsweise mit Microsoft Word arbeitet, wählen Sie innerhalb von Writer die Menüfolge Datei / Speichern unter.

Im Feld Dateityp wählen Sie den gewünschten Dateityp aus.

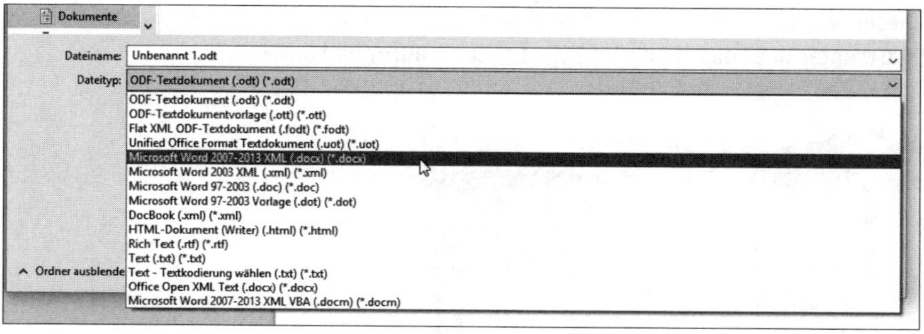

Abb. 1.31: Wählen Sie (hier in Writer) den gewünschten Dateityp aus.

Abschließend klicken Sie noch auf Speichern und nehmen das folgende Hinweisfenster zur Kenntnis.

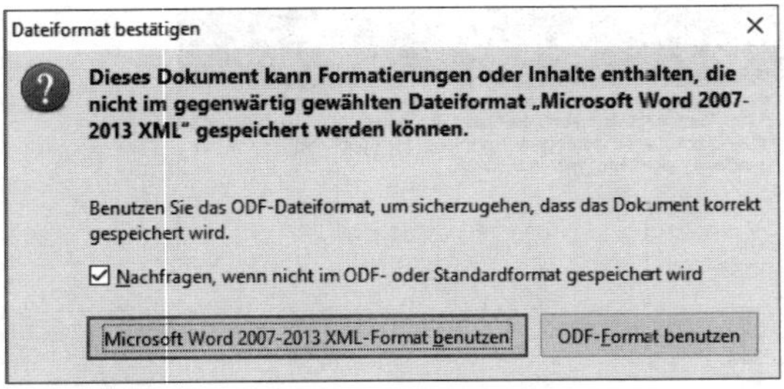

Abb. 1.32: Ein Hinweis, den es zu beachten gilt

Dieser Hinweis besagt nichts anderes, als dass Microsoft Word natürlich nichts mit Writer-spezifischen Formatierungen anfangen kann. Im Regelfall werden Sie diese nicht verwenden und können deshalb beherzt auf <Aktuelles Format> benutzen klicken. Sollten Sie unsicher sein, dann speichern Sie zur Sicherheit das Dokument einmal im LibreOffice-Format ab (Schaltfläche ODF Format benutzen) und probieren es dann einfach aus. Geht es schief, haben Sie noch immer das Original-LibreOffice-Dokument.

Hinweis

Entgegen der Aufzählung können Sie diese Dateien auch mit Microsoft-Office-Version 2016 bearbeiten.

Möchten Sie Ihre vorhandenen Dateien für die ständige Bearbeitung in LibreOffice bereitstellen, dann sollten Sie sie umwandeln.

Dieser Vorgang verläuft dialoggesteuert über den Dokument-Konverter, den Sie im Startcenter über das Menü Datei / Assistenten aufrufen können.

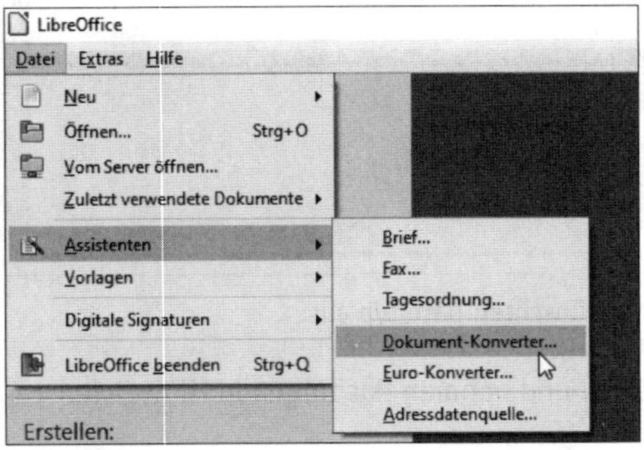

Abb. 1.33: Den Dokument-Konverter aufrufen

Nachdem Sie ihn gestartet haben, wählen Sie den gewünschten Dokumenttyp einfach aus.

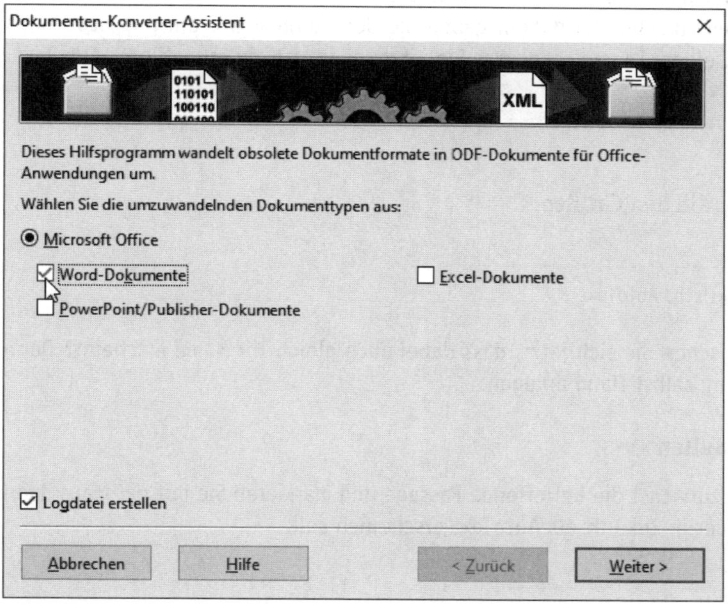

Abb. 1.34: Der Dokumenten-Konverter-Assistent erleichtert den Umstieg.

Ihre Wahl bestätigen Sie mit Weiter, um in das nächste Dialogfenster zu gelangen. Hier müssen Sie noch die Speicherorte auswählen und schon kann es losgehen.

1.7 LibreOffice optimieren

Beim täglichen Arbeiten mit LibreOffice fallen eine Menge Routinearbeiten an, die einem die Freude am Arbeiten mit diesem wunderbaren Programm nehmen könnten. Doch es gibt eine Reihe an praktischen Helferlein, die das Arbeiten erheblich vereinfachen und beschleunigen. Der folgende Abschnitt wird für Sie vermutlich allerdings erst beim längeren Arbeiten mit den Programmen verstärkt Nutzen bringen. Doch schauen Sie schon mal, was LibreOffice Ihnen so alles an Benefits bringt.

TBS – Textbausteine Sie benutzen schon länger eine Textverarbeitung und haben von *TBS* noch nie gehört? Nun, die Abkürzung steht für *Textbausteine* und diese werden in LibreOffice als AutoText bezeichnet. Der immense Vorteil der Textbausteine ist, dass man damit häufig verwendete Textpassagen immer wieder bei Bedarf mithilfe von Tastenkombinationen schnell in den Text einfügen kann.

Nehmen wir beispielsweise die Grußformel. Ist es nicht mühsam, stets `Mit freundlichen Grüßen` zu schreiben? Dann geben Sie doch einmal `mfg` ein und bestätigen mit [↵] bzw. einem Leerzeichen. Was Sie jetzt sehen, ist ein eingefügter AutoText.

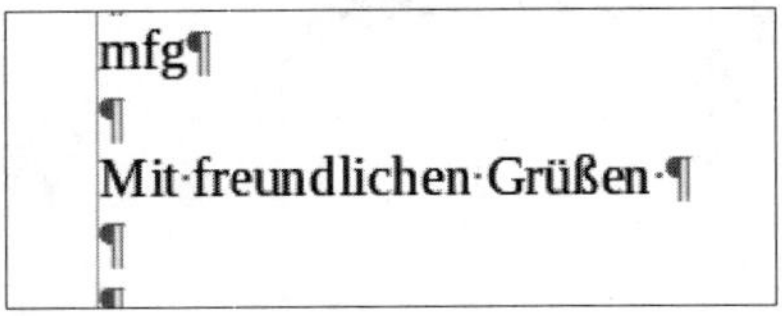

Abb. 1.35: Praktisch: AutoText

Vielleicht wünschen Sie sich jetzt, dass dabei auch gleich Ihr Name erscheint? Dann müssen Sie kurz selbst Hand anlegen.

AutoText erstellen

Schreiben Sie zunächst die betreffende Passage und markieren Sie mit der Maus dann den Textteil, der in Zukunft als AutoText erscheinen soll.

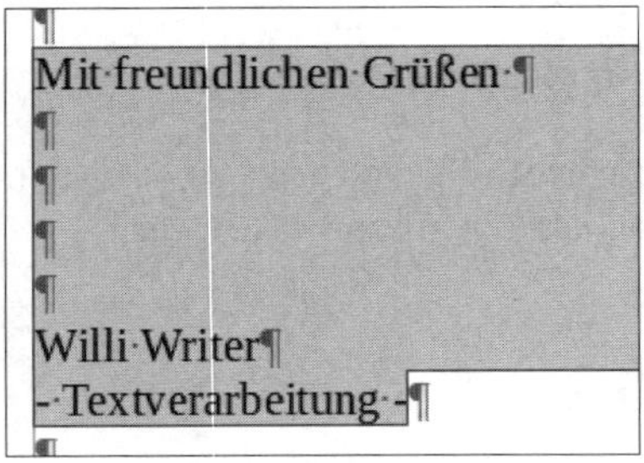

Abb. 1.36: Der Text für die Grußformel

Rufen Sie dann über Extras / AutoText das Dialogfenster AutoText auf.

> **Know-how**
>
> Da Sie das sicherlich in Zukunft häufiger machen werden, können Sie sich hier gleich die Tastenkombination [Strg] + [F3] merken.

Sie erhalten das Dialogfenster AutoText.

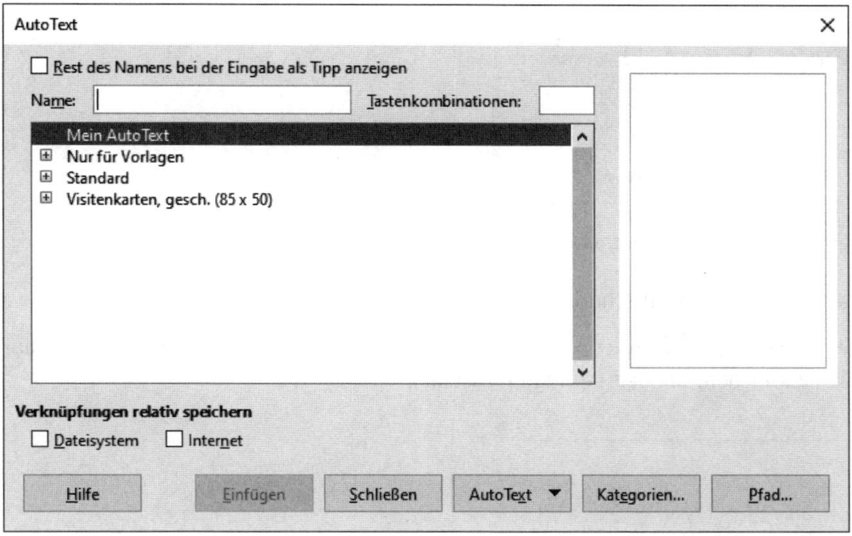

Abb. 1.37: Das Dialogfenster AutoText steht bereit.

Wählen Sie zunächst durch Markieren eine Kategorie zum Speichern des neuen Textbausteins aus. Um von überall darauf zugreifen zu können, belassen Sie am besten den Eintrag Mein AutoText. Wenn Sie im Feld Name einen Namen eingeben, der länger als vier Zeichen ist, können Sie die AutoText-Option Rest des Namens bei der Eingabe als Tipp anzeigen verwenden. Als Tastaturkürzel werden Ihnen jeweils die ersten Buchstaben vorgeschlagen. Je nach Wunsch können Sie dies aber ändern. In unserem Fall soll hier GmN verwendet werden, sodass Sie das in das Feld eingeben.

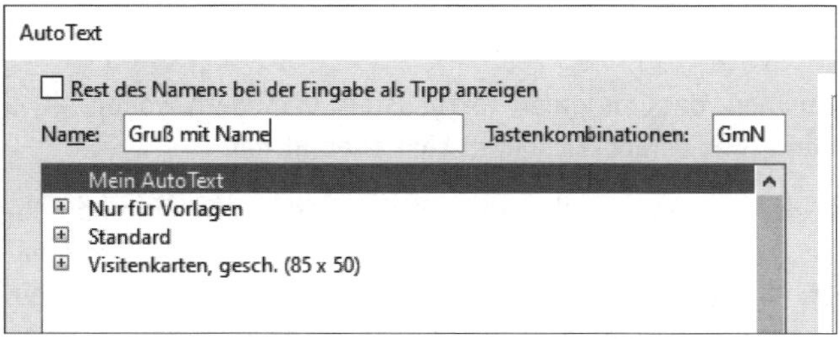

Abb. 1.38: Einen Namen und ein Tastenkürzel vergeben

Dann klicken Sie auf AutoText und wählen Neu.

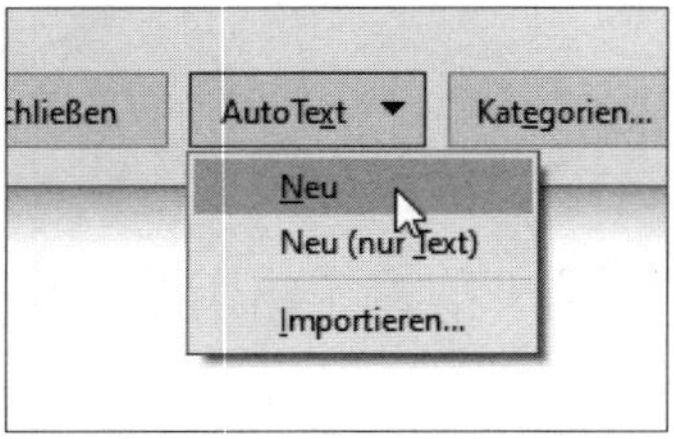

Abb. 1.39: Welche Art (mit oder ohne Format) bevorzugen Sie?

Das war es dann auch schon.

Der gerade definierte Textbaustein wird in der Liste angezeigt. Klicken Sie einmal auf das Pluszeichen, um den Eintrag einzusehen.

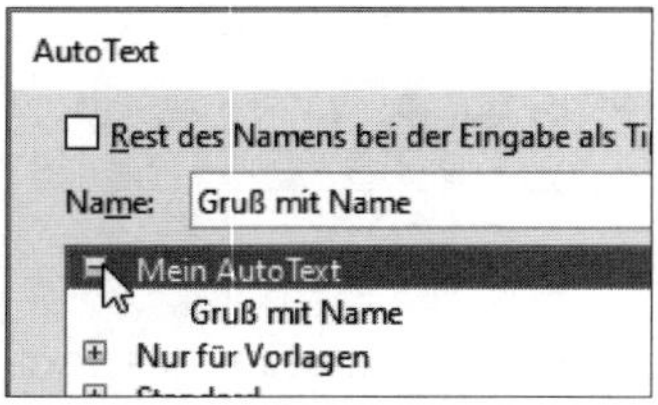

Abb. 1.40: Der neue AutoText

Mit einem Klick auf Schliessen beenden Sie die Definition.

Wenn Sie in Zukunft die Grußformel setzen möchten, müssen Sie lediglich das Schlüsselwort GmN eingeben. Anschließend müssen Sie sofort die F3-Taste drücken und der Textbaustein wird eingefügt.

AutoTexte verwalten

Ab und an wird es vorkommen, dass Sie einen Textbaustein verändern wollen, etwa weil sich die Formulierung etwas verändert oder er sich erledigt hat.

Im ersten Fall fügen Sie den AutoText auf bekannte Weise in den Text ein und nehmen die Änderungen vor. Dann markieren Sie ihn und rufen das Dialogfenster AutoText (Strg + F3) auf. Markieren Sie in der Liste den ursprünglichen Textbaustein und wählen Sie im Menü der Schaltfläche AutoText den Eintrag Ersetzen.

Soll ein Textbaustein entfernt werden, suchen Sie den zu löschenden Textbaustein und markieren Sie ihn. Mit einem Klick auf Löschen im Menü der Schaltfläche AutoText gehört er dann der Vergangenheit an.

AutoKorrektur

»Rächtschreibfehler« sind etwas Nervendes – nicht erst seit der Rechtschreibreform. Und vielleicht geht es Ihnen wie mir, dass Sie des Öfteren Buchstabendreher wie »Betreibswirtschaft« produzieren.

Um solche kleinen Fehler gleich bei der Eingabe zu eliminieren, setzen Sie die *Auto-Korrektur* ein. Dieses Werkzeug korrigiert dann gleich bei der Eingabe Ihre Tippfehler. Die schnellste Art, LibreOffice Ihre Fehler beizubringen, ist, dass Sie das Wort einmal falsch schreiben (was meistens dann Probleme macht, wenn man es tun soll!). Schreiben Sie einmal beispielsweise in Writer das Wort `Betreibswirtschaft` (wenn ich es muss, muss ich mich höllisch anstrengen!). Wenn Sie ein Leerzeichen oder einen Punkt setzen, markiert Writer das Wort sofort als falsch (weil es ja nicht im Wörterbuch von Writer verzeichnet ist). Nun klicken Sie mit der rechten Maustaste auf das falsch geschriebene Wort und wählen den Eintrag AutoKorrektur. Wenn Sie Glück haben, hat Writer erkannt, was Sie eigentlich wollten, und schlägt Ihnen die richtige Schreibweise vor.

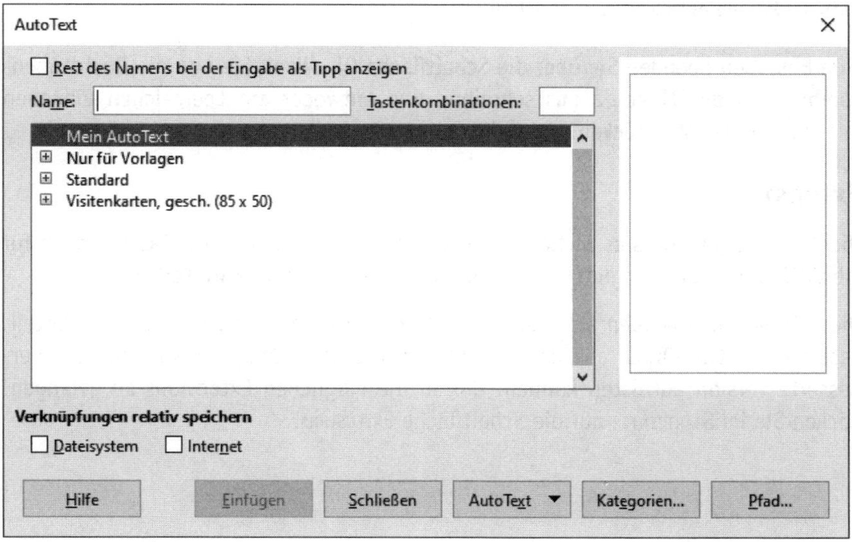

Abb. 1.41: Ups, ein Fehler!

Sie müssen nur den richtigen Menüeintrag anklicken. In Zukunft ersetzt Writer automatisch das falsche Wort, sobald Sie ein Leerzeichen eingeben.

Wenn das Wort nicht im Wörterbuch von Writer verzeichnet ist, müssen Sie einen etwas anderen Weg gehen. Möchten Sie beispielsweise Ihren Namen nur noch per Monogramm, beispielsweise `ws`, eingeben und Writer soll automatisch `Winfried Seimert` daraus machen, gehen Sie wie folgt vor: Markieren Sie die betreffende Passage und rufen Sie dann die Befehlsfolge Extras / AutoKorrektur-Einstellungen auf. Sie gelangen zum gleichnamigen Dialogfenster, bei dem die Registerkarte Ersetzen bereits aktiviert ist. Im Feld Ersetzen durch ist bereits die markierte Passage eingetragen. Sie müssen lediglich im Feld Kürzel ein ebensolches – im Beispielfall das Monogramm – eintragen. Klicken Sie auf Neu, damit das Kürzel in die Liste aufgenommen wird.

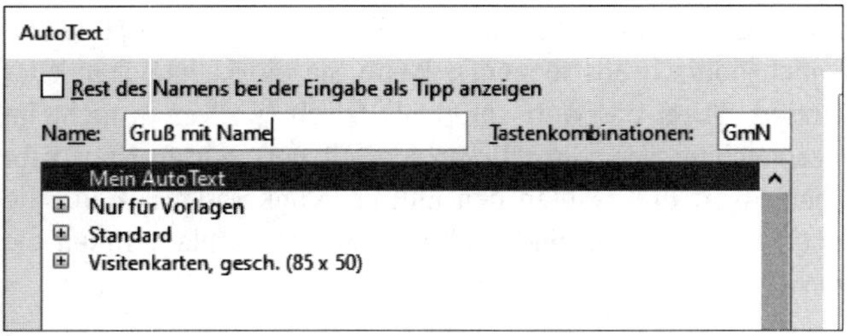

Abb. 1.42: Eine AutoKorrektur einrichten

Ihre Eingaben beenden Sie über die Schaltfläche OK. Wenn Sie nun die Buchstabenkombination des Monogramms schreiben und entweder ein Leerzeichen eingeben oder die [↵]-Taste drücken, erscheint automatisch der volle Name.

Extensions

Nichts ist so gut, dass es nicht ständig verbessert werden könnte. Das gilt auch für LibreOffice, das laufend durch neue Funktionen ergänzt und erweitert wird.

Diese Funktionen werden als sogenannte *Extensions* eingefügt. Das hat den Vorteil, dass Sie Ihr LibreOffice an Ihre Bedürfnisse anpassen und jederzeit auf eine verbesserte Version aufrüsten können. Um an die möglichen Extensions zu gelangen, klicken Sie im Startcenter auf die Schaltfläche Extensions.

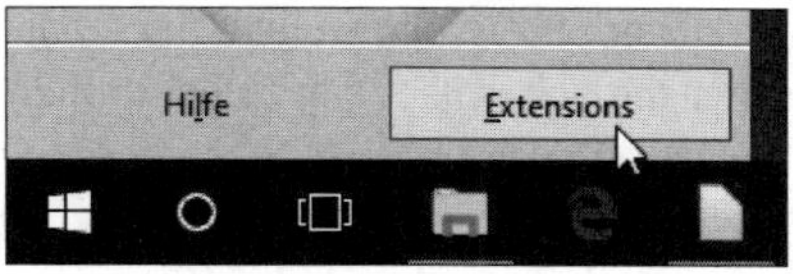

Abb. 1.43: Neue Funktionen hinzufügen

Wenn Sie das Buch durcharbeiten, wird Ihnen vermutlich auffallen, dass LibreOffice zwar einige ClipArts mitbringt, aber ab und an wünscht man sich für bestimmte Zwecke andere Grafiken. Diese können Sie mithilfe von Extensions nachrüsten, und das vor allem sogar zielgruppengerecht.

Suchen Sie zunächst auf der rechten Seite in das Suchfeld den Eintrag `Danger` und klicken darauf. Sie erhalten nun eine Suchmaske in der Sie in das Suchen-Feld auf der linken Seite den Begriff `gallery` eingeben und mit einem Klick auf Search starten.

Abb. 1.44: Nach einer Extension suchen

Nach kurzer Zeit erhalten Sie eine Seite mit den Suchergebnissen.

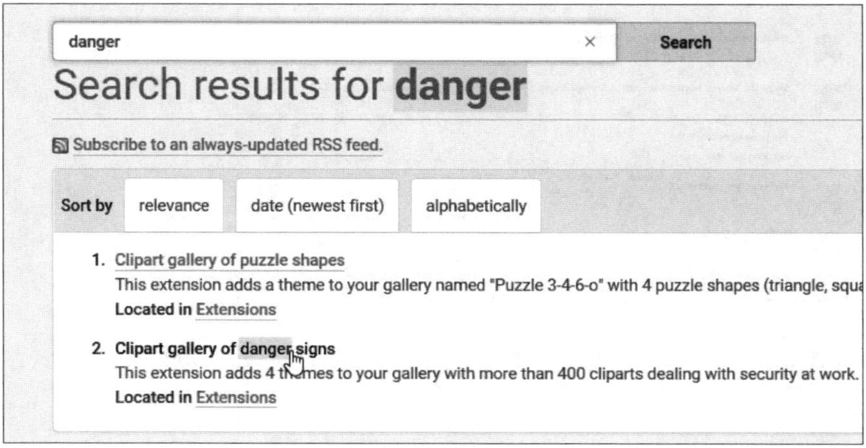

Abb. 1.45: Es wurde etwas gefunden!

Klicken Sie auf die Überschrift der Gallery, die Sie näher betrachten wollen. Sie erhalten weiterführende Informationen. Suchen Sie hier die Schaltfläche mit dem grünen Downloadpfeil und klicken Sie darauf.

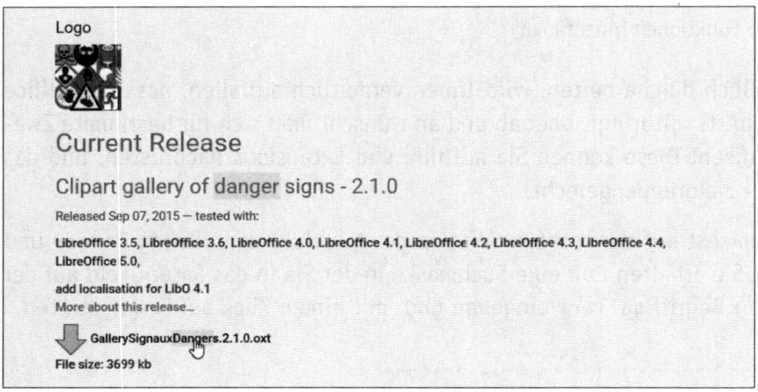

Abb. 1.46: Den Download starten

Nun gilt es, ein wenig Geduld zu haben, denn je nach Umfang der Datei kann der Download eine Weile dauern.

Ist er abgeschlossen, finden Sie im Startcenter einen entsprechenden Hinweis, ob Sie die Extensions installieren möchten.

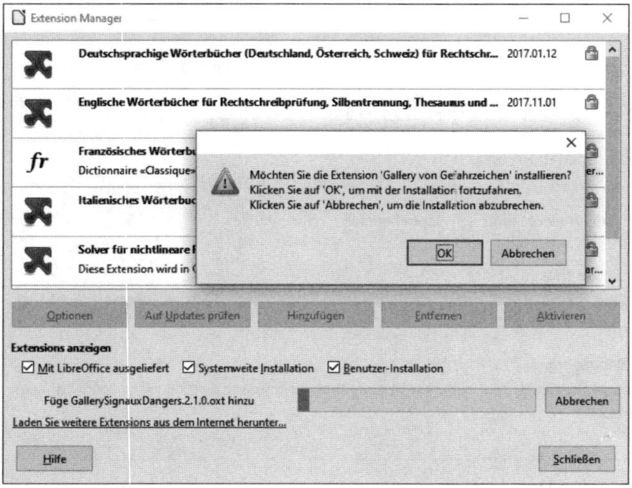

Abb. 1.47: Ein Hinweis, dass eine Extension installiert wird

Je nach Extension erhalten Sie nun einen Lizenzvertrag angezeigt, den Sie durchlesen sollten. Sind Sie mit den Bedingungen einverstanden, klicken Sie auf die Schaltfläche AKZEPTIEREN, die allerdings erst erscheint, wenn Sie die Bedingungen ganz heruntergescrollt haben. Nun beginnt die Installation und Sie können den Fortschritt unten im Fenster des Extension Managers in einem Laufbalken verfolgen. Ist die Installation abgeschlossen, wird die neu installierte Erweiterung in der Liste der Extensions angezeigt und kann nun verwendet werden.

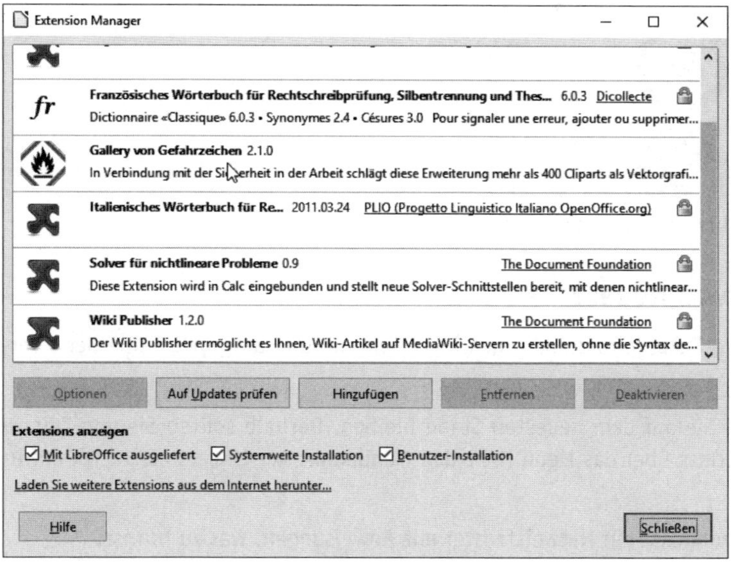

Abb. 1.48: Die neue Extension wurde in die Liste aufgenommen.

In unserem Beispiel wurden die Gefahrzeichen in die Gallery aufgenommen. Um diese gleich einmal zu betrachten, klicken Sie einfach in der SEITENLEISTE auf die Schaltfläche GALLERY und schauen in der Liste nach.

Die ClipArts stehen Ihnen nun in der ClipArt-Gallery zur Verfügung und können per Drag&Drop in Ihre Texte oder Zeichnungen eingefügt werden.

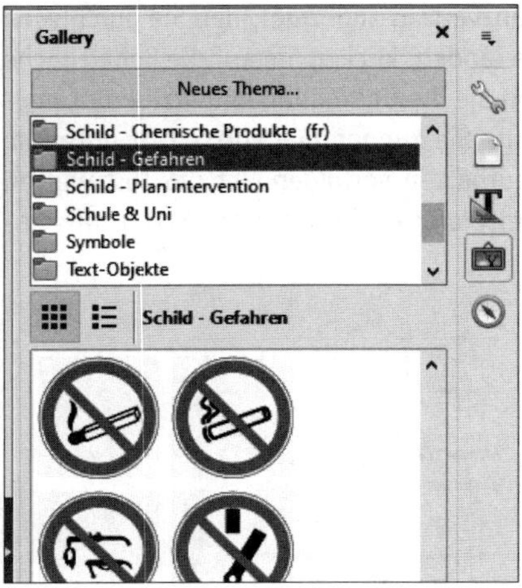

Abb. 1.49: Mal in der GALLERY nachsehen

Gibt es etwas Neues?

Am LibreOffice-Paket wird ständig gearbeitet und ab und an gibt es eine neue Version.

Sicher wollen Sie auf dem neuesten Stand bleiben. Deshalb sollten Sie von Zeit zu Zeit im STARTCENTER über das Menü HILFE den Menüpunkt AUF UPDATES ÜBERPRÜFEN aufrufen.

Sie erhalten zunächst ein Hinweisfenster mit Anweisungen, was zu tun ist.

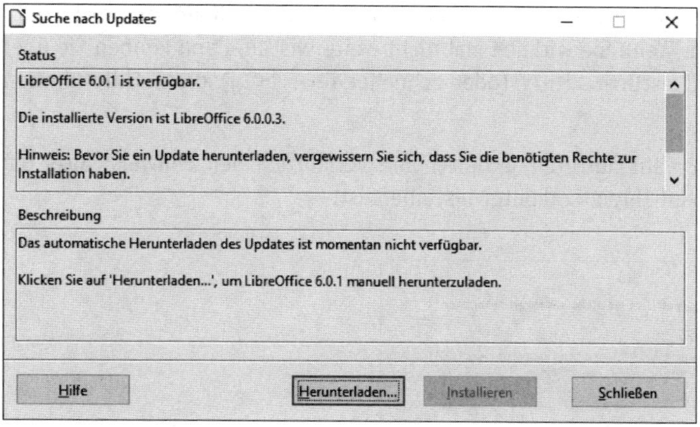

Abb. 1.50: Es gibt Neuigkeiten.

Sind Updates vorhanden, klicken Sie auf HERUNTERLADEN, um den Download zu starten. In dem Laufbalken können Sie den Fortgang des Downloads beobachten. Nach dem Ende können Sie die Installation, wie weiter oben dargestellt, vornehmen.

Sind Sie auf dem neuesten Stand, klicken Sie einfach auf SCHLIESSEN und versuchen es zu einem anderen Zeitpunkt wieder.

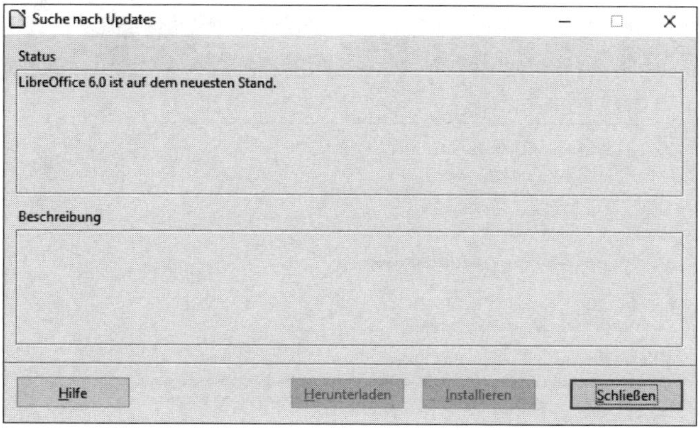

Abb. 1.51: Alles auf aktuellem Stand

Hilfe in NotlagenAufgrund der beschränkten Seitenzahl und der Konzeption kann dieses Buch nicht alle Ihre Fragen beantworten. Und so taucht hier und da vielleicht doch ein Problem oder eine zusätzliche Frage auf, auf die Sie eine Antwort möchten.

Für solche Fälle ist jedoch vorgesorgt, denn LibreOffice stellt Ihnen eine recht gute Hilfe zur Verfügung. Wenn Sie wirklich mal nicht weiterwissen, dann können Sie über das Menü HILFE / LIBREOFFICE HILFE (oder schneller über [F1]) diese Hilfefunktion aufrufen.

Wenn Sie diesen Befehl aufrufen, erhalten Sie vermutlich den Hinweis, dass die Offline-Hilfe nicht auf Ihrem Computer installiert ist.

Abb. 1.52: Nicht nur für den Notfall: die Hilfe

Möchten Sie auf die Online-Hilfe zugreifen, dann klicken Sie auf die Schaltfläche HILFE ONLINE LESEN. Das hat zumindest den Vorteil, dass Sie stets die aktuellste Hilfe zur Verfügung haben. Nach einem Klick öffnet sich Ihr Browser und – Internetzugriff vorausgesetzt – Sie können nun auf die Hilfe zugreifen.

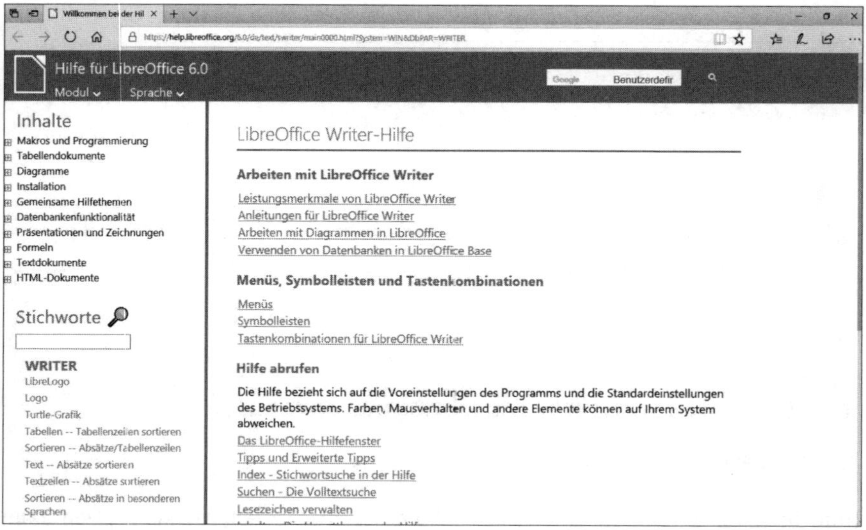

Abb. 1.53: Zugriff auf die Onlinehilfe

Auf der linken Seite finden Sie die Inhalte nach Kategorien in hierarchischer Folge sortiert. Durch Anklicken des Symbols vor dem jeweiligen Eintrag gelangen Sie nach und nach an die entsprechende Information.

Soll es schneller gehen, klicken Sie auf das Lupensymbol SUCHEN, tragen den gewünschten Begriff in das Feld ein und bestätigen mit [Enter].

Möchten Sie unabhängig von einem Internetzugang auf die Hilfe zugreifen, ist es hilfreich, sich die Onlinehilfe zu installieren. Den Downloadlink finden Sie auf der gleichen Seite wie die aktuelle LibreOffice-Version. Wenn Sie die Datei heruntergeladen haben, führen Sie wie üblich einen Doppelklick darauf aus, um diese zu installieren. Wenn Sie danach die Menüfolge HILFE / LIBREOFFICE HILFE aufrufen oder die Taste [F1] drücken, wird Ihnen die Hilfe in einem Offlinefenster angezeigt.

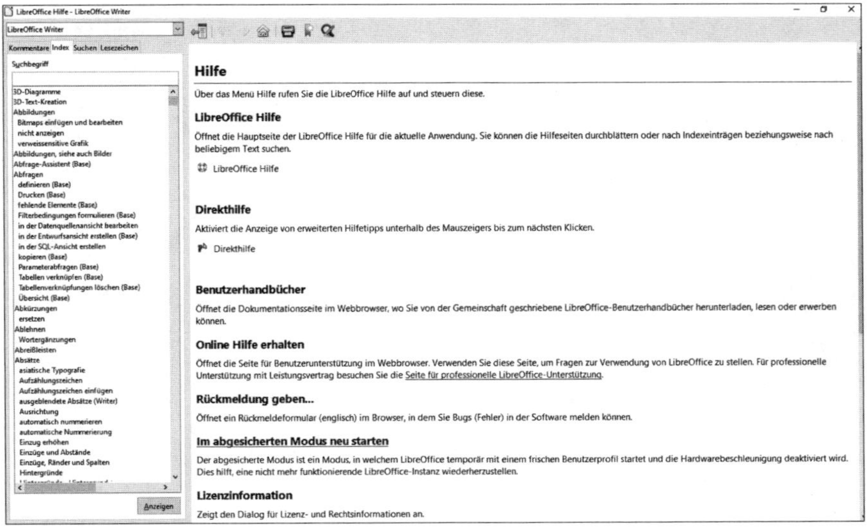

Abb. 1.54: Die Offline-Hilfe

Kapitel 2

Writer – der Textverarbeiter

In diesem Kapitel werden Sie mit dem Modul von LibreOffice bekannt gemacht, das Sie vermutlich – zumindest am Anfang – am häufigsten einsetzen und das Ihnen den Einstieg am einfachsten macht: *Writer*. Mit Writer erstellen Sie die Textdokumente.

Die Textverarbeitung ist die Anwendung im Büro schlechthin. Mit ihrer Hilfe erledigt eine Sekretärin die komplette Korrespondenz, der Sachbearbeiter führt Listen und der Student erstellt seine Examensarbeiten. Writer bietet Ihnen alles, was Sie für die schnelle Erfassung und Korrektur von Texten sowie für deren Gestaltung benötigen.

2.1 Writer kennenlernen

Dokumente bestimmen Ihren Alltag beim Arbeiten mit einem Textverarbeitungsprogramm. Dementsprechend sollten Sie mit den folgenden Dingen vertraut sein.

Starten Sie das Programm, etwa im Startcenter durch Klick auf die Schaltfläche WRITER TEXTDOKUMENT.

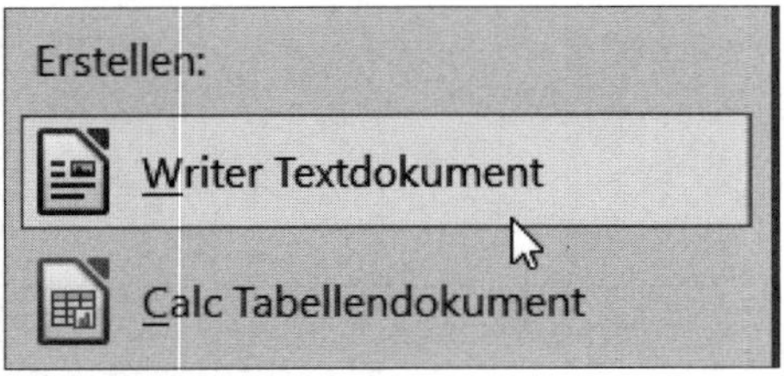

Abb. 2.1: Das Programm starten

Betrachten Sie den Arbeitsbildschirm zunächst ein wenig näher.

Im Einzelnen sind folgende Bestandteile zu unterscheiden:

Abb. 2.2: Der Writer-Arbeitsbildschirm

Titelleiste

Die *Titelleiste* zeigt in der Mitte zuerst den Namen der verwendeten Datei und danach das verwendete Modul an.

Abb. 2.3: Die Titelleiste zeigt, ob das Dokument schon gespeichert wurde.

Auf der rechten Seite befinden sich die Schaltflächen für das *Minimieren*, das *Maximieren* und das *Schließen* des Programmfensters.

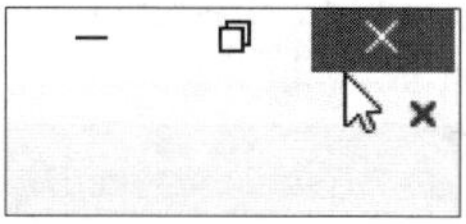

Abb. 2.4: Die üblichen Schaltflächen fürs Minimieren, Maximieren und Schließen

> **Tipp**
>
> Unterhalb des SCHLIESSEN-Felds befindet sich die Schaltfläche zum Schließen eines Dokuments.

Menüleiste und Symbolleisten

Als Nächstes folgt die *Menüleiste*, die den Aufruf aller Befehle ermöglicht. Die Menüs können dabei durch einen Klick mit der Maus oder durch Eintippen des unterstrichenen Buchstabens auf der Tastatur aktiviert werden. Im letzten Fall gilt es allerdings, zunächst die [Alt]-Taste zu drücken, damit die Menüleiste selbst aktiviert wird.

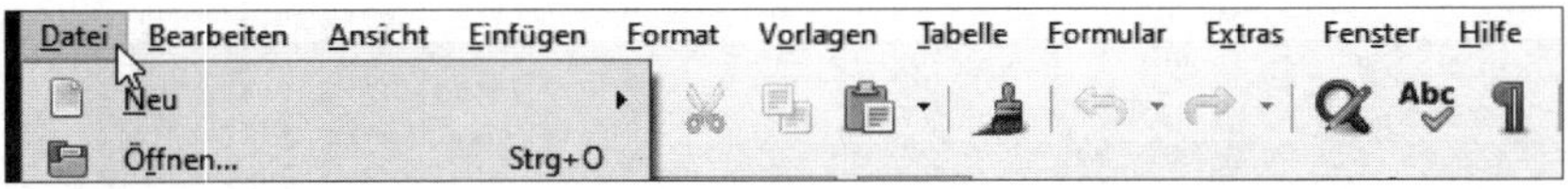

Abb. 2.5: Die Menüleiste

Standardmäßig zeigt Writer zwei *Symbolleisten* an: STANDARD und FORMATIERUNGEN. Die erste Leiste enthält häufig gebrauchte Schaltflächen für Befehle wie das Speichern oder Drucken und mit der zweiten Leiste werden Ihnen die Schaltflächen für das Formatieren zur Verfügung gestellt.

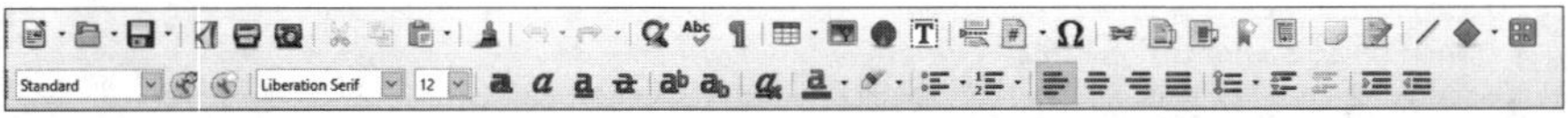

Abb. 2.6: Die Symbolleisten

> **Tipp**
>
> Sollte eine dieser Symbolleisten einmal nicht sichtbar sein, rufen Sie einfach die Befehlsfolge ANSICHT / SYMBOLLEISTEN auf und schauen, ob vor der betreffenden Symbolleiste (FORMATIERUNGEN und STANDARD) ein Häkchen gesetzt ist. Hier finden Sie auch die Einblendmöglichkeit für alle anderen Symbolleisten.

Seitenleiste

Auf der rechten Seite finden Sie die sogenannte *Seitenleiste*. Mit ihrer Hilfe lassen sich Einstellungen schneller erledigen und mit den angezeigten Hilfswerkzeugen einfacher und schneller starten.

Je nach Monitorgröße und gewünschtem Platzbedarf kann man sie ein- oder ausblenden. Klicken Sie dazu einfach auf die Schaltfläche mit dem nach rechts weisenden Pfeil.

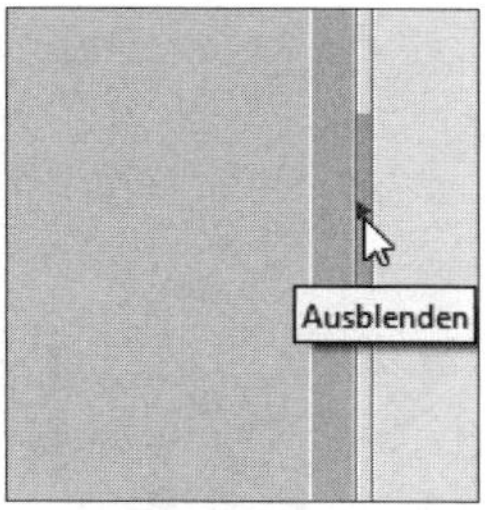

Abb. 2.7: Die Seitenleiste ausblenden

Um wieder an die einzelnen Schaltflächen zu gelangen, klicken Sie auf die nun nach links weisende Pfeil-Schaltfläche.

Möchten Sie an die entsprechenden Optionen zu gelangen, klicken Sie auf die Schaltfläche EIGENSCHAFTEN.

Abb. 2.8: Die Eigenschaften anzeigen lassen

Die Leiste wird entsprechend verbreitert und die jeweiligen Eigenschaften werden kontextsensitiv angezeigt. Das bedeutet, dass nur die am häufigsten verwendeten

Editierfunktionen bei den jeweiligen Schritten eingeblendet werden oder dass sich, je nachdem, auf welchen Bereich Sie in einem Dokument klicken, der Inhalt in der Seitenleiste verändert.

Durch die verschiedenen Bereiche können Sie sich durch Anklicken der betreffenden seitlichen Registerkarten EIGENSCHAFTEN, SEITE, VORLAGEN, GALLERY und NAVIGATOR bewegen.

Zudem sind die Menüs in Bereiche gegliedert, die sich über die Navigationsschaltflächen (das kleine Quadrat mit den Plus- bzw. Minus-Zeichen) ein- und ausklappen lassen.

Abb. 2.9: Die Navigationspfeile geben weitere Einstellungen frei.

Diese Art der Bereitstellung ermöglicht ein sehr strukturiertes Arbeiten, da man alle Eigenschaften entsprechend sortiert vorfindet. Möchten Sie wie gewohnt arbeiten oder benötigen Sie eine Option, die nicht in der Seitenleiste angezeigt wird, lässt sich diese wie von anderen Programmen her gewohnt über einen Menüpunkt aufrufen.

Tipp

Rasch zwischen diesen Ansichten kann man auch über die Menüfolge ANSICHT / REGISTERKARTENANSICHT wechseln. Dort finden Sie die drei Optionen STANDARD, KOMPAKT und SEITENLEISTE.

Die gesamte Seitenleiste lässt sich auch von der eigentlichen Anwendung lösen, um sie zum Beispiel auf einen zweiten Monitor zu verschieben.

Klicken Sie dazu auf das SEITENLEISTEN-MENÜ (die Schaltfläche rechts neben dem SCHLIESSEN-Feld) und wählen Sie im Menü den Punkt ABDOCKEN aus.

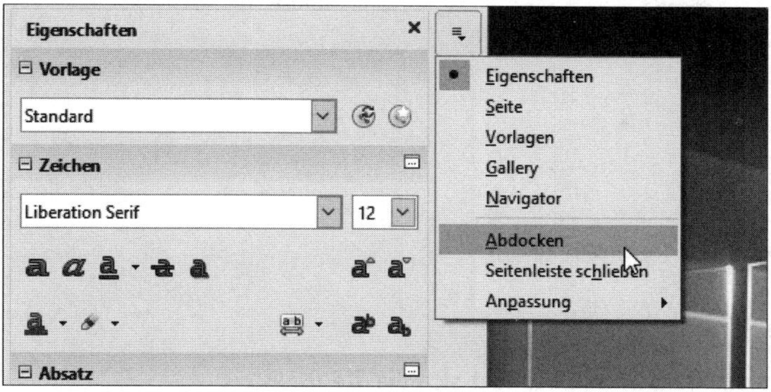

Abb. 2.10: Die Seitenleiste abdocken

Sie kann dann frei über den ganzen Bildschirm verschoben werden und ist damit besser im Blickfeld.

Das Andocken erfolgt dann wieder auf die gleiche Art und Weise – in diesem Fall natürlich durch Anwahl des Menüpunkts ANDOCKEN.

Lineal

Unterhalb der Symbolleisten befindet sich das *Lineal*. Auf diesem können Sie unter anderem die Abmessungen des Dokuments sehen, die Einzüge vornehmen und Tabulatoren setzen.

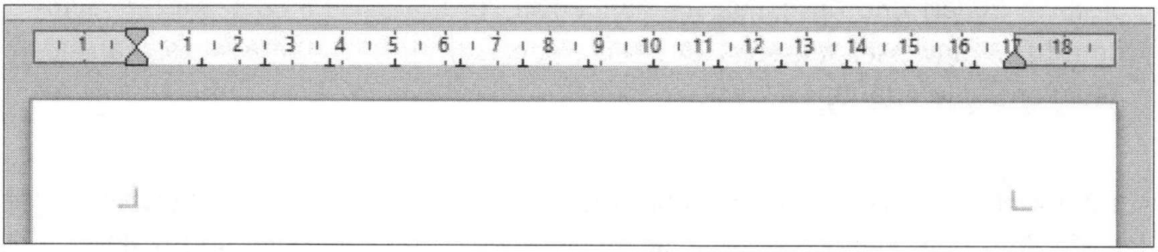

Abb. 2.11: Dient der Orientierung: das Lineal

Das Lineal zeigt Ihnen standardmäßig den Druckbereich in Zentimeter an, sodass Sie Ihr Dokument zentimetergenau gestalten können. Wünschen Sie eine andere Bemaßung, klicken Sie mit der rechten Maustaste auf das Lineal und wählen im Kontextmenüpunkt die gewünschte Einheit aus.

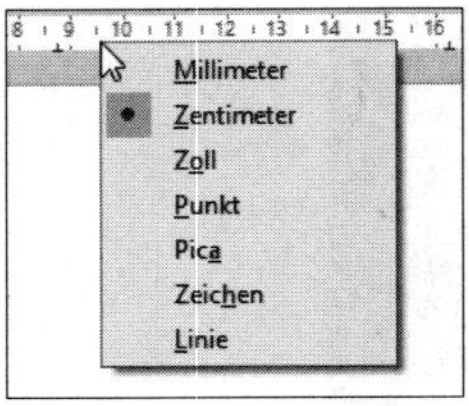

Abb. 2.12: Die Bemaßung des Lineals ändern

Statusleiste

Am unteren Programmfensterrand befindet sich die *Statusleiste*.

Auf der linken Seite finden Sie Angaben über die *Seitennummer*, also Informationen darüber, auf welcher Seite Sie sich befinden und wie viele Seiten es gesamt sind, gleichfalls werden die *Wörter* und *Zeichen* gezählt, Sie erhalten die Information, welche *Seitenvorlage* gerade benutzt wird und welche *Textsprache* für die Rechtschreibprüfung verwendet wird.

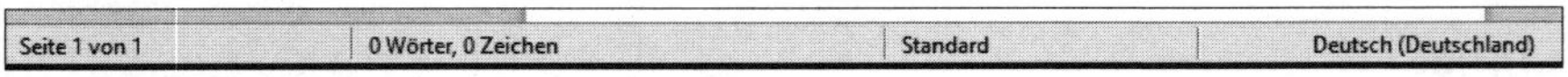

Abb. 2.13: Die Statusleiste (linker Teil)

Hinweis

Je nach Bedarf und Ausgangslage können in der Statuszeile noch weitere Symbole bzw. Hinweise, wie etwa Überschreiben, auftauchen. Diese werden an gegebener Stelle erläutert.

Auf der rechten Seite können Sie über die Schaltfläche SELEKTIONSMODUS beispielsweise den Einfüge- oder den Überschreibmodus aktivieren. Sehr hilfreich und praktisch ist die nächste Schaltfläche mit dem kleinen Sternchen, die Ihnen Auskunft darüber gibt, ob das Dokument geändert wurde. Ist das der Fall, werden Sie aufgefordert mit einem Klick darauf zu speichern. Dabei wird beim ersten Mal der SPEICHERN-Dialog angezeigt und bei den Folgeklicken die Veränderungen in die so angelegte Datei gesichert.

Abb. 2.14: Die Statusleiste (rechter Teil)

Mit der Gruppe der folgenden drei Ansichtslayout-Symbolen können Sie bequem zwischen der einseitigen Ansicht, der Ansicht mit mehreren Seiten nebeneinander und der Buchansicht mit zwei Seiten wählen.

Die Darstellung des Textdokuments ändern Sie über den *Zoomregler*. Ziehen Sie diesen nach links, um mehr Seiten anzuzeigen bzw. die Ansicht zu verkleinern. Wenn Sie den Regler dagegen nach rechts ziehen, wird die Anzeige vergrößert.

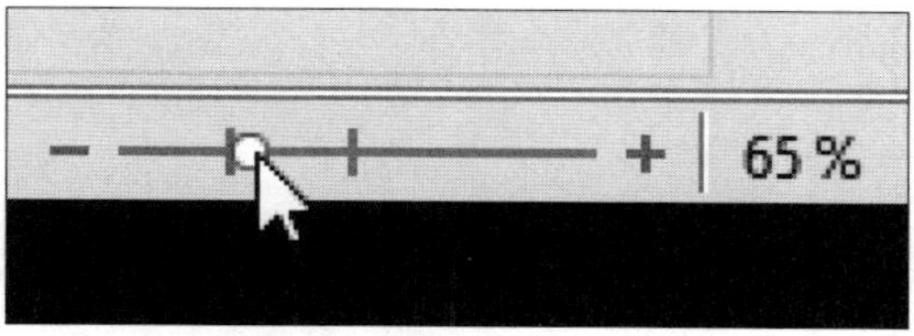

Abb. 2.15: Der Zoom-Regler

> **Tipp**
>
> Verfügen Sie über ein Mausrad, dann können Sie mit gedrückter Strg-Taste und Drehen des Mausrads schnell ein- und auszoomen.

Am Ende der Leiste finden Sie die Angabe der aktuell gewählten Maßstabsstufe.

Darüber können Sie den Maßstab und das entsprechende Ansichtslayout rasch ändern. Doppelklicken Sie auf das Feld 100 %. Dadurch erhalten Sie ein Dialogfenster, in dem Sie nun die gewünschte Stufe per Option einstellen oder in der Liste VARIABEL festlegen können.

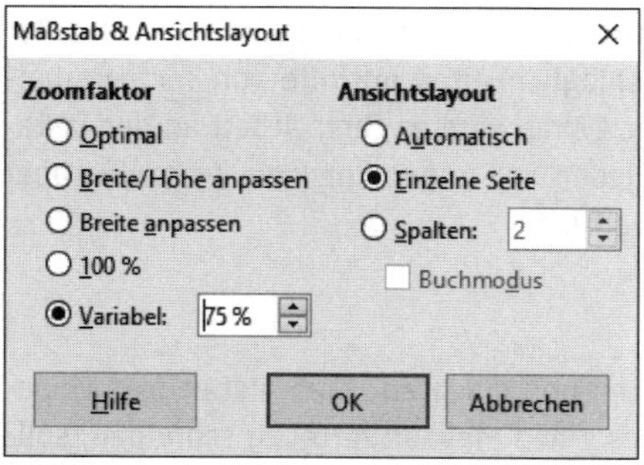

Abb. 2.16: Den Maßstab schnell ändern

Ansichtssachen

Bevor es an die Texteingabe geht, sollten Sie sich mit den beiden Darstellungsformen von Writer vertraut machen.

Rufen Sie das Menü ANSICHT auf.

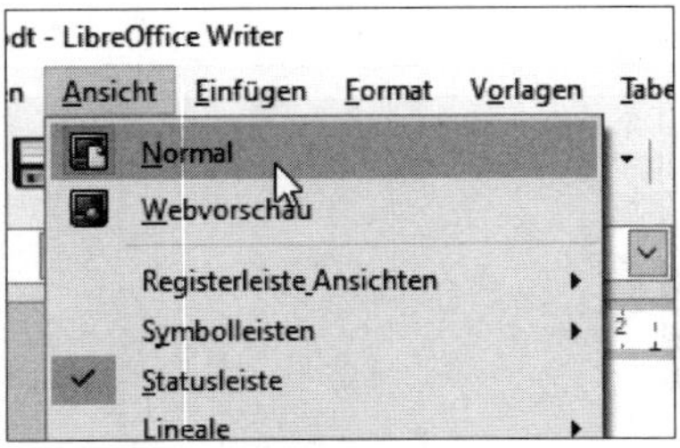

Abb. 2.17: Achten Sie auf die »richtige« Ansicht.

Hier finden Sie zwei Menüpunkte, mit denen Sie folgende Dokumentansichten einstellen können:

- NORMAL: Bei dieser Darstellung handelt es sich um eine Ansicht, die dem späteren Ausdruck sehr ähnlich ist, weswegen Sie in früheren Versionen als Drucklayout bezeichnet wurde..
- WEBVORSCHAU: Wenn Sie auf die Ansicht WEBVORSCHAU umschalten, erscheint der Text wie in einem Webbrowser. Diese Ansicht eignet sich für den Entwurf von Texten, die Sie im Intra- oder Internet verwenden wollen.

2.2 Texte erfassen

Bevor es an die Textbearbeitung geht, müssen die Texte erst einmal in den Computer gebracht werden. Auch wenn die Korrekturmöglichkeiten mithilfe von Textverarbeitungsprogrammen wie Writer fast unbegrenzt sind, wird es Ihrer Arbeit an der Tastatur und Ihrer Schreibgeschwindigkeit auf jeden Fall zugutekommen, wenn Sie über Kenntnisse im Schreibmaschineschreiben verfügen.

Steuerzeichen anzeigen

Sicherlich können Sie es kaum noch erwarten und möchten Ihren ersten Text eingeben. Wenn Sie allerdings vorhaben, mehr als einen Einkaufszettel zu schreiben, sollten Sie zunächst die Steuerzeichen einschalten. Klicken Sie dazu in der Symbolleiste FORMATIERUNGEN auf die Schaltfläche FORMATIERUNGSZEICHEN UMSCHALTEN.

Abb. 2.18: Schalten Sie die Steuerzeichen ein!

Hinweis

Auch in LibreOffice gibt es mehrere Möglichkeiten, eine Option zu wählen. Neben dem eben gezeigten Klick auf eine Schaltfläche könnten Sie auch die Tastenkombination [Strg] + [F10] verwenden oder den Weg über die Menüfolge ANSICHT / FORMATIERUNGSZEICHEN gehen. Im Alltag werden Sie gewiss schnell die Vorzüge der Tastenkombinationen schätzen lernen.

Gewiss fällt Ihnen sofort hinter dem Cursor das Zeichen auf, das wie ein umgedrehtes P aussieht. Dies ist das Steuerzeichen für einen Absatz.

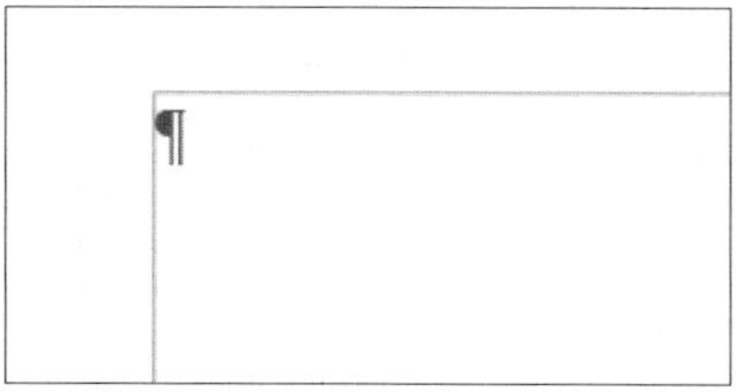

Abb. 2.19: Jetzt sichtbar: das Steuerzeichen für einen Absatz

Bei den Steuerzeichen handelt es sich um die Zeichen, die nicht ausgedruckt werden, die aber beim Gestalten eines Textes überaus hilfreich sind. Damit werden Sie immer wissen, ob Sie einen Absatz (mit der [↵]-Taste) oder eine Zeilenschaltung (mit [⇧] + [↵]) vorgenommen haben.

Absatzschaltung.¶
Zeilenschaltung.↵
¶

Abb. 2.20: Den Unterschied erkennt man jetzt sofort.

Oder haben Sie sich nicht schon mal – natürlich nach dem Ausdruck – über zu viel Abstand zwischen zwei Wörtern infolge zu vieler Leerzeichen geärgert?

Zu·viele··Leerzeichen!¶

Abb. 2.21: Jetzt erkennt man sofort, warum der Abstand so groß ist.

Und sicherlich haben Sie auch schon in Ihrem Büro unbrauchbare Texte erhalten, weil der Schreiber der Zeilen den gefürchtetsten aller Anfängerfehler gemacht und hinter jede Zeile eine Absatzmarke gesetzt hat. Der moderne Datenaustausch leidet unter solch schlecht formatierten Dokumenten enorm.

Er·hörte·leise·Schritte·hinter·sich.·Das·bedeutete·nichts·Gutes.·Wer·würde·ihm·schon·folgen,·spät·in¶
der·Nacht·und·dazu·noch·in·dieser·engen·Gasse·mitten·im·übel·beleumundeten·Hafenviertel?¶
Gerade·jetzt,·wo·er·das·Ding·seines·Lebens·gedreht·hatte·und·mit·der·Beute·verschwinden·wollte!¶
Hatte·einer·seiner·zahllosen·Kollegen·dieselbe·Idee·gehabt,·ihn·beobachtet·und·abgewartet,·um·ihn¶
nun·um·die·Früchte·seiner·Arbeit·zu·erleichtern?·Oder·gehörten·die·Schritte·hinter·ihm·zu·einem·der¶
unzähligen·Gesetzeshüter·dieser·Stadt,·und·die·stählerne·Acht·um·seine·Handgelenke·würde·gleich¶
zuschnappen?·Er·konnte·die·Aufforderung·stehen·zu·bleiben·schon·hören.·Gehetzt·sah·er·sich·um.¶

Abb. 2.22: Der Horror: hinter jeder Zeile eine Absatzmarke!

Diese und noch viel mehr Fehler können Sie vermeiden, wenn Sie die Steuerzeichen zur Kontrolle (ich empfehle Ihnen sogar ständig) einblenden.

Neben den bereits erwähnten Zeichen können Sie anschließend auch folgende wichtige Steuerzeichen erkennen:

Steuerzeichen	Funktion	Wird erzeugt durch Drücken von
¶ Absatzmarke	Beendet einen Absatz	[↵]
↵	Beendet eine Zeile, aber nicht den Absatz	[⇧] + [↵]
· Leerschritt	Trennt Wörter voneinander	[Leer]
¬ Weiches Trennzeichen	Erscheint nur am Ende einer Zeile als Trennstrich, wird mitten im Text nicht angezeigt	[Strg] + [-]
- Geschützter Bindestrich	Dadurch werden zwei Wörter, die bei einem normalen Bindestrich am Ende einer Zeile getrennt würden, wie ein Wort behandelt und gemeinsam in die nächste Zeile geschrieben.	[⇧] + [Strg] + [-]
⭾ Tabulator-zeichen	Richtet Text an so genannten Tabstopp-Positionen aus	[⭾]

Text eingeben

Writer beherrscht natürlich den sogenannten Fließtext: Das heißt, der Text wird automatisch in der nächsten Zeile fortgesetzt. Die Taste [↵] (also die alte Zeilenschaltung) drücken Sie nur noch, wenn Sie einen Absatz beenden oder eine Leerzeile erzeugen wollen. Es ist nicht nur einfacher für Sie, sondern auch wichtig, dass Sie im Fließtext schreiben, denn nur so ist sichergestellt, dass der Text auch nach größeren Korrekturen noch lückenlos erscheint.

Er·hörte·leise·Schritte·hinter·sich.·Das·bedeutete·nichts·Gutes.·Wer·würde·ihm·schon·folgen,·spät·in·der·Nacht·und·dazu·noch·in·dieser·engen·Gasse·mitten·im·übel·beleumundeten·Hafenviertel?Gerade·jetzt,·wo·er·das·Ding·seines·Lebens·gedreht·hatte·und·mit·der·Beute·verschwinden·wollte!Hatte·einer·seiner·zahllosen·Kollegen·dieselbe·Idee·gehabt,·ihn·beobachtet·und·abgewartet,·um·ihn·nun·um·die·Früchte·seiner·Arbeit·zu·erleichtern?·Oder·gehörten·die·Schritte·hinter·ihm·zu·einem·der·unzähligen·Gesetzeshüter·dieser·Stadt,·und·die·stählerne·Acht·um·seine·Handgelenke·würde·gleich·zuschnappen?·Er·konnte·die·Aufforderung·stehen·zu·bleiben·schon·hören.·Gehetzt·sah·er·sich·um.¶
Plötzlich·erblickte·er·den·schmalen·Durchgang.·Blitzartig·drehte·er·sich·nach·rechts·und·

Abb. 2.23: So ist es richtig und arbeitsfreundlicher.

Erstellen Sie gegebenenfalls ein neues Dokument und geben Sie etwas Text ein. Anschließend speichern Sie das Dokument unter der Bezeichnung `Texteingabe` ab. Zwar könnten Sie jetzt einfach ein paar Buchstaben wie beispielsweise `jklöfdsa` eintippen, aber solche Texte helfen nicht recht weiter. Vielmehr ist es einfacher, ein wenig Blindtext einzufügen. Dabei handelt es sich um nichtssagenden Text, der so lange verwendet wird, bis der eigentliche Text vorliegt.

Falls Sie jetzt befürchten, eine Textpassage eingeben zu müssen, können Sie beruhigt sein. Sie greifen einfach auf eine kleine Writer-Funktion zurück, die Ihnen Blindtext zur Verfügung stellt.

Setzen Sie zunächst die Einfügemarke an die Position, an der der Blindtext erscheinen soll. Platzieren Sie den Cursor in dem Absatz und geben Sie die Formel `bt` ein.

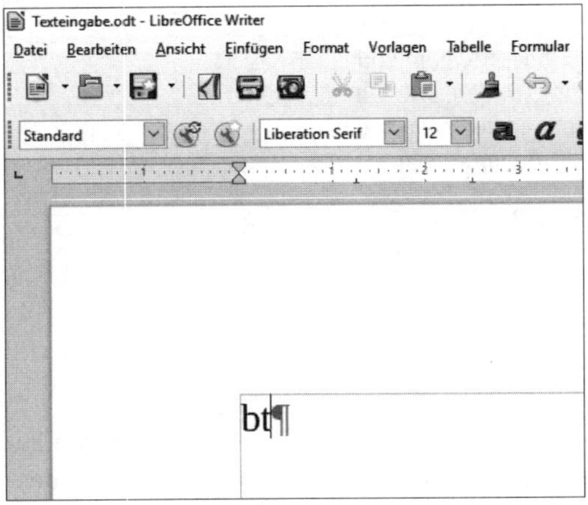

Abb. 2.24: Die Texteingabe beginnt.

Drücken Sie dann die [F3]-Taste und Writer fügt daraufhin einen rund 1.750 Zeichen langen Fülltext in Form einer Kurzgeschichte ein.

Tipp

Genau genommen handelt es sich hierbei nicht um Fülltext im klassischen Sinne. Herkömmliche Blindtexte enthalten zumeist Texte – oft in lateinischer Sprache – ohne einen Sinn, da sie eigentlich nur dazu dienen, das Layout zu füllen, bis der »richtige« Text vorhanden ist. Hier handelt es sich jedoch vielmehr um eine AutoText-Funktion, die Sie noch näher kennenlernen werden.

Fehler korrigieren

Wenn Sie den eben gezeigten Text verwenden, werden Sie keine Fehler machen. Dem ist nicht immer so.

Um Ihnen zu zeigen, wie Sie dabei vorgehen, sollten Sie zwei weitere Absätze einfügen. Überwinden Sie sich dann einmal und schreiben Sie in den zweiten Absatz den folgenden Text: `Fähler kann man gans leicht korrigieren!`

Vermutlich erscheinen nun zwei rote, gewellte Linien unter dem Text.

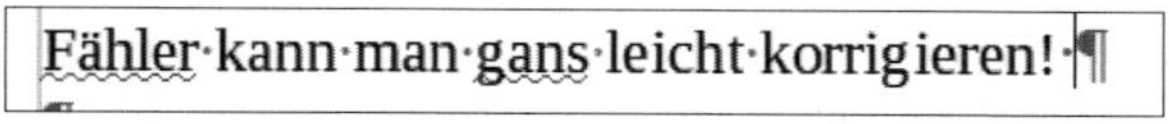

Abb. 2.25: Was hat es mit den gewellten Linien auf sich?

Wie Sie sicherlich schon vermutet haben, handelt es sich um Rechtschreibfehler bzw. die Wörter werden von dem Programm für einen solchen gehalten. Genauer gesagt hat die automatische Rechtschreibprüfung angeschlagen. Diese dient in erster Linie als Instrument für die sofortige Überprüfung der Texte während der Eingabe und kennzeichnet alle Fehler mit einer roten Wellenlinie.

Einen solchen Lapsus können Sie im Regelfall rasch korrigieren. Dazu klicken Sie einfach mit der rechten Maustaste in das unterstrichene Wort. Im oberen Bereich des folgenden Kontextmenüs werden Korrekturvorschläge – sofern das Programm in seiner Datenbank welche finden konnte – eingeblendet. Diese können Sie durch einfaches Auswählen übernehmen.

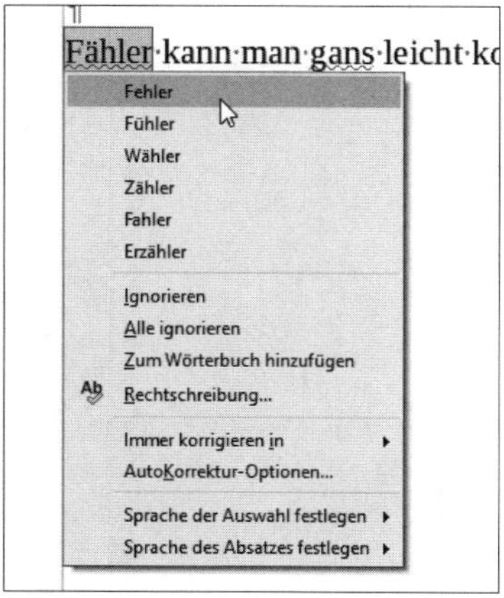

Abb. 2.26: Einen Fehler korrigieren

Ist das Wort – beispielsweise Ihr Name – unbekannt, aber richtig geschrieben und Sie möchten es im weiteren Verlauf unbeanstandet einsetzen, wählen Sie den Menüpunkt ZUM WÖRTERBUCH HINZUFÜGEN.

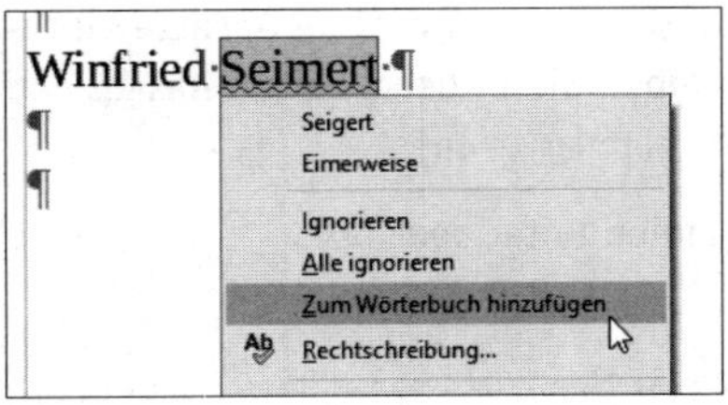

Abb. 2.27: Ein Wort der Rechtschreibprüfung hinzufügen

Mithilfe des Menüpunkts ALLE IGNORIEREN könnten Sie erreichen, dass das bemängelte Wort im gesamten Dokument nicht mehr markiert wird. Wählen Sie dagegen den Menüpunkt IGNORIEREN, wird es nur an der betreffenden Stelle nicht mehr bemängelt. Handelt es sich um einen beliebten Tippfehler, wählen Sie IMMER KORRIGIEREN IN und den entsprechenden Vorschlag.

Damit lassen sich häufig vorkommende Fehler oder Buchstabendreher beim Tippen automatisch beseitigen.

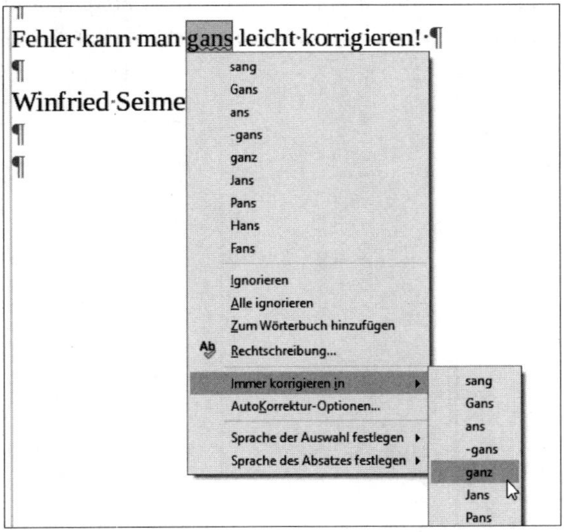

Abb. 2.28: In Zukunft wird das automatisch korrigiert.

Tippen Sie in Zukunft das Wort wieder falsch, korrigiert Writer den Fehler automatisch und Sie werden oft gar nicht merken, dass sie ihn gemacht hatten.

Sonderzeichen

Spätestens wenn Sie fremdsprachige Texte erstellen und bearbeiten müssen, kommen Sie mit den Zeichen auf der Tastatur nicht mehr aus. Aber auch in deutschen Texten werden Sie vielleicht Sonderzeichen wie © oder ‰ benötigen.

In diesem Fall positionieren Sie den Cursor an die betreffende Stelle und wählen die Befehlsfolge EINFÜGEN / SONDERZEICHEN aus oder klicken in der Symbolleiste STANDARD auf die Schaltfläche SONDERZEICHEN EINFÜGEN (Sie erkennen sie am Ω-Zeichen). Achten Sie dabei im folgenden Dialogfenster SONDERZEICHEN darauf, dass Sie in der Dropdownliste SCHRIFTART die im Text verwendete Schriftart auswählen.

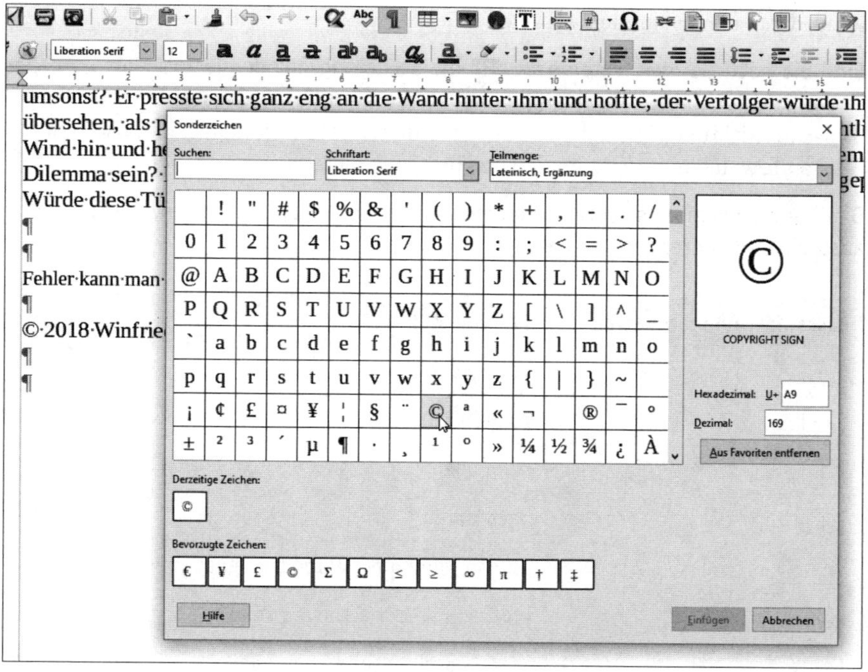

Abb. 2.29: Sonderzeichen suchen und einfügen

Wählen Sie das gewünschte Zeichen im Listenfeld aus und klicken Sie dann auf die Schaltfläche EINFÜGEN.

Tipp

Interessante und wichtige Symbole (wie das Telefon- oder E-Mail-Zeichen) finden Sie in den Schriftarten *Symbol, Webdings, Wingdings, Wingdings 2* und *Wingdings 3*.

Bewegen im Text

Wie Sie gesehen haben, wandert der Cursor bei der Texteingabe mit. Sie können ihn aber auch an jede beliebige Stelle im Text platzieren. Das ist beispielsweise dann notwendig, wenn Sie einen entdeckten Fehler nachträglich korrigieren oder ein vergessenes Wort eingeben möchten.

Haben Sie die Maus zur Hand, klicken Sie einfach an die gewünschte Stelle und stellen dadurch den Cursor dort ab.

Sind Sie noch bei der Texteingabe, ist die Steuerung mit der Tastatur oft schneller und effizienter. Die Einfügemarke bewegen Sie mithilfe der Cursortasten in die gewünschte Richtung. Jedes Tippen auf eine dieser Tasten bewegt den Cursor um ein Zeichen bzw. um eine Zeile in die entsprechende Richtung.

Darüber hinaus gibt es aber noch einige weitere Tastenkombinationen, die Sie einmal ausprobieren sollten:

Taste/Tastenkombination	Bewegung/Richtung
→	nach rechts
←	nach links
↑	nach oben
↓	nach unten
Pos1	an den Anfang der aktuellen Zeile
Ende	an das Ende der aktuellen Zeile
Bild ↑	eine Bildschirmseite nach oben
Bild ↓	eine Bildschirmseite nach unten
Strg + →	wortweise nach rechts

Taste/Tastenkombination	Bewegung/Richtung
[Strg] + [←]	wortweise nach links
[Strg] + [↑]	zum vorherigen Absatz nach oben
[Strg] + [↓]	zum nächsten Absatz nach unten
[Strg] + [Pos1]	an den Anfang des Dokuments
[Strg] + [Ende]	an das Ende des Dokuments

Selbstverständlich können Sie den Cursor auch direkt mit der Maus durch einen Klick positionieren. Aber Sie werden rasch feststellen, dass die Cursorbewegung mit den Tasten schneller und vor allem präziser ist.

2.3 Texte bearbeiten

Anders als früher bei der Schreibmaschine haben Sie in der Textverarbeitung die Möglichkeit, auch nachträglich noch Korrekturen vorzunehmen oder das Erscheinungsbild des Textes zu verändern.

Markieren

Dem *Markieren* kommt eine zentrale Bedeutung bei der Textverarbeitung zu. Deshalb ist es wichtig, dass Sie die nachfolgenden Möglichkeiten bald sicher beherrschen.

Damit Writer erkennt, welchen Bereich Sie verändern wollen, müssen Sie die entsprechende Textstelle markieren. Dadurch wird die Textstelle invertiert dargestellt und bei normalem Text blau hinterlegt.

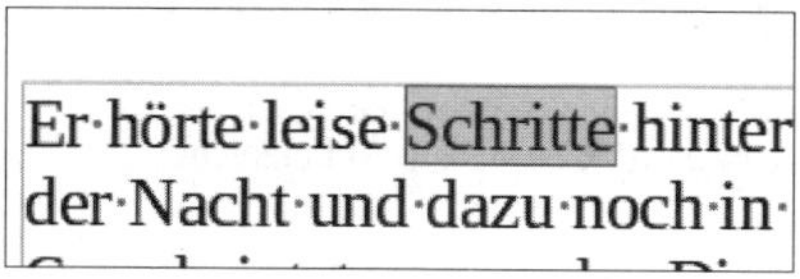

Abb. 2.30: Ein markiertes Wort

Um eine Markierung wieder aufzuheben, klicken Sie mit der Maus an eine beliebige Stelle im Text oder drücken eine der Cursorsteuerungstasten wie z. B. [→].

Das Markieren kann entweder mit der Maus oder direkt mit der Tastatur erfolgen. Probieren Sie die folgenden Anleitungen einmal mit einem Beispieltext aus. Sie werden rasch erkennen, was für Sie im Alltag von Bedeutung sein wird.

Markieren mit der Maus

Zum Markieren mit der Maus stehen Ihnen folgende Möglichkeiten zur Verfügung:

- Wort: Doppelklick auf das betreffende Wort

Abb. 2.31: Ein markiertes Wort

- Satz (dieser endet mit einem Punkt, Ausrufezeichen oder Fragezeichen und nachfolgendem Leerzeichen.): Zweimal einen Klick links neben den Satz

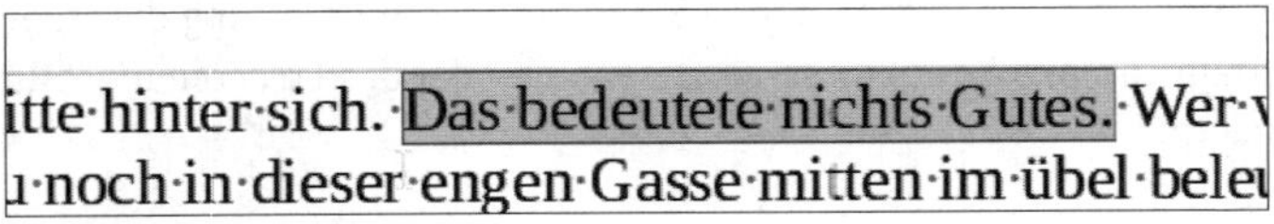

Abb. 2.32: Ein markierter Satz

- Absatz (dieser endet mit einer Absatzmarke, der durch die Taste [↵] erzeugt wird.): Zweimal einen Klick links neben den Absatz

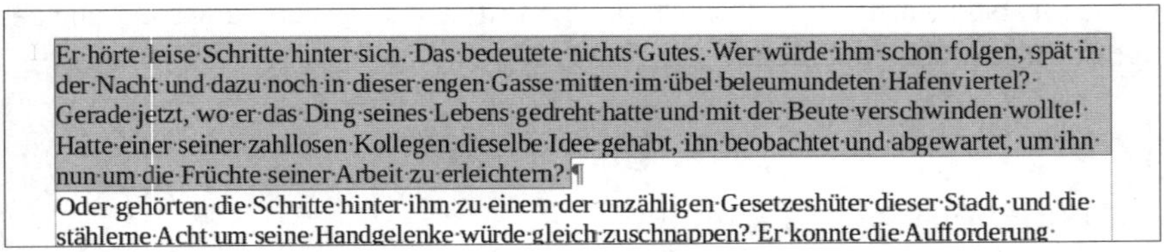

Abb. 2.33: Ein markierter Absatz

- Mehrere Zeilen und/oder Absätze: Beginnend links vor dem Text klicken und mit gedrückter Maustaste ziehen

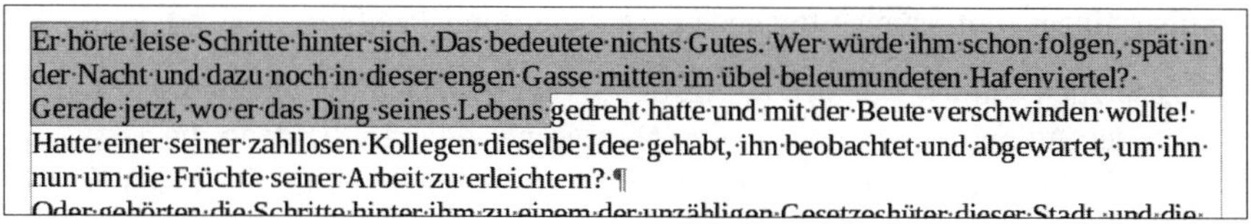

Abb. 2.34: Ein markierter Abschnitt

Markieren mit der Tastatur

Wenn Sie es erst einmal heraushaben, werden Sie gewiss zum Markieren mehr die Tastatur als die Maus einsetzen, denn dabei müssen Sie die Hand viel weniger bewegen.

Grundsätzlich markieren Sie mithilfe der Tastatur, indem Sie die Taste [⇧] gedrückt halten und zusätzlich die Tasten(-kombinationen) der Cursorsteuerung nutzen. Wie Sie beim Üben sicherlich bemerken, ist das Markieren mit der Tastatur oft schneller und präziser.

Im Einzelnen können Sie wie folgt markieren:

Tastenkombination	Markiert
[⇧] + [→]	buchstabenweise ab der aktuellen Cursorposition nach rechts
[⇧] + [←]	buchstabenweise ab der aktuellen Cursorposition nach links
[⇧] + [↓]	zeilenweise ab der aktuellen Cursorposition nach unten
[⇧] + [↑]	zeilenweise ab der aktuellen Cursorposition nach oben
[⇧] + [Pos1]	ab der aktuellen Cursorposition bis zum Zeilenanfang
[⇧] + [Ende]	ab der aktuellen Cursorposition bis zum Zeilenende
[⇧] + [Strg] + [→]	wortweise ab der aktuellen Cursorposition nach rechts
[⇧] + [Strg] + [←]	wortweise ab der aktuellen Cursorposition nach links
[⇧] + [Strg] + [↓]	absatzweise ab der aktuellen Cursorposition nach unten
[⇧] + [Strg] + [↑]	absatzweise ab der aktuellen Cursorposition nach oben
[⇧] + [Strg] + [Pos1]	ab der aktuellen Cursorposition bis zum Dokumentanfang
[⇧] + [Strg] + [Ende]	ab der aktuellen Cursorposition bis zum Dokumentende

Darüber hinaus gibt es noch folgende besondere Möglichkeiten:

- Zusätzlich können Sie noch die Taste [⇧] mit der Maus kombinieren: Klicken Sie an den Anfang einer gewünschten Markierung, drücken Sie dann die Taste [⇧] und halten Sie sie gedrückt, während Sie an das Ende der gewünschten Markierung klicken.
- Den gesamten Text markieren Sie auch mit [Strg] + [A] oder über BEARBEITEN / ALLES AUSWÄHLEN.

Korrigieren

Nachdem Sie einen Text eingegeben haben, können Sie Korrekturen vornehmen, also Schreibfehler beseitigen, bessere Formulierungen eingeben, Rechtschreib- und Grammatikkorrekturen durchführen usw. Dazu werden Sie Inhalte durch die Eingabe oder das Löschen von Zeichen oder Wörtern in einem vorhandenen Text bearbeiten.

Grundsätzlich haben Sie zwei Korrekturmöglichkeiten:

- Fehlendes ergänzen – das nennt man *Einfügen*.
- Überflüssiges entfernen – das wird als *Löschen* bezeichnet.

Einfügen

Standardmäßig ist in Writer der Einfügemodus eingestellt, das heißt, alles, was Sie schreiben, wird zusätzlich in den Text eingefügt. Falls Sie einen Buchstaben vergessen haben, bringen Sie den Cursor an diese Stelle und geben den Buchstaben oder auch mehrere ein.

Auf diese Weise können Sie auch Absätze nachträglich einfügen. Soll ein weiterer Absatz entstehen, positionieren Sie den Cursor an besagte Stelle und drücken anschließend einmal die Taste [↵] zum Erzeugen eines Absatzes.

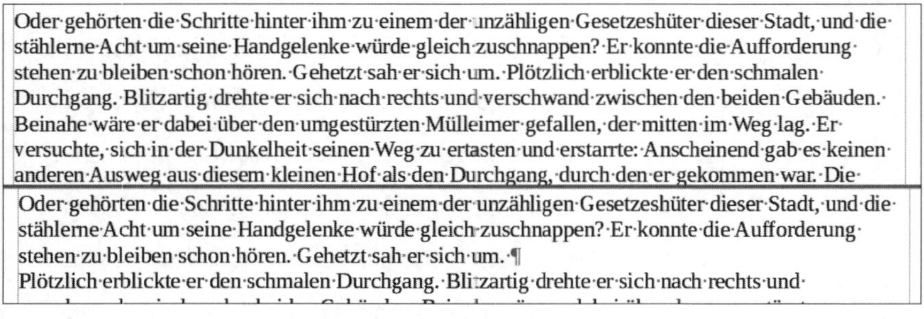
Oder·gehörten·die·Schritte·hinter·ihm·zu·einem·der·unzähligen·Gesetzeshüter·dieser·Stadt,·und·die·stählerne·Acht·um·seine·Handgelenke·würde·gleich·zuschnappen?·Er·konnte·die·Aufforderung·stehen·zu·bleiben·schon·hören.·Gehetzt·sah·er·sich·um.·Plötzlich·erblickte·er·den·schmalen·Durchgang.·Blitzartig·drehte·er·sich·nach·rechts·und·verschwand·zwischen·den·beiden·Gebäuden.·Beinahe·wäre·er·dabei·über·den·umgestürzten·Mülleimer·gefallen,·der·mitten·im·Weg·lag.·Er·versuchte,·sich·in·der·Dunkelheit·seinen·Weg·zu·ertasten·und·erstarrte:·Anscheinend·gab·es·keinen·anderen·Ausweg·aus·diesem·kleinen·Hof·als·den·Durchgang,·durch·den·er·gekommen·war.·Die·

Oder·gehörten·die·Schritte·hinter·ihm·zu·einem·der·unzähligen·Gesetzeshüter·dieser·Stadt,·und·die·stählerne·Acht·um·seine·Handgelenke·würde·gleich·zuschnappen?·Er·konnte·die·Aufforderung·stehen·zu·bleiben·schon·hören.·Gehetzt·sah·er·sich·um.·¶
Plötzlich·erblickte·er·den·schmalen·Durchgang.·Blitzartig·drehte·er·sich·nach·rechts·und·

Abb. 2.35: Einen Absatz einfügen (vorher/nachher)

Ebenso können Sie neue Seiten einfügen.

Grundsätzlich fügt Writer selbstständig eine neue Seite an, wenn Ihr Text länger wird. Wünschen Sie jedoch vorzeitig einen Seitenumbruch, können Sie diesen durch Aufruf der Menüfolge Einfügen / Seitenumbruch oder durch Betätigen der Tastenkombination [Strg] + [Enter] einfügen.

Möchten Sie weiteren Einfluss auf diese Aktion nehmen, dann rufen Sie die Befehlsfolge Einfügen / Manueller Umbruch auf. Im folgenden Dialogfenster achten Sie darauf, dass die Option Seitenumbruch aktiviert ist, und bestätigen mit OK.

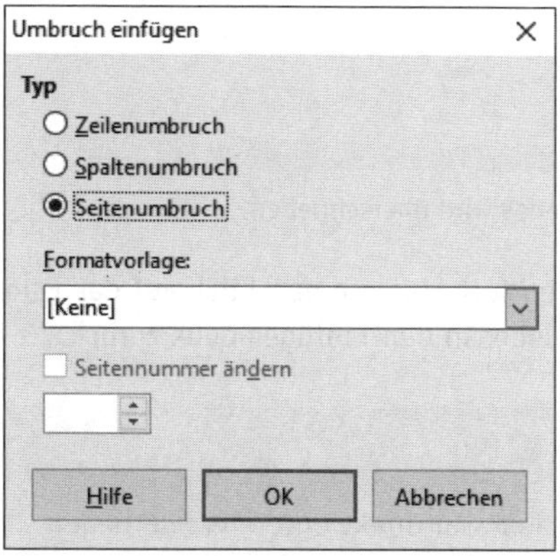

Abb. 2.36: Einen Seitenumbruch einfügen

Tipp

Über dieses Dialogfenster können Sie auch einen Zeilenumbruch oder einen Spaltenumbruch einfügen und dabei gleich die gewünschte Formatvorlage festlegen.

Aus dem Einfügemodus können Sie über die Taste [Einfg] oder mit einem Klick auf das große Feld links neben dem Feld Standardauswahl in den Überschreibmodus umschalten. Dann erscheint in der Statusleiste der Eintrag Überschreiben.

Abb. 2.37: Mit einem Klick in den Überschreibmodus

Im aktivierten Überschreibmodus werden die neuen Zeichen, die Sie eingeben, anstelle der alten Zeichen gesetzt, die alten Zeichen werden also überschrieben. Als optische Hilfe wird der Cursor statt in Form einer Linie als blinkendes Rechteck angezeigt.

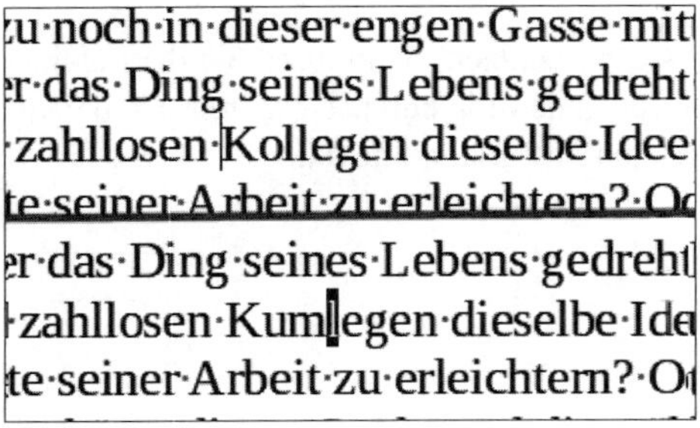

Abb. 2.38: Aus Kollegen werden Kumpels: Vorhandenes wird überschrieben.

Durch erneutes Drücken der Taste `Einfg` oder auch durch einen Klick auf das Feld Überschreiben in der Statusleiste schalten Sie wieder in den Einfügemodus zurück.

> **Tipp**
>
> Da die Tasten `Entf` und `Einfg` auf einer Tastatur direkt untereinanderliegen, geschieht das Umschalten in den Überschreibmodus oft unbeabsichtigt.

Löschen

Beim Löschen können Sie folgende Tasten verwenden:

- `←`: Diese Taste entspricht der Sofortkorrekturtaste bei einer (moderneren) Schreibmaschine. Hiermit werden die Zeichen links vom Cursor gelöscht. Es bietet sich an, kleine Schreibfehler direkt während des Schreibens mit dieser Taste zu korrigieren.

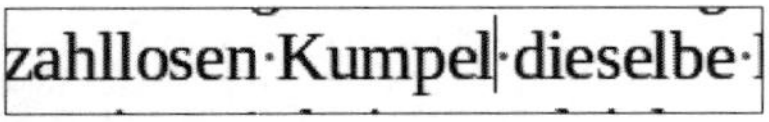

Abb. 2.39: Löschen mit der Taste `←`

- [Entf]: Mit dieser Taste werden die Zeichen rechts vom Cursor gelöscht oder alles, was zuvor markiert wurde.

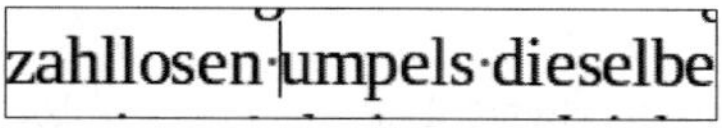

Abb. 2.40: Löschen mit der Taste [Entf]

Pro Tipp auf die Taste wird ein Buchstabe gelöscht. Wenn Sie mehr als ein paar Zeichen löschen wollen, markieren Sie zunächst die betreffende Passage und betätigen dann die entsprechende Taste.

Kommentare

Möchten Sie eine bestimmte Passage erst später bearbeiten, sollten Sie sie mithilfe eines sogenannten *Kommentars* markieren.

Klicken Sie dazu an der betreffenden Stelle auf die Schaltfläche KOMMENTAR EINFÜGEN (Symbolleiste STANDARD) und rufen die Befehlsfolge EINFÜGEN / KOMMENTAR auf oder verwenden Sie die Tastenkombination [Strg] + [Alt] + [C].

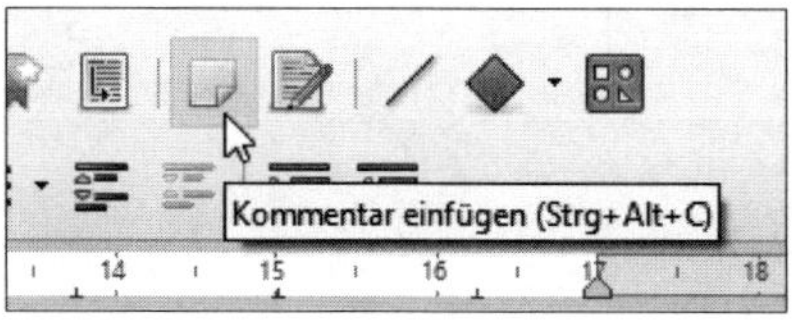

Abb. 2.41: Einen Kommentar einfügen

Am Seitenrand erscheint nun ein kleiner gelber Bereich, in dem Sie Ihre Notiz eingeben können.

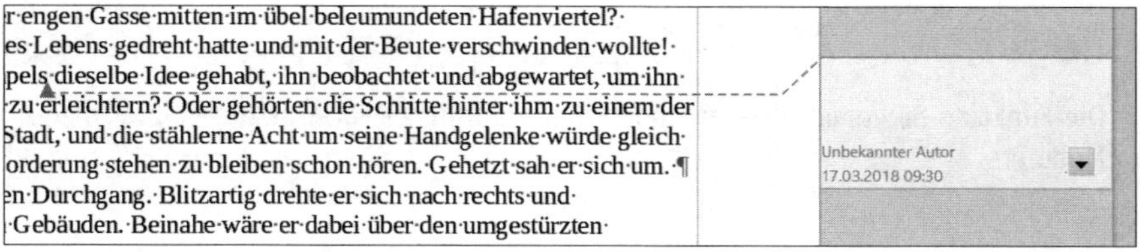

Abb. 2.42: Nichts vergessen dank Kommentaren

Am unteren Rand wird Ihr Name angezeigt, sofern Sie diesen bei der Installation angegeben hatten. Zudem wird der Zeitpunkt der Eingabe festgehalten.

Gefällt Ihnen die Angabe *Unbekannter Autor* nicht, können Sie diese durch Ihren Namen ersetzen. Rufen Sie dazu die Befehlsfolge Extras / Optionen auf. Im folgenden Dialogfenster wählen Sie die Kategorie Benutzerdaten und nehmen die entsprechenden Eingaben vor.

Möchten Sie den Kommentar löschen, klicken Sie auf das Symbol mit dem nach unten weisenden Pfeil und wählen die gewünschte Option aus.

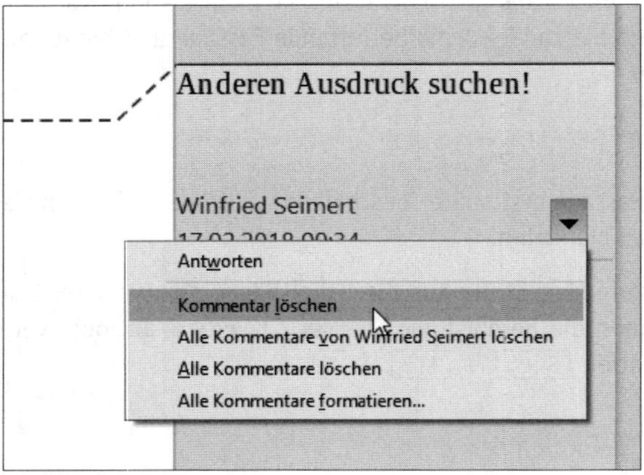

Abb. 2.43: Einen benannten Kommentar löschen

Suchen und Ersetzen

Wenn Sie in einem langen Text eine bestimmte Textstelle suchen, haben Sie mit Writer die Möglichkeit, den Text nach Wörtern oder auch Steuerzeichen und Formaten durchsuchen und diese bei Bedarf sogar durch andere Wörter oder Steuerzeichen und Formate ersetzen zu lassen.

Tipp

Die Funktion Suchen und Ersetzen finden Sie in ähnlicher Form in allen LibreOffice-Modulen.

In einem solchen Fall positionieren Sie den Cursor an den Anfang des Dokuments (Strg + Pos1) und klicken in der Symbolleiste auf die entsprechende Schaltfläche Suchen und Ersetzen bzw. betätigen die Tastenkombination Strg + Alt + F.

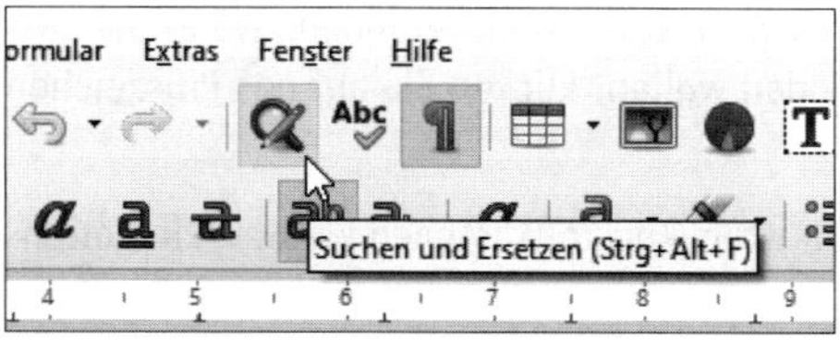

Abb. 2.44: Eine hilfreiche Option: SUCHEN UND ERSETZEN

Im folgenden Dialogfenster tragen Sie in das Feld SUCHEN NACH das zu suchende Wort, beispielsweise `Kumpels`, ein.

Wenn Sie dann auf die Schaltfläche NÄCHSTEN SUCHEN klicken, stoppt Writer bei der ersten Fundstelle und markiert diese.

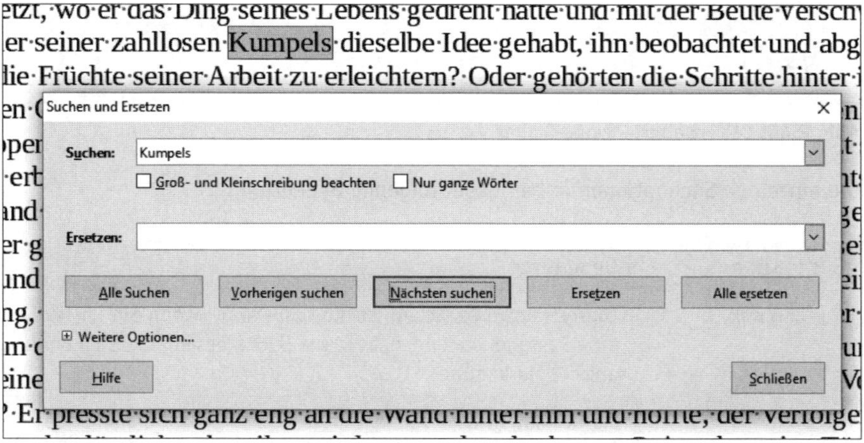

Abb. 2.45: Und schon wurde das Wort gefunden.

Um die nächste Stelle ausfindig zu machen, klicken Sie wieder auf NÄCHSTEN SUCHEN und die Suche stoppt wieder beim nächsten Fund (sofern vorhanden).

Mit den beiden Kontrollkästchen GROSS-/KLEINSCHREIBUNG BEACHTEN und NUR GANZE WÖRTER können Sie die Suche verfeinern und ganz genau abstimmen. Im ersten Fall werden nur Wörter gesucht, die der Schreibweise entsprechen (`kumpels` würde beispielsweise nicht gefunden), und im zweiten Fall wird nur das eingegebene Wort, aber keine Wortvariante gesucht (`Kumpelfreunde` würde z. B. nicht gefunden).

Bei dieser Suche werden allerdings auch Wortbestandteile gefunden. Wenn Sie tatsächlich nur ein ganz bestimmtes Wort finden wollen, klicken Sie auf das Pluszeichen vor WEITERE OPTIONEN.

Im erweiterten Dialogfenster können Sie mittels Kontrollkästchen weitere Einstellungen vornehmen.

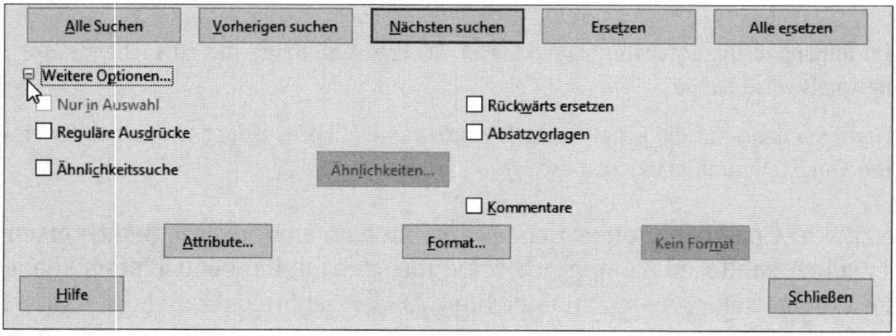

Abb. 2.46: Der erweiterte SUCHEN-Dialog

Die einzelnen Suchoptionen haben dabei folgende Bedeutung:

Suchoption	Bedeutung
NUR IN AUSWAHL	Dieses Kontrollkästchen ist nur dann aktiv, wenn Sie im Text eine Passage markiert haben. Die Suche beschränkt sich dann auf die Markierung.
RÜCKWÄRTS ERSETZEN	Im Normalfall wird der Text ab der Cursorposition zum Ende hin durchsucht. Wünschen Sie eine Suche in umgekehrter Richtung, muss dieses Kontrollkästchen aktiviert werden.
REGULÄRE AUSDRÜCKE	Wenn dieses Kontrollkästchen aktiviert ist, wird das Wort in genau der Schreibweise gesucht, in der es unter Suchen nach eingegeben wurde.
ABSATZVORLAGEN	Hier besteht die Möglichkeit, bestimmte Vorlagen zu suchen.
ÄHNLICHKEITSSUCHE	Möchten Sie ein ähnliches Wort finden, muss dieses Kontrollkästchen aktiviert sein. Nach einem Klick auf die Schaltfläche mit den drei Punkten können Sie die Ähnlichkeit genauer einstellen.

Suchoption	Bedeutung
Kommentare	In diesem Fall werden nur die Kommentare gesucht.
Attribute	Über diese Schaltfläche können bestimmte Texteigenschaften gefunden werden.
Format / Kein Format	Mithilfe der Optionen können Sie eine ganz bestimmte Formatierung bzw. solche ohne im Text ausfindig machen.

Wenn Sie ein Wort durch ein anderes ersetzen wollen, können Sie im Dialogfenster Suchen und Ersetzen den neuen Begriff festlegen.

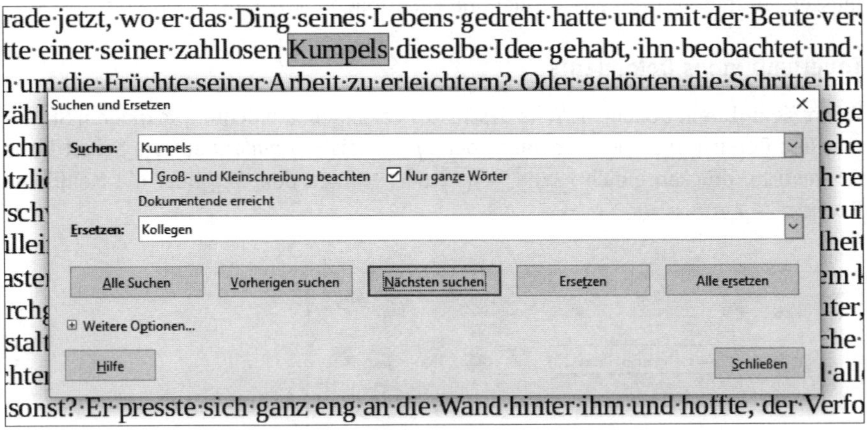

Abb. 2.47: Praktisch: Suchen und Ersetzen

Hier tragen Sie zunächst wie gehabt im Feld Suchen nach den Suchbegriff ein und geben den gewünschten neuen Begriff im Feld Ersetzen durch ein. Dann klicken Sie auf Ersetzen.

Writer ersetzt an der ersten Fundstelle den alten durch den neuen Begriff. Möchten Sie diese Vorgehensweise im gesamten Dokument anwenden, klicken Sie auf Alle ersetzen.

Tipp

Bei einem sehr langen Text bietet es sich an, die Schaltfläche ALLE ERSETZEN zu benutzen. Dazu sollten Sie aber sicher sein, dass auch alle Ersetzungen wie gewünscht erscheinen werden (NUR GANZE WÖRTER, GROSS-/KLEINSCHREIBUNG usw.). Falls das Ergebnis nicht zu Ihrer Zufriedenheit ausfällt, klicken Sie auf RÜCKGÄNGIG. Dadurch werden alle Ersetzungen aufgehoben.

Kopieren und Verschieben

Sehr häufig werden Sie bestimmte Passagen in Ihren Texten umstellen wollen oder müssen. In diesem Fall helfen Ihnen die Funktionen KOPIEREN und VERSCHIEBEN.

Innerhalb eines Dokuments

Wenn Sie in Ihrem Dokument Teile des Textes verschieben möchten, markieren Sie zuerst den Bereich und klicken dann in der Symbolleiste *Standard* auf die Schaltfläche AUSSCHNEIDEN, drücken gleich [Strg] + [X].oder wählen den Weg über die Menüfolge BEARBEITEN / AUSSCHNEIDEN.

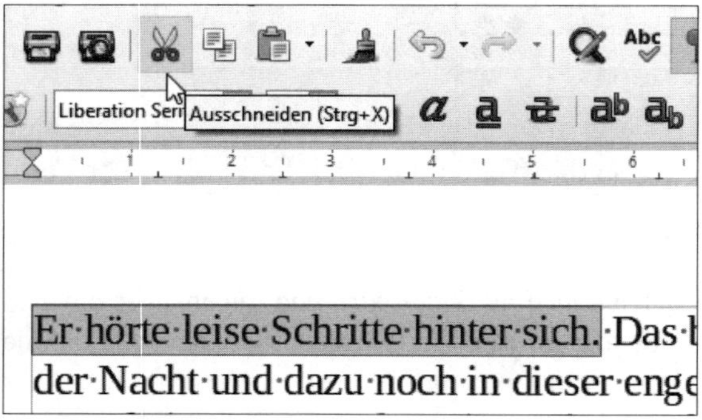

Abb. 2.48: Eine Passage ausschneiden

Danach positionieren Sie den Cursor an der neuen Stelle und klicken anschließend auf die Schaltfläche EINFÜGEN oder drücken [Strg] + [V].

Hierbei können Sie sogar zwischen vier Arten wählen. Diese erhalten Sie, wenn Sie auf den Listenpfeil der Schaltfläche klicken.

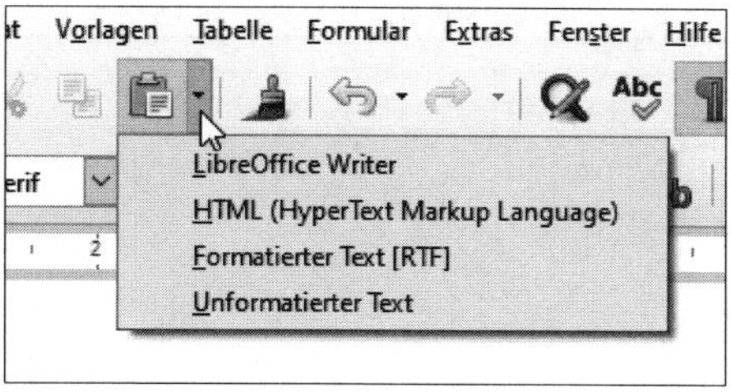

Abb. 2.49: Wie möchten Sie den Inhalt einfügen?

Wie Sie sehen, haben Sie die Wahl, ob Sie die ursprüngliche Formatierung beibehalten möchten (LibreOffice Writer), ob die HTML-Codeangaben beibehalten werden sollen oder ob der Text formatiert oder unformatiert übernommen werden soll.

Für den Fall, dass Sie den Textteil auch an der ursprünglichen Stelle erhalten möchten, benutzen Sie statt des Befehls Ausschneiden den Befehl Kopieren. Das funktioniert über die Schaltfläche Kopieren, der Tastenkombination [Strg] + [C] oder der Menüfolge Bearbeiten / Kopieren.

Zwischen mehreren Dokumenten

Bei beiden Möglichkeiten ist es völlig unerheblich, wo sich die »neue Stelle« für den Text befindet: Dies kann im selben Dokument, in einem anderen Textdokument oder sogar in einer anderen Anwendung wie z. B. *Impress* sein. Die benutzten Befehle bleiben die gleichen.

Der einzige Unterschied besteht darin, dass Sie in das andere Dokument mithilfe der Schaltflächen in der Taskleiste wechseln und dann dort den Inhalt einfügen.

Abb. 2.50: Rascher Wechsel über die Taskleistenschaltflächen

Rückgängig und Wiederherstellen

Über die Schaltfläche Rückgängig in der Symbolleiste Standard, Aufruf der Menüfolge Bearbeiten / Rückgängig oder schneller durch Betätigen von [Strg] + [Z] können Sie die zuvor durchgeführten Änderungen wieder ungeschehen machen.

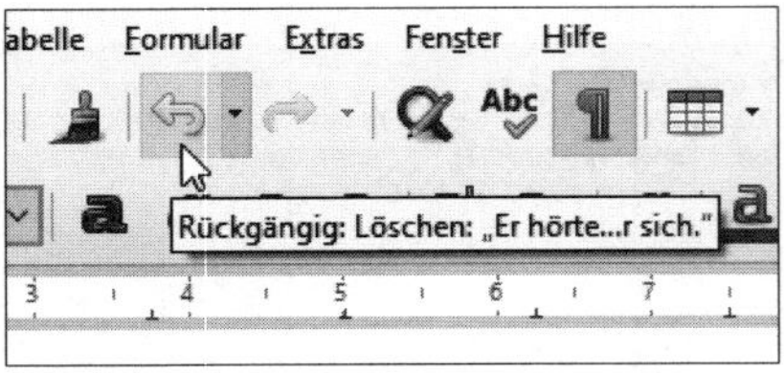

Abb. 2.51: Etwas rückgängig machen

Tipp

Sie können bis zu 100 Aktionen rückgängig machen, indem Sie mehrfach hintereinander den Befehl RÜCKGÄNGIG ausführen. Dabei spielt es keine Rolle, wenn Sie das Dokument zwischendurch speichern. Haben Sie jedoch ein Dokument einmal geschlossen, »erinnert« sich Writer auch nicht mehr an die Änderungen. Die Funktion RÜCKGÄNGIG findet sich ebenfalls in allen LibreOffice-Modulen.

Wenn Sie bereits wissen, dass Sie mehr als eine oder zwei Aktionen ungeschehen machen wollen, klicken Sie auf den Listenpfeil der Schaltfläche RÜCKGÄNGIG. Hier erscheint eine Liste aller Aktionen, die Sie vorgenommen haben. Je weiter Sie nach unten in der Liste gehen, desto »älter« ist die Aktion. Klicken Sie dann den gewählten Zustand Ihres Dokuments an.

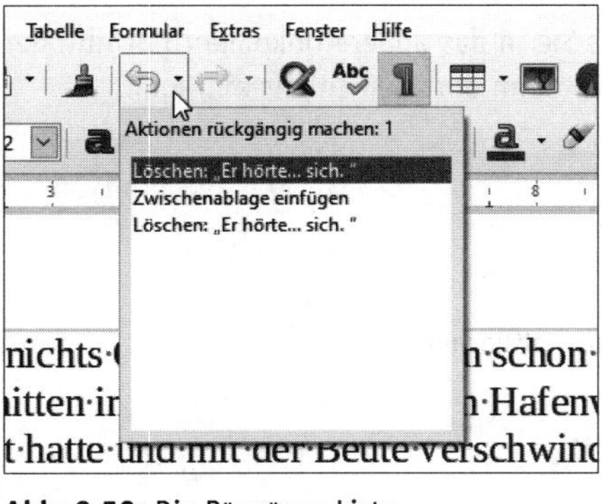

Abb. 2.52: Die RÜCKGÄNGIG-Liste

Was Sie rückgängig gemacht haben, können Sie auch wiederherstellen. Klicken Sie dazu auf die Schaltfläche WIEDERHERSTELLEN, rufen Sie die Menüfolge BEARBEITEN / WIEDERHERSTELLEN auf oder drücken Sie Strg + Y.

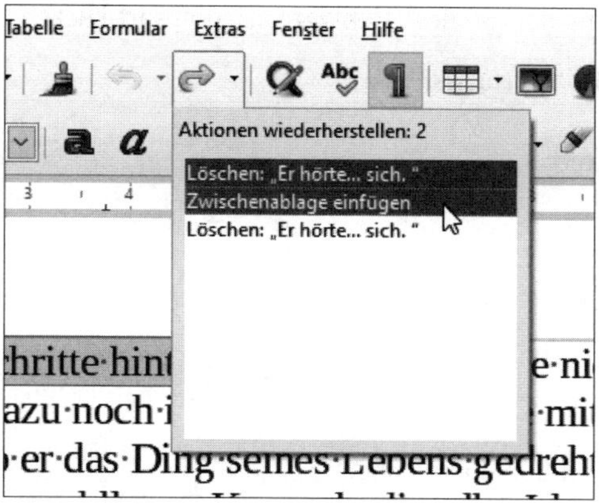

Abb. 2.53: Das Ganze kehrt marsch!

2.4 Texte formatieren

Im Folgenden geht es um das Formatieren, also das Gestalten von Text.

Dabei sollten Sie folgende Reihenfolge beachten: Zunächst schreibt man den Text und korrigiert ihn, zwischendurch speichert man immer mal wieder und erst dann geht es an die Gestaltung. Sie können Ihre zukünftige Arbeit erheblich vereinfachen, wenn Sie sich an diese Reihenfolge halten und nicht, wie es bei der Schreibmaschine erforderlich war, bereits beim Erfassen des Textes mit dem Formatieren beginnen.

Beim Formatieren wird zunächst zwischen Zeichen- und Absatzformatierung unterschieden.

Zeichenformatierung

Bei der *Zeichenformatierung* gilt es, die einzelnen Buchstaben, die Zeichen, zu formatieren. Dementsprechend müssen Sie zunächst die betreffenden Buchstaben markieren.

Symbolleiste Formatierungen

Die gängigen Zeichenformate finden Sie auf der Symbolleiste FORMATIERUNGEN.

Abb. 2.54: Symbolleiste FORMATIERUNGEN

Hier müssen Sie nur auf die Schaltfläche der gewünschten Formatierungsart klicken.

Dabei stehen Ihnen folgende Möglichkeiten zur Wahl:

Formatierung	Schaltfläche	Tastenkombination
Vorlage anwenden	Standard Schneller Zugriff auf die gängigsten Formatvorlagen	
Vorlage aktualisieren	Änderungen in die Vorlage übernehmen	Strg + ⇧ + F11
Neue Vorlage	Eine neue Vorlage erstellen	⇧ + F11
Schriftname	Liberation Serif Weitere Schriften können Sie über das Listenfeld auswählen.	
Schriftgröße	12 Weitere Größen wählen Sie über die Liste aus oder durch direkte Eingabe der gewünschten Größe mit Bestätigung durch die ↵-Taste.	
Fett	a	Strg + ⇧ + F
Kursiv	*a*	Strg + I
Unterstrichen	a	Strg + U
Durchgestrichen	a	
Hochgestellt	ab	Strg + H
Tiefgestellt	ab	Strg + T

Formatierung	Schaltfläche	Tastenkombination
Direkte Formatierung löschen		[Strg] + [M]
Zeichenfarbe	 Im Listenfeld befindet sich eine Reihe an vorgegebenen Farben zum einfachen Auswählen. 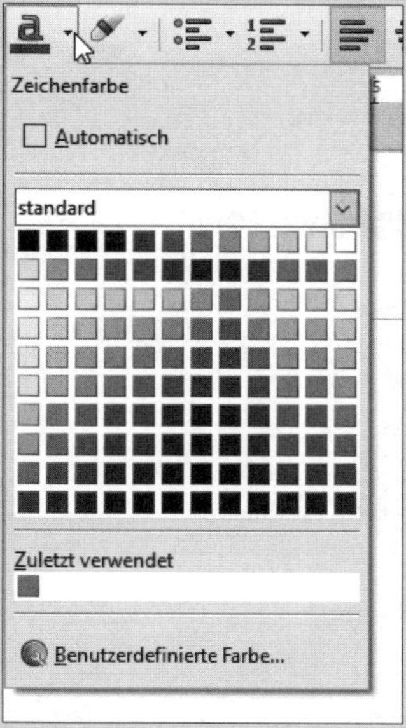 	
Farbe für Hervorhebung	 Über diese Schaltfläche können Sie einen Absatz mit einer Hintergrundfarbe versehen.	

Um alle Zeichenformatierungen wieder auf den Standard zurückzusetzen, müssen Sie die zugewiesenen Formatierungen durch Anklicken der entsprechenden Schaltfläche wieder entfernen oder die Schaltfläche DIREKTE FORMATIERUNG LÖSCHEN einsetzen.

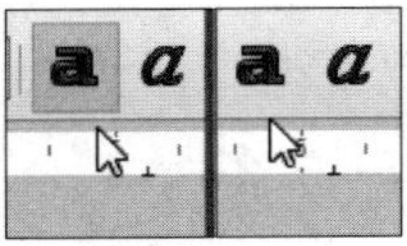

Abb. 2.55: Links eingeschaltet, rechts ausgeschaltet

Dialogfenster Zeichen

Zugriff auf alle Formatierungen erhalten Sie über das Dialogfenster ZEICHEN, das Sie durch die Befehlsfolge FORMAT / ZEICHEN aufrufen können.

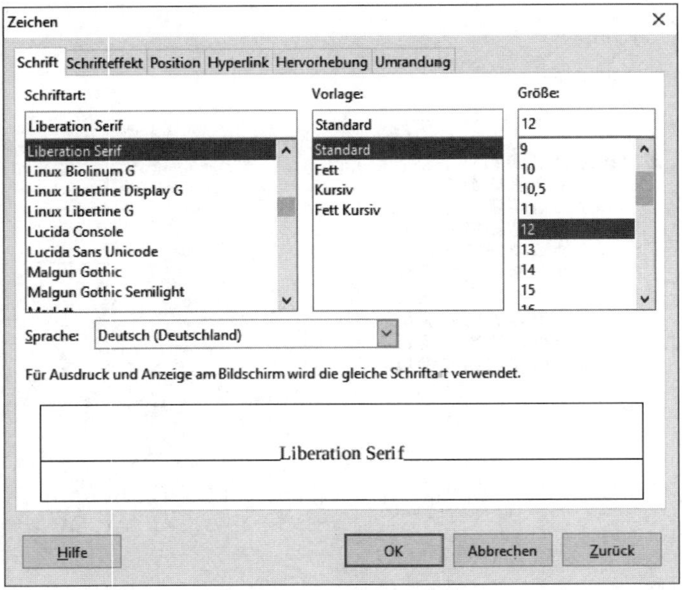

Abb. 2.56: Das Dialogfenster ZEICHEN, Registerkarte SCHRIFT

Sie erhalten das Dialogfenster ZEICHEN mit aktivierter Registerkarte SCHRIFT. Auf dieser Registerkarte können Sie

- die SCHRIFT,
- die VORLAGE (den Schriftstil),
- die GRÖSSE und
- die SPRACHE einstellen.

Wenn Sie die Registerkarte SCHRIFTEFFEKT aktivieren, können Sie weiteren Einfluss auf die Darstellung der Zeichen nehmen.

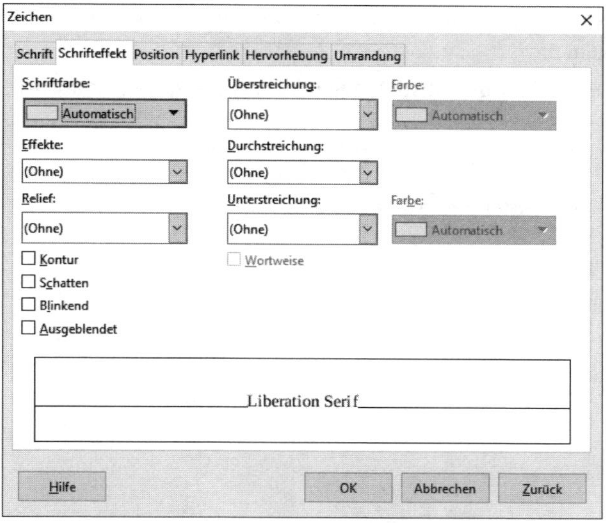

Abb. 2.57: Das Dialogfenster ZEICHEN, Registerkarte SCHRIFTEFFEKT

- Über das Listenfeld SCHRIFTFARBE stellen Sie die gewünschte Farbe ein.
- Über das Listenfeld EFFEKTE können Sie die sogenannten Auszeichnungen einstellen, also ob die Zeichen als VERSALIEN (Großbuchstaben), GEMEINE (Kleinbuchstaben), TITEL (Anfangsbuchstaben werden als Großbuchstaben dargestellt) oder KAPITÄLCHEN (Kleinbuchstaben werden als verkleinerte Großbuchstaben dargestellt) angezeigt werden sollen.
- Über das Listenfeld RELIEF wählen Sie aus, ob die Zeichen ERHABEN oder VERTIEFT angezeigt werden. Im ersten Fall wirken die Zeichen, als wären sie aus der Seite herausgedrückt. Im zweiten Fall erscheinen die Zeichen, als wären sie in die Seite eingeprägt.
- Mithilfe des Kontrollkästchens KONTUR können Sie die Kontur der Zeichen hervorheben.
- Ein aktiviertes Kontrollkästchen SCHATTEN führt dazu, dass die ausgewählten Zeichen einen nach rechts unten fallenden Schatten erhalten.
- Haben Sie das Kontrollkästchen BLINKEND aktiviert, blinken die markierten Zeichen in Intervallen auf.

- Bei einem aktivierten Kontrollkästchen AUSGEBLENDET werden die zuvor markierten Zeichen nicht ausgedruckt.
- Über die Listenfelder ÜBERSTREICHUNG, DURCHSTREICHUNG und UNTERSTREICHUNG legen Sie die Art derselben fest. Beim ersten und letzten Listenfeld können Sie zudem noch die FARBE festlegen.

Die Lage der Zeichen legen Sie über die Einstellungen der Registerkarte POSITION fest.

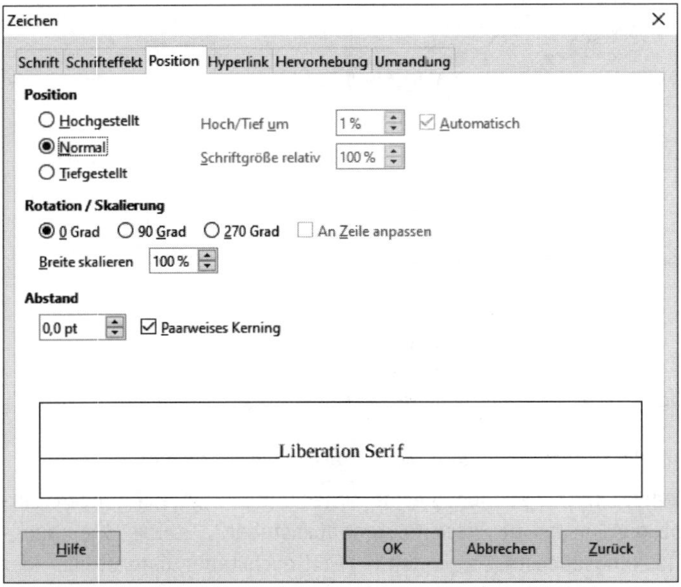

Abb. 2.58: Das Dialogfenster ZEICHEN, Registerkarte POSITION

- Im Bereich POSITION bestimmen Sie, ob die Zeichen über (HOCHGESTELLT) oder unter (TIEFGESTELLT) der Grundlinie positioniert werden sollen. Die genauen Angaben dazu stellen Sie über die Drehfelder des Feldes HOCH/TIEF UM ein. Um welche Prozentzahl dabei die Schriftgröße angepasst werden soll, legen Sie über das Feld SCHRIFTGRÖSSE REL. fest.
- Im Bereich ROTATION / SKALIERUNG können Sie den Drehwinkel der markierten Zeichen festlegen.

Den ABSTAND zwischen den Zeichen, man spricht auch von der LAUFWEITE, bestimmen Sie dagegen im gleichnamigen Bereich. So können Sie die Buchstaben eines Textes enger (SCHMAL) oder weiter stellen (GESPERRT).

Die Registerkarte HYPERLINK wird nur im Falle der Erstellung eines HTML-Dokuments benötigt. Die Registerkarte HERVORHEBUNG ermöglicht die Einstellung der Markierungsfarbe und mithilfe der Registerkarte UMRANDUNG können Sie eine ebensolche erzeugen.

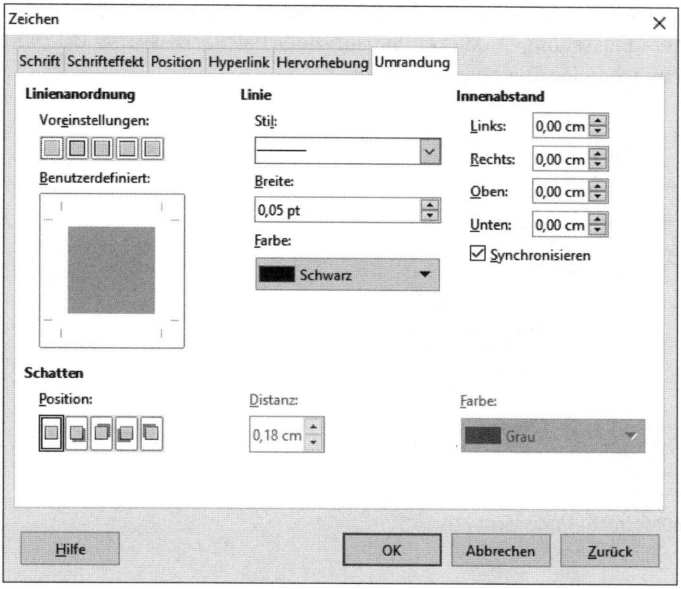

Abb. 2.59: Das Dialogfenster ZEICHEN, Registerkarte UMRANDUNG

- Über den Bereich LINIENANORDNUNG legen Sie fest, auf welcher Seite bzw. auf welchen Seiten die Linien erscheinen sollen.
- Die Art der Linie wählen Sie aus dem Listenfeld STIL aus, stellen deren Stärke über das Listenfeld BREITE ein und wählen die gewünschte Farbe aus dem gleichnamigen Listenfeld aus.
- Im Bereich ABSTAND ZUM INHALT können Sie die jeweiligen Abstände zum Text einstellen.
- Wünschen Sie einen SCHATTEN, dann legen Sie dessen Aussehen über die Schaltfläche POSITION fest. Über das Drehfeld DISTANZ bestimmen Sie den Abstand zum Rahmen, und wenn Sie wünschen, können Sie die Schattenfarbe über das Listenfeld FARBE verändern.

Seitenleiste

Wenn Sie mögen, können Sie auf die wichtigen Zeichenformate auch bequem über die Seitenleiste zugreifen.

Sie finden dort im Bereich Zeichen alle häufig verwendeten Zeichenformatierungen. Benötigen Sie weitere Einstellungen, klicken Sie auf die Schaltfläche Weitere Optionen, die Sie zu dem entsprechenden Dialogfenster führt.

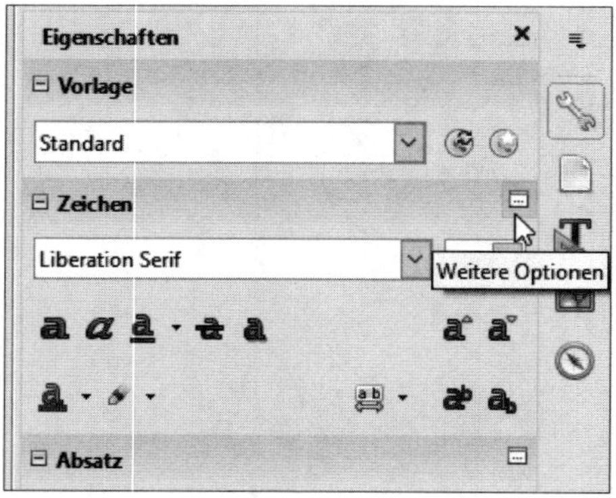

Abb. 2.60: Die Zeichenformate in der Seitenleiste

Absatzformatierung

Ein Absatz wird durch die Absatzendmarke (¶) definiert. Alle folgenden Formatierungen haben Auswirkung auf diesen Absatz.

Absätze erstellen bzw. zusammenführen

Einen Absatz erzeugen Sie durch Drücken der [↵]-Taste.

Möchten Sie zwei Absätze zu einem zusammenfassen, müssen Sie die Absatzendmarke des ersten Absatzes einfach entfernen (markieren und [Entf]-Taste drücken).

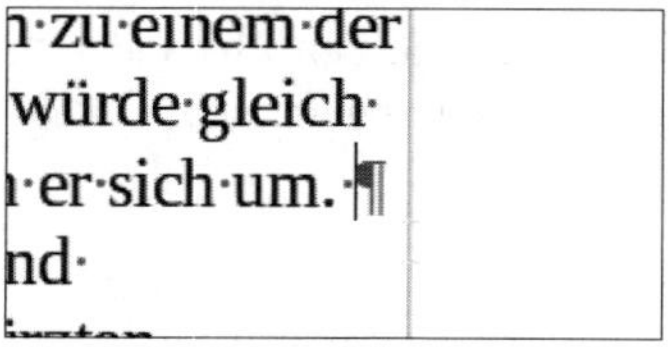

Abb. 2.61: Einen Absatz über die Absatzendmarke löschen

Auch für die Absatzformatierung gilt: erst markieren, dann formatieren.

Die wichtigsten Optionen finden Sie am rechten Ende der Symbolleiste FORMATIERUNGEN.

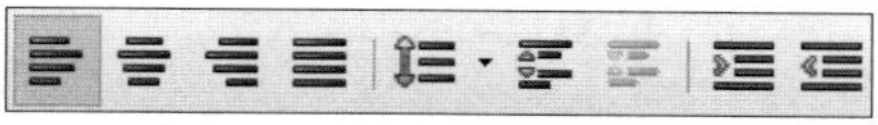

Abb. 2.62: Die Absatzformate der Symbolleiste FORMATIERUNGEN

Alle Möglichkeiten finden Sie im Dialogfenster ABSATZ, das Sie durch Aufruf der Befehlsfolge FORMAT / ABSATZ erhalten.

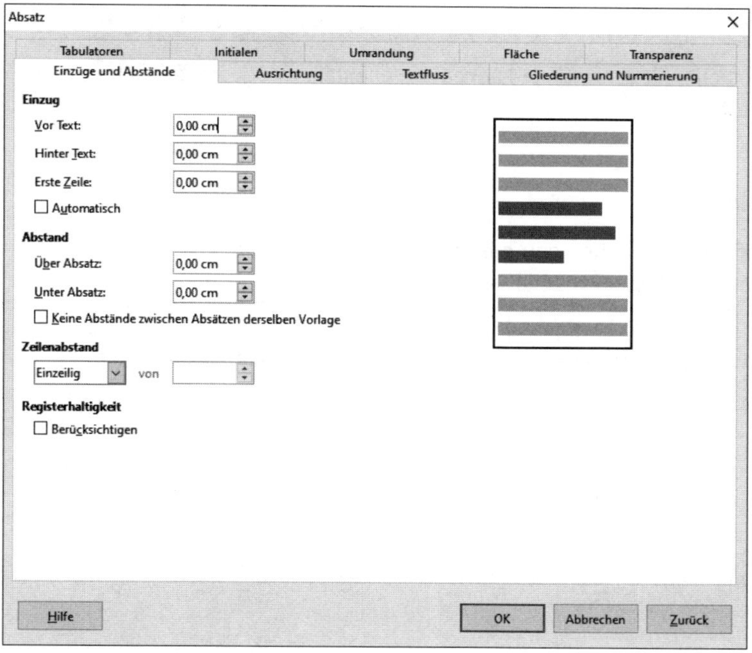

Abb. 2.63: Das Dialogfenster ABSATZ

Manueller Zeilenwechsel

Wenn Sie die [↵]-Taste in einem Dokument verwenden, wird ein neuer Absatz erzeugt.

Benutzen Sie die Tastenkombination [↵] + [⇧], wird ein manueller Zeilenwechsel generiert.

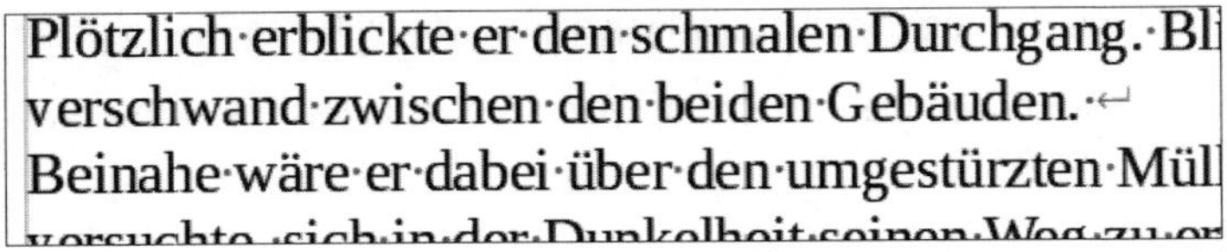

Abb. 2.64: Eine Zeilenschaltung

Der Unterschied zwischen Absatz und Zeilenwechsel liegt darin, dass bei einem Zeilenwechsel die Formatierung beibehalten wird, während Absätze verschiedene Formatierungen haben können.

> **Tipp**
>
> Einen manuellen Zeilenwechsel können Sie ebenfalls wie jedes Zeichen mit der [Entf]-Taste löschen.

Ausrichtung

Für die häufigsten Ausrichtungen gibt es auf der Symbolleiste FORMAT entsprechende Schaltflächen bzw. Tastenkombinationen:

Formatierung	Schaltfläche	Tastenkombination
Linksbündig		[Strg] + [L]
Zentriert		[Strg] + [E]
Rechtsbündig		[Strg] + [R]
Blocksatz		[Strg] + [B]

Einzüge

In Writer nennt man die Einrückung *Einzug*. Text kann sowohl links als auch rechts eingezogen werden.

Die verschiedenen Einzugsarten können Sie zunächst wieder über die Schaltflächen steuern:

Formatierung	Schaltfläche
Einzug vermindern	
Einzug erhöhen	

Auf der Registerkarte Einzüge und Abstände des Dialogfensters Absatz finden Sie alle Möglichkeiten, um Absätze nachträglich einzurücken.

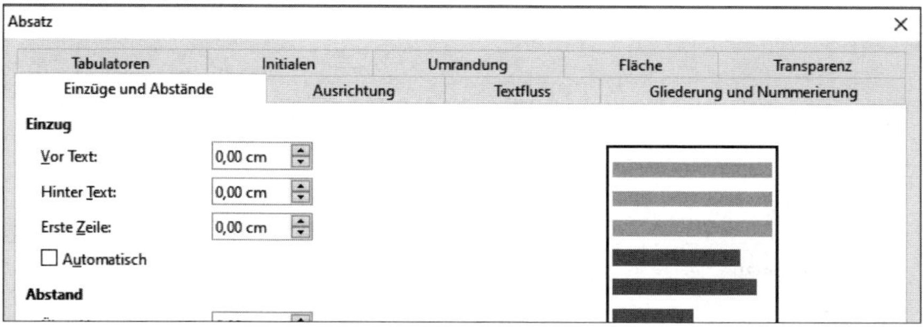

Abb. 2.65: Ausschnitt Dialogfenster Absatz, Registerkarte Einzüge und Abstände

- Hier können Sie zusätzlich im Bereich Einzug über das Feld Vor Text noch festlegen, ob die erste Zeile mehr oder weniger als der restliche Absatz eingezogen werden soll.
- Entsprechendes gilt für das Listenfeld Hinter Text für das Absatzende.
- Entscheiden Sie sich für die Einstellung Erste Zeile, wird die erste Zeile eines Absatzes weiter eingezogen als der restliche Text. Diese Gestaltungsform findet man oft in Büchern oder Prospekten, um zu zeigen, dass hier ein neuer Gedanke beginnt.

Möchten Sie einen Absatz mit hängendem Einzug erzeugen, müssen Sie einen negativen Wert eingeben. Hier wird die erste Zeile eines jeden Absatzes nicht so weit eingezogen wie der restliche Teil des Absatzes. Eine solche Darstellung findet man häufig bei Aufzählungen oder Nummerierungen.

Die verschiedenen Einzugsarten werden für den Absatz, in dem der Cursor gerade steht, im horizontalen Lineal angezeigt.

Wenn Sie den Cursor in dem betreffenden Absatz platzieren, können Sie anhand der Stellung der Randsteller die Art des Einzugs erkennen.

Art des Einzugs	Linealanzeige
Kein Einzug links	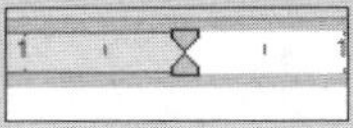
Kein Einzug rechts	
Einzug links um 2 cm	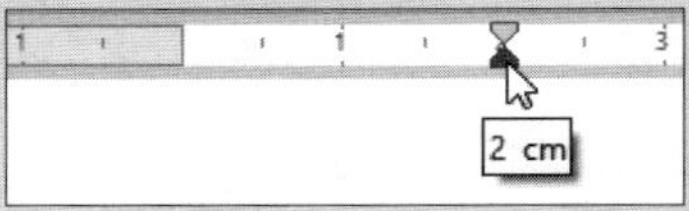
Einzug rechts um 2 cm	
Hängender Einzug	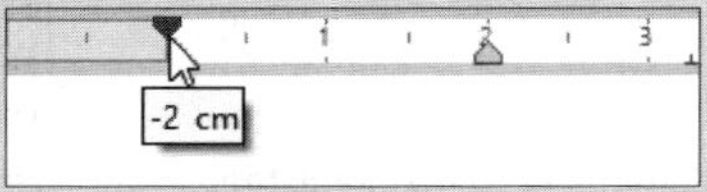
Erstzeileneinzug	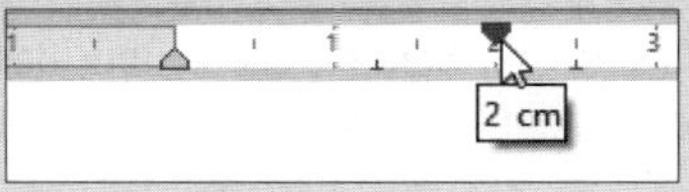

Sie können die Einzüge auch direkt im Lineal verändern. Klicken Sie auf einen der Markierer, halten Sie die Maustaste gedrückt und verschieben Sie den Randsteller in die entsprechende Richtung.

Tipp

Keiner der Randsteller sollte nach links in den grauen Bereich verschoben werden (bzw. am rechten Rand nach rechts in den grauen Bereich). Damit würde der Text außerhalb des definierten Seitenformats liegen, Sie würden sozusagen in den Rand hineinschreiben.

- Über die Optionen des Bereichs ABSTAND richten Sie die einzelnen Abstände zwischen den Absätzen ein.

  Tragen Sie die entsprechenden Werte in die Felder ein oder verwenden Sie die Drehpfeile am rechten Rand.

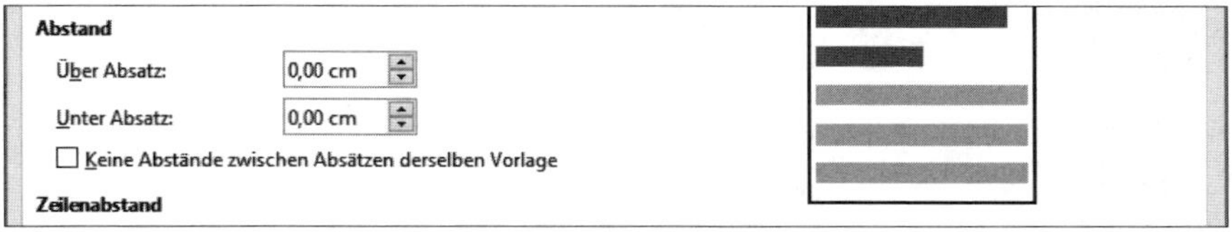

Abb. 2.66: Ausschnitt Dialogfenster ABSATZ, Registerkarte EINZÜGE UND ABSTÄNDE

Tipp

Sie können auch die Angaben direkt in das Feld eingeben und mit [↵] bestätigen. Möchten Sie beispielsweise einen Abstand von einer ganzen Zeile erzeugen, dann tragen Sie 12 pt ein und bestätigen mit [↵]. Writer wandelt Ihre Angabe augenblicklich in eine Zentimeterangabe um und stellt den gewünschten Abstand her.

- Im Bereich ZEILENABSTAND finden Sie abschließend das Listenfeld, um den gewünschten Zeilenabstand einzustellen.

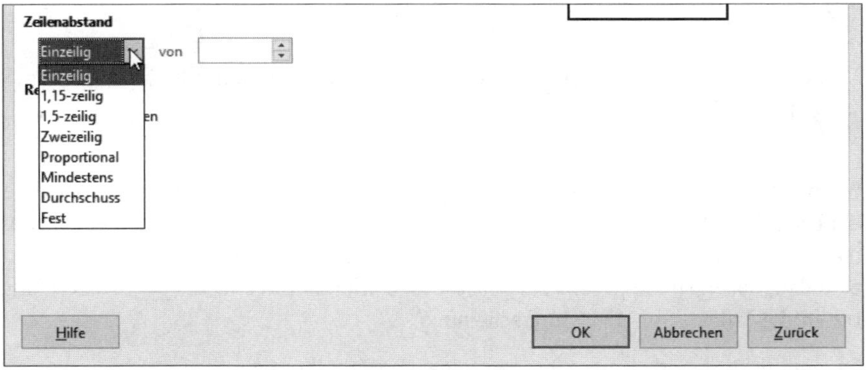

Abb. 2.67: Ausschnitt Dialogfenster ABSATZ, Registerkarte EINZÜGE UND ABSTÄNDE

Seitenleiste

Auch die wichtigsten Absatzformate erreichen Sie über die Seitenleiste. Dort finden Sie im Bereich Absatz die am häufigsten benötigten Schaltflächen.

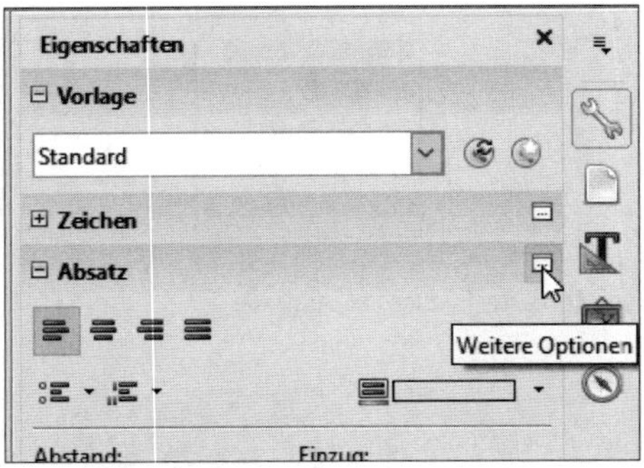

Abb. 2.68: Die Optionen zur Absatzformatierung in der Seitenleiste

Über die Schaltfläche Weitere Optionen gelangen Sie in das Dialogfenster Absatz.

Tabulatoren

Tabstopps oder auch *Tabulatoren* sind keine Erfindung der Textverarbeitung. Bereits auf mechanischen Schreibmaschinen waren sie das Hilfsmittel, um Tabellen und Listen zu erstellen.

Tipp

Beim Ausrichten von Listen sollten Sie nie mit Leerzeichen arbeiten, sondern stets mit Tabulatoren.

Wenn Sie eine Liste mithilfe von Tabstopps erstellen, werden Sie in der ersten Zeile der Liste die entsprechenden Tabulatoren setzen, z. B. für den Namen, den Vornamen, die Telefonnummer und vielleicht einen Euro-Betrag. Während Sie die Liste dann erstellen, springen Sie jeweils zur Tabstopp-Position mit der Taste [⇆]. Andernfalls treten die Tabulatoren nicht in Erscheinung.

Generell unterscheidet man zwischen folgenden Tabulatoren:

Tabstopp	Zeichen und Textbild
Tabstopp links	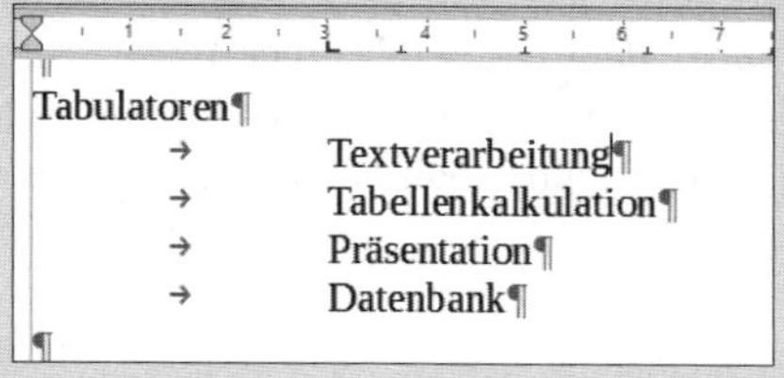
Tabstopp rechts	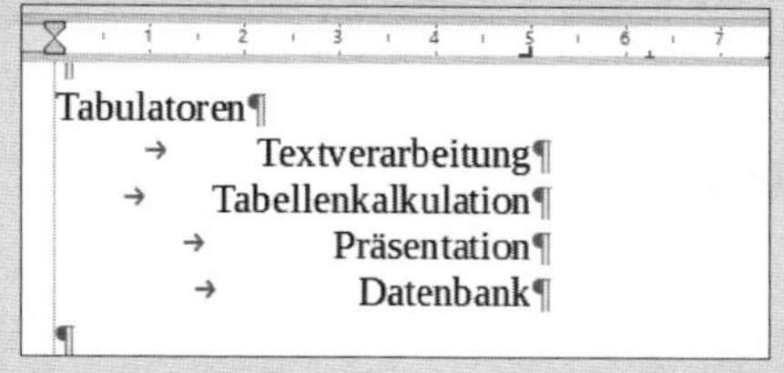
Tabstopp zentriert	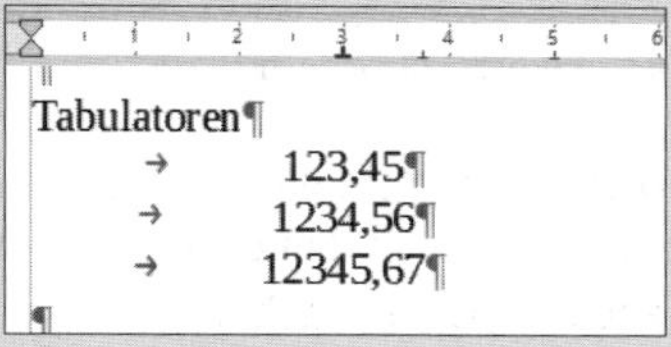
Tabstopp dezimal	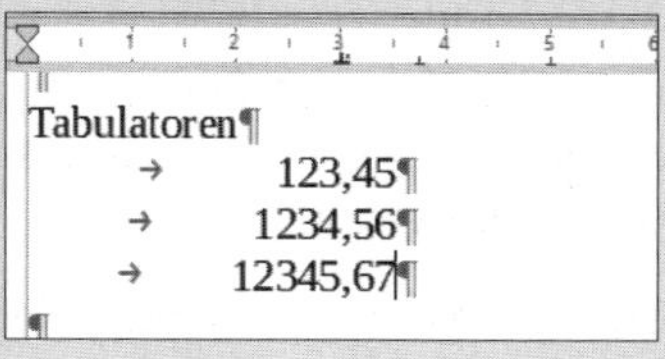

Tipp

Wenn Sie planen, eine Liste zu schreiben, müssen Sie in diesem Fall nicht markieren: Sie stehen in der ersten Zeile der Liste (das sollte die letzte Zeile in diesem Dokument sein) und richten die Tabstopps wie weiter unten beschrieben ein. Sobald Sie am Ende der ersten Zeile sind und mit der Taste [↵] zur nächsten Zeile gehen, werden die Tabstopps an die neue Zeile weitergegeben. Sollten Sie jedoch die fertige Liste nachträglich hinsichtlich der Tabstopps verändern wollen, müssen Sie die gesamte Liste markieren, bevor Sie die Änderungen vornehmen.

Zum Einrichten der Tabstopps benötigen Sie im Dialogfenster ABSATZ die Registerkarte TABULATOREN.

Diese können Sie durch Wahl der Befehlsfolge FORMAT / ABSATZ aufrufen. Befinden Sie sich nicht in dieser Registerkarte, doppelklicken Sie einfach auf das Lineal. In diesem Fall wird an besagter Stelle ein Tabulator gesetzt und das Dialogfenster geöffnet.

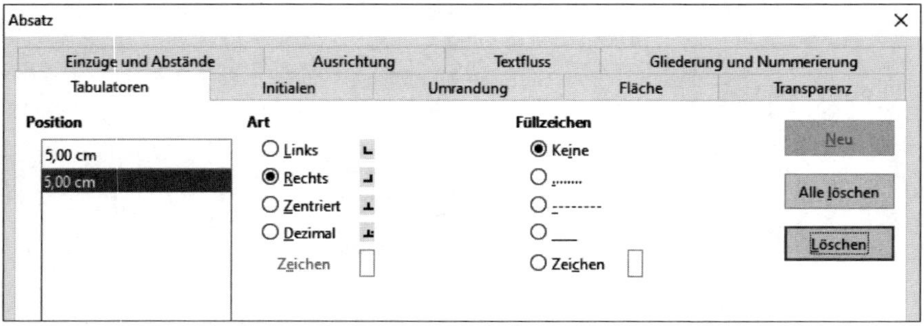

Abb. 2.69: Dialogfenster ABSATZ, Registerkarte TABULATOREN

Auf der Registerkarte TABULATOREN geben Sie die POSITION, die ART und gegebenenfalls ein FÜLLZEICHEN (Punkte oder Striche zwischen den einzelnen Einträgen an zwei Tabstopps) ein und klicken anschließend auf NEU. Danach können Sie gleich den nächsten Tabulator setzen.

In demselben Dialogfenster löschen Sie auch Tabulatoren: Markieren Sie den zu entfernenden Tabstopp und klicken Sie auf die Schaltfläche LÖSCHEN bzw. auf ALLE LÖSCHEN, wenn keine Tabulatoren gewünscht werden.

Alternativ können Sie Tabstopps direkt im Lineal verschieben, setzen oder löschen.

Zum Verschieben klicken Sie auf das entsprechende Tabstopp-Zeichen im Lineal, halten die Maustaste gedrückt und verschieben das Zeichen wie gewünscht. Dabei erscheint eine gepunktete Linie.

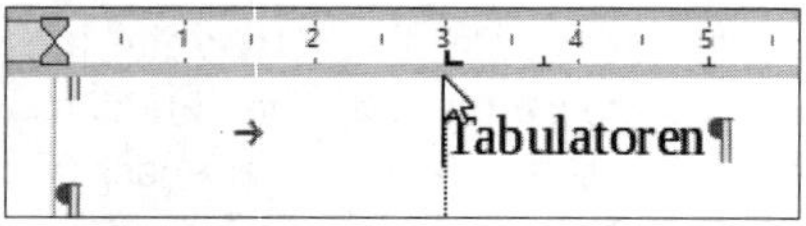

Abb. 2.70: Einen Tabulator verschieben

Wenn Sie einen neuen Tabstopp setzen wollen, müssen Sie zunächst festlegen, welche Ausrichtung der Tabstopp haben soll. Dazu klicken Sie so oft auf die Schaltfläche ganz links im horizontalen Lineal, bis der gewünschte Tabstopp erscheint. Dann klicken Sie einfach ins Lineal und der neue Tabstopp wird sichtbar.

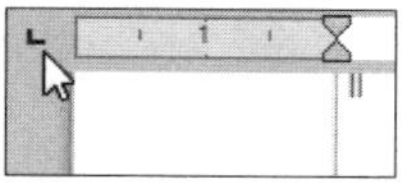

Abb. 2.71: Einen Tabulator über das Lineal einstellen

Zum Löschen eines vorhandenen Tabstopps ziehen Sie einfach mit gedrückter linker Maustaste den Tabstopp nach unten aus dem Lineal und lassen dann die Maustaste los.

Wenn alle Tabulatoren gesetzt sind, beginnen Sie mit Ihrer Liste: Schreiben Sie den ersten Eintrag (z. B. `Name`). Dann drücken Sie die Taste [↹], schreiben den nächsten Eintrag (z. B. `Vorname`), drücken wieder [↹] usw. Nach dem letzten Eintrag drücken Sie die Taste [↵].

Neben den individuellen Tabulatoren verwendet Writer auch sogenannte *Standardtabulatoren*. Diese verfügen über einen Abstand von 1,25 cm und sind an den kleinen senkrechten Strichen im unteren Rand des Lineals zu erkennen.

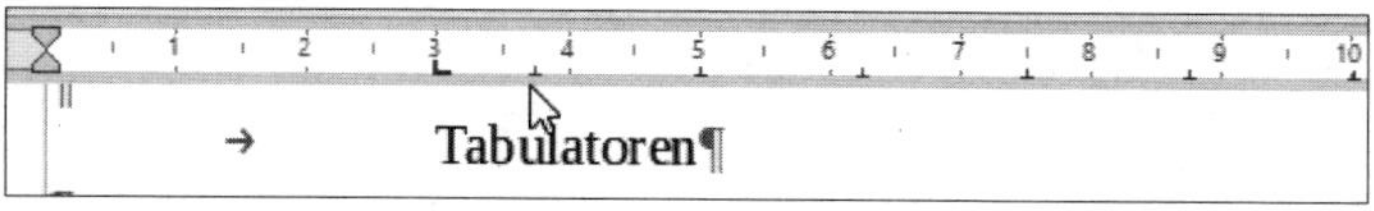

Abb. 2.72: Deutlich sichtbar: die Standardtabulatormarken

Sobald Sie einen individuellen Tabulator setzen, werden die sich davor befindenden Standardtabstopps außer Kraft gesetzt.

Tipp

Geben Sie möglichst oft den individuellen Tabulatoren den Vorzug vor den Standardtabstopps. Ansonsten müssen Sie zu oft die [↹]-Taste drücken und es sieht nachher vor lauter Pfeilen aus wie nach einem Indianerangriff.

Nummerierung und Aufzählungszeichen

Ein wichtiger Punkt innerhalb des Themas Einzüge sind *Nummerierungen* und *Aufzählungen*.

Schreiben Sie einmal den Text aus folgender Abbildung ab und betätigen Sie die Taste [↵].

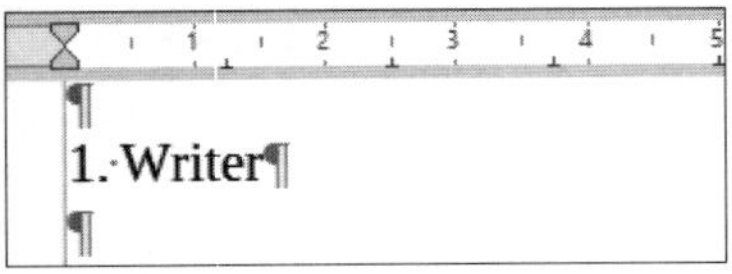

Abb. 2.73: (K)eine Aufzählung?

Falls Sie jetzt erwartet haben, dass Writer Ihnen automatisch die Nummerierung fortsetzt, muss ich Sie enttäuschen. Mit einer kleinen Einstellung können Sie Writer aber trotzdem dazu bewegen, dass die Nummerierung automatisch erfolgt, sobald Sie mit dem Schreiben einer Nummerierung oder Aufzählung beginnen.

Rufen Sie die Menüfolge Extras / AutoKorrektur / AutoKorrektur-Optionen auf. Im folgenden Dialogfenster wählen Sie das Register Optionen an und aktivieren das Kontrollkästchen Aufzählungszeichen und Nummerierung. Aufzählungszeichen: *.

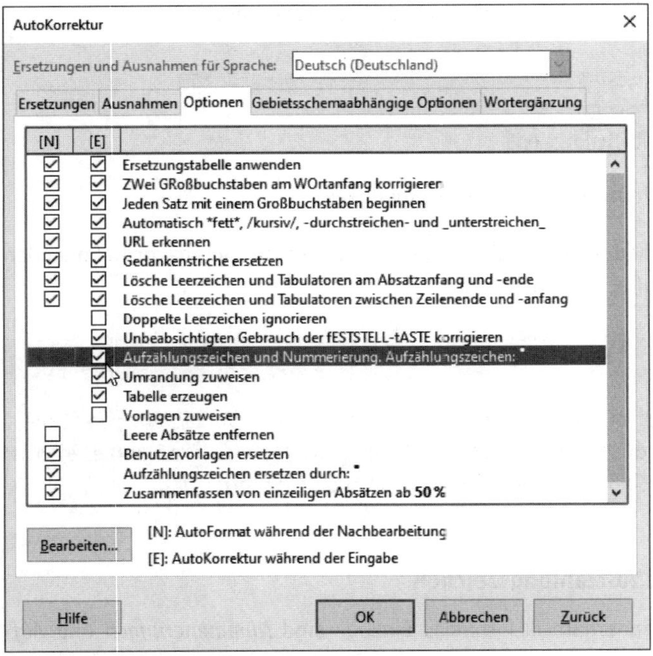

Abb. 2.74: Auf dieses Kontrollkästchen kommt es an.

Nach einem Klick auf OK können Sie loslegen.

Beginnen Sie mit einer Ziffer, gefolgt von einem Punkt. Dann fügen Sie ein Leerzeichen ein, schreiben den ersten Aufzählungstext und betätigen die Taste [↵].

Abb. 2.75: Jetzt klappt es: Die automatische Nummerierung in Aktion.

Augenblicklich wandelt Writer diese Zeile zu einer Nummerierung um. Wie Sie sicherlich bemerken, verwendet Writer dabei die entsprechenden Einzugssymbole, sodass Sie im Bedarfsfall die vorgegebenen Einrückungen anpassen können.

Hinweis

Die Abstände können Sie über die Symbole im Lineal – wie weiter oben dargestellt – entsprechend anpassen.

Wenn Sie nicht nummerieren wollen, machen Sie diese Formatierung ungeschehen, indem Sie auf die Schaltfläche RÜCKGÄNGIG klicken.

Tipp

Alternativ können Sie direkt nach dem Erscheinen der Nummerierung auch [Strg] + [Z] drücken.

Nachdem Sie die [↵]-Taste gedrückt haben, schreiben Sie den bzw. die gewünschten Aufzählungspunkte.

Sobald Sie zweimal die Taste [↵] hintereinander drücken, wird die Nummerierung automatisch beendet.

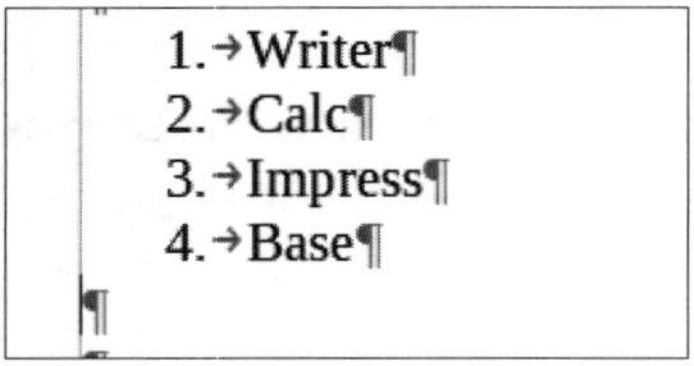

Abb. 2.76: Die Aufzählung beenden

Möchten Sie selbst die Nummerierungen und Aufzählungen gestalten, halten Sie sich an den üblichen Ablauf: Schreiben Sie zunächst den Text, danach formatieren Sie.

Diesen Text schreiben:	Dann markieren und auf folgende Schaltfläche klicken:	Danach erscheint der Text so:
Writer Calc Impress Base	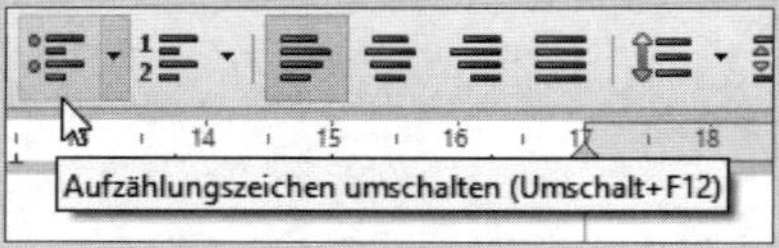	1. Writer 2. Calc 3. Impress 4. Base
Writer Calc Impress Base		• Writer • Calc • Impress • Base

Zusätzlich können Sie auch noch mithilfe der Schaltflächen EINZUG ERHÖHEN und EINZUG VERMINDERN (Symbolleiste FORMATIERUNGEN) die Aufzählung oder Nummerierung weiter oder weniger weit einrücken.

Falls Sie eine Nummerierung/Aufzählung nicht mehr wünschen, markieren Sie sie und klicken erneut auf die entsprechende Schaltfläche oder betätigen einfach noch einmal die [↵]-Taste.

Sollten Sie ein anderes Zeichen wünschen, müssen Sie das Format der Nummerierung oder Aufzählung ändern.

Schreiben Sie zunächst den Text, markieren Sie ihn dann und klicken Sie anschließend in der Symbolleiste auf den Listenpfeil der Schaltfläche. Hier können Sie dann zwischen acht bereitgestellten Aufzählungszeichen wählen.

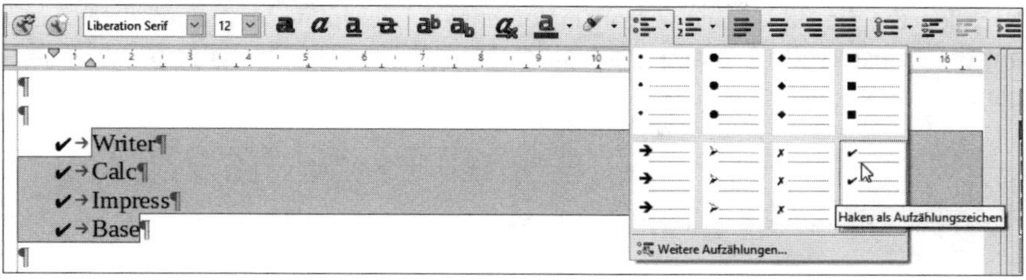

Abb. 2.77: Aufzählungszeichen ändern

Alternativ können Sie auch weitere Aufzählungszeichen einstellen. Dazu klicken Sie auf den Eintrag Weitere Aufzählungen. Wünschen Sie beispielsweise grafische Aufzählungszeichen, wählen Sie eine der Vorgaben auf der Registerkarte Bild aus.

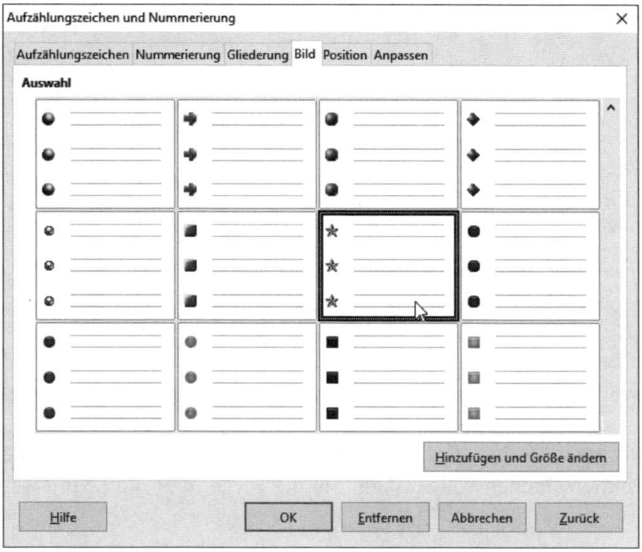

Abb. 2.78: Ein grafisches Aufzählungszeichen auswählen

Analog können Sie das Format für die Nummerierung verändern.

Umrandung

Für die Formatierung Umrandung gilt ebenfalls: erst markieren, dann formatieren. Durch die Markierung geben Sie an, ob Sie nur ein Wort, einen Absatz oder vielleicht sogar mehrere Absätze mit einem Rahmen versehen wollen.

Nachdem Sie die Markierung vorgenommen haben, klicken Sie im Dialogfenster Absatz auf die Registerkarte Umrandung, um an die entsprechenden Einstellungen zu gelangen.

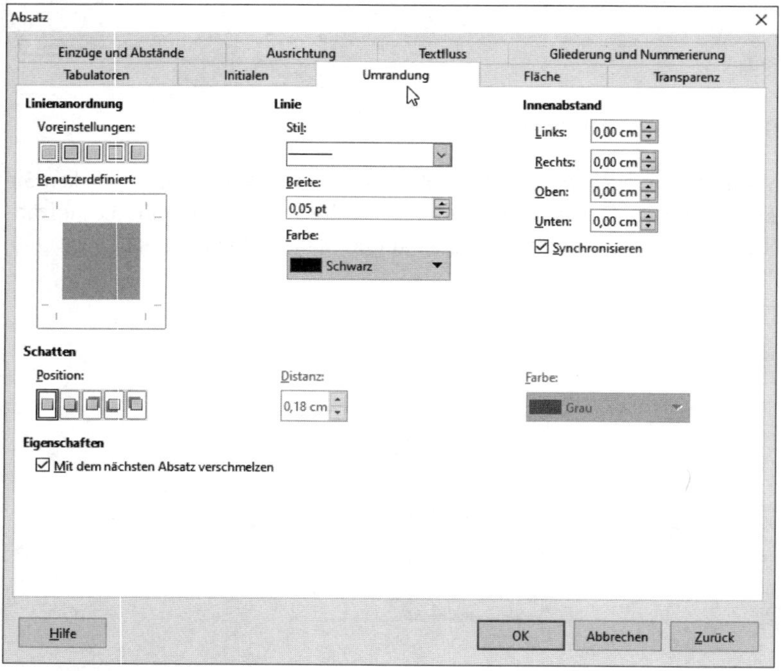

Abb. 2.79: Einen Rahmen anlegen

Im Bereich Linie wählen Sie zunächst in der Liste Stil die gewünschte Linienstärke aus. Falls die Linie farbig erscheinen soll, wählen Sie die Farbe über die Liste Farbe aus.

Anschließend klicken Sie im Bereich Linienanordnung auf die Schaltfläche unter Voreinstellungen, die der von Ihnen vorgesehenen Linienanordnung, beispielsweise Komplette Umrandung zeichnen, am nächsten kommt.

Möchten Sie die Umrandung mit einem Schatten versehen, nehmen Sie die Einstellungen in dem gleichnamigen Bereich vor.

Den Abstand des Schattens von der Umrandung bestimmen Sie über den Wert im Feld Distanz.

Die Schattierungsfarbe stellen Sie über die Liste rechts daneben ein. Klicken Sie auf den Listenpfeil und wählen Sie die gewünschte Farbe aus.

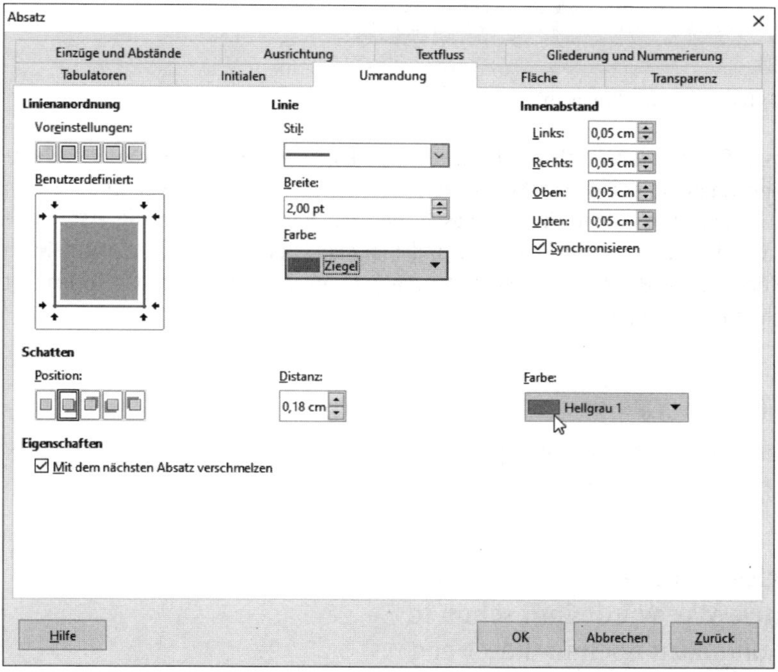

Abb. 2.80: Eine Umrandung mit Schatten

Format übertragen

Nun ist es oft relativ aufwändig, mehreren Textpassagen jeweils die gleiche Formatvorlage per Hand zuzuweisen. Und oftmals liegen die betreffenden Passagen viel zu weit auseinander.

Stattdessen können Sie Formate kopieren. Markieren Sie dazu zunächst einen Textabschnitt – Wort oder Absatz –, der die Formatierungen aufweist, die Sie erneut benötigen. Anschließend klicken Sie in der Symbolleiste STANDARD auf die Schaltfläche FORMATIERUNG KLONEN.

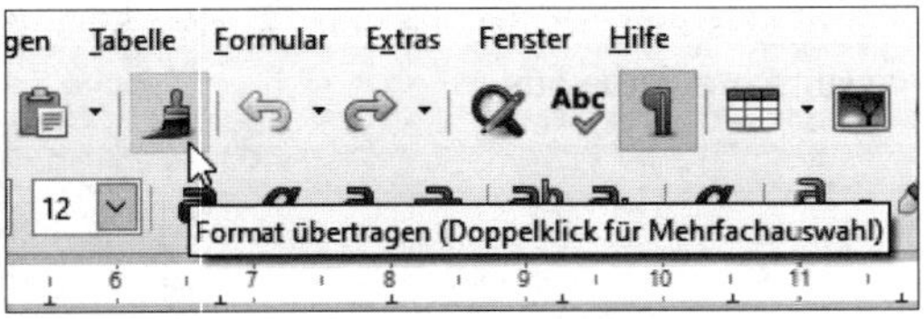

Abb. 2.81: Die Funktion aktivieren

Nun müssen Sie mit dem nächsten Mausklick das kopierte Format auf die neue Textstelle übertragen. Dabei gehen Sie so vor: Bei einem Wort reicht es, wenn Sie in das Wort klicken. Bei einem Absatz müssen Sie links vor dem Text in die erste Zeile klicken, die Maustaste gedrückt halten und bis zum Ende des Textes ziehen. Nach diesem Klick ist der Pinsel neben dem Mauszeiger verschwunden und das Format ist nicht mehr zu übertragen.

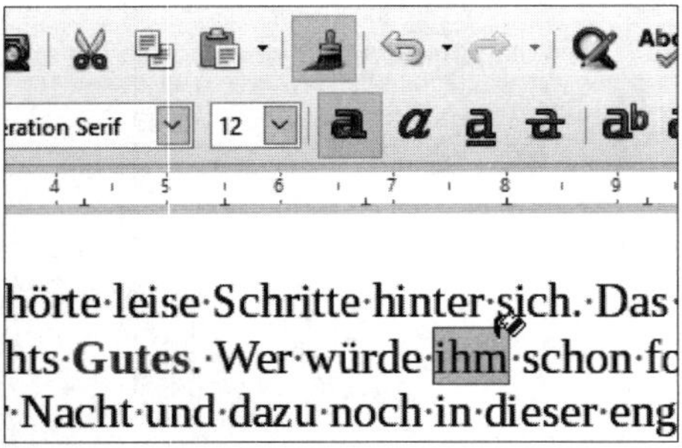

Abb. 2.82: Ein Format übertragen

> **Tipp**
>
> Wenn Sie das gleiche Format öfter hintereinander übertragen wollen, führen Sie einen Doppelklick auf die Schaltfläche FORMATIERUNG KLONEN aus. Dadurch wird die Schaltfläche wie ein Schalter auf »Ein« gestellt und mit jedem neuen Klick das Format weitergegeben. Das gilt so lange, bis Sie erneut die Schaltfläche FORMATIERUNG KLONEN anklicken, also den Schalter wieder auf »Aus« stellen. »Ausschalten« können Sie auch mit der Taste Esc.

Seitengestaltung

Standardmäßig werden die Seiten im Hochformat ausgedruckt. Wenn Sie das ändern wollen, rufen Sie über die Befehlsfolge FORMAT / SEITE das Dialogfenster SEITENVORLAGE: STANDARD auf und aktivieren die Registerkarte SEITE.

Papierformat

Hier finden Sie die Option AUSRICHTUNG, über die Sie das gewünschte Format auswählen können.

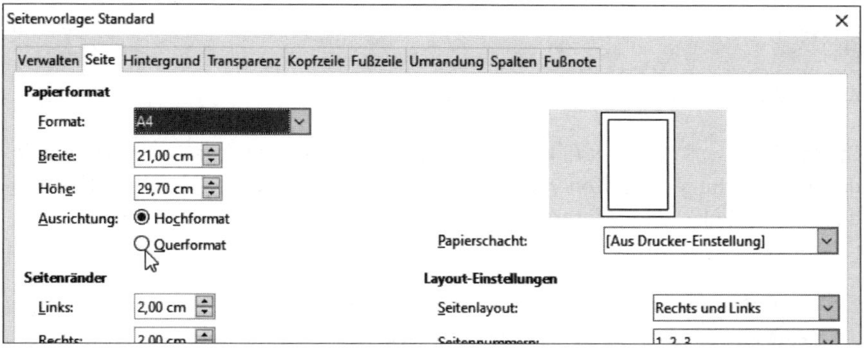

Abb. 2.83: Die Seitenausrichtung festlegen

Alternativ können Sie diese Einstellungen auch in der SEITENLEISTE vornehmen.

Nachdem Sie das Pluszeichen vor SEITE angeklickt haben, können Sie auf die entsprechende Schaltfläche zugreifen und Ihre Wahl treffen.

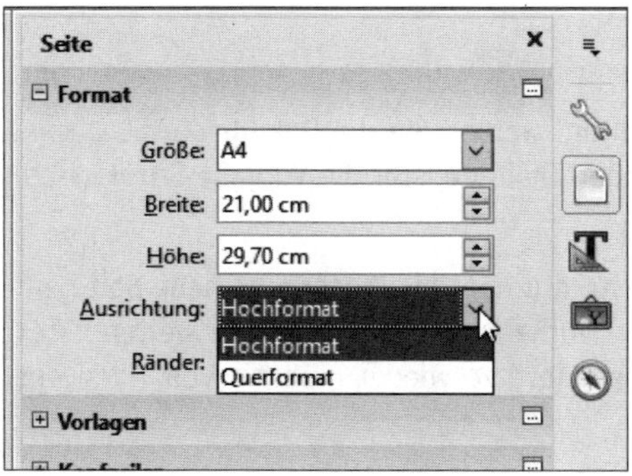

Abb. 2.84: Arbeiten mit der SEITENLEISTE

Seitenränder

Auf der Registerkarte SEITE des Dialogfensters SEITENVORLAGE: STANDARD oder mit der entsprechenden Schaltfläche in der SEITENLEISTE können Sie auch die Seitenränder einstellen.

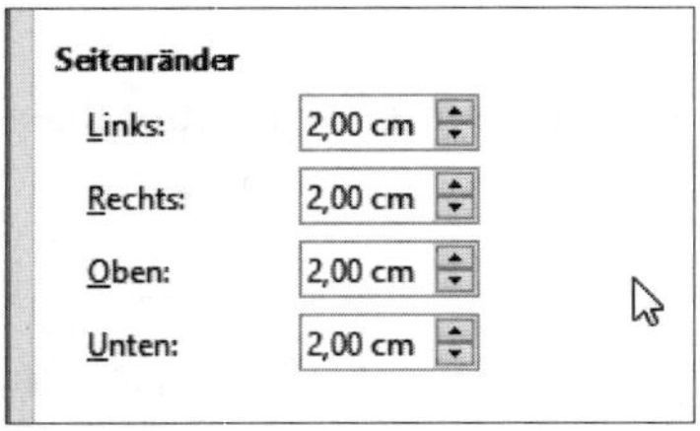

Abb. 2.85: Die Seitenränder einstellen

Im Bereich LAYOUT-EINSTELLUNGEN können Sie über das Listenfeld SEITENLAYOUT die grundlegende Einstellung der Seiten vornehmen und beispielsweise eine doppelseitige Publikation mit linker und rechter Seite definieren.

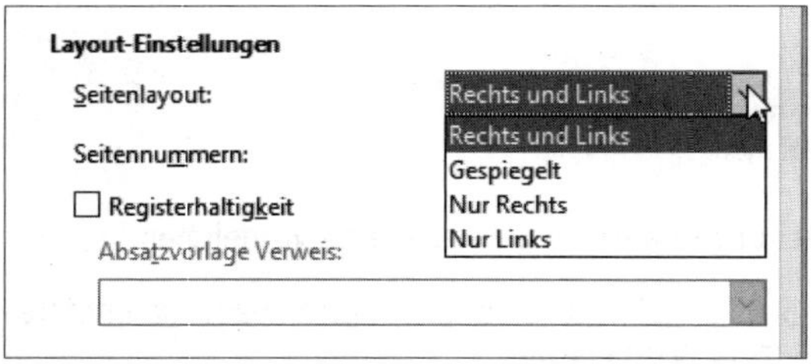

Abb. 2.86: Welches Seitenlayout wünschen Sie?

Seitenwechsel

Wenn Sie eine neue Seite einfügen möchten, wählen Sie die Befehlsfolge EINFÜGEN / MANUELLER UMBRUCH und belassen im folgenden Dialogfenster die Vorgabe SEITENUMBRUCH, bevor Sie auf OK klicken.

Keinesfalls sollten Sie so oft die [↵]-Taste drücken, bis Writer eine neue Seite einfügt. Wenn Sie anschließend Korrekturen vornehmen, beispielsweise weiteren Text einfügen, müssten Sie diese überflüssigen Absätze wieder mühsam von Hand entfernen.

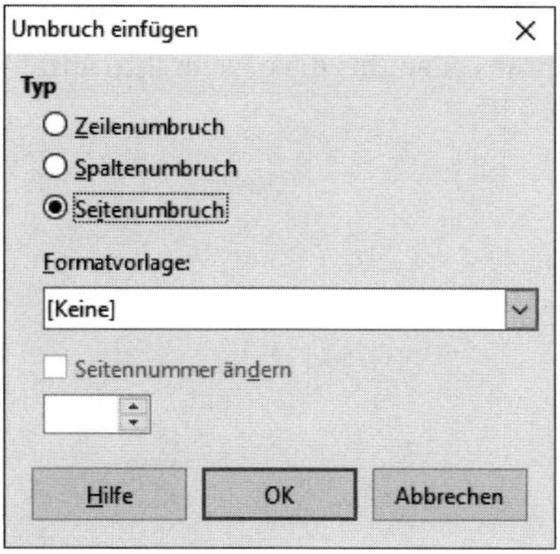

Abb. 2.87: Eine neue Seite anlegen

2.5 Gestalten von Textdokumenten

In diesem Abschnitt geht es um die Gestaltung von Tabellen und das Arbeiten mit Objekten.

Wie Sie sehen werden, sind Listen viel komfortabler mit Tabellen zu erstellen. Die Tabellenfunktion in Writer ist ein mächtiges Formatierungsinstrument, das Ihnen hilft, schnell und übersichtlich alles, was nicht Fließtext ist, anzuordnen und zu gliedern.

Auch wenn Texte mithilfe der Textverarbeitung sehr ansprechend gestaltet werden können – manchmal sagt ein Bild mehr als tausend Worte. Deshalb erfahren Sie auch, wie Sie vorhandene Bilder und Zeichnungen sowie Tabellen aus anderen Programmen in ein Writer-Dokument einfügen können.

Schließlich werden Sie noch sehen, wie man mit Writer Formulare erstellt und so standardisiert Daten erfassen, aufbereiten und betrachten kann.

Tabellen

Tabellen erleichtern die systematische Darstellung von Informationen und sind eng mit den Tabulatoren verwandt.

Tabelle zur Dateneingabe erstellen

Eine Tabelle können Sie am schnellsten mithilfe der Schaltfläche TABELLE erstellen, die Sie in der Symbolleiste STANDARD finden.

In dem herausklappenden Listenfeldmenü legen Sie die Anzahl der Spalten und Zeilen fest. Dazu fahren Sie einfach mit der Maus über die Zellen, bis die gewünschte Anzahl markiert ist.

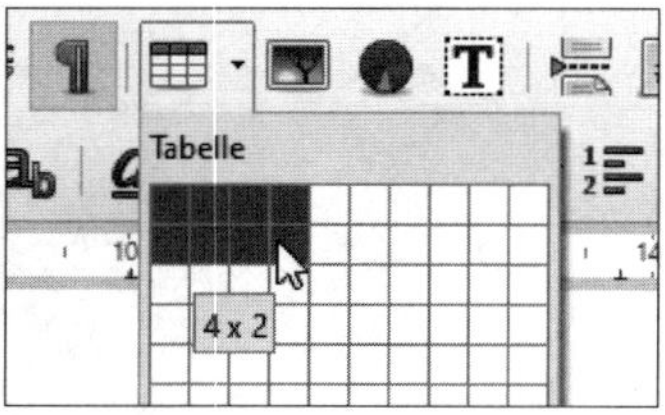

Abb. 2.88: Eine Tabelle anlegen

Haben Sie die gewünschte Anzahl erreicht, klicken Sie auf die letzte Zelle.

Danach erscheint diese Tabelle im Dokument.

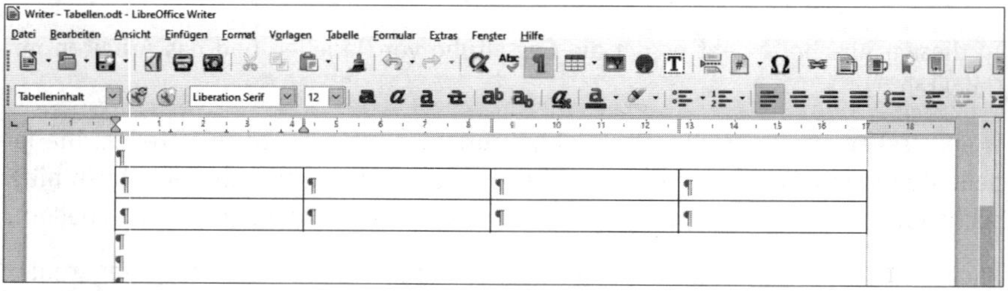

Abb. 2.89: Die neue Tabelle

Zudem wird gleichzeitig am unteren Bildschirmrand die Symbolleiste Tabelle eingeblendet.

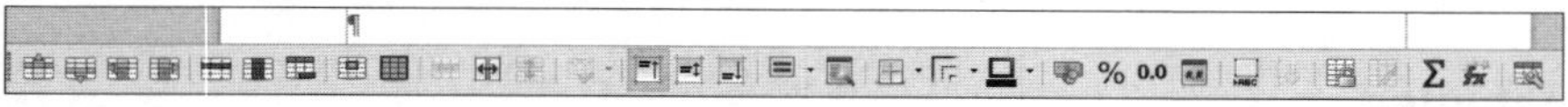

Abb. 2.90: Die Symbolleiste Tabelle am unteren Bildschirmrand

Dateneingabe

Die Dateneingabe erfolgt recht einfach. Da der Cursor in der ersten Zelle steht, können Sie gleich mit dem ersten Eintrag beginnen. Um in die nächste Zelle zu gelangen, drücken Sie die Taste [⇆] und schreiben den nächsten Eintrag, dann drücken Sie wieder die Taste [⇆] und fahren so entsprechend fort.

Tipp

Wenn Sie eine Zelle zurück wollen, drücken Sie [⇧] + [⇥]. Drücken Sie die Taste [↵], entsteht eine neue Zeile in der Zelle.

Haben Sie den letzten Eintrag erreicht, drücken Sie wieder die [⇥]-Taste und landen so in der nächsten Zeile.

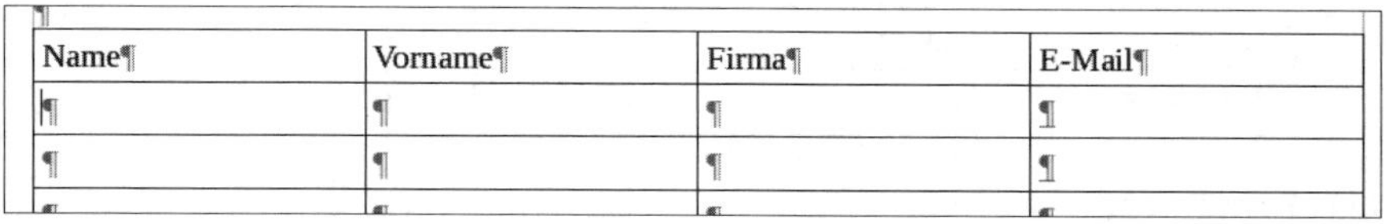

Abb. 2.91: Die Tabelle entsteht.

Anschließend tragen Sie die nächsten Angaben ein. Wenn Sie am Ende dieser Zeile sind, drücken Sie wiederum die Taste [⇥]. Dadurch wird die Tabelle automatisch um eine weitere Zeile verlängert.

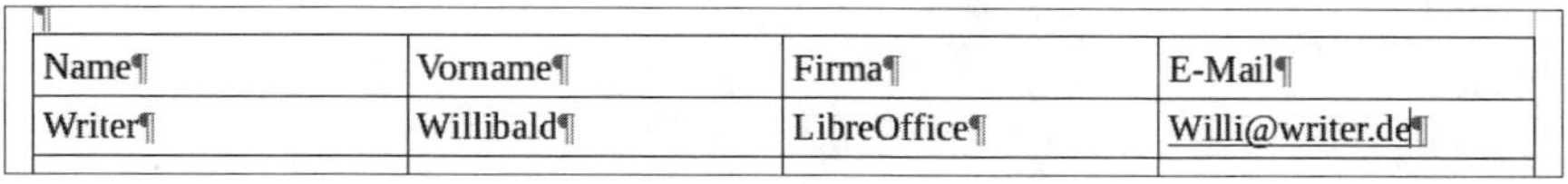

Abb. 2.92: Die nächste Zeile

Wie Sie sehen, werden die E-Mail-Adressen blau dargestellt, da es sich hier um sogenannte *Hyperlinks* handelt. Wenn Sie das nicht wünschen, klicken Sie mit der rechten Maustaste auf den Hyperlink und beseitigen diesen über den Kontextmenübefehl HYPERLINK ENTFERNEN.

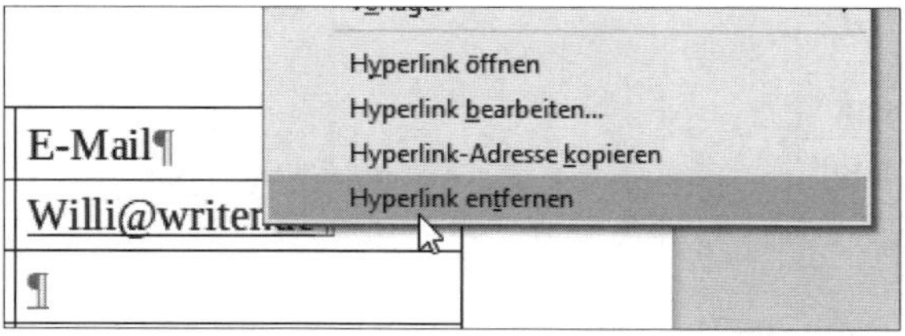

Abb. 2.93: Den Hyperlink entfernen

Tabelle und Tabellenteile auswählen

Zum Formatieren und Verändern der Tabelle müssen Sie wie sonst auch zunächst markieren. Allerdings gibt es ein paar Besonderheiten:

- Zum Markieren einer Zeile klicken Sie links vor die Zeile.

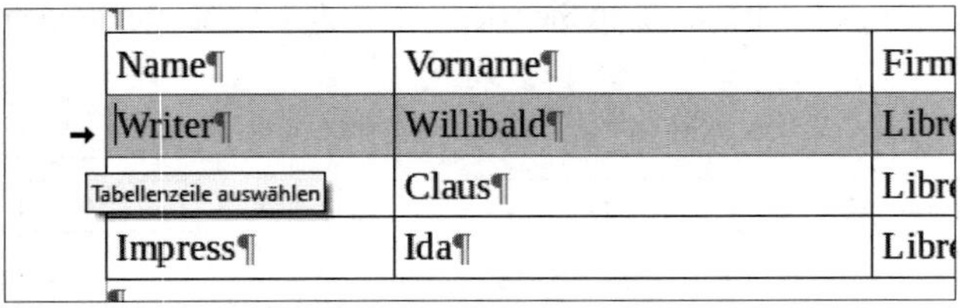

Abb. 2.94: Eine Zeile markieren

- Zum Markieren einer Spalte klicken Sie oberhalb der Spalte.

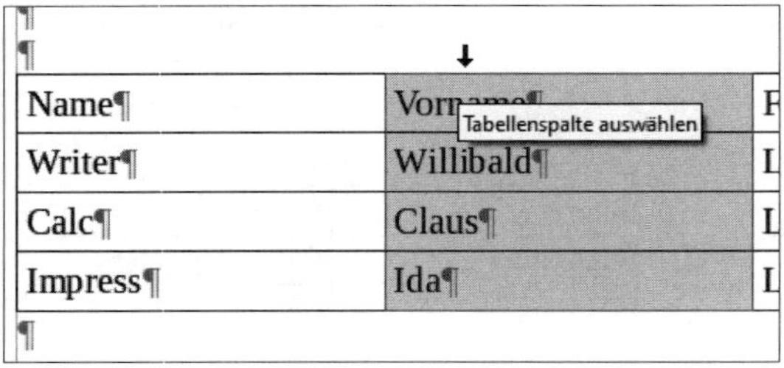

Abb. 2.95: Eine Spalte markieren

- Die komplette Tabelle markieren Sie, indem Sie den Mauszeiger über die linke obere Ecke bewegen und einmal klicken, wenn er die Form eines kleinen, dicken, diagonal nach innen weisenden Pfeils annimmt.

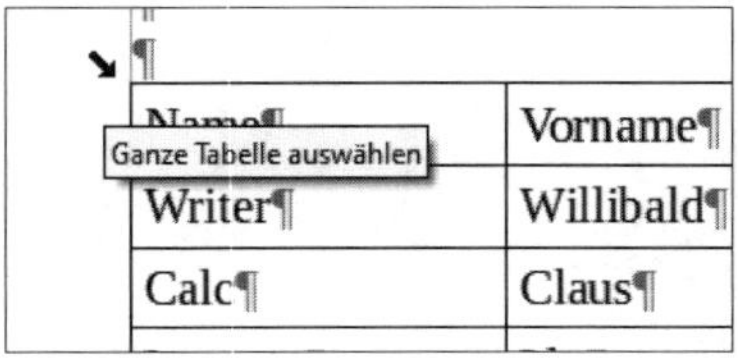

Abb. 2.96: Vorbereitung, um die ganze Tabelle auswählen

- Um eine einzelne Zelle zu markieren, klicken Sie links in die Zelle und ziehen mit gedrückter Maustaste über die Zelle hinweg.

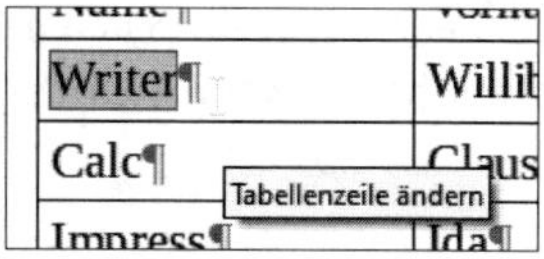

Abb. 2.97: Eine einzelne Tabellenzeile markieren

- Um mehrere neben- oder untereinander stehende Zellen zu markieren, klicken Sie in die erste Zelle und halten die Maustaste gedrückt, während Sie die benachbarten Zellen markieren.

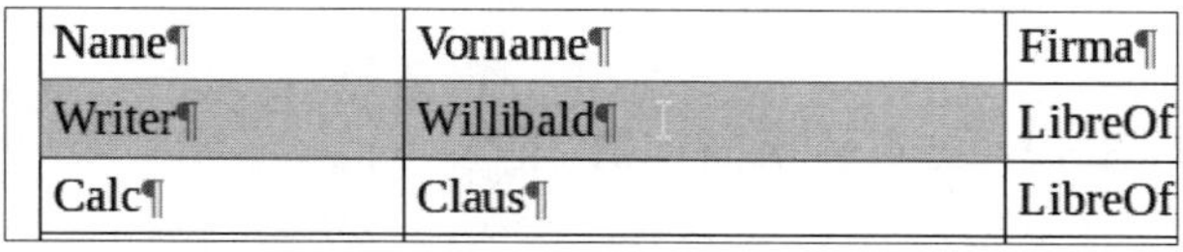

Abb. 2.98: Mehrere Zellen in einem Zug markieren

Zeilen und Spalten einfügen bzw. löschen

Falls Sie merken, dass Sie etwas vergessen haben, können Sie innerhalb der Tabelle eine neue Zeile oder Spalte einfügen.

Dazu markieren Sie die Zeile oder Spalte, vor oder nach der die neue Zeile oder Spalte erscheinen soll.

Über das Menü TABELLE finden Sie die benötigten Schaltflächen ZEILEN OBERHALB bzw. ZEILEN UNTERHALB sowie SPALTEN LINKS bzw. SPALTEN RECHTS im Untermenü EINFÜGEN.

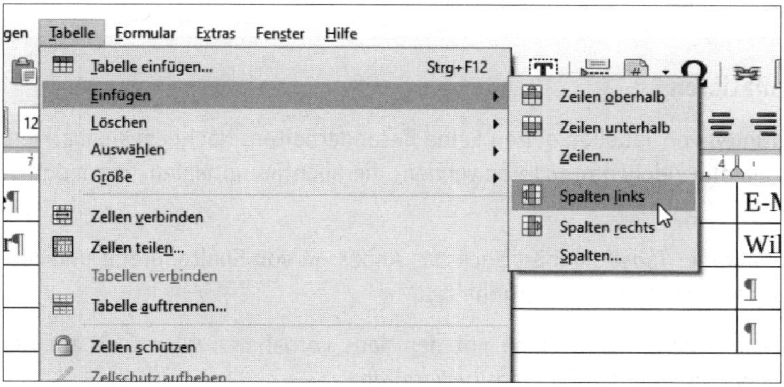

Abb. 2.99: Eine Spalte einfügen

Alternativ können Sie die Veränderungen an einer Tabelle aber auch über die Symbolleiste Tabelle vornehmen, die am unteren Dokumentenrand erscheint, wenn sich der Cursor in der Tabelle befindet.

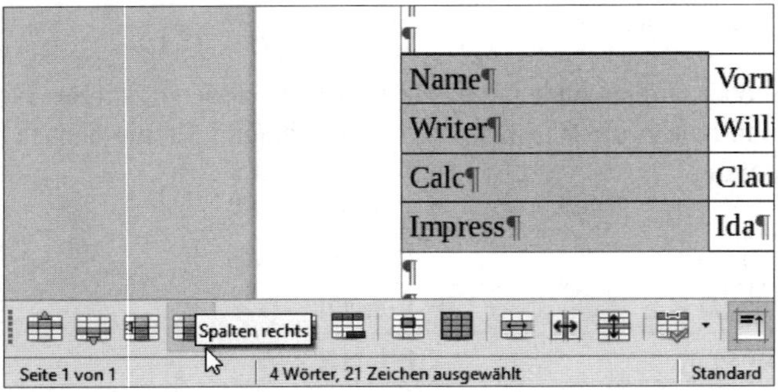

Abb. 2.100: Eine Spalte über die Symbolleiste Tabelle einfügen

Um beispielsweise eine Zeile oder Spalte zu entfernen, markieren Sie zunächst mithilfe der Schaltflächen Zeile markieren bzw. Spalte selektieren die betreffende(n) Zeile(n) oder Spalte(n) und klicken dann in der Symbolleiste Tabelle auf die Schaltfläche Zeilen löschen bzw. Spalten löschen.

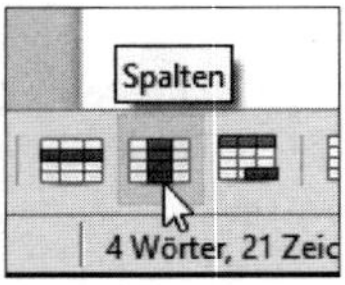

Abb. 2.101: Die Schaltflächen zum Löschen

Tabellen formatieren

Für das Formatieren von Tabellen gelten keine Besonderheiten. Nachdem sie markiert sind, können Sie alle Zeichenformate anwenden, die auch im normalen Text möglich sind.

Zum Formatieren einer Tabelle gehört auch das Anpassen von Spaltenbreite und Zeilenhöhe sowie das Ausrichten der Zellinhalte.

Sie können diese Arbeiten zum einen mit der Maus vornehmen oder auch auf die Schaltflächen der Symbolleiste Tabelle zurückgreifen.

Um beispielsweise die Spaltenbreite direkt mit dem Mauszeiger zu verändern, führen Sie den Mauszeiger auf die senkrechte Trennlinie, klicken, halten die Maustaste gedrückt und verschieben dann die Linie.

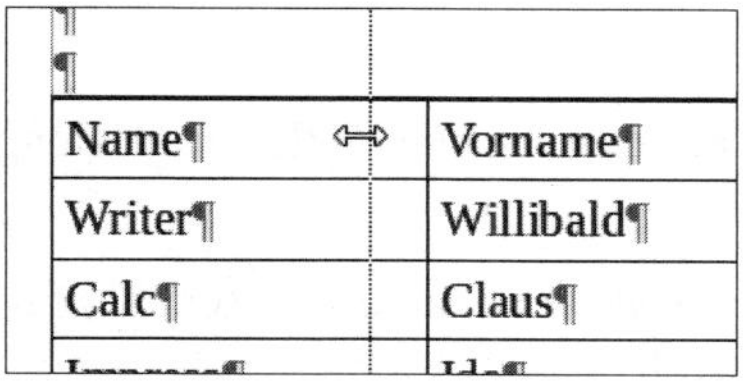

Abb. 2.102: Die Spaltenbreite mit der Maus anpassen

Entsprechend verändern Sie die Zeilenhöhe.

Wenn Sie dann jedoch wieder gleich breite Spalten wünschen, markieren Sie diese Spalten (mindestens zwei Spalten!) und klicken auf die Schaltfläche SPALTEN GLEICHMÄSSIG VERTEILEN, die Sie im Menü der Schaltfläche OPTIMIEREN finden.

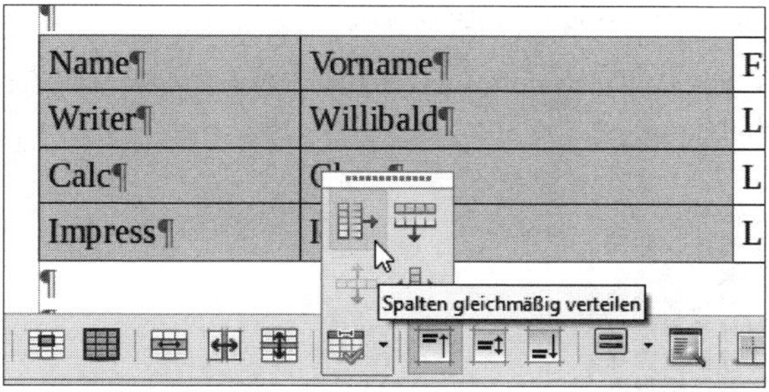

Abb. 2.103: Die Spalten gleichmäßig verteilen

Tipp

Möchten Sie die Spalten exakt an den Inhalt der Tabelle anpassen, wählen Sie im Menü der Schaltfläche OPTIMIEREN die Option OPTIMALE SPALTENBREITE.

Für die Zeilen funktioniert das in entsprechender Weise mit der Option ZEILEN VERTEILEN.

Selbstverständlich können Sie in jeder Zelle den Text linksbündig, zentriert oder rechtsbündig ausrichten. Innerhalb einer Zelle ist es aber auch wünschenswert, den Text oben, in der Mitte oder unten anzuordnen.

Verwenden Sie dazu die Schaltflächen OBEN, VERTIKAL ZENTRIEREN und UNTEN.

Nicht immer ist es erwünscht, dass alle Zellen als solche auch sichtbar sind. Oder Sie wollen innerhalb einer Liste nur senkrechte Linien erscheinen lassen. Dann müssen Sie nach dem Erstellen der Tabelle mit den schon beschriebenen Rahmenlinien arbeiten.

Wie im Fließtext gilt auch in der Tabelle: erst die gewünschten Zellen markieren, dann formatieren.

Um beispielsweise alle Rahmenlinien zu entfernen, klicken Sie auf den Listenpfeil der Schaltfläche UMRANDUNG und wählen dann die Option KEIN RAHMEN.

Die Art der Linien wählen Sie über die Schaltfläche LINIENECKENSTIL aus. Nachdem Sie auf den Listenpfeil geklickt haben, wählen Sie die gewünschte Größe im Fenster UMRANDUNGSSTIL aus.

Möchten Sie die Tabellenlinien farbig gestalten, wählen Sie die gewünschte Farbe nach Anklicken des Listenpfeils der Schaltfläche RAHMENLINIENFARBE aus.

Als weitere Hervorhebung können Sie innerhalb einer Tabelle eine oder mehrere Zellen mit einer Schattierung – grau oder farbig – hinterlegen.

Nach dem Markieren klicken Sie auf den Listenpfeil der Schaltfläche HINTERGRUNDFARBE und wählen die gewünschte Schattierungsfarbe aus.

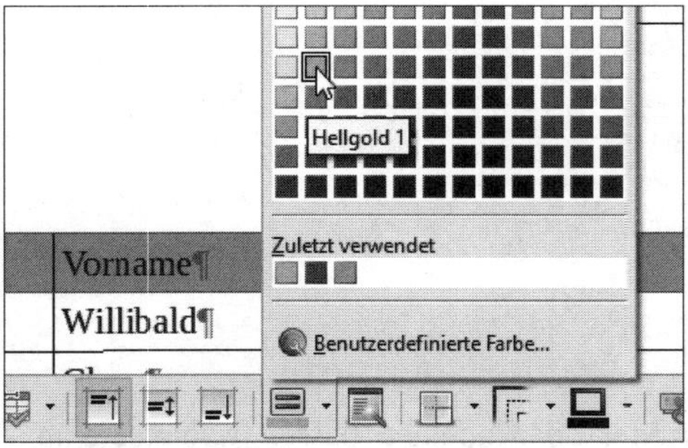

Abb. 2.104: Den Hintergrund farbig gestalten

Verwenden Sie eine Tabelle mit Zahlen, dann können Sie sie rasch mithilfe der Schaltfläche AUTOFORMAT gestalten. Platzieren Sie den Cursor in der Tabelle, klicken Sie auf die Schaltfläche und wählen Sie dann im folgenden Menü eine fertige Vorlage aus.

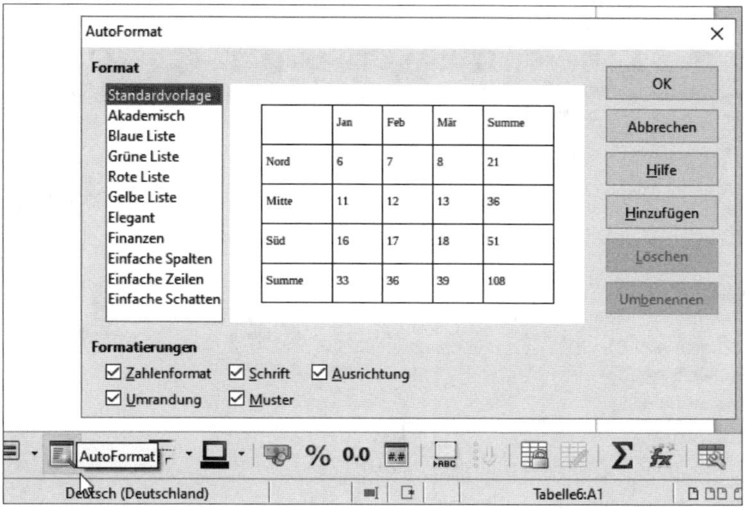

Abb. 2.105: Eine Tabelle mithilfe der AutoFormat-Option auf die Schnelle formatieren

Grafische Objekte

Auch wenn Texte mithilfe der Textverarbeitung sehr ansprechend gestaltet werden können – manchmal sagt ein Bild mehr als tausend Worte. Deshalb werden Sie ab und an vorhandene Bilder und Zeichnungen sowie Tabellen aus anderen Programmen in ein Writer-Dokument einfügen wollen.

Grafik

Um in einen Text Grafiken (damit sind auch Bilder gemeint) aus vorhandenen Dateien einzufügen, positionieren Sie den Cursor an der gewünschten Stelle und wählen die Befehlsfolge Einfügen / Bild und dann den Menüeintrag Aus Datei. Im folgenden Dialogfenster zeigt Writer Ihnen den Inhalt der Bibliothek Bilder. Klicken Sie auf den Ordner Beispielbilder, um dessen Inhalt anzeigen zu lassen.

Tipp

Schneller erhalten Sie das Dialogfenster durch einen Klick auf das Symbol Bild, das Sie in der Standard-Symbolleiste finden.

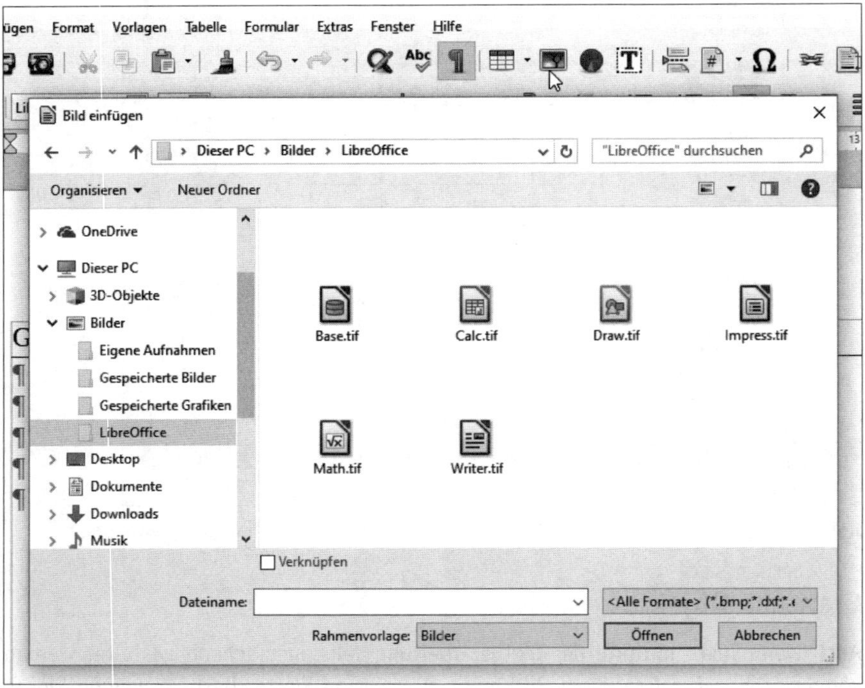

Abb. 2.106: Die Beispielbilder

Wählen Sie das gewünschte Bild aus und klicken Sie auf Öffnen. Das Bild wird augenblicklich platziert.

Die Größe des Bildes passen Sie über die quadratischen Eckanfasser an. Zeigen Sie mit der Maus darauf und ziehen Sie dann mit gedrückter Maustaste nach innen oder nach außen, um das Bild zu verkleinern bzw. zu vergrößern. Wenn Sie beim Ziehen die [⇧]-Taste gedrückt halten, werden die Proportionen beibehalten.

Abb. 2.107: Ein Bild vergrößern

Das Bild selbst können Sie mithilfe der Optionen der Symbolleisten Rahmen und Bild bearbeiten, die beim Markieren des Bildes unterhalb der Standard-Symbolleiste erscheinen.

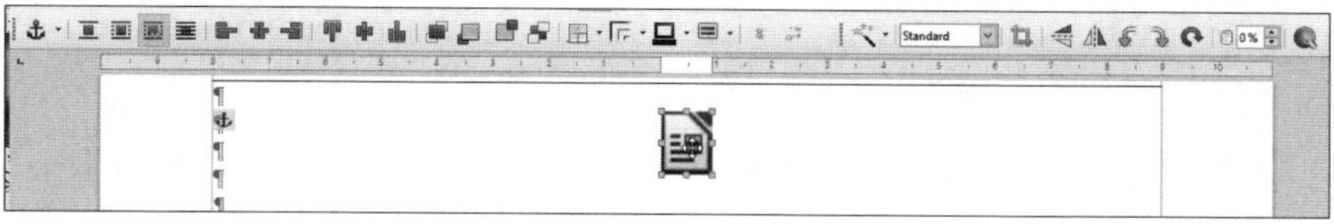

Abb. 2.108: Die beiden Symbolleisten zum Bearbeiten des Bildes

Im Einzelnen können Sie mithilfe der Symbolleiste Rahmen Folgendes erreichen:

Schaltfläche	Symbol	Bedeutung
Verankerung wechseln		Legt die Art der Verankerung des Bildes an der Seite, an einem Absatz, an einem Zeichen oder als Zeichen fest.
Umlauf		Schaltet den Umlauf ab bzw. bestimmt, wie der Text sich um die Grafik anordnet: Kein Umlauf, Paralleler Umlauf, Optimaler Umlauf oder Durchlauf.
Vertikale Ausrichtung	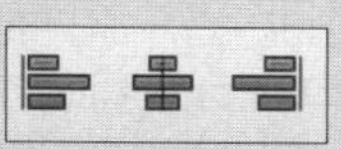	Ordnet das Bild Links, Zentriert oder Rechts an.
Horizontale Ausrichtung	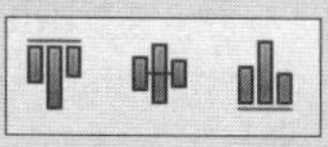	Ordnet das Bild bezogen auf die Ankerposition oben (Oben am Anker ausrichten), mittig (Mittig am Anker ausrichten)oder unten (Unten am Anker ausrichten) an.
Anordnung	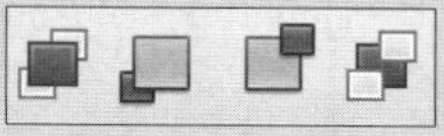	Richtet zwei Bilder zueinander aus: Ganz nach vorne, Nach vorn, Nach hinten oder Ganz nach hinten.
Umrandung	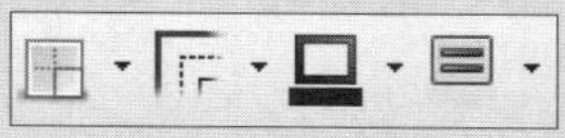	Versieht das Bild mit einem Rahmen (Umrandung) und ermöglicht das Verändern des Umrandungsstils, der Umrandungsfarbe und der Hintergrundfarbe.

Kleinere Bildbearbeitungen können Sie über die Symbolleiste *ä* vornehmen.

Schaltfläche	Symbol	Bedeutung
FILTER		Hier finden Sie folgende Optionen, um die Aussage des markierten Bildes zu verändern: INVERTIEREN, WEICHZEICHNEN, SCHÄRFEN, RAUSCHEN ENTFERNEN, SOLARISATION, ALTERN, POSTER, POP-ART, KOHLEZEICHNUNG, RELIEF und MOSAIK.
BILDMODUS		Wünschen Sie beispielsweise ein Wasserzeichen, können Sie dieses aus der Liste auswählen. Aber auch GRAUSTUFEN- oder SCHWARZ/WEISS-Bilder sind damit kein Problem.
BILD ZUSCHNEIDEN		Durch Anklicken der Schaltfläche erhält das Bild rote Anfasser, über die man das Bild beschneiden kann.
SPIEGELN		Oftmals stimmt die Blickrichtung eines Bildes nicht. Mit den Schaltflächen VERTIKAL SPIEGELN und HORIZONTAL SPIEGELN können Sie das beheben.
DREHEN		Die Ausrichtung des Bildes lässt sich mit den ersten Schaltflächen (90° LINKSHERUM DREHEN und 90° RECHTSHERUM DREHEN) ändern. Über die letzte Schaltfläche DREHEN werden die roten Drehanfasser an den Ecken eingeblendet.
TRANSPARENZ	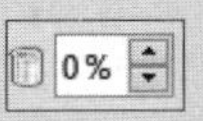	Die TRANSPARENZ, also die Durchsichtigkeit, des Bildes können Sie festlegen, indem Sie einen entsprechenden Wert eingeben.

Schaltfläche	Symbol	Bedeutung
FARBE	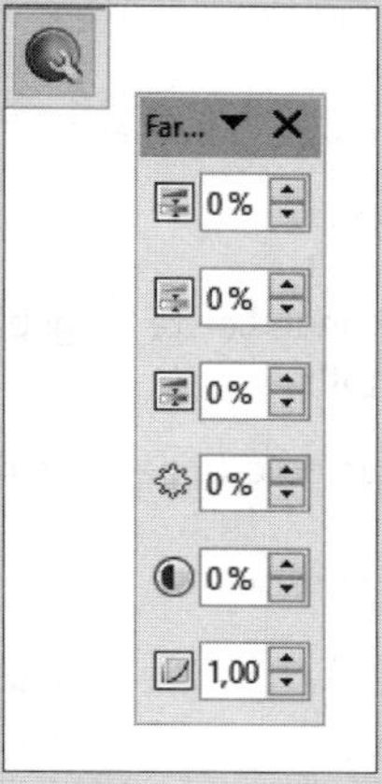	Falsche Farben eines Bildes beheben Sie mit den Optionen, die Ihnen die Schaltfläche FARBE bietet. Über die Schaltflächen des erscheinenden Fensters können Sie die entsprechenden Farbanteile (ROTANTEIL, GRÜNANTEIL, BLAUANTEIL) des Bildes neu mischen, die HELLIGKEIT und den KONTRAST einstellen sowie den GAMMA-Wert regeln (Anpassen oder Korrigieren der Graustufenwerte, also der mittleren Werte).

Formen

Einfache Formen finden Sie in der Liste der Schaltfläche GRUNDFORMEN. Klicken Sie auf den Listenpfeil, um diese einzusehen.

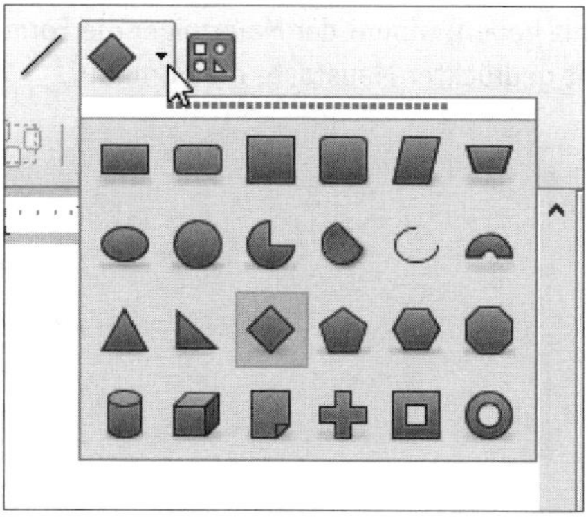

Abb. 2.109: Standardformen einfügen

Benötigen Sie weitere Pfeile oder Symbole, sollten Sie auf die Schaltfläche ZEICHNUNGSFUNKTIONEN ANZEIGEN klicken, die Sie in der Symbolleiste STANDARD finden.

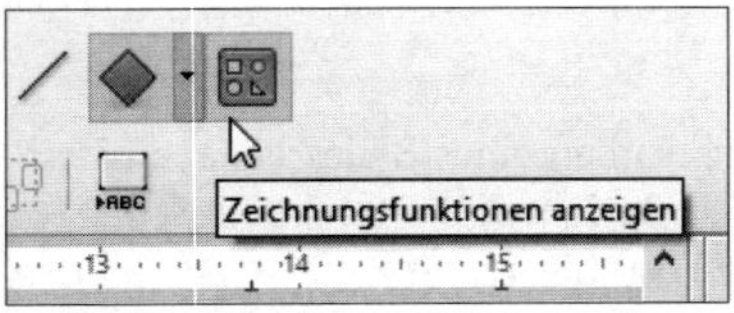

Abb. 2.110: Die Zeichenfunktionen anzeigen lassen

Am unteren Rand des Bildschirms wird eine neue Leiste eingeblendet, die Ihnen eine Reihe von fertigen Formen zur Verfügung stellt.

Zeigen Sie dazu auf den Listenpfeil einer Symbolgruppe, beispielsweise SYMBOLFORMEN.

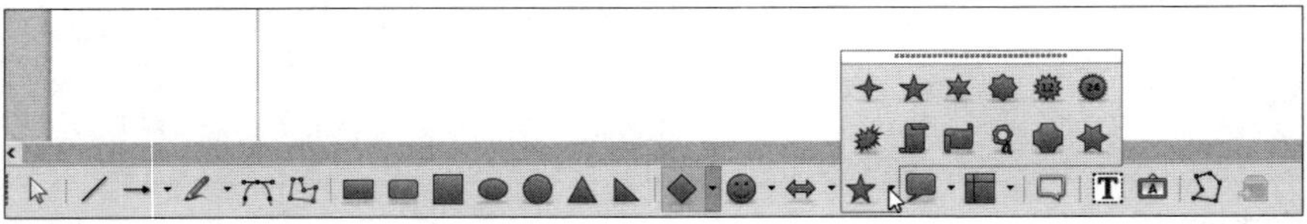

Abb. 2.111: Eine Form auswählen

Im folgenden Auswahlmenü können Sie auf eine Vielzahl von unterschiedlichen Formen zugreifen.

Nachdem Sie eine durch Anklicken ausgewählt haben, nimmt der Mauszeiger die Form eines Fadenkreuzes an. Ziehen Sie damit mit gedrückter Maustaste die Form auf.

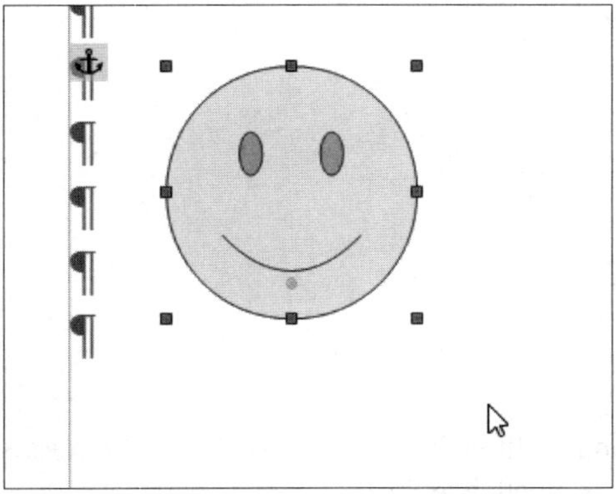

Abb. 2.112: Eine Form aufziehen

Gleichzeitig werden in der Symbolleiste Format die Zeichentools eingeblendet, mit deren Hilfe Sie die Form nach Ihren Wünschen wie folgt gestalten können:

Schaltfläche	Symbol	Bedeutung
Linienfarbe		Legt die Linienfarbe des eingefügten Symbols fest.
Linienspitzen	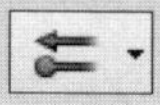	Stellen Sie ein, welchen Pfeil oder welches Endstück Sie möchten.
Linienstil	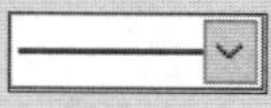	Soll es eine durchgängige oder eine gepunktete Linie sein?
Linienbreite	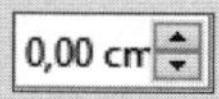	Über das Feld Linienbreite nehmen Sie Einfluss auf die Linienstärke.
Flächenstil/-Füllung		Über die Optionen der Liste bestimmt man, ob die Fläche einheitlich, mit einem Farbverlauf, einer Schraffur, einem Bitmap oder einem Muster gefüllt werden soll.
Füllfarbe	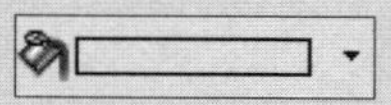	Über das Listenfeld kann man die gewünschte Füllfarbe einstellen.
Verankerung		Damit bestimmen Sie, wie das Symbol verankert wird: An der Seite, Am Absatz, Am Zeichen oder Als Zeichen.

Einige der Formen verfügen über kleine gelbe Markierungen, mit denen Sie das Aussehen bzw. die Aussage der Form ändern können. Zeigen Sie einfach mit der Maus darauf. Wenn der Mauszeiger die Form einer führenden Hand annimmt, bewegen Sie diese mit gedrückter Maustaste in die entsprechende Richtung.

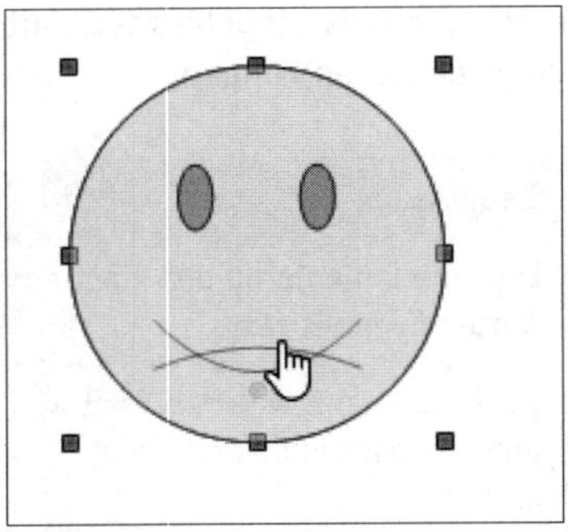

Abb. 2.113: Die Aussage einer Form ändern

Gallery

LibreOffice verfügt über eine *Gallery* mit verschiedenen Objekten, die Sie in Ihre Dokumente einfügen können.

Klicken Sie in der Seitenleiste auf die Schaltfläche GALLERY.

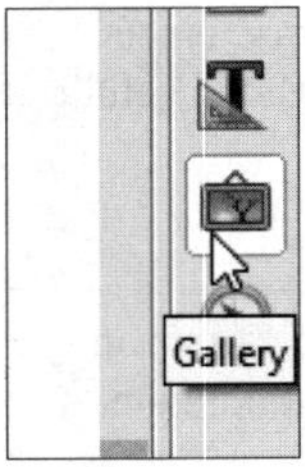

Abb. 2.114: Die Gallery einblenden

In der Liste finden Sie die verschiedenen Objekte in Themen unterteilt. Ein Klick auf ein Thema verändert den unteren Ansichtsbereich und zeigt die vorhandenen Objekte an.

Möchten Sie ein Gallery-Objekt in Ihr Dokument einfügen, zeigen Sie mit dem Mauszeiger darauf und ziehen es mit gedrückter Maustaste an die vorgesehene Stelle im Dokument.

Abb. 2.115: Ein Thema wählen

Scannen

Sie können direkt aus Writer heraus ein Bild einscannen und es dann wie zuvor beschrieben bearbeiten.

Nachdem Sie Ihren Scanner mit dem Computer verbunden und eingeschaltet haben, rufen Sie die Befehlsfolge Einfügen / Medien / Scannen / Quelle auswählen auf.

Im folgenden Dialogfenster (Select Source) kontrollieren Sie, ob der Rechner die Quelle erkannt hat, und wählen bei Vorhandensein mehrerer Quellen die gewünschte aus.

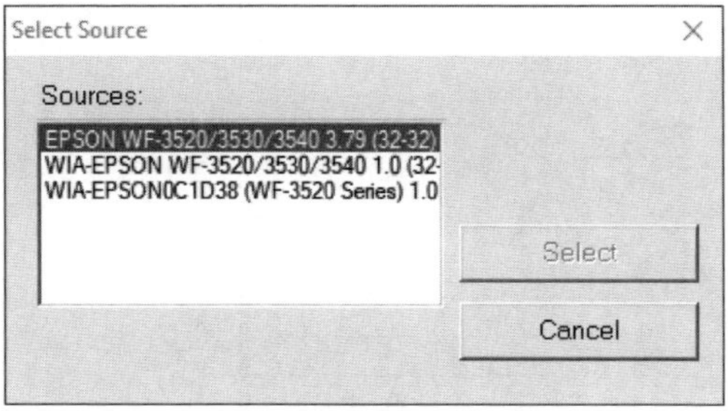

Abb. 2.116: Die Quelle kontrollieren bzw. auswählen

Mit einem Klick auf Select (Auswählen) übernehmen Sie Ihre Wahl.

Anschließend rufen Sie erneut die obige Befehlsfolge auf, doch diesmal wählen Sie ANFORDERN. Sie erhalten ein Dialogfenster, dessen Aussehen von Ihrem Scanner abhängt, das aber im Regelfall die gleichen Bestandteile enthält. So können Sie meist erst den Bildtyp auswählen, eine Vorschau starten und die Ausgabegröße anpassen, bevor Sie auf SCANNEN klicken.

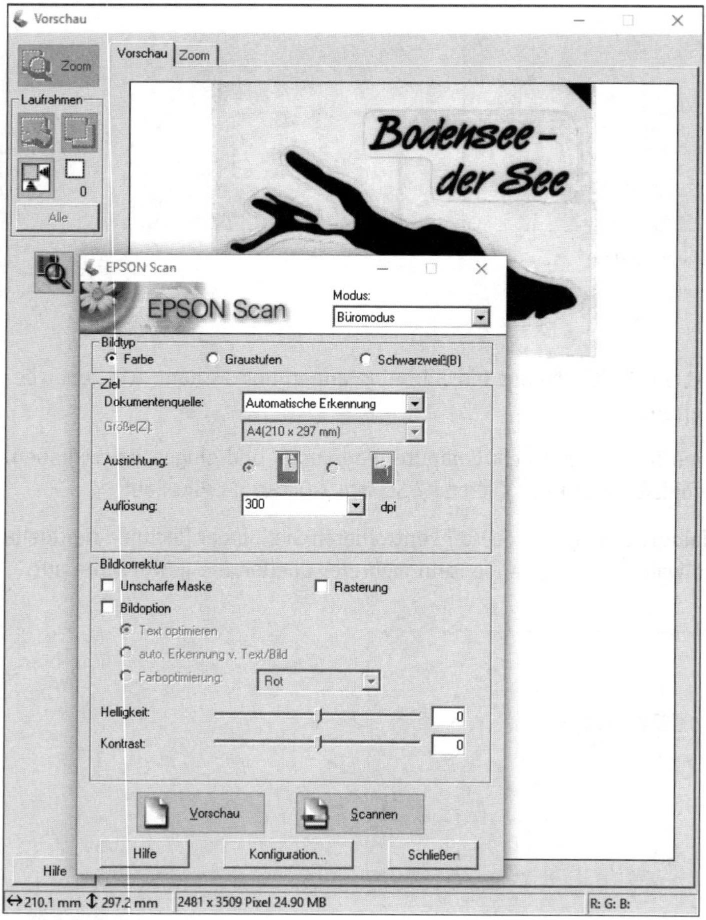

Abb. 2.117: Ein Bild einscannen

Anschließend wird das Bild übertragen und Sie können es mithilfe der Optionen der Symbolleiste BILD anpassen.

Objekte bearbeiten

Bilder, Formen und sonstige Objekte können wie Text kopiert, verschoben oder gelöscht werden.

Nachdem Sie das Objekt markiert haben, wählen Sie den Befehl KOPIEREN (Strg + C) oder AUSSCHNEIDEN (Strg + X). Danach setzen Sie den Cursor an die neue Position. Das kann sowohl eine andere Stelle im selben Dokument sein als auch ein anderes Writer-Dokument oder sogar eine andere Anwendung wie z. B. Calc, eine Bildbearbeitung oder der Desktop. Wählen Sie nun den Befehl EINFÜGEN (Strg + V) aus.

Alternativ können Sie Objekte auch mit der Maus verschieben. Dazu drücken Sie nach dem Markieren die linke Maustaste und ziehen das Objekt einfach mit gedrückter Maustaste an die gewünschte neue Position. Sobald Sie die gewünschte Position erreicht haben, lassen Sie die Maustaste wieder los. Das Objekt wird nun verschoben.

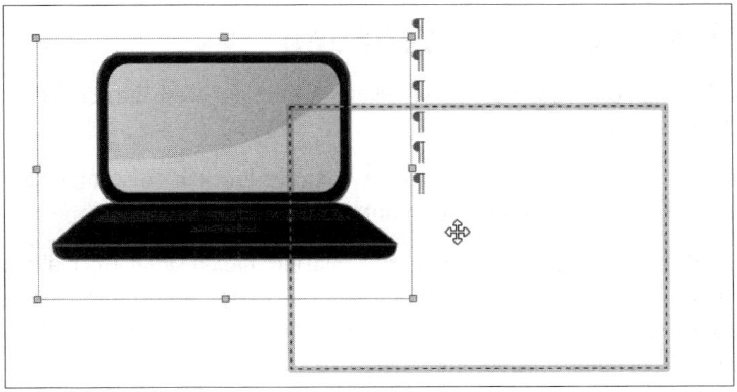

Abb. 2.118: Ein Objekt verschieben

Tipp

Wenn Sie beim Verschieben die Strg-Taste gedrückt halten, wird das Objekt kopiert.

Wenn Sie ein Bild, eine Grafik oder ein Diagramm wieder entfernen wollen, markieren Sie das Objekt und drücken dann die Taste Entf. Alternativ können Sie auch im Kontextmenü des Objekts den Befehl AUSSCHNEIDEN wählen und es nicht wieder einfügen.

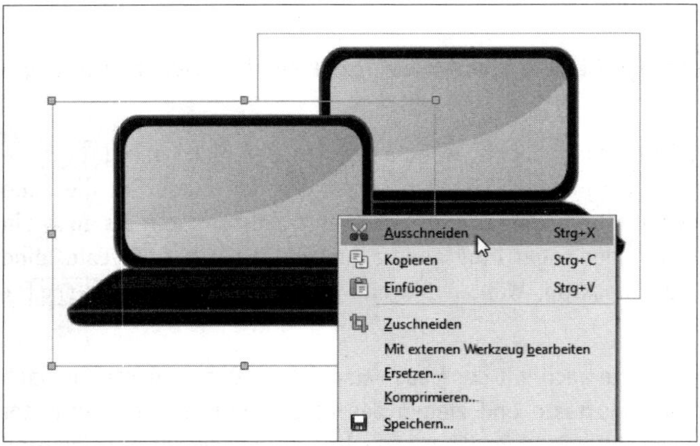

Abb. 2.119: Ein Objekt ausschneiden (löschen)

2.6 Textdokumente ausgegeben

Wie sagte schon Goethe so schön: »Denn was man schwarz auf weiß besitzt, kann man getrost nach Hause tragen.«

Wenn Ihr Dokument fertig gestaltet ist, wollen Sie es sicher drucken oder daraus ein PDF erstellen. Vorher ist es sinnvoll, ein paar Kontrollen durchzuführen.

Wenn Sie Ihren Text geschrieben, korrigiert und formatiert haben, sind trotz allem wahrscheinlich noch nicht die großen Lücken am Rand beseitigt. Hier fehlt die Silbentrennung. Außerdem kann Writer natürlich noch viel mehr. Sie können das Seitenlayout festlegen und Kopf- und Fußnoten definieren.

Vorbereitungsmaßnahmen

Bevor es an den Ausdruck geht, müssen ein paar Vorbereitungen getroffen werden. Wer allzu schnell auf die Drucken-Schaltfläche klickt, wird viel Papier verschwenden. Sinnvoll ist es nämlich, vorher ein paar Parameter zu überprüfen.

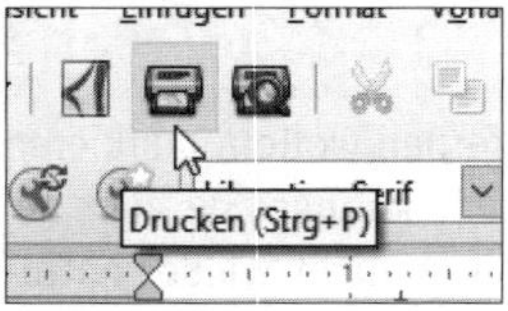

Abb. 2.120: Der Direktdruck will gut bedacht sein!

Rechtschreibprüfung

Die *Rechtschreibprüfung* durch ein Textverarbeitungsprogramm bedeutet nichts anderes, als dass jedes Wort einzeln geprüft wird. Es bedeutet leider noch nicht, dass Ihr Dokument fehlerfrei ist, wenn keine Rechtschreibfehler angezeigt werden. Denn wenn Sie beispielsweise statt *Nachname* (im Sinne von Familienname) *Nachnahme* (Zahlungsweise) schreiben, erhalten Sie keine Fehleranzeige.

Vielleicht haben Sie schon die roten Wellenlinien unter einigen Wörtern beim Schreiben wahrgenommen. Writer macht sich bemerkbar, weil in dem mitgelieferten Wörterbuch solche rot gekennzeichneten Wörter nicht enthalten sind. Dafür kann es drei Gründe geben:

- Sie haben sich tatsächlich vertippt (oder waren der Meinung, dass dieses Wort anders geschrieben wird).
- Das Wort ist richtig geschrieben, aber es handelt sich um einen Eigennamen wie z. B. Seimert.
- Das Wort ist richtig geschrieben, aber es handelt sich um ein Wort aus einer anderen Sprache.

Die Korrektur bei angezeigten Tippfehlern ist in Writer schnell durchzuführen. Sobald Sie die Eingabe eines Wortes mit einem Leerzeichen beenden, zeigt sich gegebenenfalls die rote Wellenlinie. Zeigen Sie dann mit dem Mauszeiger auf dieses Wort und rufen Sie durch Klicken mit der rechten Maustaste das Kontextmenü auf. Nun brauchen Sie das richtige Wort nur noch durch Anklicken herauszusuchen und die Korrektur ist fertig.

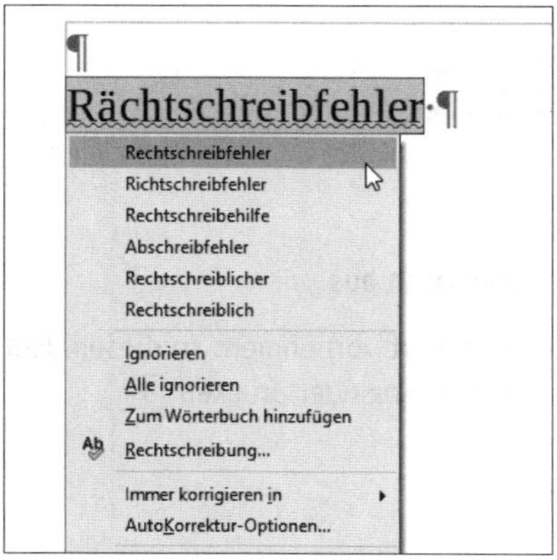

Abb. 2.121: Rechtschreibfehler korrigieren

Bei Eigennamen oder speziellen Wörtern haben Sie zwei Möglichkeiten: Entweder teilen Sie Writer mit, dass dieses Wort nicht geprüft werden soll. Dazu wählen Sie in dem schon erwähnten Kontextmenü den Befehl ALLE IGNORIEREN aus. Danach verschwinden alle roten Linien unter dem betreffenden Wort; ignoriert wird dieses Wort jedoch nur in diesem Dokument. Oder Sie fügen das Wort dem Wörterbuch hinzu, wie weiter unten beschrieben.

Machen Sie immer wieder den gleichen Fehler, dann können Sie ihn automatisch beheben lassen. Schreiben Sie beispielsweise immer `Betreibswirtschaft` statt `Betriebswirtschaft`, dann gehen Sie wie folgt vor: Markieren Sie das falsch geschriebene Wort und wählen Sie im Kontextmenü den Eintrag IMMER KORRIGIEREN IN und anschließend die richtige Schreibweise aus.

Abb. 2.122: Clever: Fehler automatisch beheben lassen

In Zukunft merzt Writer diesen Fehler immer automatisch aus.

Sie können die Rechtschreibprüfung auch dialoggesteuert vornehmen. In diesem Fall klicken Sie auf die Schaltfläche RECHTSCHREIBUNG UND GRAMMATIK oder drücken [F7].

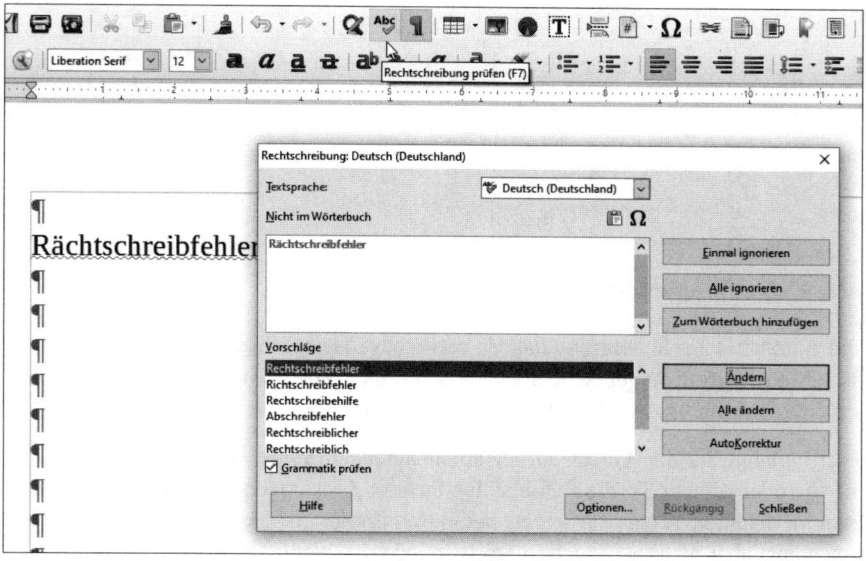

Abb. 2.123: Rechtschreibfehler auf die klassische Art prüfen

Nun werden Rechtschreibung und Grammatik zusammen überprüft. Die Hinweise auf die Rechtschreibung erfolgen in Rot, die Grammatikanmerkungen in Grün.

Verwenden Sie ein Wort häufiger in verschiedenen Dokumenten, sollten Sie dieses Wort in das Wörterbuch aufnehmen. Wählen Sie dazu im Kontextmenü den Befehl ZUM WÖRTERBUCH HINZUFÜGEN.

Silbentrennung

Große Lücken zwischen den einzelnen Wörtern im Blocksatz oder am rechten Rand bei linksbündiger Ausrichtung des Absatzes entstehen dadurch, dass Writer die Zeile nur nach oder vor einem Wort umbrechen kann. Dies zu verbessern, ist Aufgabe der *Silbentrennung*. Hier fügt Writer automatisch Trennstriche ein, um die Zeilen passender umbrechen zu können.

Am einfachsten ist es, die automatische Silbentrennung einzuschalten. Dazu müssen Sie lediglich über die Befehlsfolge FORMAT / ABSATZ die Registerkarte TEXTFLUSS wählen und dort das Kontrollkästchen AUTOMATISCH im Bereich SILBENTRENNUNG aktivieren.

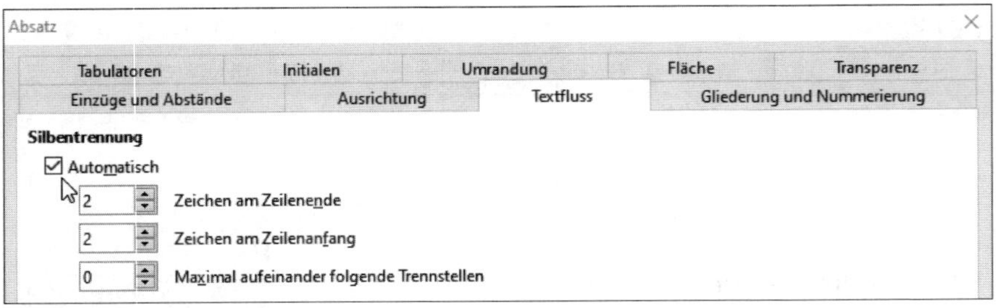

Abb. 2.124: Die automatische Silbentrennung aktivieren

Die automatische Silbentrennung ist recht zuverlässig. Trotzdem kann es bei bestimmten Wörtern angebracht sein, dass Sie die Silbentrennung beeinflussen (Urinstinkt ist eine bessere Trennung als Urin-stinkt!).

Positionieren Sie den Cursor an der entsprechenden Stelle und drücken Sie `Strg` + `-` (oder wählen Sie die Befehlsfolge EINFÜGEN / FORMATIERUNGSZEICHEN / WEICHES TRENNZEICHEN). Dadurch setzen Sie einen bedingten Trennstrich, der am Ende einer Zeile erscheint, aber nicht als Strich in Erscheinung tritt, wenn das Wort nicht im Randbereich steht. (Wenn Sie diesen Trennstrich auch in der Mitte der Zeile sehen, liegt das daran, dass Sie die Steuerzeichen eingeblendet haben: Klicken Sie in diesem Fall auf das Symbol ¶ STEUERZEICHEN).

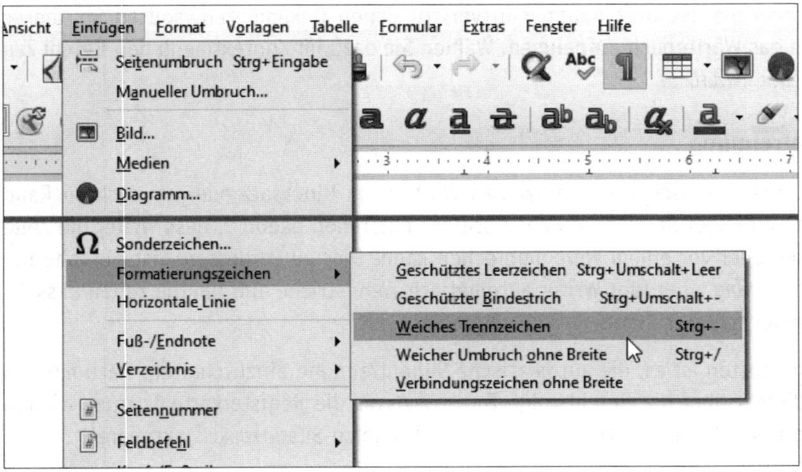

Abb. 2.125: Einen weichen Trennstrich setzen (Menü verkürzt!)

Hinweis

Benutzen Sie auf keinen Fall den normalen Bindestrich als Trennstrich. Er würde bei Änderungen am Text auch gedruckt, wenn das Wort gar nicht getrennt wird, z. B. weil es nach der Änderung in der Mitte einer Zeile steht.

Ab und an kommen Wörter mit Bindestrich vor, bei denen allerdings nicht getrennt werden sollte. Beispielsweise würde der Name Müller-Lüdenscheidt am Ende einer Zeile auseinandergerissen werden. Damit zwei Wörter mit einem normalen Bindestrich am Ende einer Zeile nicht getrennt, sondern stattdessen wie ein Wort behandelt und gemeinsam in die nächste Zeile geschrieben werden, setzt man einen *Geschützten Bindestrich* ein. In diesem Fall wird der normale Bindestrich entfernt (bzw. erst gar nicht gesetzt) und an der betreffenden Stelle über die Befehlsfolge EINFÜGEN / FORMATIERUNGSZEICHEN / GESCHÜTZTER BINDESTRICH bzw. durch Drücken von [Strg] + [⇧] + [-] ein geschützter Bindestrich eingefügt.

Manchmal gilt es, die Trennung von zwei Wörtern zu vermeiden. Beispielsweise sollte »Müller AG« stets zusammenstehen. Um zwei Wörter, die bei einem normalen Leerzeichen am Ende einer Zeile getrennt würden, wie ein Wort zu behandeln und gemeinsam in die nächste Zeile zu schreiben, setzt man ein *Geschütztes Leerzeichen* ein. Dazu platzieren Sie den Cursor an der Stelle, an der das Leerzeichen steht, löschen dieses und rufen die Befehlsfolge EINFÜGEN / FORMATIERUNGSZEICHEN / GESCHÜTZTES LEERZEICHEN auf bzw. drücken an dieser Stelle die Tastenkombination [Strg] + [⇧] + [Leer].

Ausdruck

Vor dem eigentlichen Ausdruck sollten Sie das Dokument in der sogenannten Seitenansicht betrachten. Dort wird Ihnen die Seite so angezeigt, wie der spätere Ausdruck aussieht.

Druckvorschau

In der Symbolleiste STANDARD finden Sie die Schaltfläche DRUCKVORSCHAU UMSCHALTEN.

Tipp

Diese praktische Ansicht können Sie rasch mit der Tastenkombination [Strg] + [⇧] + [O] auf den Schirm bringen.

Abb. 2.126: Die Vorschau aufrufen

Writer schaltet zur Seitenansicht und blendet gleichzeitig die dazugehörige Symbolleiste ein, über die Sie beispielsweise die Darstellung vergrößern oder die Druckvorschau auch wieder schließen (DRUCKVORSCHAU SCHLIESSEN) können.

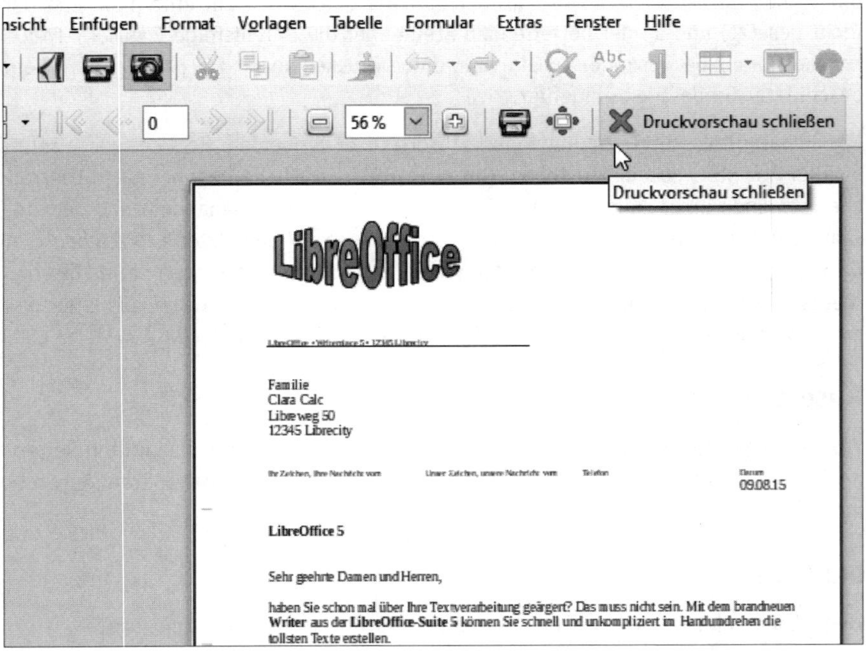

Abb. 2.127: Die Druckvorschau

Ausdruck und PDF

Je nach Wunsch klicken Sie zum Drucken auf die Schaltfläche DRUCKEN bzw. betätigen die Tastenkombination Strg + P oder Sie klicken auf die Schaltfläche ALS PDF EXPORTIEREN.

Hinweis

Weiterführende Informationen zu diesen Themen finden Sie im ersten Kapitel.

2.7 Know-how für Fortgeschrittene

Nachdem es bislang mehr um den elementaren Einsatz von Writer ging, erfahren Sie im Folgenden, wie man die Textverarbeitung praktisch einsetzt.

Vorlagen

Wie Sie nach einiger Übung sehen werden, erleichtert das Arbeiten mit *Vorlagen*, auch als Formatvorlagen bekannt, das Formatieren besonders längerer Texte in Writer erheblich.

Wenn man bestimmte Dinge immer und immer wiederholen muss, werden solche Arbeiten recht schnell eintönig und ermüdend. Stellen Sie sich nur einmal vor, Sie müssen den Fließtext in Ihrer Arbeit immer wieder in der Schriftart *Arial* mit 1,5-fachem Zeilenabstand, einem Erstzeileneinzug von 0,5 cm und im Blocksatz formatieren. Die drei sich ständig wiederholenden Schritte würden Sie sicher bald nerven und die Konzentration auf das Wesentliche einschränken. Oder Sie hätten eine ganz lange Publikation mit elf Überschriften geschrieben, bei der jede Überschrift z. B. fett, kursiv und mit 14 pt formatiert sein muss. Das würde bedeuten, dass Sie vielleicht acht Überschriften einzeln markieren, achtmal auf *Fett* und *Kursiv* klicken, aus der Liste *Schriftgrad* 14 pt auswählen und dann bei der neunten Überschrift vergessen haben, ob nun die Überschrift unterstrichen wurde oder nicht.

Wie wäre es, wenn man das mit einem Mausklick erledigen könnte? Das genau ermöglichen Vorlagen. Dabei handelt es sich um eine abgespeicherte Zusammenfassung von Formatierungsbefehlen, die den Zeitaufwand erheblich reduzieren kann. Gerade bei umfangreichen Dokumenten ermöglichen Formatvorlagen ein schnelleres und effektiveres Formatieren. Solche Befehlsbündel können dann entweder ganzen Absätzen oder einer beliebigen Zeichenfolge zugeordnet werden.

Die Formatvorlagen werden in Writer in der Seitenleiste verwaltet. Klicken Sie auf die Schaltfläche VORLAGEN, um sie einzusehen.

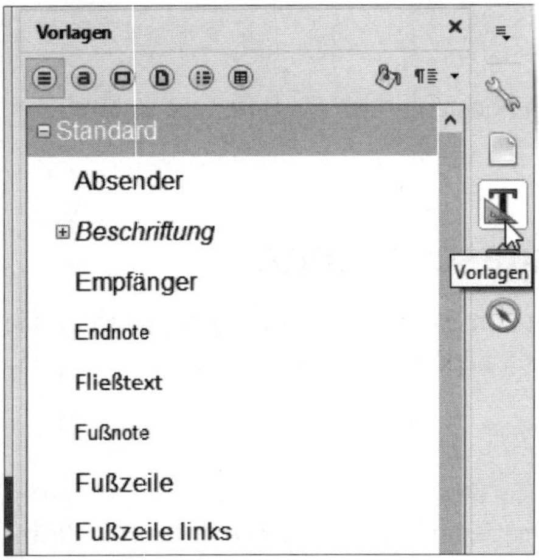

Abb. 2.128: Die Formatvorlagen in der Seitenleiste

In diesem Fenster finden Sie am oberen Rand sechs Schaltflächen für die möglichen Formatvorlagentypen.

- Absatzvorlagen Diese stellen eine Kombination von Zeichen- und Absatzformaten dar. Ihre Anwendung hat Auswirkung auf den betreffenden Absatz und die darin enthaltenen Zeichen.
- Zeichenvorlagen: Diese fassen mehrere zeichenorientierte Formatierungsbefehle zusammen und werden nur auf die markierten einzelnen Zeichen (beispielsweise Wörter) angewendet.

Bei diesen beiden Arten gilt, dass Zeichenvorlagen Priorität vor Absatzvorlagen haben. Das bedeutet, dass Zeichenformatierungen einer Absatzvorlage von denen einer Zeichenvorlage überschrieben werden. Wird in einem solchen Fall die Absatzvorlage nachträglich geändert, also beispielsweise eine andere Schrift zugeordnet, ändert sich an den Zeichen, die mit der Zeichenvorlage formatiert wurden, nichts.

Zusätzlich gibt es noch die folgenden Formatvorlagentypen:

- Rahmenvorlagen: Sie werden auf Rahmen angewendet und ermöglichen so eine durchgehend einheitliche Gestaltung (beispielsweise Ausrichtung und Schriftart).
- Seitenvorlagen: Diese ermöglichen es, die Struktur des Dokuments zu verwalten und es mit Seitenzahlen zu versehen. Darüber hinaus können Sie die Seitenvorlage festlegen, die für die erste Seite nach einem Seitenumbruch verwendet werden soll.

- Listenvorlagen: Mit ihrer Hilfe lassen sich rasch nummerierte Listen oder Listen mit Aufzählungszeichen formatieren.
- Tabellenvorlagen: Das Formatieren von Tabellen kann ganz schön aufwändig sein. Diese Vorlagen helfen Ihnen dabei, schnell zu einem ansprechenden Ergebnis zu kommen.

Immer wenn es darum geht, Textpassagen entsprechend den jeweiligen Vorgaben zu formatieren, sind Formatvorlagen ein probates Mittel, diese Arbeiten schnell und sauber zu erledigen.

Tipp

Formatieren Sie also Ihre Texte so weit wie möglich mithilfe von Formatvorlagen und möglichst wenig per Hand im Text. Alles, was Sie direkt im Text formatiert haben, müssen Sie später auch per Hand einzeln wieder ändern. Eine Formatvorlage hingegen können Sie insgesamt ändern und dadurch alle zugewiesenen Stellen in einem Rutsch gleich formatieren.

Nach so viel »trockener« Theorie wollen Sie jetzt bestimmt diese wunderbaren Hilfen im praktischen Einsatz sehen. Packen wir es an.

Zunächst gilt es noch zu klären, ob man eigene Formatvorlagen erstellen oder auf die vorhandenen zurückgreifen sollte. Hier lautet die Antwort: »Es kommt darauf an!« Wenn Writer für einen bestimmten Zweck bereits Formatvorlagen zur Verfügung stellt, stehen Sie sich besser, wenn Sie diese lediglich für Ihre Zwecke anpassen. So drängt sich gerade die Verwendung der Überschriften-Formatvorlagen für Ihre Gliederung auf. Gleiches gilt für die Formatvorlagen Seitenzahl, Beschriftung, Abbildungsunterschrift usw. Diese können Sie mühelos den Vorgaben anpassen. Lediglich wenn Writer keine passende Formatvorlage zur Verfügung stellt, sollten Sie sich eine eigene zusammenstellen.

(Fertige) Formatvorlagen verwenden

Eine Formatvorlage kennen Sie bereits, obwohl Sie davon vermutlich noch nichts wussten: Standard. Das ist die Formatvorlage, mit der Sie bisher automatisch jeden Absatz erstellt haben.

Darüber hinaus stehen in jedem Dokument noch weitere Formatvorlagen beispielsweise für Überschriften bereit: Textkörper, Überschrift 1, Überschrift 2, Überschrift 3 usw.

Um beispielsweise eine Überschrift zu formatieren, müssen Sie lediglich den Cursor in dem betreffenden Absatz platzieren und auf das Vorlagensymbol klicken.

Neben der Seitenleiste können Sie die gängigsten Formatvorlagen auch über die Symbolleiste STANDARD zuweisen. Dazu müssen Sie nur im Listenfeld ABSATZVORLAGE FESTLEGEN in der Liste auf die gewünschte Vorlage klicken.

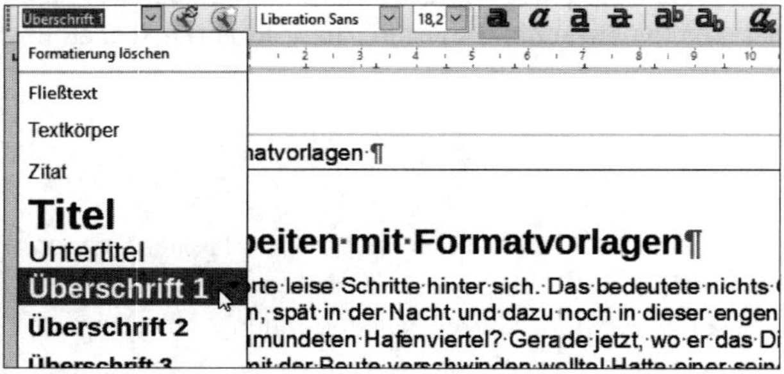

Abb. 2.129: Eine Überschrift mithilfe einer Formatvorlage formatieren

Um nun eine Formatvorlage zu nutzen, können Sie vor dem Schreiben einer Überschrift schon die gewünschte Formatvorlage anwählen und dann den Text schreiben.

Möchten Sie gleich mehrere Absätze mit einer bestimmten Formatvorlage versehen, müssen diese zuvor markiert sein.

Formatvorlagen anpassen

Nicht immer werden die vorgegebenen Formatvorlagen Ihren Vorstellungen entsprechen und so wird die eine oder andere Formatvorlage zu ändern sein. Dies gilt insbesondere für die Formatvorlagen ÜBERSCHRIFT 1, ÜBERSCHRIFT 2 und ÜBERSCHRIFT 3, die dazu dienen, den Text zu gliedern. Hier werden Sie vielleicht deren standardmäßige Einstellungen ändern müssen, weil Sie eine Nummerierung vornehmen wollen.

Betrachten Sie das Listenfeld am Beginn der Symbolleiste FORMAT einmal näher.

Hier finden Sie zunächst den Eintrag STANDARD. Dabei handelt es sich um eine Formatvorlage, die zunächst einmal allen Absätzen zugeordnet wird, die die Haupteigenschaften LIBERATION SERIF und 12 PT besitzen und die von Writer standardmäßig für alle Texte vorgegeben wird.

Um eine Formatvorlage zu bearbeiten, müssen Sie auf den kleinen Pfeil neben der Formatvorlagenbezeichnung klicken und im erscheinenden Menü den Eintrag VORLAGE BEARBEITEN anwählen.

Abb. 2.130: Die Formatvorlage bearbeiten

Im folgenden Dialogfenster ABSATZVORLAGE: STANDARD finden Sie alles, was Sie für das Arbeiten mit Formatvorlagen benötigen.

Nehmen Sie an dieser Stelle einfach die gewünschten Veränderungen vor. Ändern Sie beispielsweise auf der Registerkarte SCHRIFT die Schriftart und/oder probieren Sie einen anderen Schriftgrad aus.

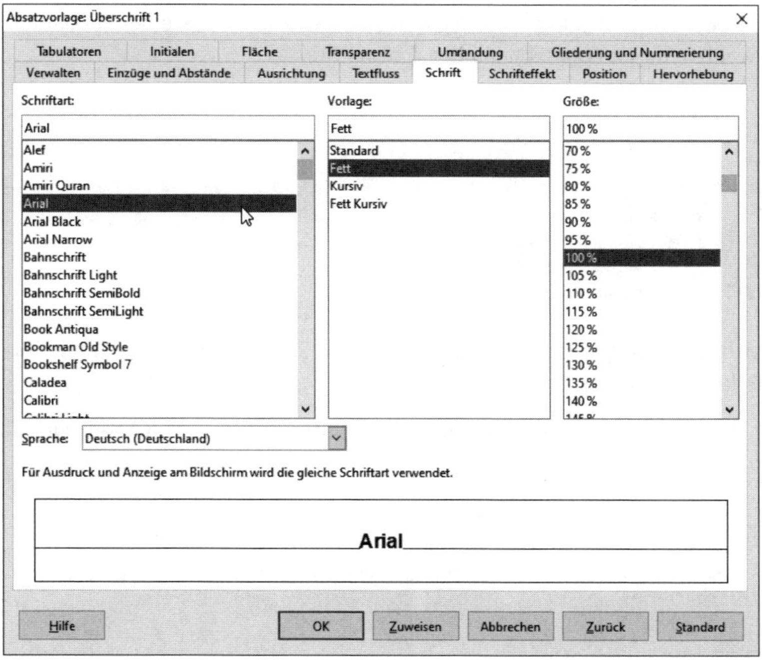

Abb. 2.131: Die Schrift der Formatvorlage ändern

Schließen Sie dann das Fenster mit OK.

Wie Sie sehen, werden alle Stellen im Dokument, die Sie mit der Formatvorlage versehen haben, sofort angepasst.

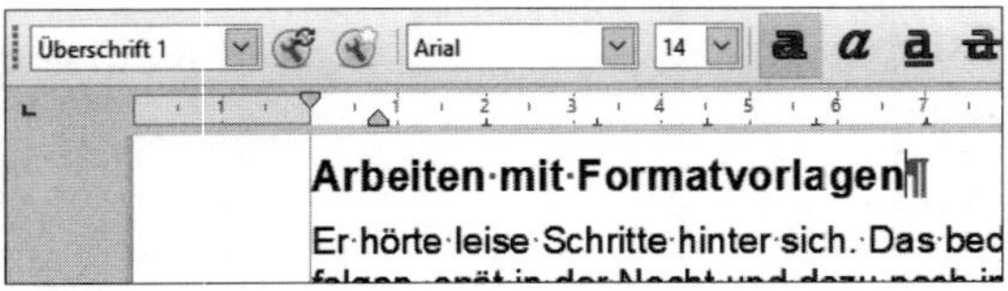

Abb. 2.132: Sofort wird der Text angepasst.

(Neue) Formatvorlagen erstellen

Nicht immer werden die vorgegebenen Formatvorlagen Ihren Anforderungen entsprechen. In diesen Fällen erstellen Sie einfach eigene.

Möchten Sie beispielsweise den Fließtext in Ihrem Dokument neu festlegen, müssen Sie lediglich den Cursor in einem Absatz platzieren.

Klicken Sie in der Seitenleiste mit der rechten Maustaste in die Liste der Formatvorlagen und wählen Sie im Kontextmenü den Eintrag Neu.

Abb. 2.133: Eine neue Formatvorlage

Es öffnet sich das Dialogfenster Absatzvorlage, in dem Sie nun die gewünschten Formate einstellen.

Zunächst sollten Sie jedoch einen Namen vergeben, den Sie in das Feld Name eintragen. Hier bietet sich Fliesstext an.

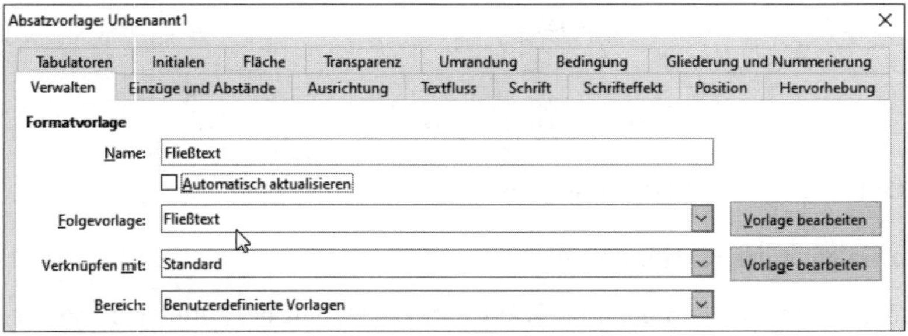

Abb. 2.134: Die Formatvorlage benennen

Im folgenden Listenfeld FOLGEVORLAGE stellen Sie die Formatvorlage ein, die beim Drücken der [↵]-Taste dem nächsten Absatz zugewiesen werden soll. So können Sie den Text, ohne auf die Formatierung zu achten, zügig eingeben.

Tipp

Überlegen Sie beim Anlegen genau, welcher Textteil im Regelfall auf die Formatvorlage folgt. Sie sparen sich eine Menge an Formatierungsarbeiten, wenn gleich die richtige Formatvorlage eingestellt wird.

Anschließend stellen Sie die eigentlichen Formatierungen auf den entsprechenden Registerkarten ein.

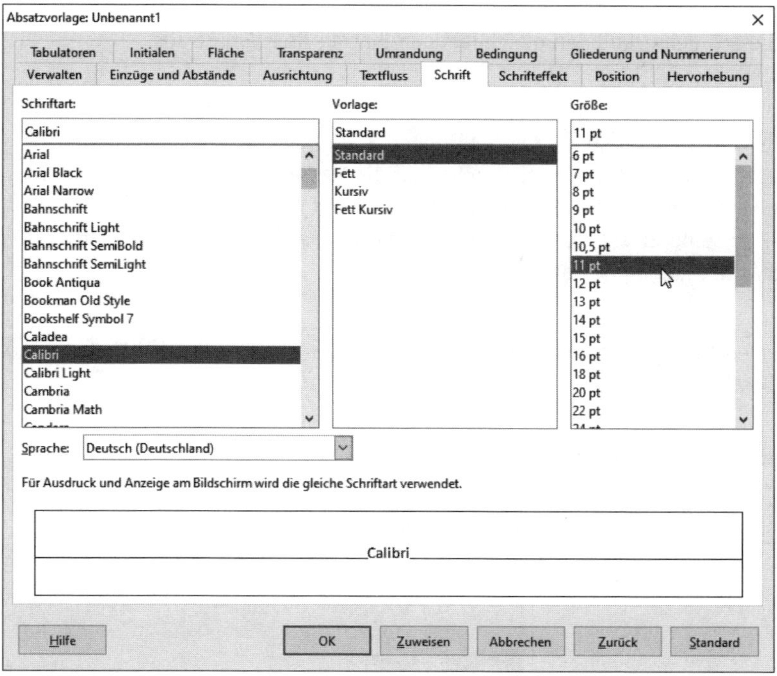

Abb. 2.135: Legen Sie die gewünschten Formatierungen fest.

Ihre Arbeiten beenden Sie mit OK.

Neue Vorlage aus einer Auswahl kreieren

Es gibt noch einen weiteren Weg, eine neue Formatvorlage zu erstellen. Diese Vorgehensweise bietet sich immer dann an, wenn Sie bereits eine Formatierung vorgenommen haben und diese nun ständig einsetzen wollen.

Markieren Sie die fertig formatierte Passage, klicken Sie dann im Fenster Formatvorlagen auf die Schaltfläche *Neue* Vorlage aus Auswahl.

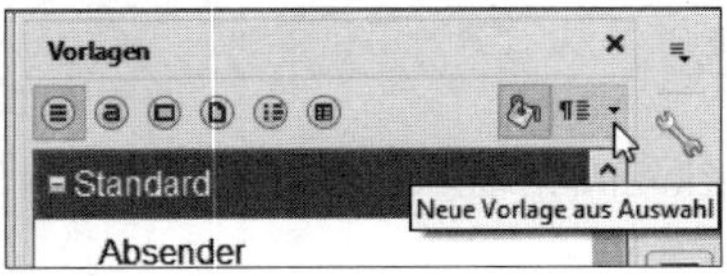

Abb. 2.136: Eine neue Formatvorlage aus der Auswahl erstellen

Wählen Sie aus dem Menü den gleichnamigen Eintrag Neue Vorlage aus.

Tipp

Bei dieser Art der Erstellung müssen Sie auf die Markierung achten. Möchten Sie beispielsweise mit der Formatierung nur bestimmte Wörter formatieren, handelt es sich um eine Zeichenformatierung. In diesem Fall sollten Sie zunächst die Schaltfläche Zeichenvorlage anklicken.

Im folgenden Dialogfenster Vorlage erstellen tragen Sie einen passenden Vorlagennamen ein und bestätigen mit OK.

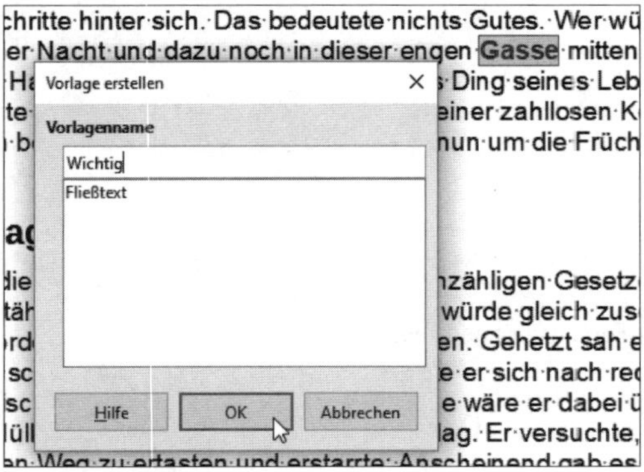

Abb. 2.137: Einen Namen für die neue Vorlage vergeben

Hinweis

Die in obiger Abbildung erstellte Vorlage finden Sie bei den Zeichenvorlagen, da in diesem Fall eine Zeichenformatierung durchgeführt wurde.

Mit Formatvorlagen arbeiten

Arbeiten Sie mit eigenen Vorlagen, ist es hilfreich, sich zunächst nur diese anzeigen zu lassen.

Klicken Sie dazu auf den Listenpfeil am unteren Rand der Seitenleiste FORMATVORLAGEN und wählen Sie den Eintrag BENUTZERDEFINIERTE VORLAGEN aus.

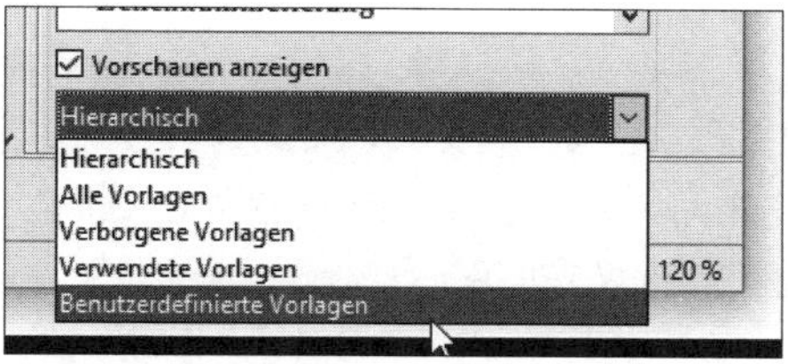

Abb. 2.138: Die Ansicht der Vorlagen einschränken

Anschließend werden nur die von Ihnen erstellten Vorlagen angezeigt.

Um eine Formatvorlage zuzuweisen, platzieren Sie lediglich den Cursor in dem betreffenden Absatz oder markieren die gewünschten Zeichen und führen einen Doppelklick auf die Bezeichnung der Formatvorlage im Fenster FORMATVORLAGEN aus.

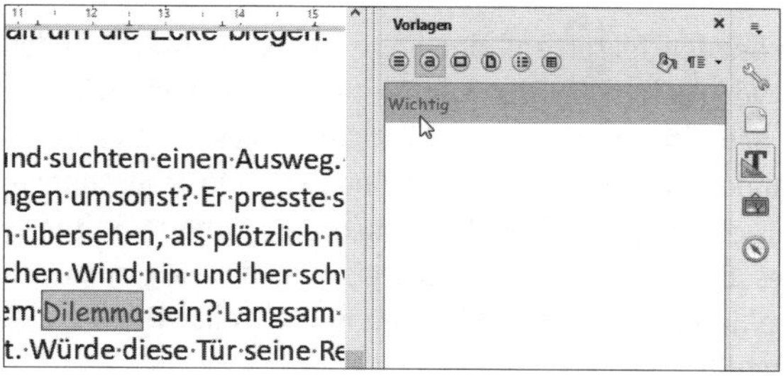

Abb. 2.139: Die neue (Zeichen-)Formatvorlage zuweisen

Eine falsch zugeordnete Formatvorlage löschen Sie durch Zuweisen der Formatvorlage STANDARD.

Brief gestalten

Im Folgenden soll ein DIN-Brief mit Writer erstellt werden, der anschließend als Serienbrief mit einer Base-Datenbank zu Ehren kommt.

Zunächst einmal müssen Sie wissen, dass sich gleich mehrere DIN-Vorschriften mit der Erstellung und Gestaltung von Briefen befassen. Es handelt sich dabei um Regeln, die das *Deutsche Institut für Normung* im Hinblick auf eine anzustrebende Einheitlichkeit im Briefverkehr entworfen hat.

Für die Gestaltung eines Briefs spielen dabei insbesondere zwei DIN-Normen eine Rolle. Für die Schreib- und Gestaltungsregeln ist die *DIN 5008* zu beachten, die unter anderem die Position und inhaltliche Gestaltung von Briefteilen wie Angaben zu Absender, Empfänger, Betreff und Anrede festlegt. Die Größe und die Position des Anschriftenfeldes bzw. der Falzmarken regelt die *DIN 676*.

Web

Wissenswertes zum Thema Normung erfahren Sie auf den Seiten des Deutschen Instituts für Normung unter *http://www.normung.din.de/*.

Im Folgenden werden Sie einen Brief gestalten, der im Wesentlichen diese Regeln einhält.

Vorarbeiten und Grundeinstellungen

Zuerst müssen Sie ein neues Dokument erstellen. Speichern Sie dieses Dokument zunächst als einfaches Writer-Dokument beispielsweise unter dem Namen `Writer-DIN-Brief` in Ihrem Projektordner ab. Wir werden später daraus eine Vorlage erstellen.

Da es nicht immer gelingt, sich bei den Texten auf eine Seite zu beschränken, werden wir an dieser Stelle gleich die Vorarbeiten für die Folgeseiten vornehmen. Erinnern Sie sich noch an die »gute alte Schreibmaschinenzeit«? Damals gab es noch gedruckte Briefbögen. Auf diesen befanden sich alle relevanten Angaben und insbesondere der Firmenschriftzug und eventuell ein Logo. Benötigte man eine weitere Seite, so nahm man ein einfaches leeres Blatt. Diese Vorgehensweise werden wir auch anwenden. Wir benötigen somit eine Einstellung, die es ermöglicht, eine Haupt- und beliebig viele Folgeseiten zu erstellen.

Diese Arbeit erledigen Sie mithilfe zweier Seitenvorlagen.

Rufen Sie in der Seitenleiste das Fenster FORMATVORLAGEN auf und stellen Sie gleich die Ansicht mit einem Klick auf die vierte Schaltfläche auf SEITENVORLAGEN um.

Führen Sie als Nächstes einen Doppelklick auf die Vorlage ERSTE SEITE aus.

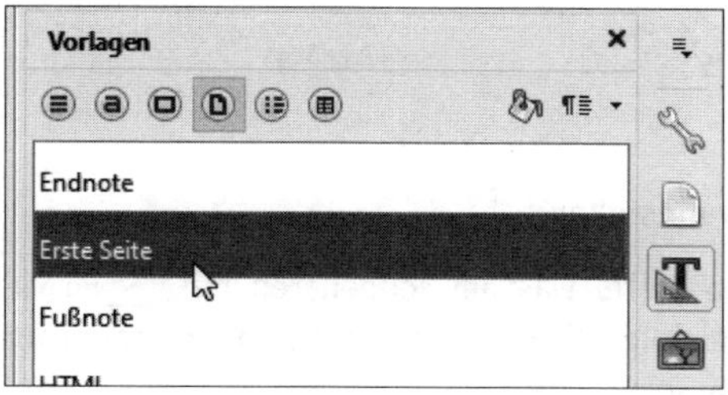

Abb. 2.140: Weisen Sie die Seitenvorlage zu

Als Nächstes werden wir gleich noch die Folgeseite(n) einfügen und diese ebenfalls mit einer Seitenvorlage versehen.

Wählen Sie EINFÜGEN / MANUELLER UMBRUCH.

Im folgenden Dialogfenster UMBRUCH EINFÜGEN belassen Sie die Option auf SEITENUMBRUCH, wählen aber im Listenfeld VORLAGE den Eintrag LINKE SEITE aus.

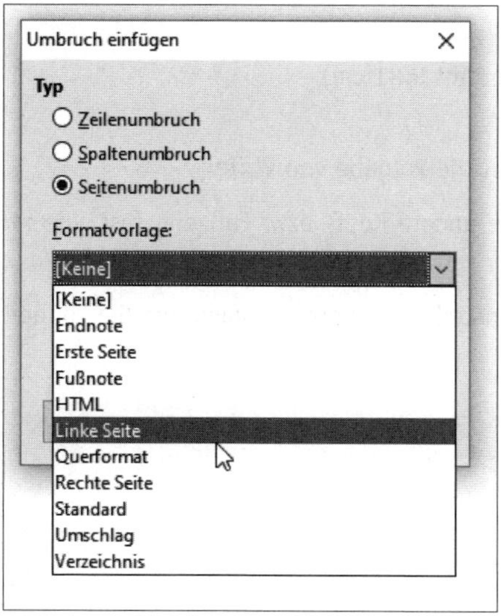

Abb. 2.141: Die zweite Seite mit einer Vorlage versehen

Mit OK bestätigen Sie Ihre Wahl.

Ob es geklappt hat, können Sie in der Statusleiste ablesen. Dort sollte, wenn sich der Cursor auf dieser Seite befindet, der Eintrag LINKE SEITE abzulesen sein.

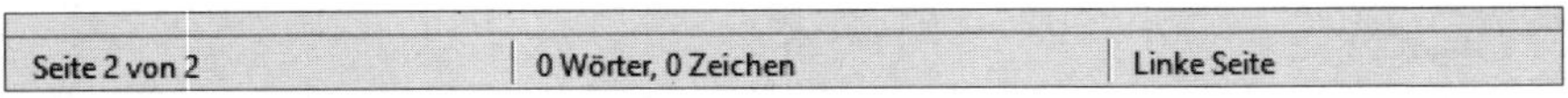

Abb. 2.142: Es hat geklappt!

Als Nächstes sollten Sie die Seitenränder einstellen.

Platzieren Sie den Cursor auf der ersten Seite, was am schnellsten mit `Strg` + `Pos1` gelingt. Dort rufen Sie die Befehlsfolge FORMAT / SEITE auf und aktivieren im folgenden Dialogfenster die Registerkarte SEITE.

> **Tipp**
>
> Achten Sie darauf, dass in der Titelleiste des Dialogfensters SEITENVORLAGE: ERSTE SEITE steht.

Im Dialogfenster SEITENVORLAGE nehmen Sie im Bereich SEITENRÄNDER folgende Einstellungen vor:

- LINKS: `2,41` cm
- RECHTS: `1,5` cm (der Mindestabstand beträgt 0,81 cm)
- OBEN: `1,5` cm
- UNTEN: 2 cm (hier belassen Sie zunächst die Vorgabe von Writer)

Dadurch legen Sie für die erste Seite eine andere Kopf- bzw. Fußzeile fest, die im weiteren Verlauf gestaltet wird.

Damit sind zunächst die grundlegenden Einstellungen vorgenommen und Sie können das Dialogfenster mit OK schließen.

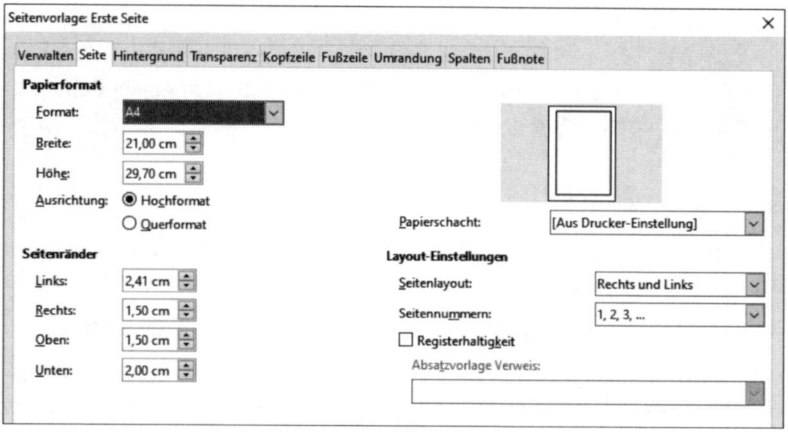

Abb. 2.143: Diese Grundeinstellungen benötigen Sie.

Nun gilt es noch, die Folgeseiten einzustellen.

Drücken Sie `Strg` + `Ende`, damit der Cursor dort platziert wird.

Anschließend rufen Sie wieder das Dialogfenster Seitenvorlage auf und nehmen dort die gleichen Einstellungen wie für die erste Seite vor.

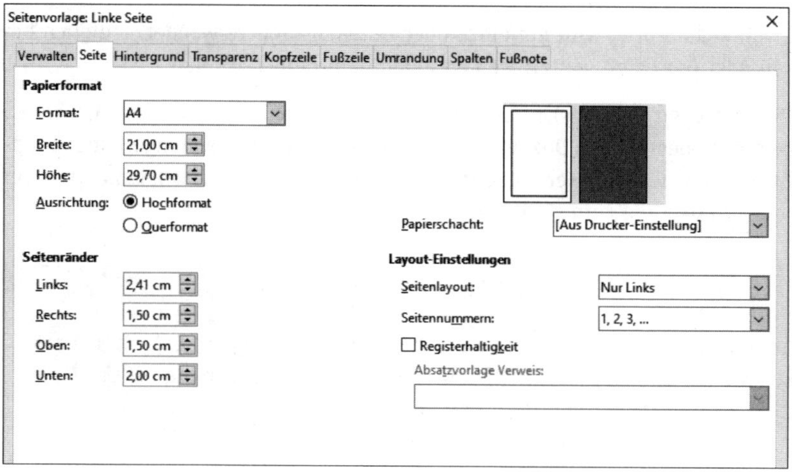

Abb. 2.144: Die Einstellungen für die Folgeseite(n)

Tipp

Das Dialogfenster SEITENVORLAGE: LINKE SEITE erhalten Sie rasch nach einem Doppelklick auf den Statuszeileneintrag LINKE SEITE.

Auch hier schließen Sie mit OK.

Wie Sie sicherlich bemerkt haben, verwendet Writer als Standardschrift *Liberation Serif* in der Größe 12 pt. Deren Einsatz wird durch die Formatvorlage STANDARD geregelt.

Was die verwendete SCHRIFTART angeht, so macht Ihnen die DIN keinerlei Vorschriften.

Wenn Ihnen durch Vorgaben (etwa bei einer Firmenschrift) keine Vorschriften gemacht werden, ist es jedoch empfehlenswert, die Schriftarten *Arial* oder *Liberation Serif* (es handelt sich um eine Abart der bekannten Schriftart *Times New Roman*) zu verwenden. Um zu entscheiden, welche in Ihrem Fall angebracht ist, hilft vielleicht der Hinweis, dass die *Arial* plakativ erscheint und nicht so schnell zu lesen ist. Die Schrift *Liberation Serif* dagegen eignet sich aufgrund der Serifen (der kleinen Häkchen an den Buchstaben) dazu, größere Texte schneller zu erfassen, weil das Auge hier besser geleitet wird.

Der Schriftgrad sollte für den eigentlichen Text bei 10 pt (*Arial*) bzw. 12 pt (*Liberation Serif*) und für Zusatzinformationen bei 6 pt bzw. 8 pt liegen.

Beim gewöhnlichen Brief wird ein einzeiliger Zeilenabstand verwendet, lediglich bei Gutachten oder Berichten sollten Sie den eineinhalbzeiligen wählen.

Die Writer-Vorgaben entsprechen somit den Gewohnheiten der meisten Anwender. Wenn Sie für ein bestimmtes Dokument eine andere Schriftart bevorzugen oder benötigen, ist es sinnvoll, an dieser Stelle in der Seitenleiste FORMATVORLAGEN bei aktivierter Ansicht ABSATZVORLAGE die Formatvorlage STANDARD zu ändern.

Tipp

Sie sollten nach jedem größeren Schritt den gegenwärtigen Zustand sichern. Drücken Sie deshalb an dieser Stelle [Strg] + [S] bzw. klicken Sie auf das Menü DATEI und wählen Sie den Eintrag SPEICHERN.

Erste Kopfzeile

Bestimmte Elemente, wie beispielsweise eine Firmenbezeichnung, werden nicht im eigentlichen Text platziert, weil man sie aus Versehen verschieben könnte. Derartige Elemente finden ihren Platz in der Kopf- oder der Fußzeile.

Diese Bereiche werden standardmäßig nicht angezeigt und müssen deshalb von Ihnen aktiviert werden. Das geschieht über die Registerkarte Kopfzeile des Ihnen schon bekannten Dialogfensters Seitenvorlage (Menü Format / Seite).

Achten Sie zunächst darauf, dass sich der Cursor auf der ersten Seite befindet, denn hier müssen Sie zunächst das Kontrollkästchen Kopfzeile einschalten aktivieren, um die benötigten Einstellungen vorzunehmen. Für unseren Brief setzen Sie die Werte der Felder Linker Rand und Rechter Rand auf 0,00 cm. Den Abstand (zwischen den beiden Bereichen) stellen Sie auf 0,50 cm ein. Dem Feld Höhe geben Sie den Wert 3,00 cm.

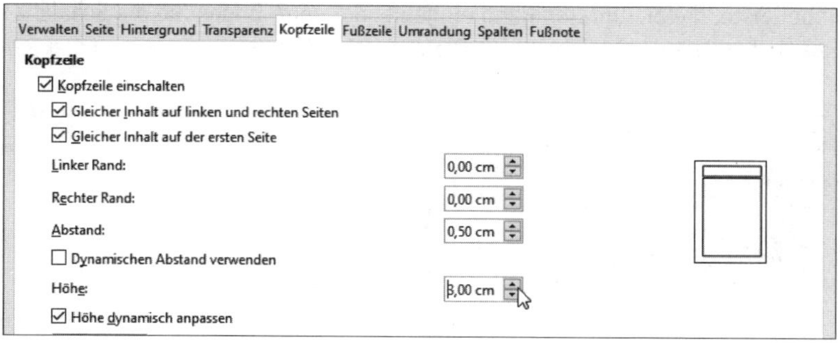

Abb. 2.145: Die Angaben für die Kopfzeile

Bestätigen Sie Ihre Angaben mit OK.

Oberhalb des eigentlichen Textes finden Sie nun die Kopfzeile.

Abb. 2.146: Die beiden Bereiche

Im Kopfbereich soll ein Firmenname platziert werden. Da er besonders auffallen soll, werden wir ein grafisches Modul von Writer verwenden, das grafische Schriftzüge ermöglicht.

Fügen Sie zunächst einen weiteren Absatz in den Kopfbereich ein und platzieren Sie den Cursor dann wieder in dem ersten Absatz.

Tipp

Wenn Sie für jedes platzierte Objekt einen eigenen Absatz verwenden, können Sie zu einem späteren Zeitpunkt problemloser Veränderungen vornehmen.

Danach lassen Sie sich mithilfe der Schaltfläche ZEICHENFUNKTIONEN ANZEIGEN, die Sie in der Symbolleiste STANDARD finden, die entsprechende Symbolleiste anzeigen.

In der Symbolleiste, die am unteren Rand eingeblendet wird, finden Sie die Schaltfläche FONTWORK GALERIE, die das gleichnamige Dialogfenster öffnet.

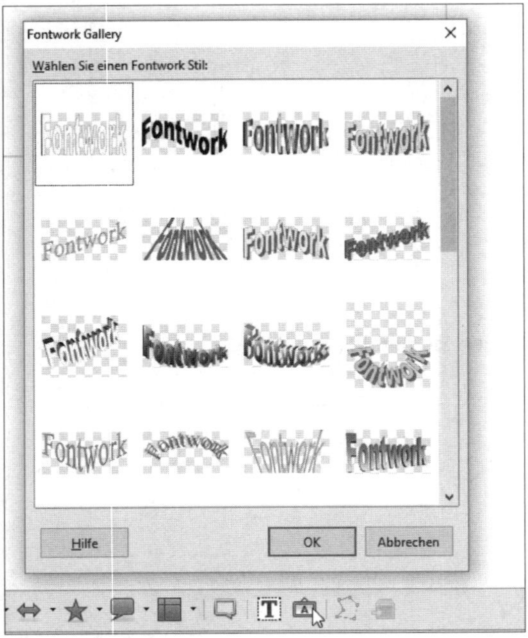

Abb. 2.147: Die Fontwork-Galerie bietet zahlreiche Vorgaben.

Hier suchen Sie aus den 40 Vorgaben diejenige heraus, die Ihrer Vorstellung am nächsten kommt, und markieren sie mit einem Klick.

Mit einem Klick auf OK geht es weiter. Doch erschrecken Sie nicht: Das Objekt wird recht groß mittig auf der Seite platziert.

Über die kleinen blauen Eckanfasser können Sie nun die Größe des Objekts anpassen. Zeigen Sie dazu auf den unteren rechten Anfasser und ziehen Sie das Objekt so weit nach innen, dass es gerade den Kopfbereich ausfüllt.

Abb. 2.148: Die Größe des Objekts anpassen

Um den Text zu ändern, müssen Sie auf das Fontwork-Objekt doppelklicken. Dadurch wird in der Mitte des Objekts die Textvorgabe `Fontwork` eingeblendet, die Sie nun überschreiben können.

Abb. 2.149: Den neuen Text einfach eingeben

Wenn Sie anschließend mit der Maus auf den Schriftzug klicken, wird dieser sofort angepasst.

Abschließend können Sie das Objekt noch mithilfe der Schaltflächen der eingeblendeten Symbolleiste ZEICHNUNGSOBJEKTEIGENSCHAFTEN ändern. So können Sie etwa über das Listenfeld FLÄCHENSTIL/-FÜLLUNG dem Objekt ein farbenfroheres Aussehen geben.

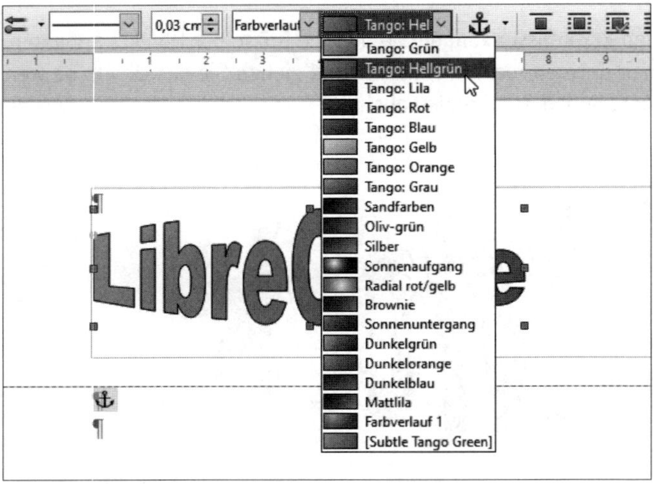

Abb. 2.150: Das Objekt gestalten

Das soll vorerst genügen und wir widmen uns dem eigentlichen Brief.

Postanschrift des Absenders

Von zentraler Bedeutung für jeden Brief sind die *Postanschrift* des Absenders und das *Anschriftenfeld*, denn daran kann der Zusteller erkennen, wer den Brief geschickt hat und an wen er gerichtet ist.

Setzen Sie den Cursor in den ersten Absatz des Textbereichs.

Fügen Sie zwei weitere leere Absätze ein und kehren Sie dann zum ersten Absatz zurück.

Stellen Sie die SCHRIFTGRÖSSE auf 8 pt und klicken Sie auf die Schaltfläche für UNTERSTRICHEN.

Geben Sie dann folgende Zeile ein:

```
LibreOffice · Writerplace 6 · 12345 Librecity
```

Den Punkt zwischen den Angaben erhalten Sie durch Aufruf der Befehlsfolge EINFÜGEN / SONDERZEICHEN und Auswahl des Zeichens in der Liste.

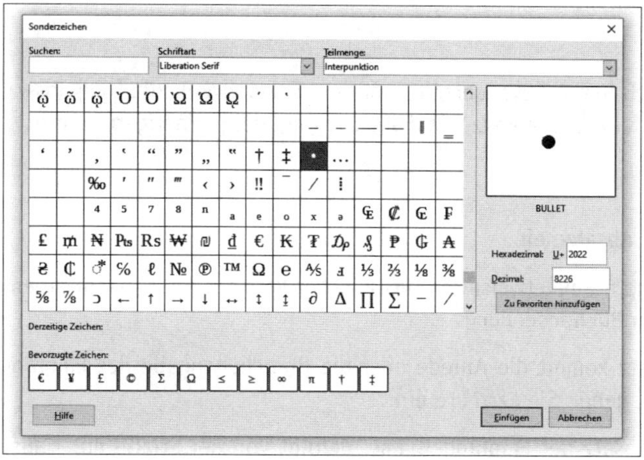

Abb. 2.151: Ein Sonderzeichen einfügen

> **Tipp**
>
> Alternativ können Sie ihn aber auch rasch durch die Tastenkombination [Alt] + [0] + [1] + [4] + [9] eingeben.

Platzieren Sie abschließend den Cursor am Absatzende, fügen Sie an Position 8,5 cm einen linksbündigen Tabulator ein und betätigen Sie einmal die [⇆]-Taste.

Die Linie wird nun genau bis 8,5 cm angezeigt und zeigt Ihnen die mögliche Breite einer Absenderangabe, die noch in ein entsprechendes Briefbogenfenster passen würde, an.

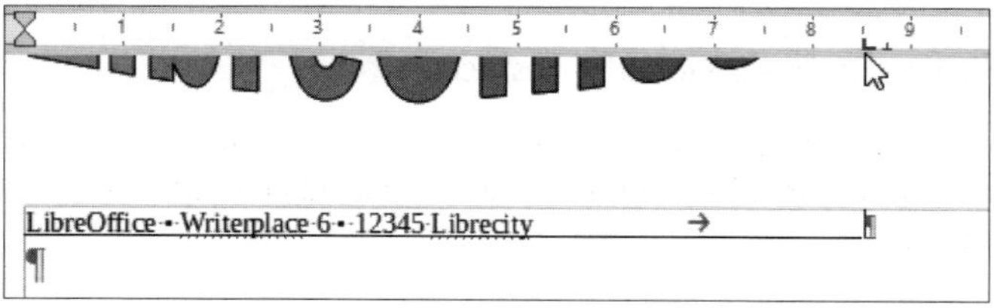

Abb. 2.152: Die Breite des Absenderfensters mit einem Tabulator festlegen

Setzen Sie den Cursor in den nächsten Absatz.

Tipp

Befinden Sie sich noch in der Absenderzeile, sollten Sie keinesfalls die [↵]-Taste drücken, da der folgende Absatz die Formatierung des vorherigen vererbt bekäme.

Fügen Sie zwei weitere Absätze ein.

In die zweite Zeile käme normalerweise ein postalischer Vermerk wie `Einschreiben`, `Nicht nachsenden` oder `Büchersendung`.

In den folgenden Absatz kommt die Anrede oder die Branchenangabe des Empfängers. Für unser Beispiel geben Sie `Familie` ein.

Es folgt im nächsten Absatz der Empfängername, gefolgt von der Straße mit Hausnummer bzw. dem Postfach mit Nummer.

Unmittelbar im folgenden Absatz finden die Postleitzahl und der Bestimmungsort ihren Platz.

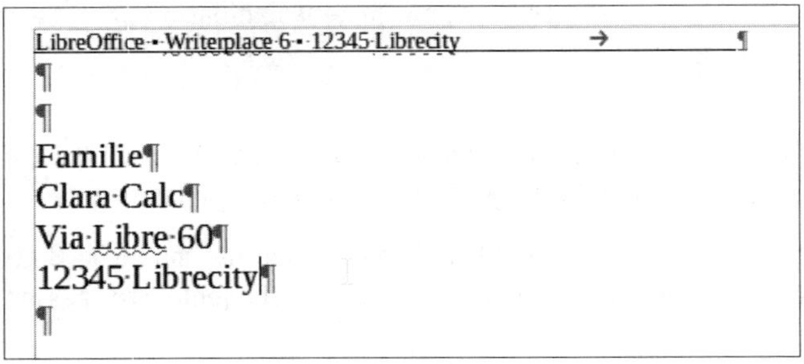

Abb. 2.153: Die weiteren Beispielangaben für das Adressfeld

Damit ist im Wesentlichen das Adressfeld fertig bestückt.

Würde die Sendung ins Ausland gehen, befände sich im achten Absatz noch die Länderkennung. Da dies in unserem Beispiel nicht der Fall ist, folgen nach der Ortsangabe zwei leere Absätze.

Bezugszeichenzeile

Als Nächstes wird die *Bezugszeichenzeile* gestaltet. Sie ist nicht notwendiger Bestandteil eines Geschäftsbriefs, erleichtert aber das Nachvollziehen des Schriftwechsels. Sie enthält im Regelfall Angaben wie das Diktatzeichen und Datumsangaben des Adressaten und/oder des Verfassers, die Telefondurchwahl und das Datum der Verfassung.

Die Bezugszeichenzeile beginnt zwei Absätze unter dem Anschriftenfeld und besteht aus zwei Zeilen, wobei die oberste, die Leitwörterzeile, eine Schriftgröße von 6 pt bzw. 8 pt aufweisen soll.

Sie enthält in der ersten Zeile vier Leitwörter, die eine bestimmte Position vom linken Blattrand einnehmen müssen.

Um diese Vorgaben zu erfüllen, werden Sie eine Tabelle einsetzen.

Platzieren Sie den Cursor in dem Absatz und klicken Sie in der STANDARD-Symbolleiste auf den Listenpfeil der Schaltfläche TABELLE. Zeigen Sie mit der Maus auf dem Raster die erforderliche Größe, im Beispiel *4 x 2* (für 4 Spalten und 2 Zeilen), an und klicken Sie auf die letzte Zelle.

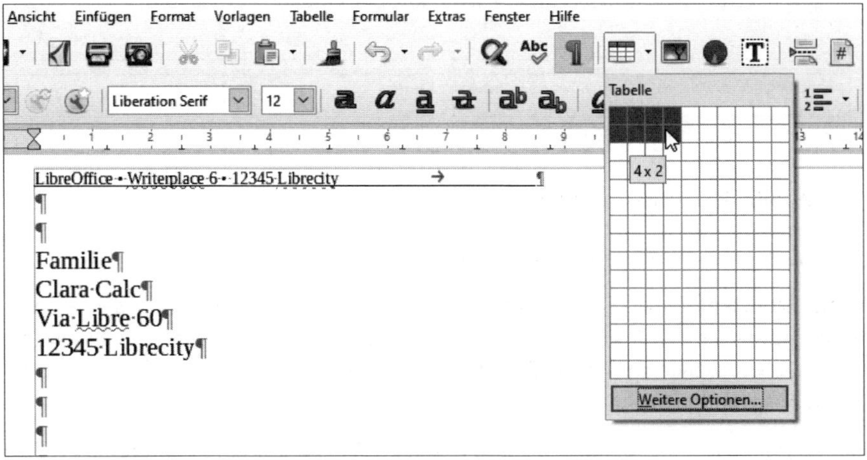

Abb. 2.154: Eine Tabelle einfügen

Writer fügt wie festgelegt die Tabelle ein und blendet Ihnen gleichzeitig am unteren Rand des Dokumentenfensters die gleichnamige Symbolleiste ein.

Markieren Sie die erste Zeile, indem Sie den Cursor davor platzieren. Wenn der kleine dicke Pfeil erscheint, klicken Sie.

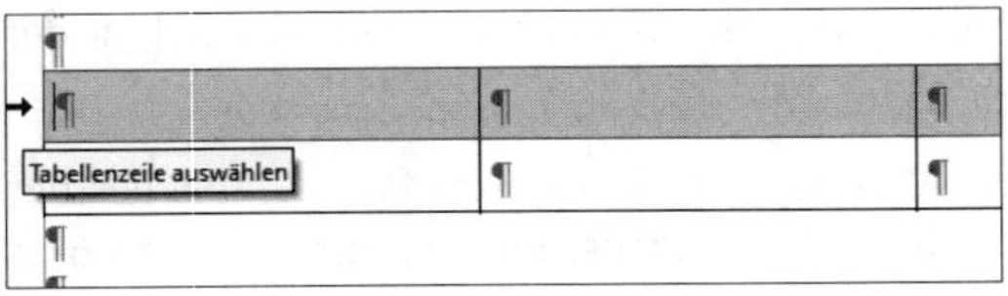

Abb. 2.155: Die erste Zeile markieren fürs formatieren

Anschließend setzen Sie den Schriftgrad auf `8 pt`, klicken in die erste Zelle und geben Folgendes ein:

`Ihr Zeichen, Ihre Nachricht vom`

Drücken Sie die [Tab]-Taste, um zur nächsten Zelle zu gelangen. Hier geben Sie ein:

`Unser Zeichen, unsere Nachricht vom`

Drücken Sie wieder die [Tab]-Taste, geben Sie `Telefon` ein, drücken Sie noch einmal die [Tab]-Taste und schließen Sie die Zeile mit der Eingabe von `Datum`.

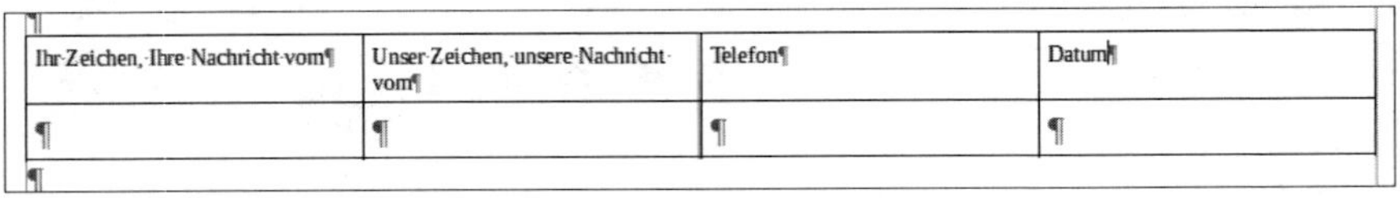

Abb. 2.156: Die Bezugszeile zum gegenwärtigen Stand

Nun müssen die richtigen Abstände eingestellt werden.

Dazu platzieren Sie den Cursor wieder in der ersten Zelle und klicken in der Symbolleiste TABELLE auf die Schaltfläche EIGENSCHAFTEN. In dem erscheinenden Dialogfenster TABELLENFORMAT aktivieren Sie die Registerkarte SPALTEN. Hier finden Sie die benötigten Einstellungsoptionen.

Der Abstand zwischen den Leitwörtern beträgt 5,08 cm. Klicken Sie in das erste Feld SPALTENBREITE und tragen Sie den Wert der ersten Spalte, also `5,08 cm`, ein. Verfahren Sie für die beiden nächsten Spalten 2 und 3 ebenso. Den Wert der vierten Spalte können Sie dagegen belassen.

Schließen Sie das Dialogfenster mit *OK*.

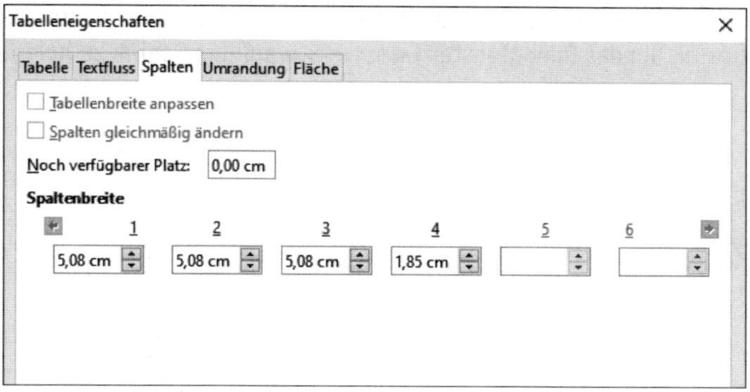

Abb. 2.157: Die Spaltenbreite festlegen

Was jetzt noch stört, ist die dünne Umrandung. Sie soll später beim Druck nicht sichtbar sein und muss deswegen noch entfernt werden.

Markieren Sie dazu die gesamte Tabelle. Das geht am schnellsten, wenn Sie den Cursor schräg oberhalb der ersten Zelle platzieren.

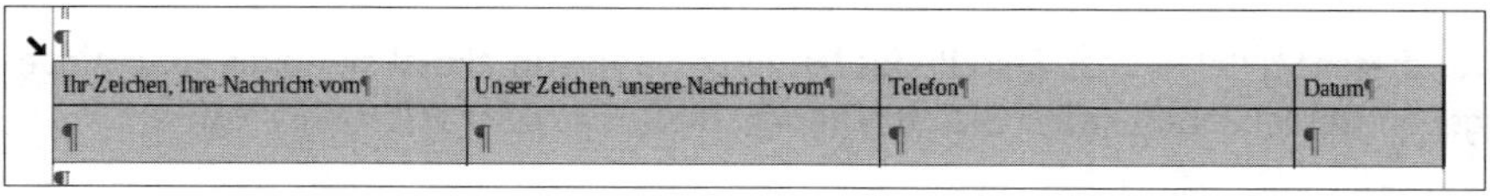

Abb. 2.158: Die gesamte Tabelle auswählen

Nachdem Sie sie mit einem Klick markiert haben, klicken Sie auf die Schaltfläche UMRANDUNG und wählen die erste Schaltfläche aus.

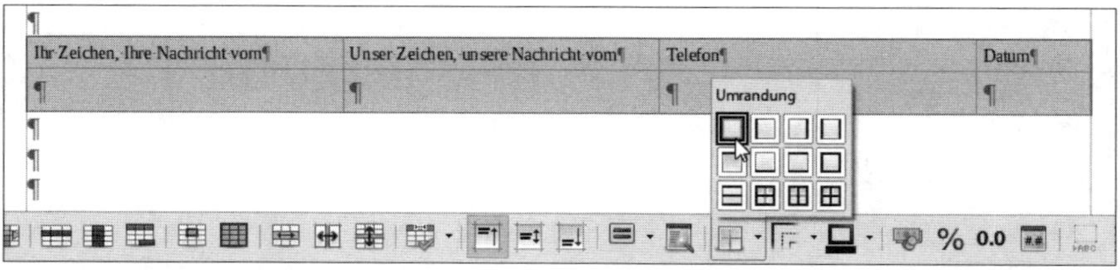

Abb. 2.159: Die Umrandung entfernen

Bestimmt ist Ihnen schon aufgefallen, dass der Text nicht ganz links steht. Das liegt daran, dass in einer Tabelle standardmäßig ein geringer Abstand zum Tabellenrand eingehalten wird.

Dies gilt es zu ändern. Dazu klicken Sie in der Symbolleiste TABELLE abermals auf die Schaltfläche EIGENSCHAFTEN, um das Dialogfenster TABELLENFORMAT auf den Schirm zu holen.

Darin aktivieren Sie die Registerkarte UMRANDUNG.

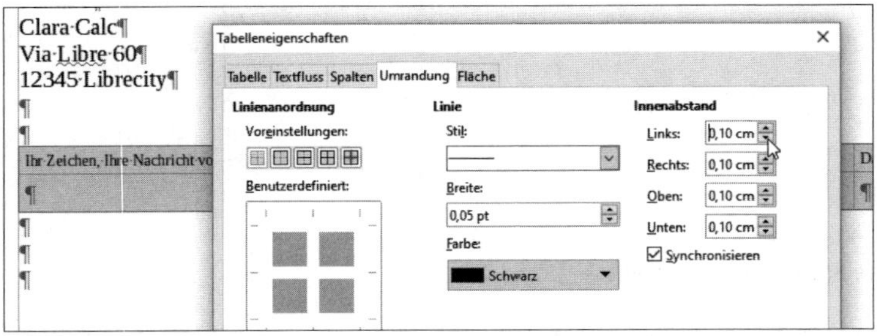

Abb. 2.160: Eine letzte Korrektur

Stellen Sie im Bereich ABSTAND ZUM INHALT die Werte LINKS, RECHTS, OBEN und UNTEN auf `0,00 cm` ein.

Abschließend platzieren Sie den Cursor in die letzte Zeile.

An dieser Stelle soll das Erstellungsdatum des Briefs in aktualisierbarer Form eingegeben werden. Wählen Sie dazu die Befehlsfolge EINFÜGEN / FELDBEFEHL / DATUM.

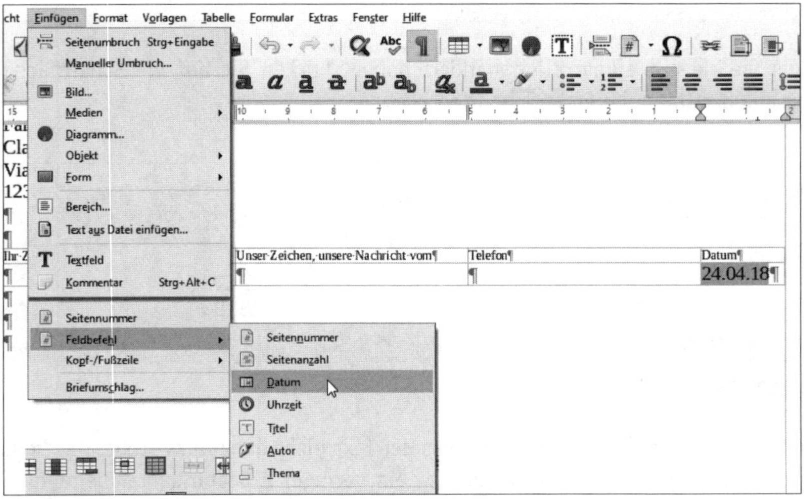

Abb. 2.161: Das Datum einfügen (Befehl verkürzt)

Betreff

Als Nächstes folgt der *Betreff*. Dabei handelt es sich um eine stichwortartige Inhaltsangabe des Briefs, die sich auf den ganzen Inhalt bezieht. Das Wort *Betreff* wird heutzutage nicht mehr geschrieben. Eine lange Betreffangabe können Sie auf zwei Zeilen verteilen.

Der Betreff beginnt zwei Leerzeilen unterhalb der Bezugszeile bzw. des Informationsblocks.

Als Formatierung ist lediglich eine Fettung möglich, ansonsten ist der Betreff linksbündig ausgerichtet und enthält kein Satzendezeichen.

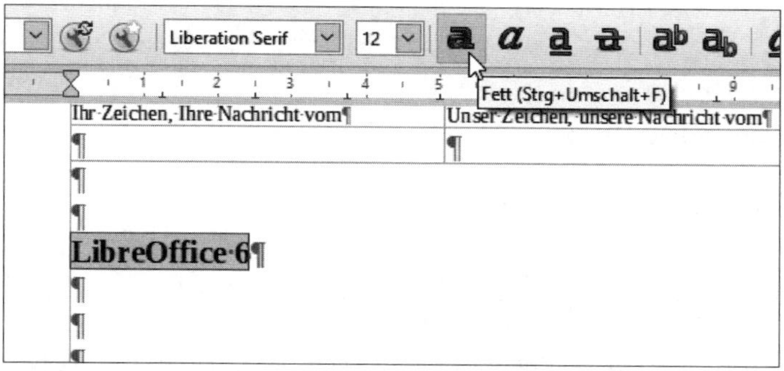

Abb. 2.162: Der Betreff

Nach dem Betreff folgen weitere zwei Leerzeilen.

Anrede

Die *Anrede* beginnt in der dritten Zeile nach dem Betreff.

Bei der Anrede gilt der Grundsatz, dass man den Briefpartner möglichst mit seinem – richtig geschriebenen – Namen anreden sollte. Die klassischen Anreden sind sicherlich die allseits bekannten *Sehr geehrte Damen und Herren*, *Sehr geehrte Frau* und *Sehr geehrter Herr*. Bei diesen förmlichen Anreden kann man eigentlich nichts falsch machen.

Bevor Sie diese jetzt eingeben, geben Sie nur die Buchstaben sgdh ein.

Abb. 2.163: Wird das etwa eine indische Anrede?

Fügen Sie jetzt ein Komma ein.

Writer ersetzt diese Buchstabenkombination durch die komplette Anrede.

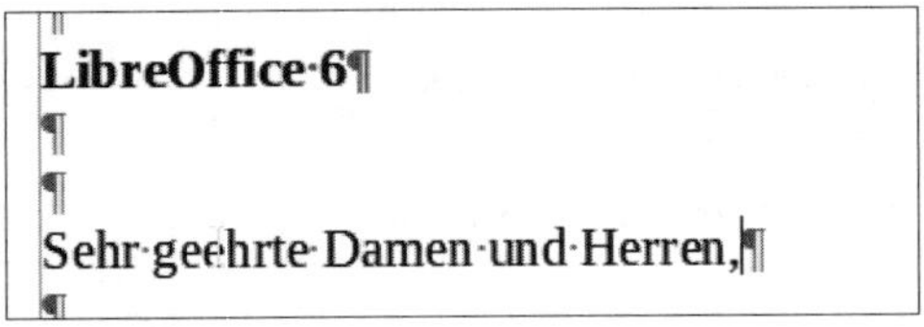

Abb. 2.164: Was so ein kleines Zeichen bewirken kann!

> **Tipp**
>
> Es handelt sich hierbei um die AutoKorrektur-Funktion (Menü EXTRAS / AUTOKORREKTUR-OPTIONEN). Dort können Sie sich eigene Kürzel anlegen, die Ihnen beispielsweise eine geschlechtsspezifische Eingabe oder die Ihres Namens über Ihr Monogramm ermöglichen. Ausgelöst wird die Umsetzung durch Eingabe eines Leerzeichens, eines Kommas oder durch Betätigen der `Enter`-Taste.

Brieftext

Nach der Anrede folgt der *Brieftext* mit einer Zeile Abstand.

Falls Ihnen kein Text einfällt, können Sie zu Übungszwecken den aus der folgenden Abbildung eingeben.

> **Tipp**
>
> Das Telefonsymbol finden Sie unter EINFÜGEN / SONDERZEICHEN, wenn Sie die Schriftart *Wingdings* wählen.

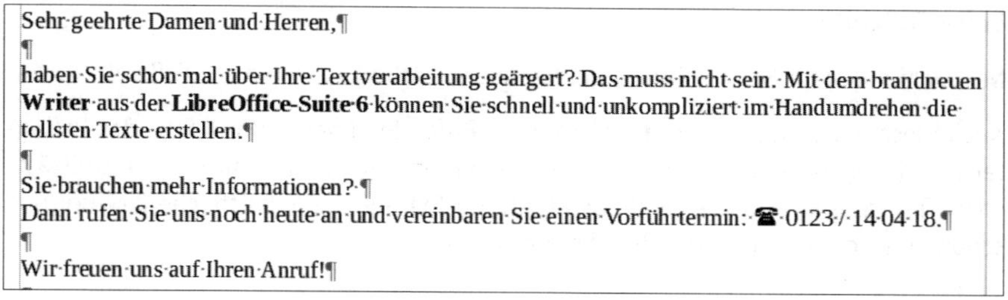

Sehr·geehrte·Damen·und·Herren,¶
¶
haben·Sie·schon·mal·über·Ihre·Textverarbeitung·geärgert?·Das·muss·nicht·sein.·Mit·dem·brandneuen **Writer**·aus·der·**LibreOffice-Suite·6**·können·Sie·schnell·und·unkompliziert·im·Handumdrehen·die·tollsten·Texte·erstellen.¶
¶
Sie·brauchen·mehr·Informationen?·¶
Dann·rufen·Sie·uns·noch·heute·an·und·vereinbaren·Sie·einen·Vorführtermin:·☎·0123·/·14·04·18.¶
¶
Wir·freuen·uns·auf·Ihren·Anruf!¶

Abb. 2.165: Den Text gestalten Sie nach Ihren Wünschen

Unterschriftenblock

Der *Unterschriftenblock* bildet den Abschluss des Briefs. Auch er ist einfach linksbündig ausgerichtet und wird durch eine Leerzeile vom letzten Absatz getrennt. Im Regelfall besteht er aus der Grußformel, die kein Satzendzeichen enthält, und der handschriftlichen Unterschrift.

Für die Grußformel geben Sie lediglich `mfg` ein; die AutoKorrektur von Writer erledigt dann den Rest für Sie. Aber das kennen Sie ja bereits – praktisch nicht?

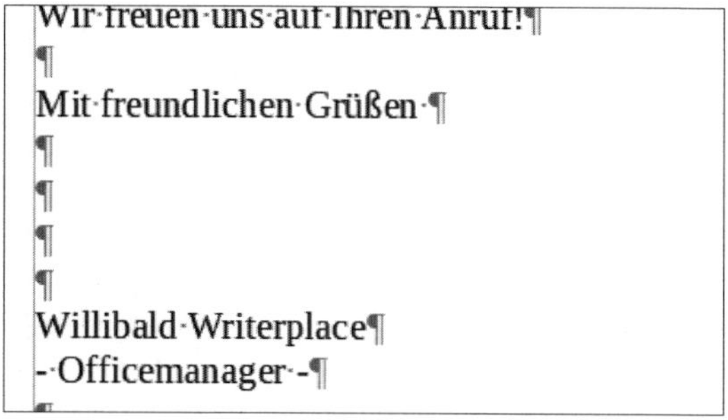

Wir·freuen·uns·auf·Ihren·Anruf!¶
¶
Mit·freundlichen·Grüßen·¶
¶
¶
¶
¶
Willibald·Writerplace¶
-·Officemanager·-¶

Abb. 2.166: Der Unterschriftenblock

> **Tipp**
>
> Eine eventuell automatisch vorgenommene Nummerierung (wegen des Bindestrichs) nehmen Sie einfach mit [Strg] + [Z] zurück.

Erste Fußzeile

Nachdem die erste Seite »steht«, geht es an die Arbeit für die erste Fußzeile.

Auch diese muss erst eingeschaltet werden. Rufen Sie über FORMAT / SEITE das Dialogfenster SEITENVORLAGE: ERSTE SEITE auf und setzen Sie ein Häkchen in das Kontrollkästchen FUSSZEILE EINSCHALTEN. Anschließend klicken Sie auf die Schaltfläche ZUWEISEN und schon steht die Fußzeile zum Bearbeiten bereit.

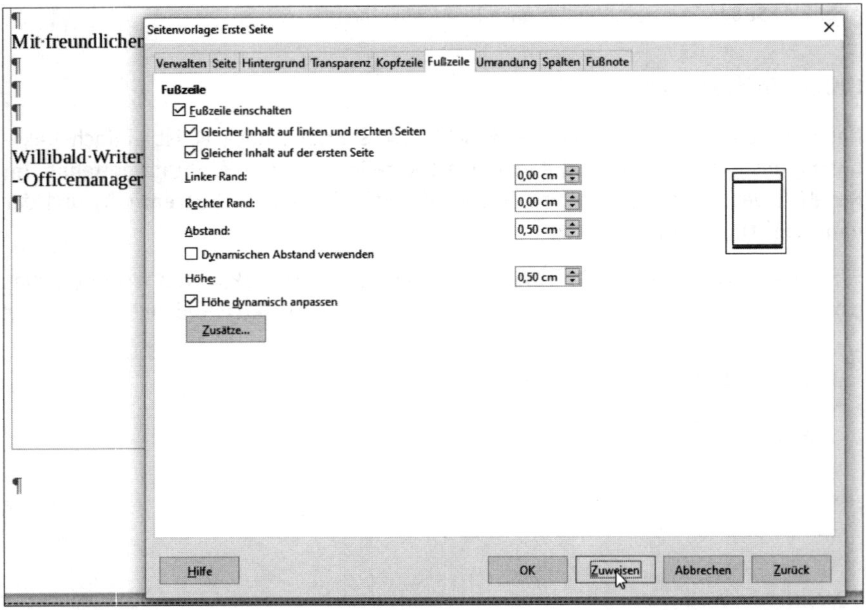

Abb. 2.167: Die Fußzeile einschalten

In diesem Bereich werden häufig Geschäftsangaben untergebracht. Hier findet man beispielsweise Informationen zu Geschäftszeiten, Ortsangaben, Telefonanschlüssen und Bankverbindungen. Da es sich im Regelfall um zahlreiche Informationen handelt, bietet es sich an, diese in Form einer Tabelle zu hinterlegen.

Achten Sie darauf, dass der Cursor sich in dem einzigen Absatz der ersten Fußzeile befindet, und fügen Sie dann eine vierspaltige, einzeilige Tabelle ein. Dazu müssen Sie zunächst direkt auf den Menüpunkt WEITERE OPTIONEN der Schaltfläche TABELLE klicken, die Sie auf der Symbolleiste STANDARD finden. Im folgenden Dialogfenster tragen Sie bei SPALTEN 4 und bei ZEILEN 1 ein. Da die Tabelle wieder nur als Gerüst dient, entfernen Sie gleich auch die Umrandung, indem Sie das betreffende Kontrollkästchen deaktivieren.

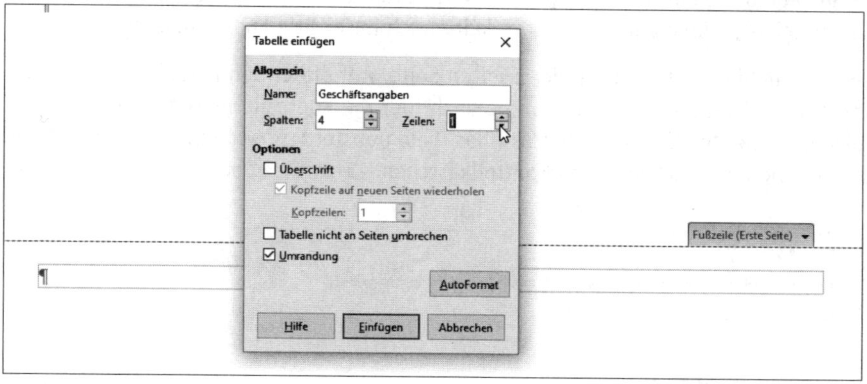

Abb. 2.168: Fügen Sie eine Standardtabelle ein.

Mit EINFÜGEN schließen Sie die Arbeiten ab.

Markieren Sie die gesamte Tabelle und weisen Sie ihr durchgängig die Schriftart ARIAL und den Schriftgrad 8 zu.

Geben Sie dann die entsprechenden Informationen, beispielsweise wie die in der folgenden Abbildung, ein. Von Zelle zu Zelle gelangen Sie am besten durch Drücken der [Tab]-Taste. Möchten Sie einmal zurück, halten Sie zusätzlich die [⇧]-Taste gedrückt. Wenn Sie die Mailadresse nicht als Hyperlink formatiert bekommen wollen, sollten Sie diese Autoformatierung gleich wieder mit [Strg] + [Z] aufheben.

Abb. 2.169: Die fertige erste Fußzeile

Damit sind die Arbeiten für die Kopf- und die Fußzeile der ersten Seite abgeschlossen.

Die weitere(n) Kopfzeile(n)

Wenn der Brieftext mehr als eine Seite in Anspruch nimmt, fügt Writer automatisch eine neue Seite ein. Hätten Sie nicht, wie weiter oben beschrieben, die zweite Seite eingerichtet, würde auf der zweiten Seite auch unser Briefkopf erscheinen.

Platzieren Sie den Cursor auf der zweiten Seite. Auf dieser befindet sich gegenwärtig noch kein Text. Zunächst müssen Sie auch hier die Kopfzeile einschalten. Rufen Sie also über die Menüfolge FORMAT / SEITE das Dialogfenster SEITENVORLAGE: LINKE SEITE auf und setzen Sie ein Häkchen in das Kontrollkästchen KOPFZEILE EINSCHALTEN.

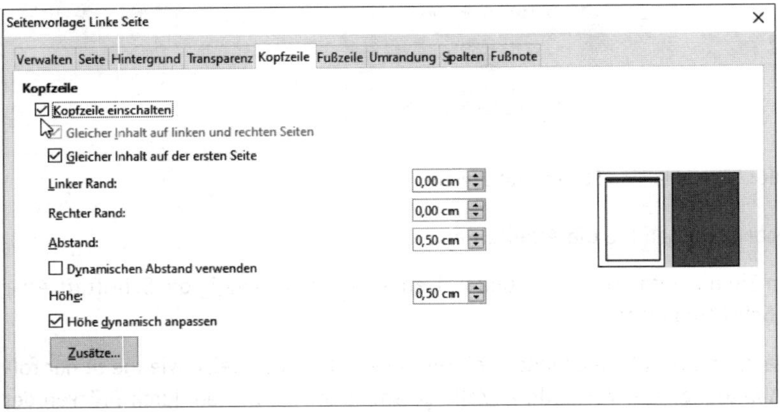

Abb. 2.170: Die Fußzeile aktivieren

Nachdem diese sichtbar ist, gilt es jetzt, sie zu gestalten. Die Kopfzeile sollte die gleichen Stilelemente wie die erste Seite aufweisen. Im Regelfall werden die Folgeseiten nicht so aufwändig wie die erste Seite gestaltet, sodass die Arbeiten rasch erledigt sind.

Stellen Sie den Cursor in den Absatz und geben Sie `LibreOffice` ein. Drücken Sie [Strg] + [A], um alles zu markieren, und setzen Sie dann die Schriftart auf ARIAL und die Größe auf 10.

Setzen Sie anschließend den Cursor hinter dem Text ab und drücken Sie dann die [Tab]-Taste.

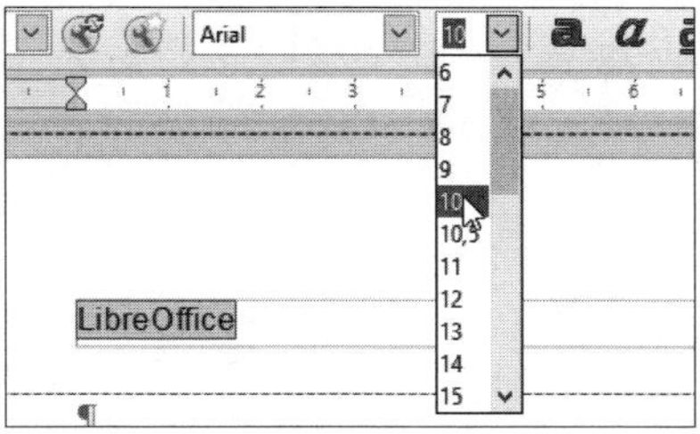

Abb. 2.171: Formatieren der Kopfzeile der Folgeseite

Wie Sie sehen, springt der Cursor in die Mitte der Kopfzeile. Das rührt daher, dass standardmäßig jede Kopfzeile in der Mitte über einen TABSTOPP ZENTRIERT verfügt.

In jeder Kopfzeile befindet sich aber noch ein weiterer Tabstopp, nämlich am rechten Rand. An dieser Stelle soll der Eintrag `Seite 2 des Schreibens vom dd.mm.yyyy` (Datum des aktuellen Tages) erscheinen. Drücken Sie ein weiteres Mal die [⭾]-Taste.

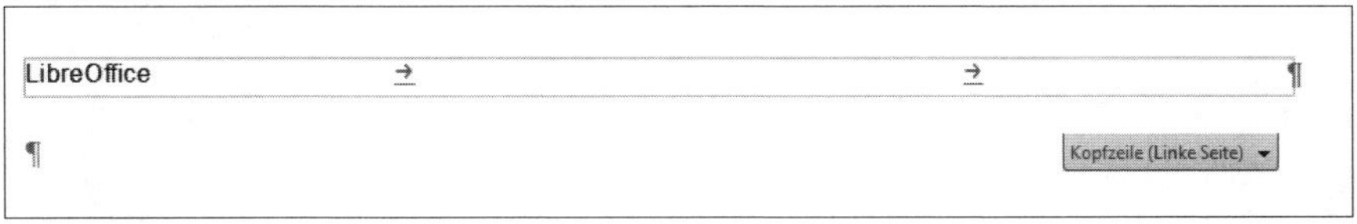

Abb. 2.172: Positionieren mithilfe der vorgegebenen Tabulatorstopps

Geben Sie über die Tastatur das Wort `Seite` ein und drücken Sie dann die [Leer]-Taste.

Die Seitenzahl muss variieren, denn es könnte ja sein, dass Sie drei, vier oder mehr Seiten schreiben (müssen). Deshalb wird die Seitenangabe als *Feld* eingefügt. Felder haben den Vorteil, dass sie bestimmte Informationen auslesen und anzeigen können.

Ein solches Feld könnten Sie – wie bereits beim Datum gesehen – ganz einfach über die Befehlsfolge EINFÜGEN / FELDBEFEHL / SEITENNUMMER einfügen.

Wie Sie sehen, zeigt Writer sofort die Seitenzahl an, im Beispiel *2*.

Geben Sie nun ein weiteres Leerzeichen gefolgt von dem Text `des Schreibens vom` ein.

Das folgende Datum soll ebenfalls als Feld eingefügt werden.

Klicken Sie an dieser Stelle diesmal nach Auswahl der Befehlsfolge EINFÜGEN / FELDBEFEHL auf DATUM.

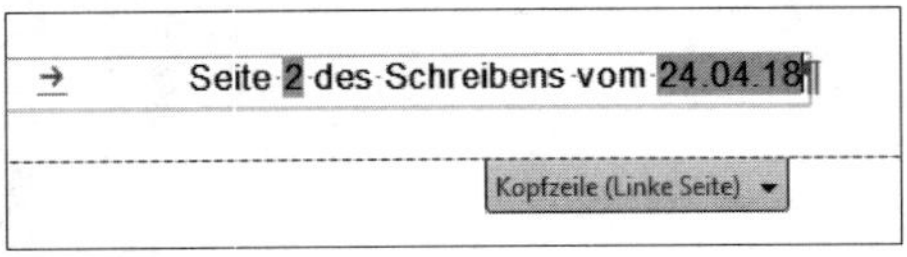

Abb. 2.173: Und nun noch das Datum

Damit ist die Gestaltung schon abgeschlossen.

Um einen Eindruck von Ihrem bisherigen Schaffen zu bekommen, sollten Sie sich beide Seiten einmal anzeigen lassen. Klicken Sie auf die Schaltfläche DRUCKVORSCHAU und wählen Sie dort über die Schaltfläche SEITENANSICHT: MEHRERE SEITEN zwei Seiten aus.

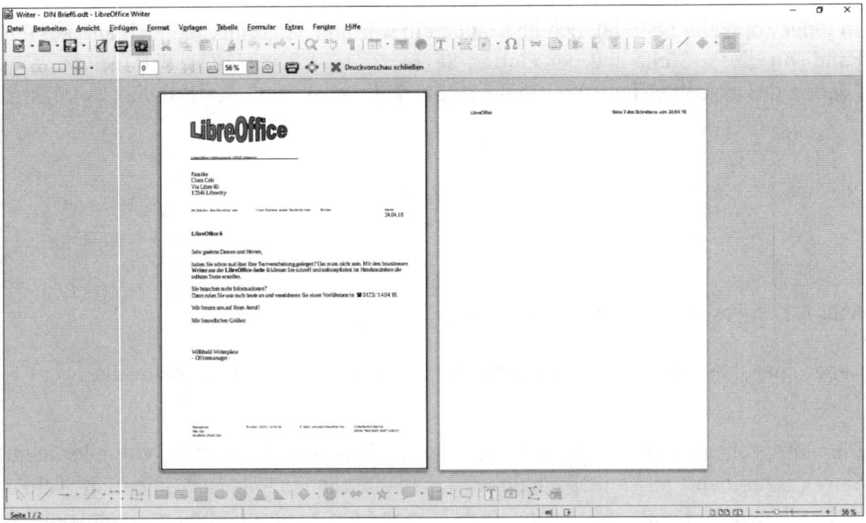

Abb. 2.174: Der gegenwärtige Stand in der Druckvorschau

Zur Normalansicht gelangen Sie nach einem Klick auf die Schaltfläche SEITENANSICHT SCHLIESSEN.

Loch- und Faltmarken

Bestimmt haben Sie sich auch schon einmal geärgert, dass Ihr mühsam geschriebener Brief durch diverse Faltversuche total verschandelt wurde. Das muss nicht sein, wenn Sie Loch- bzw. Faltmarken verwenden. Durch diese Kennzeichnungen im Dokument ist es ein Leichtes, einen Brief für einen Fensterbriefumschlag perfekt zu knicken, und wenn mal wieder die Schiene des Lochers verstellt ist, fällt Ihnen das auch sofort auf.

Loch- bzw. Faltmarken platzieren Sie am besten ebenfalls in der Kopfzeile. Da sind sie durch unbedachtes Vorgehen vor Verschieben oder Löschen geschützt.

Begeben Sie sich also wieder in die Kopfzeile, exakter in die erste Kopfzeile, und platzieren Sie den Cursor im letzten Absatz.

Die Marken bestehen im Prinzip aus einer einfachen Linie. Diese werden Sie mit der LINIE-Schaltfläche in der Symbolleiste ZEICHNEN einfügen. Platzieren Sie den Cursor im Randbereich und ziehen Sie mit gedrückter Maustaste eine Linie von ca. 0,5 cm auf. Markieren Sie die Linie mit der rechten Maustaste und rufen Sie über das Kontextmenü den Eintrag POSITION UND GRÖSSE auf. Zunächst muss die exakte Größe und Lage der Faltmarke eingestellt werden. Hier verändern Sie im Bereich GRÖSSE den Wert BREITE auf 0,3 cm. Damit die Linie nicht mehr verrutscht, aktivieren Sie das Kontrollkästchen POSITION im Bereich SCHÜTZEN.

Stellen Sie für die Linie im Listenfeld FARBE (Symbolleiste STANDARD) einen grauen Farbton ein. Dadurch ist die Linie nicht so stark und bleibt trotzdem noch sichtbar.

Jetzt muss die erste Faltmarke noch positioniert werden. Das erreichen Sie durch Einstellungen im Bereich POSITION, in dem Sie die Lage der Marke festlegen. Dazu muss im Bereich HORIZONTAL die Option VON LINKS aktiviert und als Bezugspunkt aus dem Listenfeld SEITENRAND LINKS angewählt werden. Dann stellen Sie einen Wert von 0,3 cm ein.

Tipp

Gegebenenfalls müssen Sie einen größeren Wert einstellen, wenn Ihr Drucker nicht so weit außen drucken kann.

Dann richten Sie die vertikale Position ein. Hier ist es empfehlenswert, als Bezugspunkt GESAMTE SEITE und vertikal VON OBEN auszuwählen. Der Wert für die Faltmarke beträgt 10,5 cm, denn an dieser Stelle muss sich die erste Faltmarke befinden (siehe Abbildung 2.175).

Klicken Sie auf OK, um die Faltmarke zu positionieren.

Falls Sie eine zweite Faltmarke anlegen wollen, gehen Sie auf die eben gezeigte Weise vor. Der einzige Unterschied ist hier die Lage VERTIKAL. Diese beträgt 21 cm zum Bezugspunkt VON OBEN.

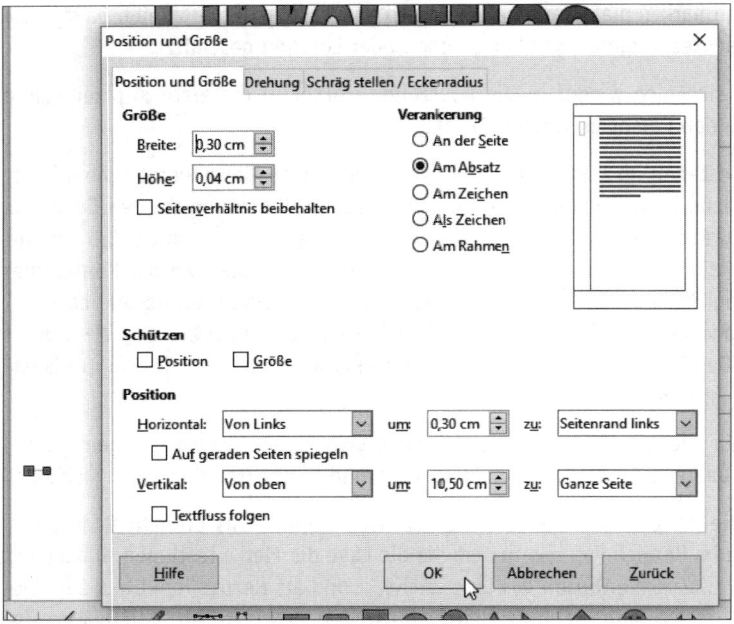

Abb. 2.175: Die erste Faltmarke positionieren

Jetzt fehlt nur noch die Lochmarke. Markieren Sie die entsprechende Linie (sie müsste sich noch kurz unterhalb der ersten Faltmarke befinden) und erstellen Sie diese ebenfalls auf die bekannte Art.

Bei ihr beträgt die absolute Position 14,85 cm vom Bezugspunkt Von Oben.

Den exakten Wert 14,85 können Sie übrigens nicht mithilfe der Schaltfläche am rechten Rand des Feldes einstellen, da hier nur Schritte im Abstand von 0,1 vorgenommen werden. Tippen Sie also diesen Wert ganz einfach ein und drücken Sie die ⭾-Taste, um die Eingabe sicher abzuschließen.

Damit ist auch dieser Arbeitsschritt abgeschlossen und zugleich sind auch die grundlegenden Arbeiten an dem Briefkopf erledigt.

Formulare

Mithilfe von Formularen werden standardisiert Daten erfasst, aufbereitet und betrachtet. Sie sind meist dann sinnvoll, wenn es um die Bearbeitung häufig auftretender, gleichartiger Geschäftsvorgänge geht. Bei Formularen handelt es sich im Prinzip um Dokumente, bei denen nur bestimmte Felder, eben die Formularfelder, ausgefüllt werden. Die übrigen Bestandteile des Dokuments sind geschützt und werden von den Eingaben nicht tangiert.

Die folgenden Ausführungen zeigen nur die Möglichkeiten auf, die Ihnen Formulare bieten. Wegen des beschränkten Umfangs ist es nicht möglich, alle Feinheiten darzustellen. Wenn Sie allerdings das Prinzip einmal verstanden haben, hilft Ihnen das sicher weiter.

Formulare erstellen

Um ein neues Formular zu erzeugen, legen Sie zunächst ein neues Dokument an.

Danach rufen Sie über die Befehlsfolge ANSICHT / SYMBOLLEISTEN / FORMULAR-STEUERELEMENTE bzw. FORMULAR-ENTWURF die beiden Symbolleisten, die Sie für die Formularerstellung benötigen, auf den Bildschirm.

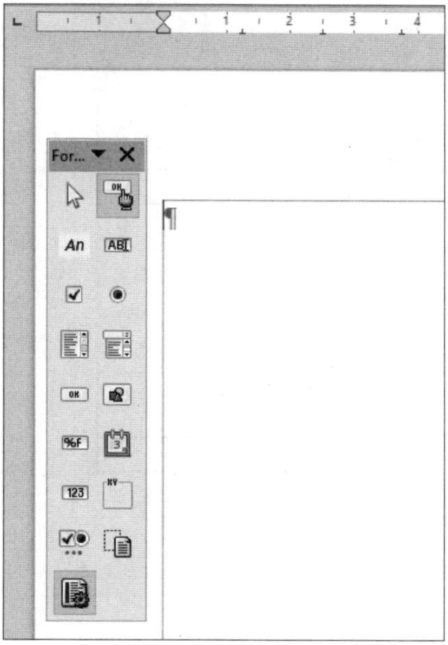

Abb. 2.176: Diese beiden Symbolleisten benötigen Sie.

Die Symbolleiste FORMULAR-ENTWURF wird verankert am unteren Rand des Dokumentenfensters eingeblendet. Die Symbolleiste FORMULAR-STEUERELEMENTE hingegen schwebt frei über dem Dokument und kann an jede beliebige Stelle verschoben werden.

Die Symbolleiste FORMULAR-ENTWURF enthält eine wichtige Schaltfläche: ENTWURFSMODUS EIN/AUS. Ist die Schaltfläche aktiviert, befinden Sie sich im Designmodus und können ein Steuerelement nach Anklicken bearbeiten und mit den gewünschten Einstellungen versehen. Diese Einstellung wählen Sie, wenn Sie das Formular erstellen. Ist die Schaltfläche dagegen deaktiviert, verhält sich das Formular genauso wie beim Endbenutzer. Das heißt, Schaltflächen können gedrückt, Kontrollkästchen abgehakt und Listeneinträge ausgewählt werden. Sie können also bei allen Teilen des Formulars prüfen, ob sie richtig funktionieren.

Formular gestalten

Zunächst gestalten Sie das Formular beispielsweise mithilfe von Tabellen und geben den Text des Formulars ein, der später unverändert bleiben soll.

Kurzmitteilung·¶

¶
¶
¶

Von¶	¶	¶	¶
Abteilung¶	¶	Datum¶	¶
Sachbearbeiter¶	¶	¶	¶

¶
¶

An¶	¶	¶	¶
Abteilung¶	¶	¶	¶
Sachbearbeiter¶	¶	¶	¶

¶

¶	Erledigung¶	¶	Kenntnis¶	¶	Rücksprache¶
¶	Stellungnahme¶	¶	Entscheidung¶	¶	Rückruf¶
¶	Unterschrift¶	¶	Bearbeiten¶	¶	¶

¶

Abb. 2.177: Das Formular gestalten

Formular-Steuerelemente einfügen

Nachdem das Formulargerüst steht, fügen Sie an den Stellen, an denen später Eingaben erfolgen sollen, Formularfelder ein.

Dazu platzieren Sie zunächst den Cursor an der betreffenden Stelle und klicken auf die Schaltfläche des entsprechenden Steuerelements.

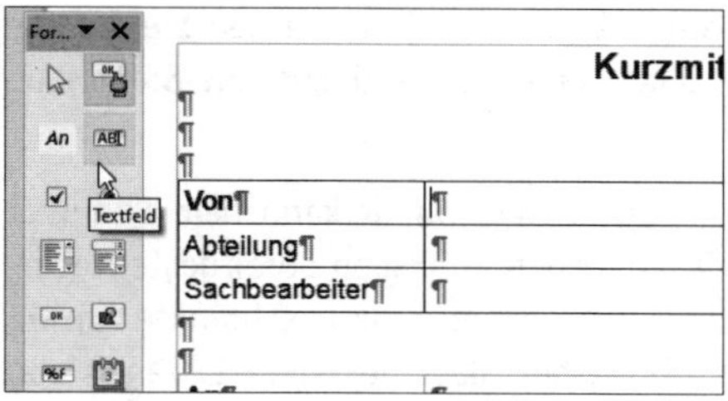

Abb. 2.178: Wählen Sie das Steuerelement aus.

Der Cursor verändert seine Form.

Klicken Sie im Dokument auf die Stelle, an der das Steuerelement eingefügt werden soll, und ziehen Sie mit gedrückter linker Maustaste das Steuerelement in der gewünschten Größe auf.

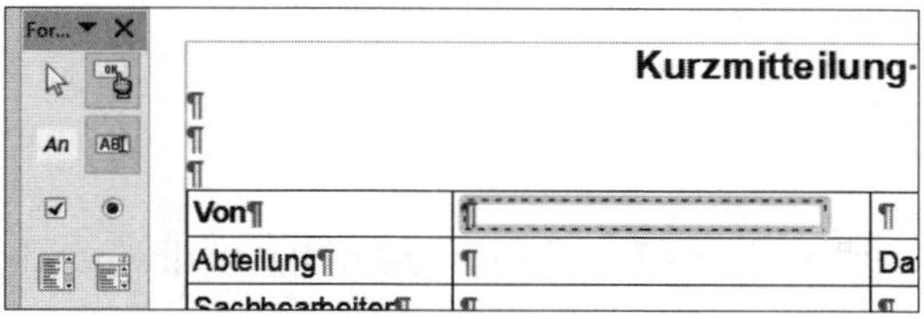

Abb. 2.179: Das Steuerelement aufziehen

> **Tipp**
>
> Die Steuerelement-Schaltfläche bleibt aktiv, sodass Sie weitere Elemente desselben Typs einfügen können, ohne die Symbolleiste verlassen zu müssen.

Möchten Sie ein anderes Steuerelement einfügen, müssen Sie das Werkzeug wechseln. Dazu klicken Sie einfach auf die entsprechende Schaltfläche und wiederholen die soeben gezeigten Schritte.

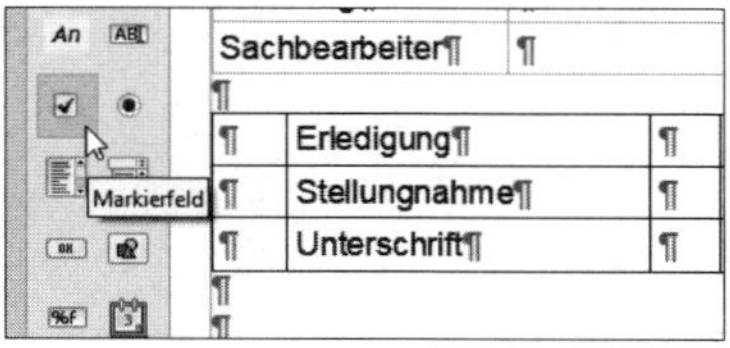

Abb. 2.180: Ein Markierfeld (Kontrollkästchen) einfügen

Wenn Sie das Einfügen von Steuerelementen abbrechen wollen, klicken Sie auf die Schaltfläche AUSWAHL oder auf irgendeine Steuerelement-Schaltfläche, die Sie gerade eingefügt haben.

Das Formular bietet als Besonderheit zwei Listenfelder. Damit kann dem Benutzer beim Ausfüllen des Formulars eine Liste mit möglichen Einträgen bereitgestellt werden. Sie sollten diese Felder immer dann einsetzen, wenn eine beschränkte Anzahl der möglichen Einträge vorliegt. Beachten Sie dabei, dass der erste Listeneintrag dabei immer der Vorgabewert ist.

Achten Sie darauf, dass die Schaltfläche ASSISTENTEN EIN/AUS aktiviert ist, klicken Sie auf die entsprechende Schaltfläche in der Symbolleiste FORMULAR-STEUERELEMENTE, ziehen Sie an der gewünschten Stelle einen Rahmen auf und passen diesen gegebenenfalls an.

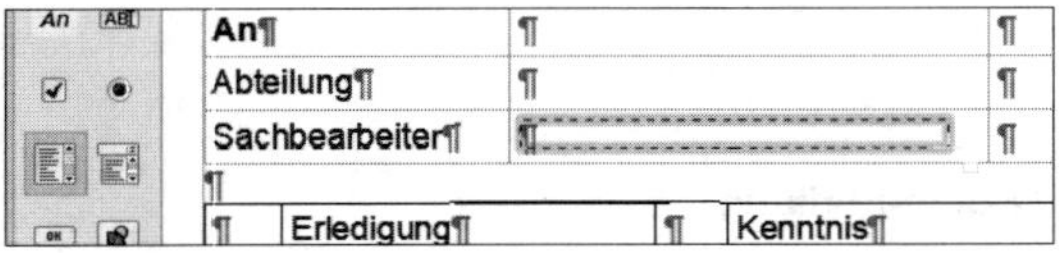

Abb. 2.181: Ein Listenfeld anlegen

Wenn Sie die Maustaste loslassen, wählen Sie die Tabelle aus, deren Daten die Grundlage für den Listeninhalt bilden soll.

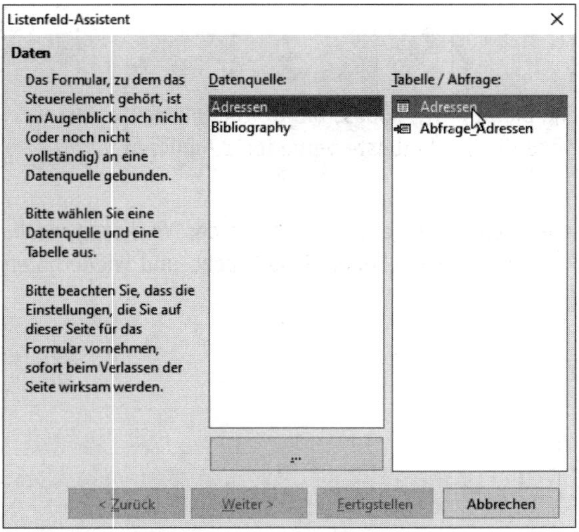

Abb. 2.182: Welche Tabelle enthält die Daten?

Tipp

Die Tabelle unseres Beispiels befindet sich in der Datenbank, die Sie mit Base im entsprechenden Kapitel anlegen. Alternativ genügt es, wenn Sie diese Datenbank aus dem Beispielordner einmal öffnen, bevor Sie das Listenfeld anlegen.

Nachdem Sie diese markiert haben, können Sie auf WEITER klicken.

Nun gilt es, das Feld auszuwählen, dessen Inhalt im Listenfeld ausgewählt werden soll. Markieren Sie es auf der linken Seite, sodass es in FELD ANZEIGEN aufgenommen wird.

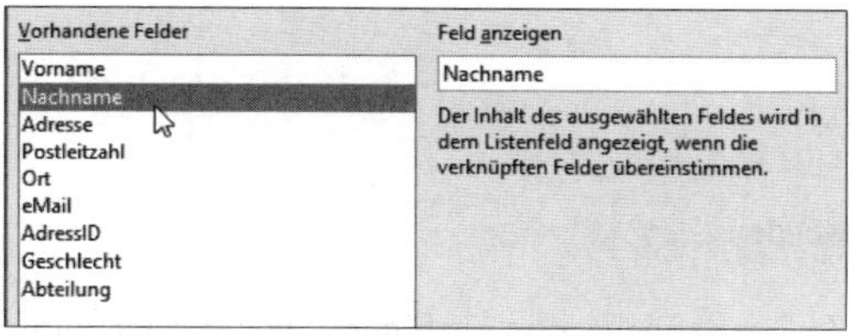

Abb. 2.183: Wählen Sie das anzuzeigende Feld aus.

Mit einem erneuten Klick auf WEITER gelangen Sie zum Dialogfenster FELDVERKNÜPFUNG. Hier müssen Sie die Felder auswählen, deren Inhalt übereinstimmen muss, damit der Wert aus dem Anzeigefeld angezeigt wird.

Haben Sie diese Wahl getroffen, klicken Sie auf FERTIGSTELLEN, um den Vorgang abzuschließen.

Das Listenfeld müssten Sie nun anhand der acht grünen Markierungsquadrate ausmachen können.

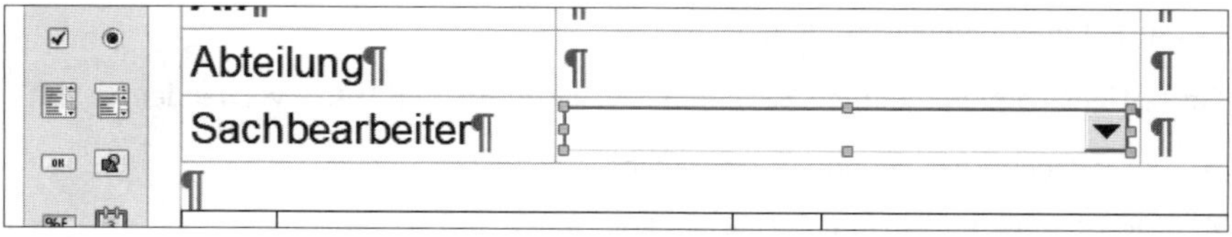

Abb. 2.184: Das fertige Listenfeld

Wenn Sie es wünschen, können Sie mithilfe des Werkzeugs AUSWAHL das Listenfeld über diese grünen Quadrate hinsichtlich der Größe an Ihr Formular anpassen.

Weitere Steuerelemente

Zugang zu weiteren Steuerelementen erhalten Sie, wenn Sie auf die Schaltfläche WEITERE STEUERELEMENTE klicken.

Es wird die gleichnamige Leiste eingeblendet.

Abb. 2.185: Weitere Steuerelemente verwenden

Auf dieser finden Sie beispielsweise die Schaltfläche zum Einfügen eines Datumsfelds.

Nachdem Sie ein solches an entsprechender Stelle aufgezogen haben, doppelklicken Sie darauf, um zum Dialogfenster EIGENSCHAFTEN zu gelangen.

Dort können Sie zahlreiche Einstellungen vornehmen. Unter anderem lässt sich über das Feld STANDARDDATUM das betreffende Datum auswählen.

Formular verwenden

Um das Formular verwenden zu können, müssen Sie den Entwurfsmodus (Designmodus) verlassen. Klicken Sie dazu auf die Schaltfläche ENTWURFSMODUS AN/AUS.

Das Formular kann nun ausgefüllt werden bzw. die Informationen können aus dem Listenfeld übernommen werden.

Ein fertiges Formular können Sie nun auf vielerlei Art und Weise verwenden:

- Sie erstellen das Formular und speichern es ab.
- Sie versenden das Formular per E-Mail an andere Personen.
- Sie füllen ein erhaltenes leeres Formular aus, speichern es und senden es zurück.
- Sie öffnen ein erhaltenes ausgefülltes Formular und sehen sich die Antworten an.

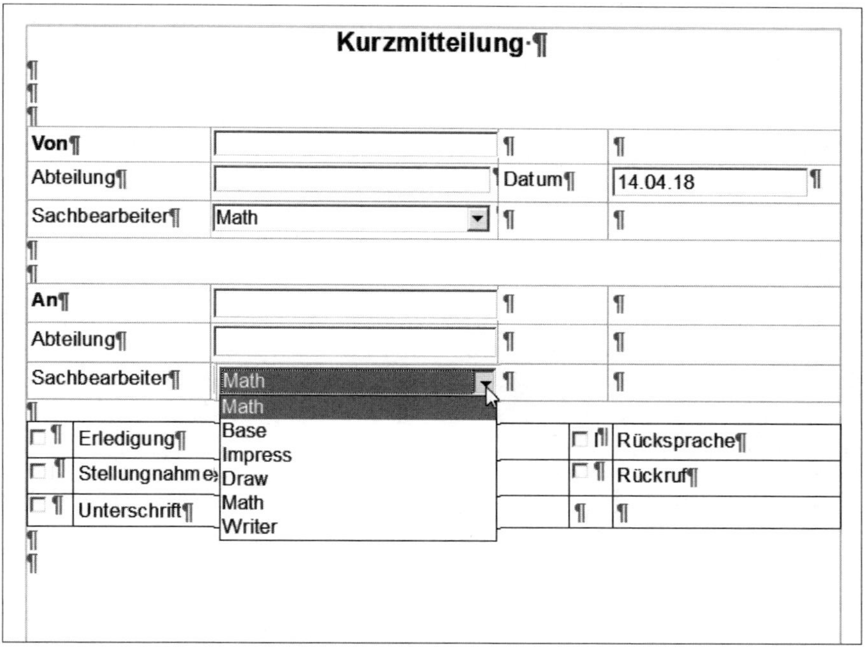

Abb. 2.186: Das Formular kann ausgefüllt werden.

Kapitel 3

Calc – der Tabellenkalkulator

Calc ist das Tabellenkalkulationsmodul von LibreOffice. Mit der Tabellenkalkulation Calc lassen sich schnell und komfortabel Listen schreiben, formatieren und sortieren, Kalkulationen für ganze Betriebsanlagen oder Krankenhäuser erstellen, Daten auswerten und Diagramme erzeugen. Bei einer Tabellenkalkulation werden Berechnungen in Tabellenform durchgeführt. Der Vorteil besteht darin, dass Sie diese Berechnungen mithilfe von Formeln durchführen können, die es Ihnen ermöglichen, problemlos mit den Zahlen zu »spielen«, also zu kalkulieren, da die Formeln variabel gehalten werden. Dadurch werden die Ergebnisse stets automatisch neu berechnet, wenn sich die Werte der Zahlen ändern.

3.1 Calc kennenlernen

Arbeitsmappen spielen bei Calc eine besondere Rolle, denn darin werden die von Ihnen bearbeiteten Tabellen gespeichert. Eine Arbeitsmappe ist die Datei, in der die Daten bearbeitet und gespeichert werden. Zunächst enthält eine neue Arbeitsmappe genau ein Tabellenblatt. Jede einzelne Arbeitsmappe kann aber unterschiedlich viele Blätter enthalten.

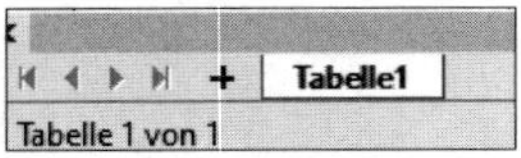

Abb. 3.1: Ein Tabellenblatt in einer Arbeitsmappe

Bestandteile

Starten Sie das Programm, etwa im STARTCENTER durch Klick auf die Schaltfläche CALC TEXTDOKUMENT.

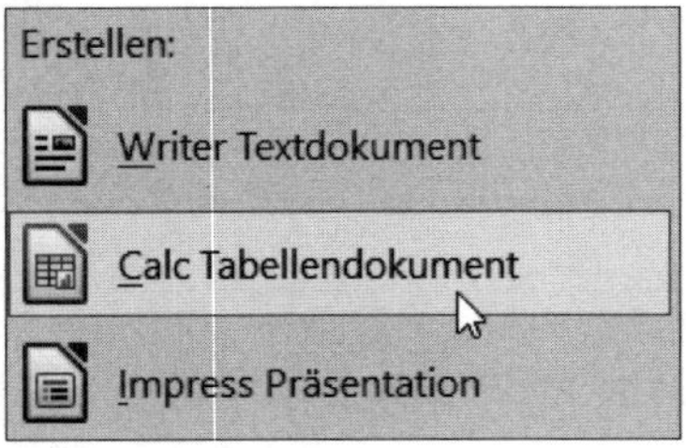

Abb. 3.2: Das Programm starten

Nachdem Sie Calc gestartet haben, befinden Sie sich sogleich im Anwendungsfenster, das eine Reihe an Calc- wie auch Windows-spezifischen Bestandteilen aufweist. Für das weitere Arbeiten ist es gewiss hilfreich, sich mit diesen Bestandteilen zunächst vertraut zu machen. Betrachten Sie den Arbeitsbildschirm deshalb zunächst ein wenig näher.

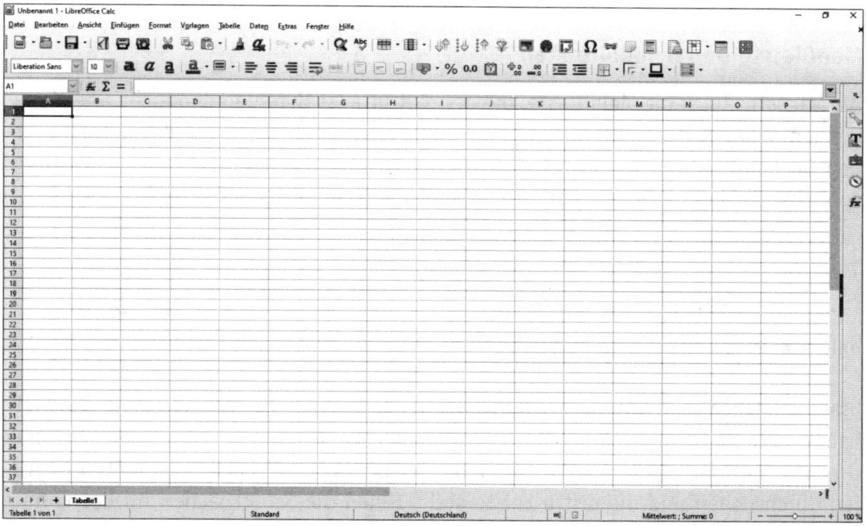

Abb. 3.3: Calc und seine Bestandteile

Diese Bestandteile werden im Folgenden beschrieben.

Titelleiste

Die Titelleiste zeigt auf der linken Seite zuerst den Namen (sofern diese schon gespeichert wurde) der verwendeten Datei und danach das verwendete Modul an.

Abb. 3.4: Die Titelleiste von Calc

Sie zeigt übrigens, ob das Dokument schon gespeichert wurde oder nicht. Ist letzteres der Fall, dann finden Sie hier die Bezeichnung Unbenannt mit einer fortlaufenden Nummer.

Auf der rechten Seite befinden sich die Schaltflächen für das *Minimieren*, das *Maximieren* und das *Schließen* des Programmfensters.

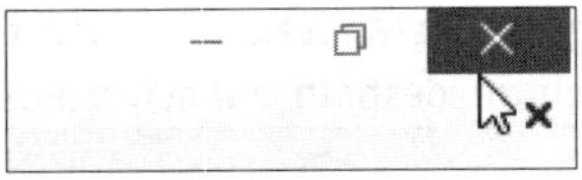

Abb. 3.5: Die üblichen Symbole

Menüleiste und Symbolleisten

Als Nächstes folgt die Menüleiste, die den Aufruf aller Befehle ermöglicht. Die Menüs können dabei durch einen Klick mit der Maus oder durch Eintippen des unterstrichenen Buchstabens auf der Tastatur aktiviert werden. Im letzten Fall gilt es allerdings zunächst die `Alt`-Taste zu drücken, damit die Menüleiste selbst aktiviert wird.

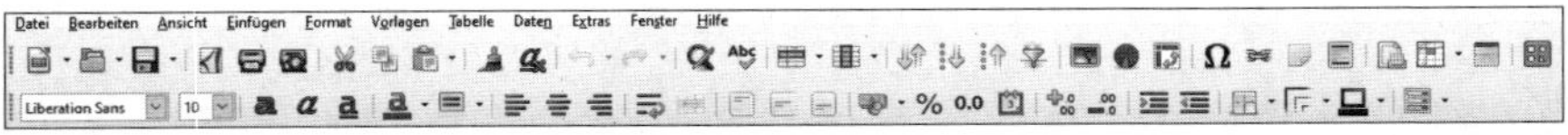

Abb. 3.6: Menüleiste und Symbolleisten

Standardmäßig zeigt Calc drei Symbolleisten an: STANDARD, SUCHEN und FORMAT. Die erste Leiste enthält häufig gebrauchte Schaltflächen für Befehle wie das Speichern oder Drucken, mit der zweiten Leiste können Sie das Dokument nach bestimmten Begriffen durchsuchen und die dritte Leiste stellt Ihnen die Schaltflächen für das Formatieren zur Verfügung.

> **Tipp**
>
> Sollte eine dieser Symbolleisten einmal nicht sichtbar sein, rufen Sie einfach die Befehlsfolge ANSICHT / SYMBOLLEISTE auf und schauen, ob vor den betreffenden Symbolleisten ein Häkchen gesetzt ist.

Rechenleiste

Unterhalb der Symbolleisten befindet sich die *Rechenleiste*. In dieser Leiste können Sie die Text- oder Formeleingaben direkt verfolgen. Zudem zeigt sie stets die entsprechende Formel der gewählten Zelle an, sodass Sie dort gegebenenfalls sofort Korrekturen vornehmen können.

Abb. 3.7: Dient der Orientierung: die Rechenleiste

Bildlaufleisten

Auf der rechten sowie unteren Seite befinden sich die Bildlaufleisten, mit deren Hilfe Sie sich durch das Dokument bewegen können. Dazu genügt ein Klick auf einen der Pfeile am Ende oder Sie ziehen mit der Maus den Rollbalken in die gewünschte Richtung.

Tabellen und Navigationsleiste

Über die Navigationsleiste können Sie schnell auf die einzelnen Tabellen zugreifen bzw. neue erzeugen. Diese Leiste enthält die Navigationsschaltflächen und die einzelnen Tabellenregister.

Seitenleiste

Wie alle Module des Officepakets enthält auch Calc eine Seitenleiste parat.

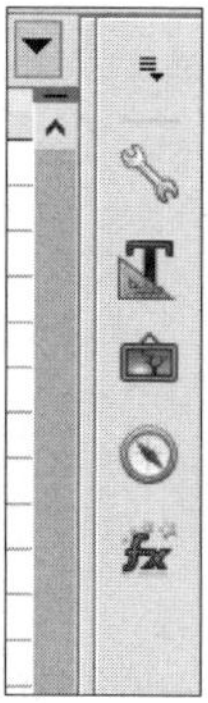

Abb. 3.8: Die eingeklappte Seitenleiste

Diese enthält, in Bereiche zusammengefasst, eine große Anzahl der am häufigsten verwendeten Befehle.

Blattregister

Über das Blattregister können Sie auf die einzelnen Tabellenblätter zugreifen.

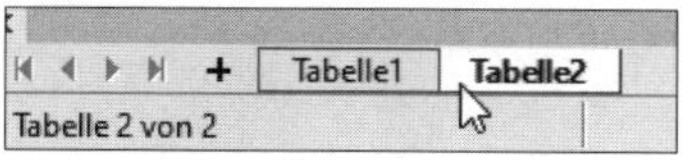

Abb. 3.9: Das Blattregister

Statusleiste

Am unteren Programmfensterrand befindet sich die Statusleiste.

Abb. 3.10: Die Statusleiste gibt wichtige Informationen preis.

Auf der linken Seite finden Sie Informationen darüber, in welcher Tabelle Sie sich befinden, welche Seitenvorlage gerade benutzt wird und ob der Einfüge- oder Überschreibmodus aktiviert ist, welcher Selektionsmodus gerade verwendet wird sowie welche Rechtschreibsprache verwendet wird.

Auf der rechten Seite können Sie rasch für die markierten Zahlen die wichtigsten Funktionen anwenden. Dazu müssen Sie lediglich mit der rechten Maustaste darauf klicken und die gewünschte Funktion wählen.

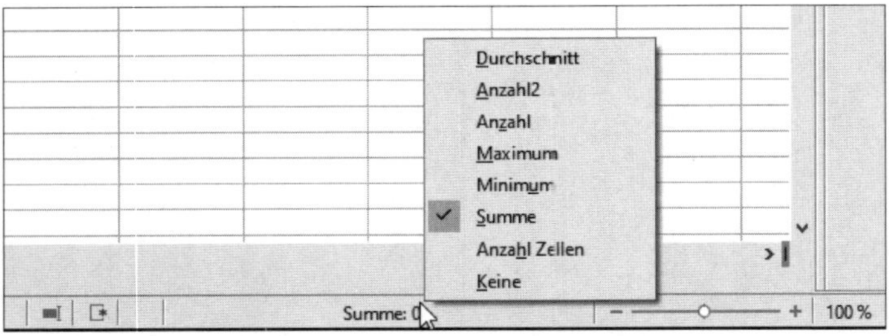

Abb. 3.11: Schnell eine Funktion auswählen; rechts der Zoomregler

Die Ansicht des Dokuments ändern Sie über den Zoomregler. Ziehen Sie diesen nach links, um mehr von der Tabelle anzuzeigen bzw. die Ansicht zu verkleinern. Wenn Sie ihn dagegen nach rechts ziehen, wird die Anzeige vergrößert.

Tabellenblätter

Wenn Sie eine neue Arbeitsmappe erstellen, finden Sie zunächst nur ein Tabellenblatt vor, die *Tabelle1*. Weitere fügen Sie einfach mit einem Klick auf die Plus-Schaltfläche ein.

Abb. 3.12: Weitere Tabellenblätter einfügen

Zwischen Tabellenblättern wechseln

Um zwischen den einzelnen Tabellenblättern zu wechseln, klicken Sie einfach auf die Registerkarte des gewünschten Blattes und schon steht dieses im Vordergrund zur Bearbeitung bereit.

Es wird immer das Blatt bearbeitet, das gerade aktiviert ist. Zum Aktivieren müssen Sie auf das Blattregister klicken, danach erscheint es weiß. Wenn beispielsweise für jeden Monat eines Jahres ein eigenes Blatt angelegt wird, sind nicht mehr alle Blätter im Blattregister zu sehen. In dem Fall benutzen Sie die Pfeilschaltflächen links neben dem Blattregister.

Tabellenblatt markieren

Ein einzelnes komplettes Tabellenblatt (von A1 bis AMJ1048576) markieren Sie mit [Strg] + [A] oder Sie klicken auf die Schaltfläche vor der ersten Spalten- bzw. Zeilenbezeichnung. Dieser Befehl wird jedoch eher selten gebraucht.

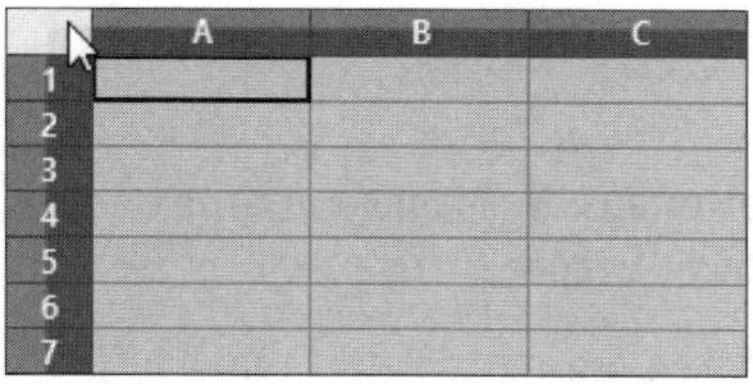

Abb. 3.13: Ein komplettes Tabellenblatt markieren

Tabellenblatt einfügen

Möchten Sie zielgerichtet ein Tabellenblatt einfügen, dann nehmen Sie nicht die Schaltfläche mit dem PLUS-Zeichen, sondern klicken mit der rechten Maustaste auf das Register der Tabelle1 (bzw. irgendein Register einer vorhandenen Tabelle) und wählen im Kontextmenü den Eintrag TABELLE EINFÜGEN.

Wie Sie gleich sehen werden, hat das den Vorteil, dass Sie hier weitere Angaben machen können. Sie erhalten ein Dialogfenster, in dem Sie zunächst die POSITION der neuen Tabelle(n) bestimmen können. Darüber hinaus können Sie auch noch die ANZAHL der neuen Tabellen sowie deren NAMEN festlegen.

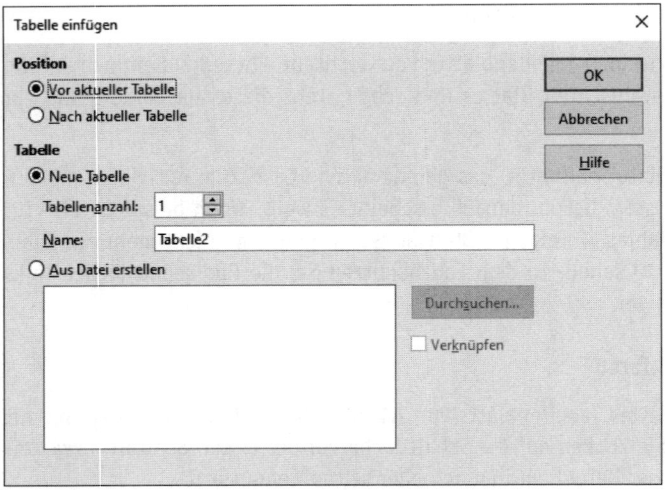

Abb. 3.14: Ein Tabellenblatt zielgerecht einfügen

Tabellenblatt löschen

Bis auf ein Tabellenblatt können alle Tabellenblätter aus der Mappe entfernt werden. Dieser Löschvorgang kann nicht rückgängig gemacht werden.

Aktivieren Sie das gewünschte Tabellenblatt, klicken Sie mit der rechten Maustaste auf das entsprechende Blattregister und wählen Sie im Kontextmenü den Befehl TABELLE LÖSCHEN.

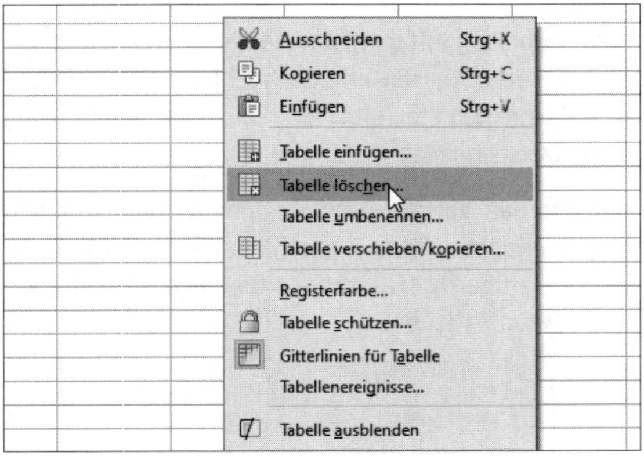

Abb. 3.15: Ein Tabellenblatt löschen

Enthält das Tabellenblatt Daten, werden Sie gefragt, ob Sie es wirklich löschen wollen. Wenn Sie nun auf JA klicken, wird das Blatt endgültig entfernt.

Tabelle benennen

Um eine Tabelle mit einem anderen Namen zu versehen, wählen Sie den Kontextmenüeintrag TABELLE UMBENENNEN. Im folgenden Dialogfenster schreiben Sie den neuen Namen direkt in das Feld NAME.

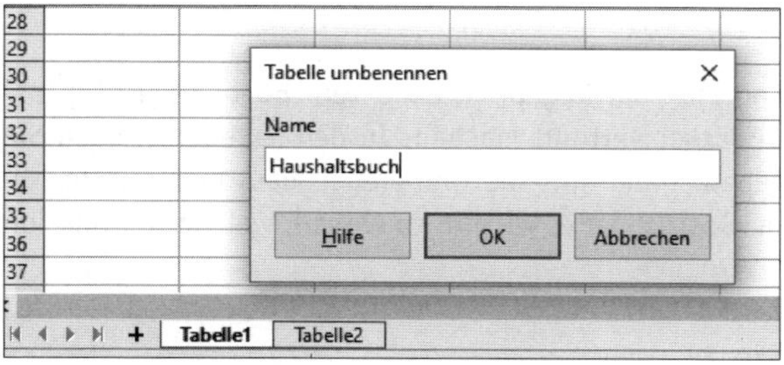

Abb. 3.16: Ein Tabellenblatt umbenennen

Beenden Sie die Eingabe mit einem Klick auf die Schaltfläche OK.

Insgesamt können Sie bis zu 31 Zeichen und Leerstellen für den Tabellenblattnamen verwenden, der jedoch nur einmal in derselben Mappe verwendet werden darf. Außerdem dürfen Sie folgende Zeichen nicht benutzen: / \ ? * [ ].

Wie Sie dem Kontextmenü entnehmen können, ist es möglich, die Tabellenblätter mit einer Farbe zur besseren Orientierung zu versehen. Dazu wählen Sie den Kontextmenübefehl REGISTERFARBE und anschließend in der Farbpalette die gewünschte Farbe aus.

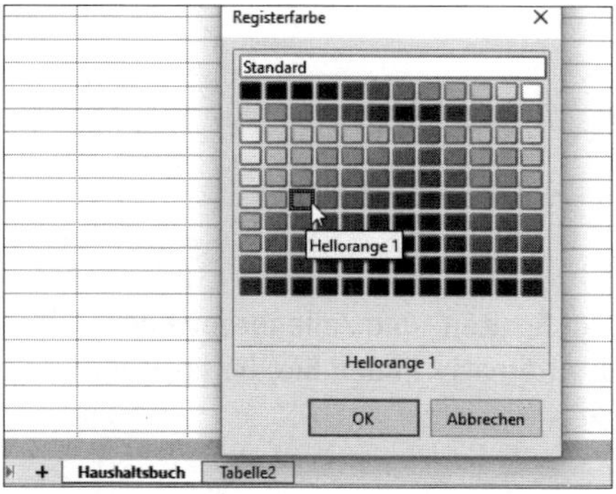

Abb. 3.17: Die Tabellenblattregister farblich gestalten

3.2 Arbeiten mit Zellen

Wie bei der Textverarbeitung sollten Sie auch in der Tabellenkalkulation erst die Daten eingeben und sie anschließend formatieren. Von besonderer Bedeutung sind die Zellen, die die jeweiligen Informationen aufnehmen. Eine Zelle definiert sich aus dem Schnittpunkt einer Spalte und einer Zeile. Demgemäß bekommt sie auch ihren Namen, z.B. A1. Das bedeutet nichts Anderes, als dass die Zelle im Schnittpunkt der Spalte A und der Zeile 1 liegt.

Elementares

Bei der Eingabe von Daten sind ein paar Regeln zu beachten. Bevor es richtig losgeht, sollten Sie sich damit zunächst vertraut machen. In den Tabellen werden Sie häufig Texte und Zahlen eingeben. Dabei gilt die Grundregel, dass man mit Texten und Zahlen nicht rechnen kann. Deshalb ist es wichtig zu wissen, welche Information eine Zelle beinhaltet.

Das Grundprinzip

Zum Verständnis ist es hilfreich, das folgende kleine Beispiel nachzuvollziehen.

Wenn Sie eine neue Tabelle angelegt haben, befindet sich der so genannte *Zellzeiger* zu Beginn immer auf der Zelle A1.

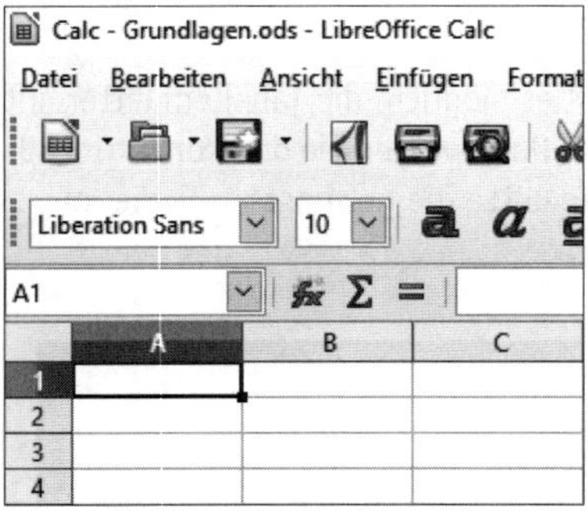

Abb. 3.18: Die Zelle A1 ist markiert.

Die Position des Zellzeigers können Sie aus der Spalten- und Zeilenbezeichnung ablesen, zumal diese farbig hervorgehoben sind. Alternativ finden Sie die Position im so genannten NAMENFELD, dem Feld links in der Rechenleiste.

Wenn Sie zu schreiben beginnen, wird die Rechenleiste direkt über der Tabelle aktiviert und Sie können die Texteingabe auch in der Rechenleiste verfolgen.

Jede Eingabe muss beendet werden, und zwar am zweckmäßigsten mit der Taste [↵]. Danach springt der Zellzeiger automatisch eine Zelle nach unten. Wollen Sie die nächste Eingabe rechts von der Zelle machen, benutzen Sie zum Beenden der Eingabe die [↹]-Taste.

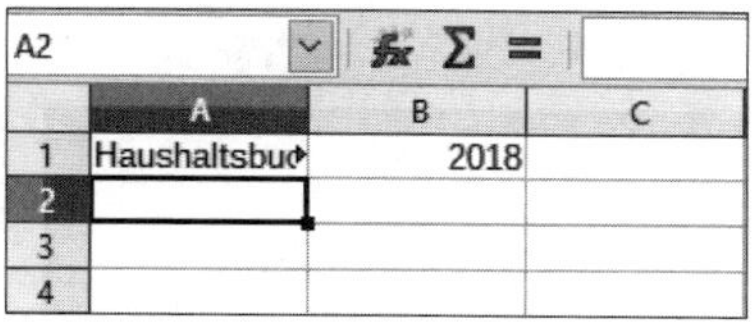

Abb. 3.19: Eingaben in Zellen

Der Eintrag in Zelle A1 ragt in die Zelle B1 hinein, wenn hier kein Eintrag vorliegt. Wird die Zelle B1 beschrieben, wird der Text in A1 scheinbar abgeschnitten. Beenden Sie die Eingabe mit der Taste [↵]. Die Markierung wird auf die Zelle A2 gesetzt und der Text in Zelle A1 scheint abgeschnitten zu sein! Doch keine Sorge: Der Text ist sehr wohl da.

Bevor das kleine Problem behoben wird, sollten Sie die Zellinhalte noch einmal genauer anschauen. Dabei wird Ihnen auffallen, dass Texte stets linksbündig und Zahlen rechtsbündig ausgerichtet werden.

Wenn Sie den Zellzeiger mit der [↑]-Taste in die Zelle A1 bewegen, sehen Sie in der Rechenleiste den kompletten Text.

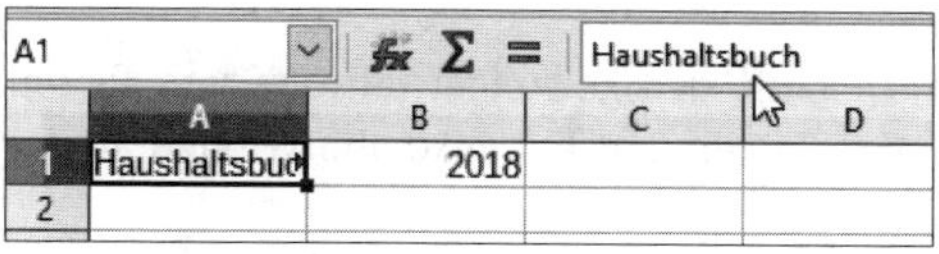

Abb. 3.20: Den ganzen Text zeigt die Rechenleiste

Der Text wird wieder vollständig eingeblendet, wenn die Zelle B2 keine Daten mehr enthält:

Drücken Sie die Taste [→], um den Zellzeiger auf der Zelle B2 zu positionieren, und drücken Sie die Taste [Entf]. Der Text wird entfernt und der Inhalt der Zelle A1 ist wieder lesbar.

Machen Sie den letzten Schritt mit [Strg] + [Z] wieder rückgängig.

Besser als den Inhalt der Zelle zu löschen ist es, die Spalte einfach zu verbreitern. Bewegen Sie den Mauszeiger auf die Trennlinie zwischen den Spaltenbezeichnungen. Wenn er die Form einer Linie mit einem Doppelpfeil annimmt, drücken Sie die Maustaste und ziehen nach rechts weg. Die Spaltenbreite wird nun gemäß Zugrichtung geändert.

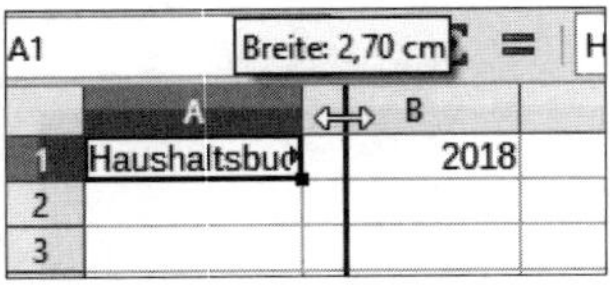

Abb. 3.21: Die Spalte verbreitern

> **Tipp**
>
> Schneller geht es, wenn Sie beim Erscheinen der Linie mit Doppelpfeil zwischen den Spaltenbezeichnungen einen Doppelklick ausführen. Dann wird die Spalte optimal, genauer an den längsten Text angepasst.

Cursorbewegung

Bevor Sie nun mit der eigentlichen Arbeit innerhalb der Tabelle beginnen, lernen Sie, den Zellzeiger zu bewegen.

Wenn Sie die gewünschte Zelle am Bildschirm sehen, ist es oft am einfachsten, den Zellzeiger mit der Maus zu positionieren: Zeigen Sie mit dem Mauszeiger auf die Zelle und klicken Sie.

Bei der Dateneingabe ist es aber oft hilfreicher, den Zellzeiger mithilfe von Tasten zu steuern. Probieren Sie die nachfolgenden Tasten und Tastenkombinationen an der soeben erstellten Tabelle aus.

Taste/Tastenkombination	Bewegung/Richtung
→	eine Zelle nach rechts
←	eine Zelle nach links
↑	eine Zelle nach oben
↓	eine Zelle nach unten

Taste/Tastenkombination	Bewegung/Richtung
Pos1	auf die erste Zelle der aktuellen Zeile
Ende	auf die letzte Zelle der aktuellen Zeile
Bild ↑	eine Bildschirmseite nach oben
Bild ↓	eine Bildschirmseite nach unten
Strg + Pos1	auf die Zelle A1
Strg + Ende	auf die letzte bearbeitete Zelle des Blattes
Ende, → (nacheinander drücken)	an den rechten Rand des aktuellen Bereichs
Strg + Bild ↑	ein Blattregister zurück
Strg + Bild ↓	ein Blattregister vor

Markieren

Um Zellen nachträglich verändern zu können, müssen Sie sie zuerst markieren. Eine der häufigen Arbeiten, die Sie mit Calc durchführen werden, ist somit das Auswählen. So müssen Sie einzelne Zellen markieren oder benachbarte und nicht benachbarte Zellen oder gar das gesamte Arbeitsblatt auswählen. Beim Markieren können Sie entweder mit der Maus, mit der Tastatur oder mit beidem agieren.

Markieren mit der Maus

Beim Markieren mit der Maus sollten Sie stets darauf achten, dass der Mauszeiger die Form eines weißen Pfeils annimmt. Damit lassen sich unter anderem folgende Markierungen erledigen:

Aktion	Markiert	Beispiel
Zellzeiger steht auf einer Zelle	die aktuelle Zelle	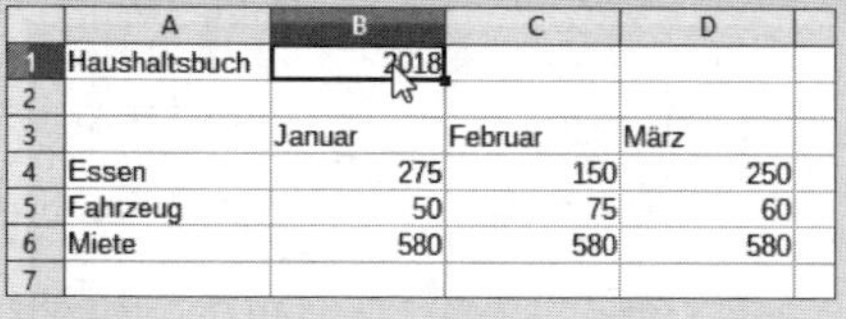

Aktion	Markiert	Beispiel
auf die erste Zelle zeigen, klicken und ziehen	einen Bereich	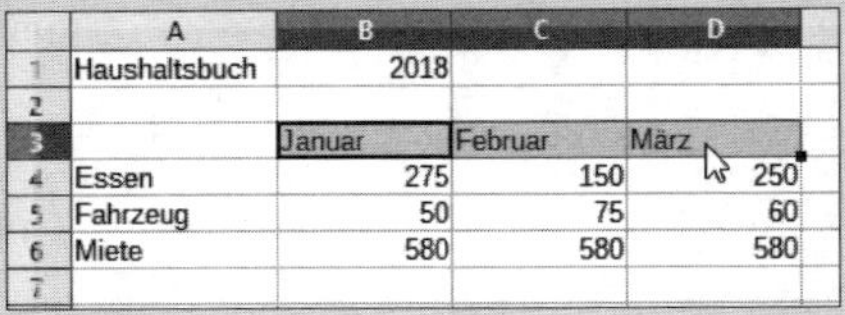
[Strg] + klicken oder [Strg] + klicken und ziehen	mehrere Bereiche (markieren Sie den ersten Bereich, halten Sie die Taste [Strg] gedrückt und markieren Sie weitere Bereiche)	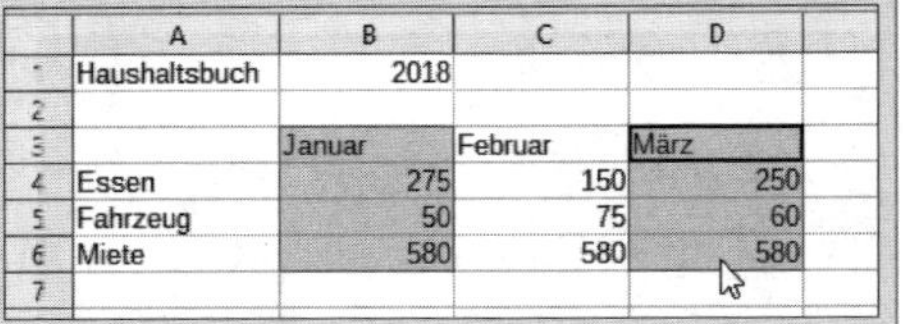

Markieren mit der Tastatur

Grundsätzlich markieren Sie mithilfe der Tastatur, indem Sie die Taste [⇧] gedrückt halten und zusätzlich die Tasten(-kombinationen) der Cursorsteuerung nutzen. Im Einzelnen:

Tastenkombination	Markiert
[⇧] + [→]	zellenweise ab der aktuellen Zelle nach rechts
[⇧] + [←]	zellenweise ab der aktuellen Zelle nach links
[⇧] + [↓]	zellenweise ab der aktuellen Zelle nach unten
[⇧] + [↑]	zellenweise ab der aktuellen Zelle nach oben
[⇧] + [Pos1]	die aktuelle Zeile ab der aktuellen Zelle bis zur ersten Zelle
[⇧] + [Ende]	die aktuelle Zeile ab der aktuellen Zelle bis zur letzten Zelle
[⇧] + [Bild↓]	bildschirmseitenweise ab der aktuellen Zelle nach unten
[⇧] + [Bild↑]	bildschirmseitenweise ab der aktuellen Zelle nach oben
[⇧] + [Strg] + [Pos1]	ab der aktuellen Zelle bis zur Zelle A1

Tastenkombination	Markiert
⇧ + Strg + Ende	ab der aktuellen Zelle bis zur letzten Zelle des aktuellen Bereichs

Zusätzlich können Sie noch die Taste ⇧ mit der Maus kombinieren: Klicken Sie in die erste Zelle einer gewünschten Markierung, drücken Sie dann die Taste ⇧ und halten Sie sie gedrückt, während Sie in die letzte Zelle der gewünschten Markierung klicken.

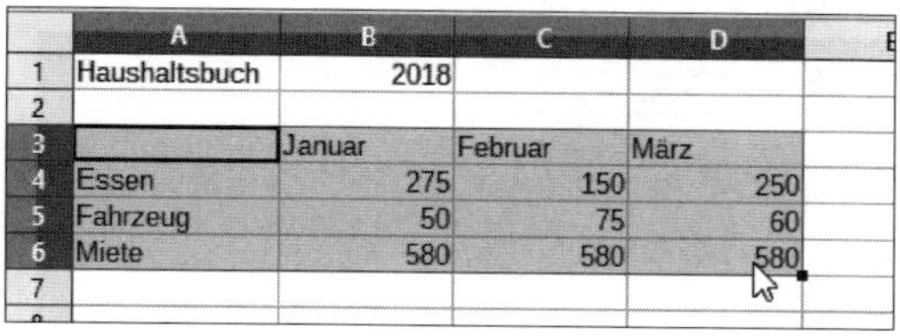

Abb. 3.22: Rasch einen Block markieren

Bearbeiten und Sortieren

Wie Sie gleich sehen werden, können Sie die Zellinhalte auf vielfältige Weise bearbeiten und in die gewünschte Reihenfolge bringen.

Zellinhalt bearbeiten und ändern

Wenn Sie den kompletten Text in einer Zelle durch andere Daten ersetzen wollen, schreiben Sie die neuen Daten in die Zelle. Sobald Sie die Eingabe mit der Taste ↵ beenden, ist der neue Eintrag übernommen. Wenn Sie aus Versehen eine Zelle überschreiben, haben Sie zwei Möglichkeiten:

Wenn Sie Ihren Irrtum noch während des Schreibens bemerken, drücken Sie die Taste Esc und der alte Eintrag erscheint wieder. Wenn Sie den vorhandenen Eintrag in einer Zelle nur geringfügig verändern wollen, sodass sich das Neuschreiben nicht lohnt, klicken Sie am besten in die Zelle und dann in die Rechenleiste.

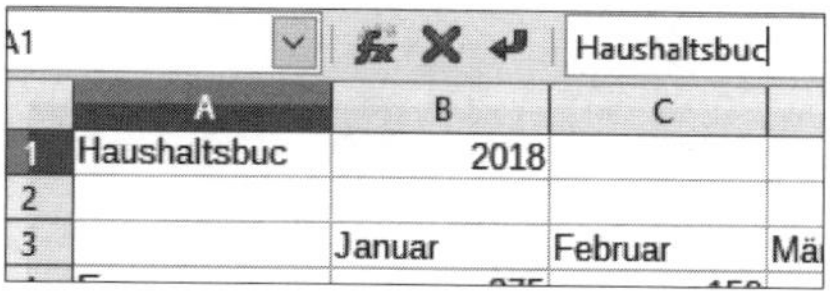

Abb. 3.23: Eine Korrektur in der Rechenleiste

Hier können Sie Daten einfügen oder mit der Taste [Entf] (die Zeichen rechts vom Cursor werden gelöscht) bzw. [←] (die Zeichen links vom Cursor werden gelöscht) entfernen. Beenden Sie Ihre Korrektur mit der Taste [↵].

Rückgängig bzw. Wiederherstellen

Wenn Sie die neue Eingabe bereits mit [↵] beendet haben, benutzen Sie den Befehl Rückgängig.

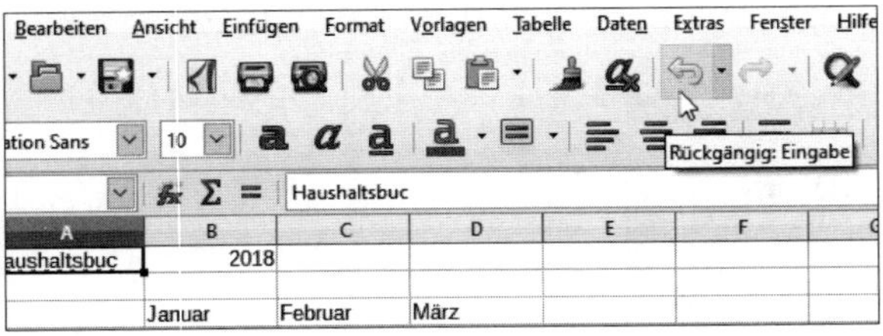

Abb. 3.24: Eine Eingabe rückgängig machen

Über die Tastenkombination [Strg] + [Z] oder die Schaltfläche Rückgängig in der Symbolleiste Standard können Sie die zuvor durchgeführten Änderungen wieder ungeschehen machen. Sie können mehrere Aktionen rückgängig machen, indem Sie mehrfach hintereinander den Befehl Rückgängig ausführen.

Wenn Sie bereits wissen, dass Sie mehr als eine oder zwei Aktionen ungeschehen machen wollen, klicken Sie auf den Listenpfeil der Schaltfläche Rückgängig. Daraufhin erscheint eine Liste aller Aktionen, die Sie vorgenommen haben. Je weiter Sie in der Liste nach unten gehen, desto »älter« ist die Aktion. Klicken Sie dann den gewünschten vorherigen Zustand Ihres Dokuments an.

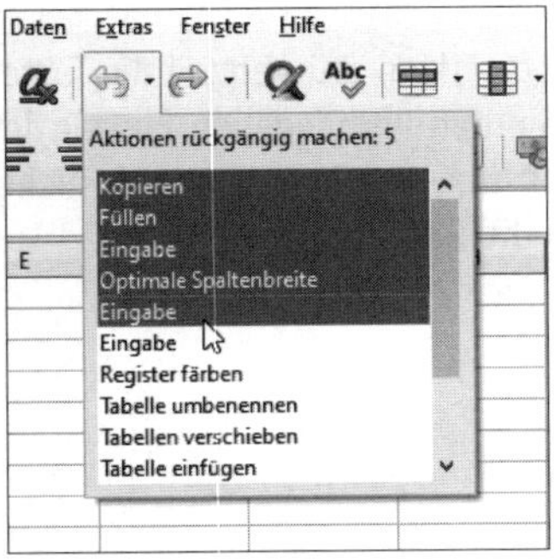

Abb. 3.25: Da lassen sich einige Aktionen rückgängig machen

Was Sie rückgängig gemacht haben, können Sie auch wiederherstellen. Drücken Sie [Strg] + [Y] oder klicken Sie auf die Schaltfläche WIEDERHERSTELLEN. Wie beim Befehl RÜCKGÄNGIG können Sie über den Listenpfeil gleich mehrere Aktionen wiederherstellen.

Suchen und finden von Zellinhalten

Wenn Sie bestimmte Zellinhalte finden möchten, verwenden Sie die Funktion SUCHEN.

Wenn Sie in einer großen Tabelle einen bestimmten Inhalt suchen, haben Sie in Calc die Möglichkeit, die Tabelle nach Wörtern oder auch nur Zeichenfolgen zu durchsuchen und diese bei Bedarf sogar durch andere Wörter bzw. Zeichenfolgen ersetzen zu lassen.

Sinnvoll ist es, die Suche in der ersten Zelle beginnen zu lassen. Um an dieser Stelle den Cursor zu positionieren, klicken Sie einfach auf die Zelle A1 oder drücken die Tastenkombination [Strg] + [Pos1].

Nachdem Sie Sie die Tastenkombination [Strg] + [F] betätigt oder die Menüfolge BEARBEITEN / SUCHEN aufgerufen haben, wird am unteren Dokumentrand die Suchenleiste eingeblendet.

Geben Sie in das Feld SUCHEN NACH den Suchbegriff ein und klicken Sie auf SUCHEN.

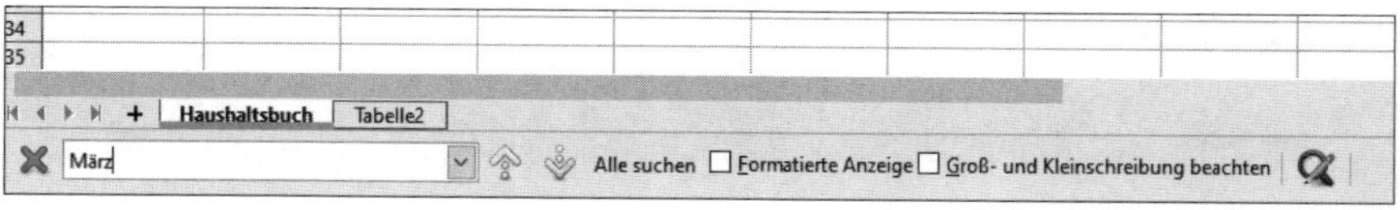

Abb. 3.26: Einen Begriff suchen

Der erste gefundene Begriff wird markiert. Möchten Sie eine eventuelle weitere Stelle finden, klicken Sie auf die Schaltfläche NÄCHSTEN SUCHEN und die nächste Stelle wird – sofern vorhanden – markiert.

Möchten Sie gleich alle Stellen markiert bekommen, klicken Sie auf die Schaltfläche SUCHE ALLE. Das ist z.B. sehr praktisch, wenn Sie allen Suchbegriffen eine einheitliche Formatierung zuweisen wollen. Bei aktiviertem Kontrollkästchen GROSS-/KLEINSCHREIBUNG werden nur die exakt übereinstimmenden Stellen ausfindig gemacht.

Ersetzen von Zellinhalten

Darüber hinaus können Sie auch Zeichenfolgen durch andere Zeichenfolgen ersetzen lassen. Diese Funktion nennt man SUCHEN UND ERSETZEN.

Rufen Sie das entsprechende Dialogfenster über die Schaltfläche in der Suchenleiste, über die Schaltfläche in der Standard-Symbolleiste oder rascher mithilfe der Tastenkombination [Strg] + [Alt] + [F] auf.

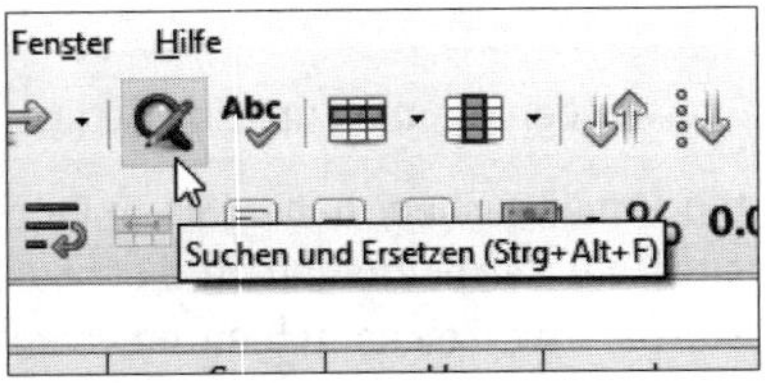

Abb. 3.27: Die Schaltfäche SUCHEN UND ERSETZEN

In diesem Fall tragen Sie im Dialogfenster SUCHEN UND ERSETZEN den Suchbegriff ein und geben den gewünschten neuen Begriff im Feld ERSETZEN DURCH an. Mit einem Klick auf NÄCHSTEN SUCHEN starten Sie.

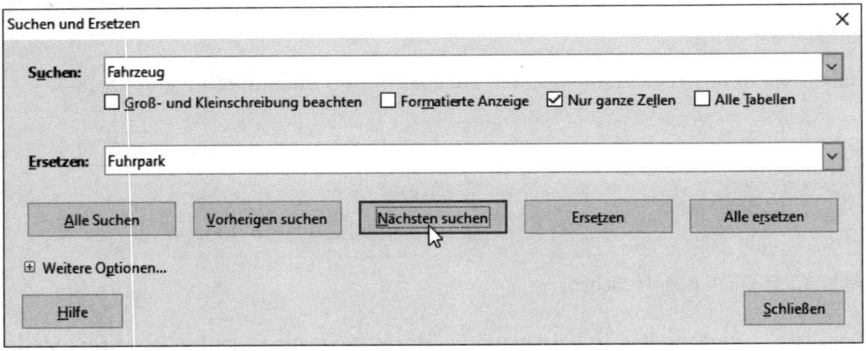

Abb. 3.28: Suchen und Ersetzen

Calc findet das erste Vorkommen des Suchbegriffs. Nun können Sie entscheiden, ob hier wirklich der neue Begriff verwendet werden soll. Wenn ja, klicken Sie auf die Schaltfläche ERSETZEN. Wenn nicht, klicken Sie auf WEITERSUCHEN. So können Sie die gesamte Tabelle kontrolliert durcharbeiten.

Bei einer sehr langen Tabelle bietet es sich an, die Schaltfläche ERSETZE ALLE zu benutzen. Dazu sollten Sie aber sicher sein, dass auch alle Ersetzungen wie gewünscht erscheinen werden (Groß-/Kleinschreibung!). Falls das Ergebnis nicht zu Ihrer Zufriedenheit ausfällt, klicken Sie auf RÜCKGÄNGIG. Dadurch werden alle Ersetzungen wieder aufgehoben. Über die Schaltfläche MEHR OPTIONEN können Sie weitere Einstellungen vornehmen.

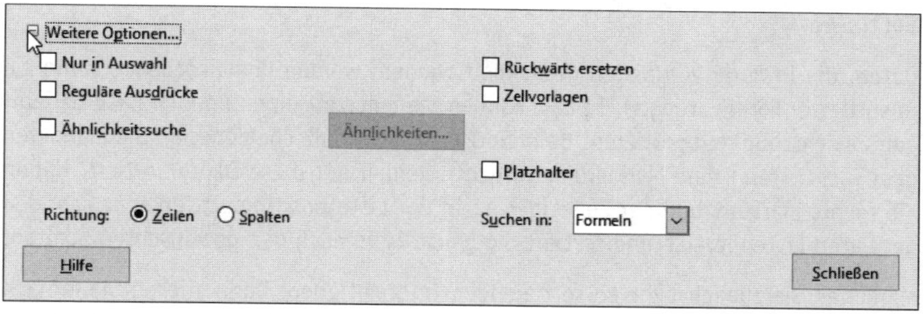

Abb. 3.29: Die weiteren Optionen

Die Suchoptionen haben folgende Bedeutungen:

Suchoption	Bedeutung
Nur in Auswahl	In diesem Fall wird nur innerhalb der Markierung gesucht.
Rückwärts ersetzen	Die Suche startet gleich von unten nach oben.
Reguläre Ausdrücke	Berücksichtigt die Groß- und Kleinschreibung des Suchbegriffs und sucht die Zeichenfolge in der eingegebenen Schreibweise.
Zellvorlagen	Es kann nach Vorlagen gesucht werden.
Ähnlichkeiten	Mit der Ähnlichkeitssuche werden dem Suchbegriff ähnliche Treffer angezeigt.
Platzhalter	Ermöglicht das Arbeiten mit Platzhaltern wie das Sternchen für beliebig viele Zeichen oder das Fragezeichen (?) als Platzhalter für ein beliebiges Zeichen.
Suchen in:	■ Formeln: Sucht die Zeichenfolge in den eingegebenen Daten. ■ Werten: Sucht die Zeichenfolge in berechneten Ergebnissen (wenn vorhanden). ■ Notizen: Sucht die Zeichenfolge in allen Notizen.
Richtung	Geben Sie an, ob Sie in Zeilen oder Spalten suchen wollen.

Sortieren

Daten, die in Form von Listen gesammelt werden, werden übersichtlicher, wenn sie in sortierter Form vorliegen. In Calc können Sie jederzeit einen Bereich nach beliebigen Gesichtspunkten sortieren. Beim Sortieren ist es entscheidend, ob Sie markieren oder nicht. Wenn eine Markierung vorliegt, werden nur diese Daten sortiert. Haben Sie nichts markiert und der Zellzeiger ist in der Liste positioniert, erkennt Calc den gesamten Listenbereich und sortiert die ganze Liste nach den gewünschten Spalten.

Markieren Sie zunächst die zu sortierenden Informationen. Dann klicken Sie je nach gewünschter Sortierrichtung auf die Schaltfläche AUFSTEIGEND SORTIEREN oder ABSTEIGEND SORTIEREN.

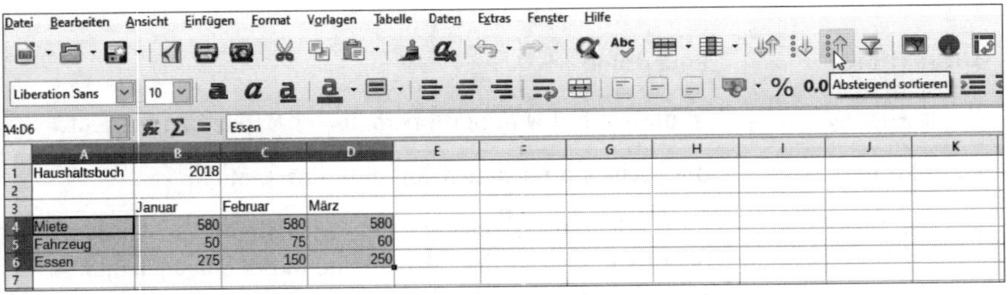

Abb. 3.30: Den alphabetischen Sortierungsvorgang starten

Kopieren, Verschieben, Löschen

Die eingegebenen Daten werden Sie des Öfteren kopieren, verschieben oder löschen müssen.

Zellen kopieren

Das Kopieren von Zellinhalten bzw. einer Zellauswahl funktioniert wie bei allen anderen Programmen auch.

Sie markieren die betreffende Zelle bzw. Zellauswahl. Dann klicken Sie auf die Schaltfläche KOPIEREN bzw. drücken Strg + C.

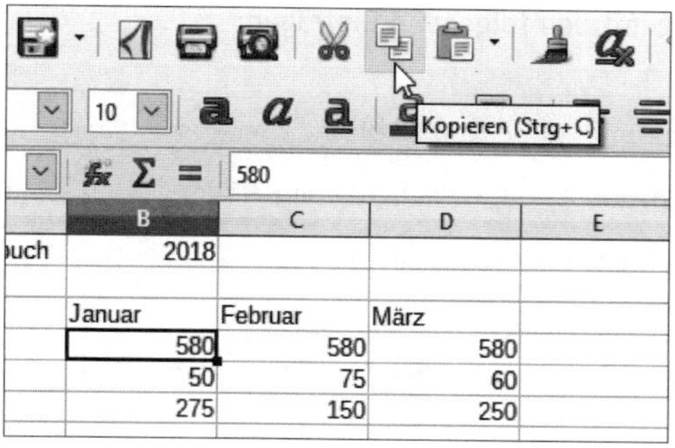

Abb. 3.31: Eine Zelle kopieren

Danach markieren Sie die Zelle, in die Sie die Information einfügen möchten bzw. an der der Zellbereich beginnt, und klicken auf die Schaltfläche EINFÜGEN bzw. drücken die Tastenkombination `Strg` + `V`.

AutoAusfüll-Funktion

Bestimmte Zellinhalte wie beispielsweise Monatsnamen oder Wochentage können Sie von Calc automatisch ausfüllen lassen.

Markieren Sie in unserem Beispiel die Zelle B3. Wie Sie sehen, verfügt die Zellmarkierung unten rechts ein kleines Quadrat, das AUTOAUSFÜLL-Kästchen. Führen Sie den Mauszeiger auf dieses Kästchen, bis aus dem Pfeil ein einfaches schwarzes Kreuz (Pluszeichen) wird.

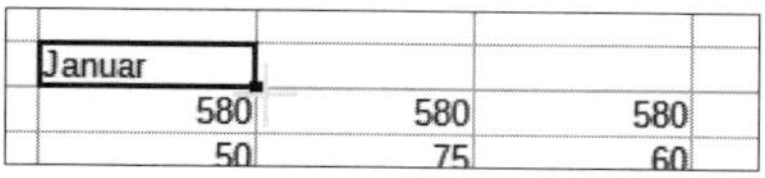

Abb. 3.32: Zelle mit AUTOAUSFÜLL-Kästchen

Nun klicken Sie, halten die linke Maustaste gedrückt und ziehen nach rechts (oder in jede andere Richtung).

In der QUICKINFO sehen Sie, bis zu welchem Monat die Reihe bereits ausgefüllt ist.

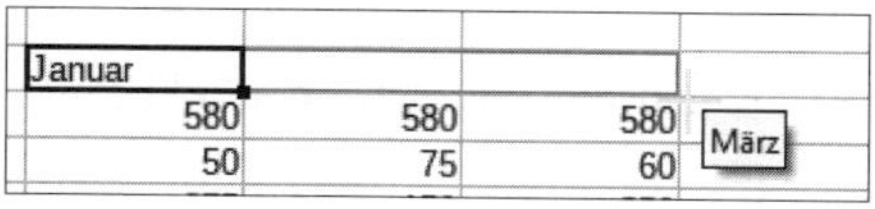

Abb. 3.33: Die AutoAusfüll-Funktion in Aktion

Die Funktion AutoAusfüllen funktioniert mit den folgenden Einträgen:

Sie geben ein:	Es entsteht:
Januar (oder jeden beliebigen anderen Monat)	*Januar, Februar, März ...*
Jan (oder jeden beliebigen anderen auf drei Zeichen abgekürzten Monatsnamen)	*Jan, Feb, Mrz ...*
Montag (oder jeden beliebigen anderen Wochentag)	*Montag, Dienstag, Mittwoch ...*
Mo (oder jeden beliebigen anderen auf zwei Zeichen abgekürzten Wochentagsnamen)	*Mo, Di, Mi ...*
Beliebiges Datum, z.B. 14.04.2018	*14.04.18, 15.04.18, 16.04.18, ...*
Eine Bezeichnung und eine Zahl, z.B. Monat 1	*Monat 1, Monat 2, Monat 3 ...*

Zellen verschieben

Auch das Verschieben von Zellen bzw. Zellbereichen funktioniert wie gewöhnlich: Sie markieren die Zelle bzw. den Zellbereich, klicken auf die Schaltfläche Ausschneiden bzw. drücken [Strg] + [X], klicken an die neue Stelle und klicken auf die Schaltfläche Einfügen bzw. drücken [Strg] + [V].

Eine weitere Möglichkeit besteht im Verschieben mit der Maus. Dazu zeigen Sie auf den Zellrand der betreffenden Zelle bzw. des markierten Bereichs. Anschließend klicken Sie mit der Maustaste, halten diese gedrückt und ziehen die Zelle bzw. den Zellbereich an die gewünschte Stelle.

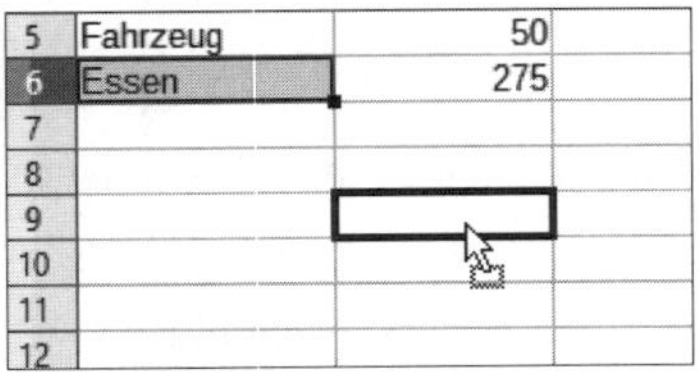

Abb. 3.34: So kann man eine Zelle verschieben.

Dort angekommen, lassen Sie die Maustaste los und die Zelle bzw. der Zellbereich wird augenblicklich dorthin verschoben.

Sie können bei diesem Vorgang auch den Inhalt der Zelle kopieren, wenn Sie währenddessen die [Strg]-Taste drücken.

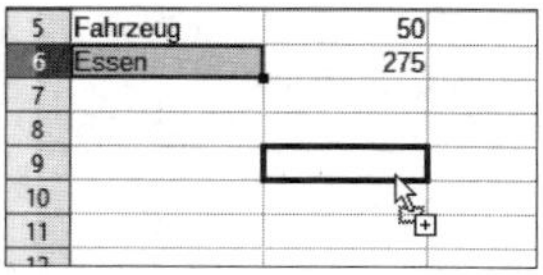

Abb. 3.35: Die Zelle wird kopiert.

Löschen

Zum Entfernen der Daten einer Zelle bzw. eines Zellbereichs markieren Sie die betreffende(n) Zelle(n) und drücken dann die Taste [Entf].

Zeilen und Spalten

In Calc werden die Zeilen mit durchgängigen Ziffern von 1 bis 1048576 und die Spalten mit Buchstaben von A bis XFD bezeichnet.

Zeile(n) auswählen

Eine komplette Zeile bzw. benachbarte und nicht benachbarte Zeilen wählen Sie mit der Maus wie folgt aus:

Aktion	markiert	Beispiel
Klicken auf Zeilenkopf	die aktuelle Zeile	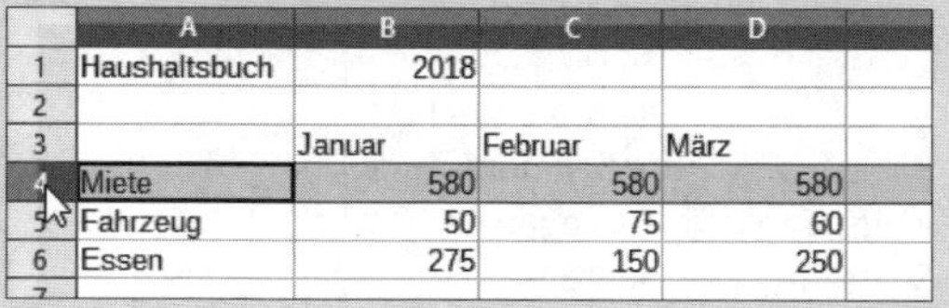
Klicken auf Zeilenkopf und ziehen	die aktuelle Zeile und die darunterliegenden	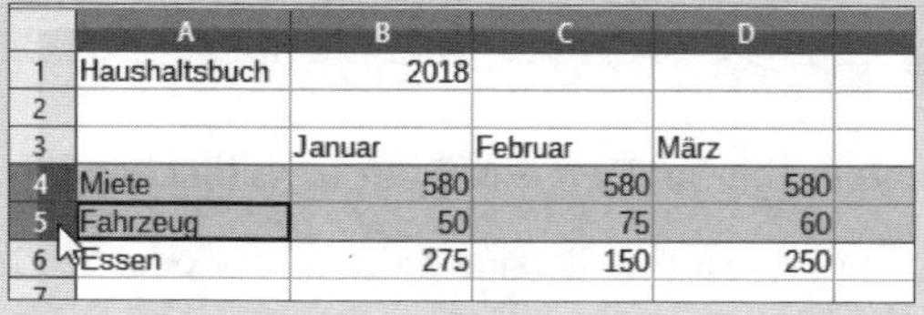

Aktion	markiert	Beispiel
Strg + klicken auf weitere Zeilenköpfe	mehrere, nicht untereinanderliegende Zeilen	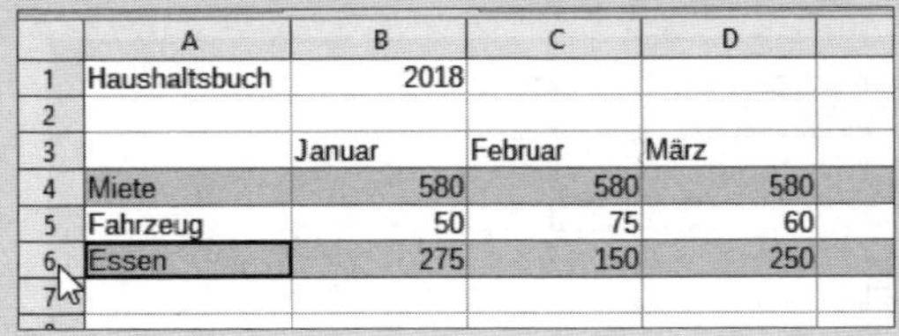

Spalte(n) auswählen

Für die Spaltenmarkierung gehen Sie so vor:

Aktion	markiert	Beispiel
Klicken auf Spaltenkopf	die aktuelle Spalte	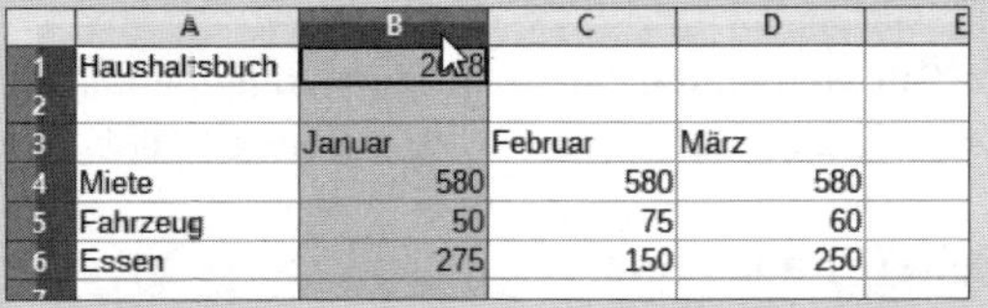
Klicken auf Spaltenkopf und ziehen	die aktuelle Spalte und die danebenliegenden	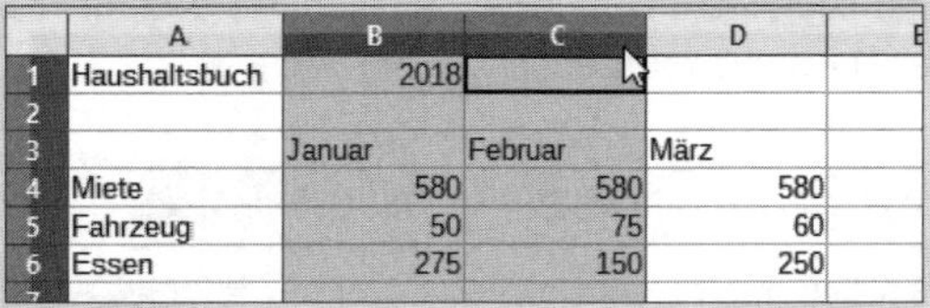
Strg + klicken auf weitere Spaltenköpfe	mehrere, nicht nebeneinanderliegende Spalten	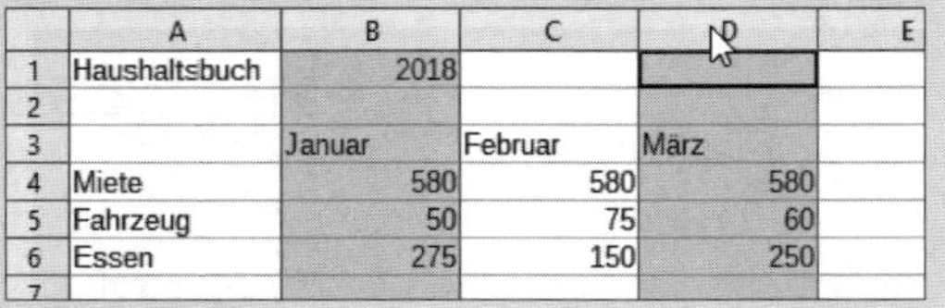

Zeilen und Spalten einfügen bzw. löschen

Ab und an werden Sie eine weitere Zeile oder Spalte einfügen oder entfernen wollen.

Möchten Sie eine Spalte einfügen, markieren Sie zunächst die Spalte, neben der Sie eine neue Spalte einfügen wollen, und klicken dann mit der rechten Maustaste auf den Spaltenkopf. In dem erscheinenden Kontextmenü wählen Sie entweder SPALTEN LINKS EINFÜGEN oder SPALTEN RECHTS EINFÜGEN.

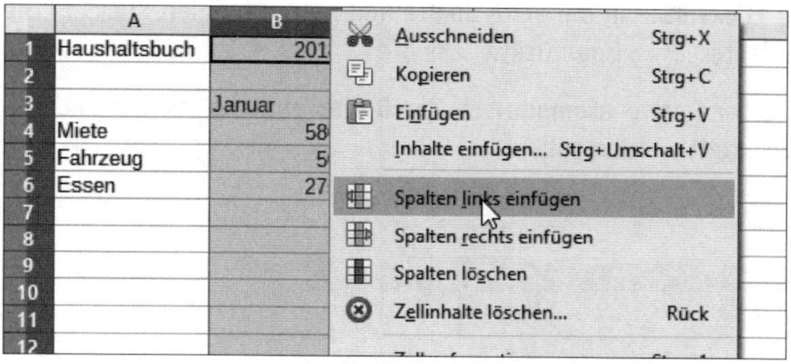

Abb. 3.36: Eine neue Spalte über das Kontextmenü einfügen

Analog löschen Sie vorhandene Spalten: Markieren Sie die zu entfernende(n) Spalte(n) und klicken Sie mit der rechten Maustaste auf den Spaltenkopf. In dem erscheinenden Kontextmenü wählen Sie dann SPALTEN LÖSCHEN.

Das Einfügen und Löschen von Zeilen geht genauso: Markieren Sie die Zeile(n) und wählen Sie im Kontextmenü ZELLEN EINFÜGEN bzw. ZELLEN LÖSCHEN.

Spaltenbreite und Zeilenhöhe

Nicht immer hat die Spalte oder die Zeile die erforderliche Breite oder Höhe. In diesem Fall können Sie sie recht schnell intuitiv mit der Maus anpassen.

Um beispielsweise die Breite einer Spalte schnell anzupassen, führen Sie den Mauszeiger auf die Begrenzungslinie zwischen den beiden Spaltenköpfen, bis der Mauszeiger zu einem Strich mit Pfeilen wird. Dann klicken Sie, halten die Maustaste gedrückt und ziehen die Begrenzungslinie nach rechts oder links, je nachdem, ob Sie die Spalte vergrößern oder verkleinern wollen.

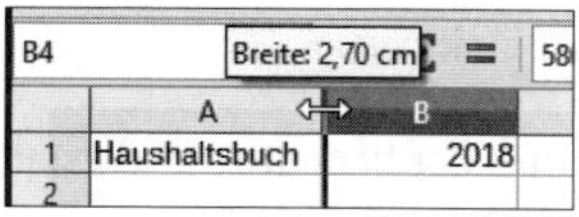

Abb. 3.37: Die Position für das Anpassen der Spalte

In der QuickInfo wird die aktuelle Breite in Zentimeter mitgeteilt. Ist die gewünschte Größe erreicht, lassen Sie die Maustaste wieder los.

Um nun mehrere Spalten genau gleich einzustellen, markieren Sie zunächst die betreffenden Spalten. Handelt es sich um benachbarte Spalten, klicken Sie und ziehen den Mauszeiger, bis die betreffenden Spalten markiert sind. Falls die Spalten nicht nebeneinanderliegen, klicken Sie in die erste Spalte und halten bei den Klicks in die nächsten Spalten die Taste `Strg` gedrückt.

Dann stellen Sie an einer Spalte exemplarisch die Breite ein, die für die anderen Spalten ebenfalls eingestellt werden soll.

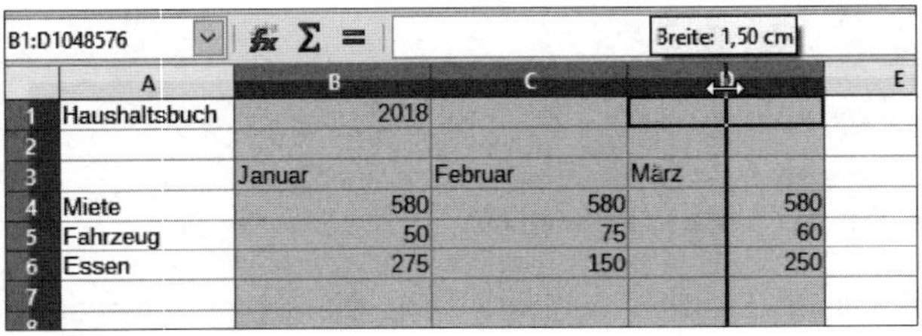

Abb. 3.38: Die Breite mehrerer Spalten einstellen

Wenn Sie die Maustaste loslassen, sind alle zuvor markierten Spalten gleich breit.

Ziehen Sie den Mauszeiger in die andere Richtung, kann ein Problem auftauchen: Die Zahlen werden nicht mehr angezeigt! Anders als bei Text, der einfach in der Ansicht »abgeschnitten« wird, wenn die Spalte zu schmal ist, erscheinen bei Zahlen stattdessen Nummernzeichen (#). Damit wird ganz deutlich von Calc darauf hingewiesen, dass diese Spalte zu schmal ist, um die Zahlen darzustellen.

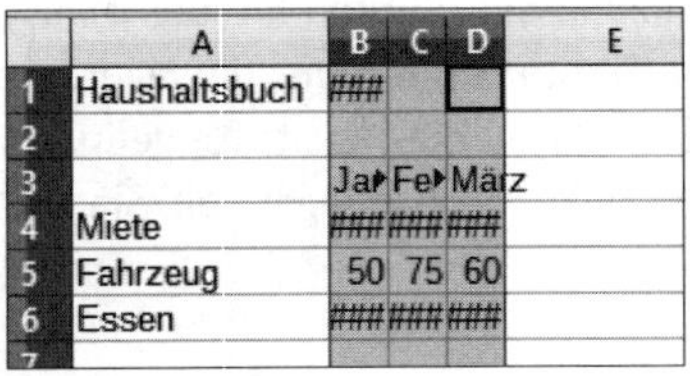

Abb. 3.39: Das Verkürzen etwas übertrieben: Die Spalte ist nicht breit genug.

Hier hilft die Einstellung Optimale Breite für eine Spalte. Optimal bedeutet in diesem Fall: gerade so groß wie nötig, um den gesamten Inhalt zu zeigen.

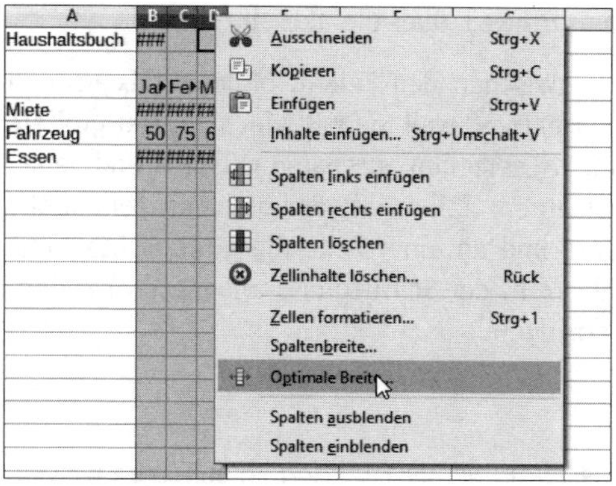

Abb. 3.40: Die optimale Spaltenbreite einstellen

Im folgenden Dialogfenster können Sie wählen. Entscheiden Sie sich, das Kontrollkästchen STANDARDWERT zu aktivieren, dann wird der breiteste Eintrag der gesamten Spalte als Richtwert genommen und jede einzelne Spalte individuell angepasst. Entscheiden Sie sich für EXTRA, dann können Sie den gewünschten Wert für alle Spalten in das Listenfeld eintragen oder über die Drehpfeile einstellen.

Tipp

Die optimale Breite für die betreffende Spalte können Sie ganz einfach einstellen, indem Sie einen Doppelklick auf die Begrenzungslinie zwischen den beiden Spaltenköpfen ausführen.

Sie können auch mehrere Spalten markieren und auf einer Begrenzung einen Doppelklick ausführen. Dadurch wird jede Spalte verschieden breit, aber optimal eingestellt.

Genauso verändern Sie auch die Zeilenhöhe. Grundsätzlich passt sich die Zeilenhöhe der verwendeten Schriftgröße an.

Um eine höhere Zeile zu erzeugen, klicken Sie auf die untere Trennlinie der Zeile halten die Maustaste gedrückt und ziehen nach unten.

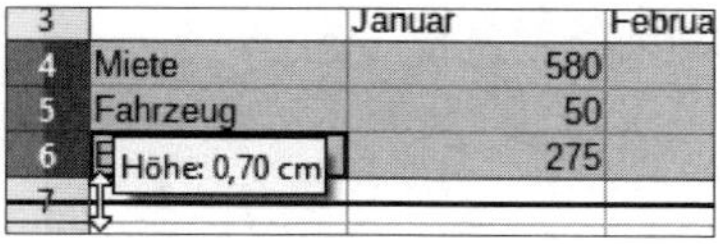

Abb. 3.41: Die Zeilenhöhe verändern

Wiederum gibt Ihnen die QuickInfo einen Hinweis über die aktuelle Höhe.

Auf diese Weise erzeugen Sie Abstände zwischen den Zeilen, ohne mit Leerzeilen arbeiten zu müssen. Das ist wesentlich effektiver, weil Sie z.B. viel schneller größere Bereiche markieren können, wenn Sie nicht Leerzeilen aussparen müssen! Und genau wie bei den Spalten können Sie auch mehrere Zeilen mit der gleichen Zeilenhöhe versehen, indem Sie die Zeilen markieren und an einer Zeile die gewünschte Höhe einstellen. Ebenso gibt es eine optimale (d.h. der Schriftgröße angepasste) Zeilenhöhe, die Sie durch einen Doppelklick erzeugen.

Zeilen und Spalten fixieren

Gerade bei längeren Tabellen werden Sie die folgende Funktion zu schätzen wissen. Muss man nämlich ziemlich lange nach unten blättern, verschwindet oft die Zeile mit der Spaltenüberschrift und man kann nur schwer erraten, zu welcher Überschrift der betreffende Eintrag gehört. In diesem Fall können Sie Zeilen wie auch Spalten fixieren.

Zunächst platzieren Sie den Cursor in einer Zelle unterhalb der zu fixierenden Zeile. Rufen Sie dann die Befehlsfolge ANSICHT / ZELLEN FIXIEREN auf und wählen dann das Untermenü ZEILEN/SPALTEN FIXIEREN.

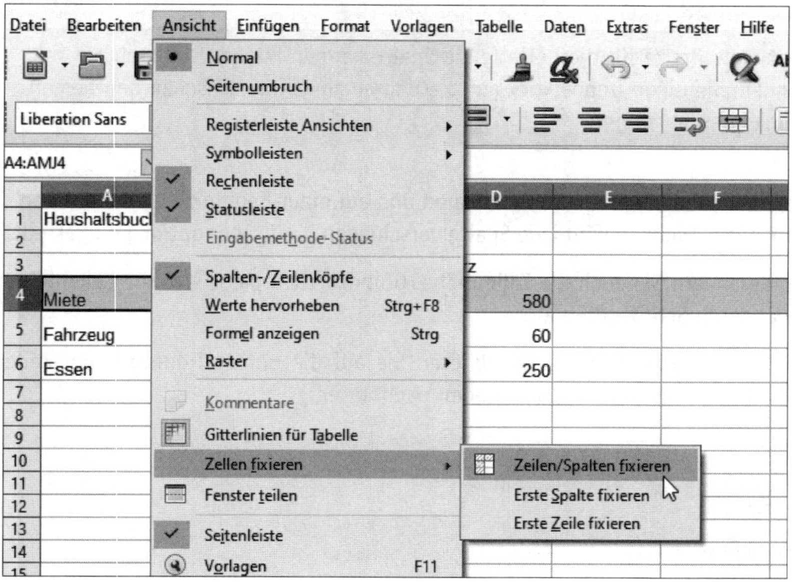

Abb. 3.42: Ein Fenster fixieren

Entscheiden Sie sich für die Option Erste Spalte fixieren oder Erste Zeile fixieren, müssen Sie keine Markierung vornehmen.

Wenn Sie anschließend mithilfe der Bildlaufleiste nach unten scrollen, werden Sie feststellen, dass der Text unterhalb der Fixierungslinie verschwindet.

	A	B	C	D	E
1	Haushaltsbuch	2018			
2					
3		Januar	Februar	März	
6	Essen	275	150	250	
7					
8					

Abb. 3.43: Das Ergebnis des Fixierens

Die Fixierung heben Sie durch erneuten Befehlsaufruf wieder auf.

3.3 Formeln und Funktionen

Eine Tabellenkalkulation wie Calc bietet den Vorteil, eingetragene Daten durch Eingabe von Rechenanweisungen auch bei Veränderungen automatisch berechnen zu können. Das reicht von einfachen Summen über Mehrwertsteuerberechnungen bis hin zu statistischen Auswertungen oder finanzmathematischen Kalkulationen.

Arbeiten mit Formeln

Formeln sind es, was Calc ausmacht. Konkret geht es darum, Berechnungen schnell und richtig auszuführen.

Zellbezüge statt konstanter Werte

Achten Sie dabei insbesondere darauf, dass Sie wenn immer möglich Zellbezüge statt fester Zahlen eingeben. Calc lebt als Kalkulationsprogramm damit, dass man mit Zahlen spielen kann, aber nicht damit, dass man ständig die Formeln anpassen muss.

3		Januar	Februar
4	Miete	580	
5	Fahrzeug	50	
6	Essen	275	
7		=580+50+275	
8			

Abb. 3.44: Konstante Werte sind nicht flexibel genug.

Zellbezüge

Arbeiten Sie so viel wie möglich mit Zellbezügen. Dazu positionieren Sie zunächst den Zellzeiger in der betreffenden Zelle, im Beispiel in B7.

Damit Calc weiß, dass die folgenden Eingaben nicht einfach wie bisher in die Tabelle geschrieben werden sollen, sondern dass es sich dabei um Anweisungen zum Rechnen handelt, beginnt die Eingabe mit einem *Gleichheitszeichen (=)*. Dadurch wird die Eingabe zu einer *Formel*.

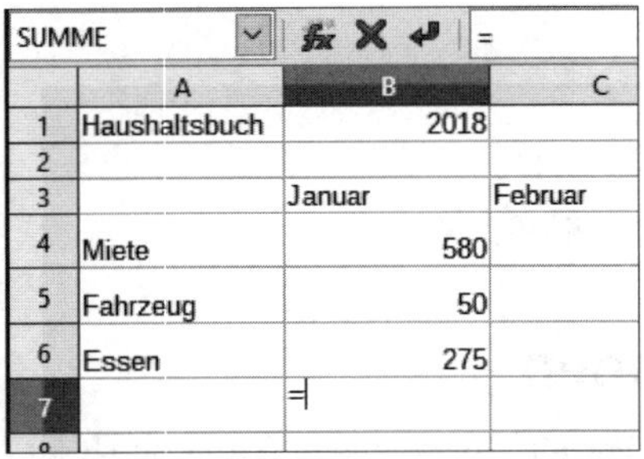

Abb. 3.45: Es geht los mit der Formel.

Dann klicken Sie in die erste Zelle, die zur Berechnung herangezogen werden soll, hier B4, oder Sie geben B4 ein. Danach geben Sie – wie beim Taschenrechner – das entsprechende Rechenzeichen ein, hier +. Anschließend klicken Sie in die nächste Zelle (B5) bzw. geben B5 ein, fügen wieder ein Pluszeichen hinzu usw., bis Sie zum Schluss in die Zelle B6 klicken bzw. b6 eingeben.

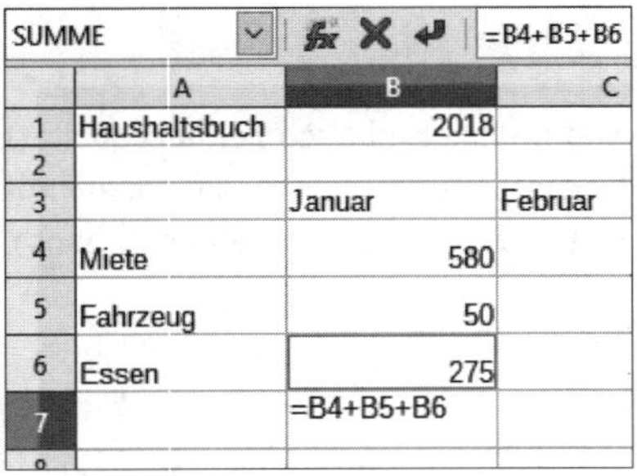

Abb. 3.46: Die Formel entsteht.

> **Tipp**
>
> Achten Sie beim Eingeben auf die farbigen Zellmarkierungen. Diese helfen Ihnen, schneller Fehler zu entdecken. Die kleinen Buchstaben werden zudem von Calc automatisch in Großbuchstaben umgewandelt.

Beenden Sie Ihre Eingabe mit [↵]. Danach erscheint das Ergebnis in der Zelle C7.

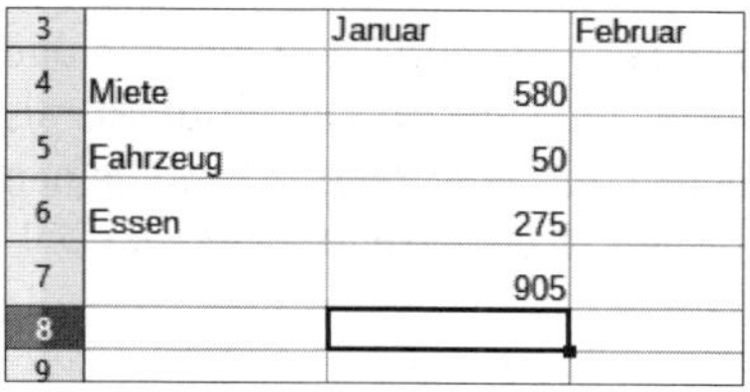

3		Januar	Februar
4	Miete	580	
5	Fahrzeug	50	
6	Essen	275	
7		905	
8			
9			

Abb. 3.47: Fertig!

Wenn Sie nun einen Wert aus dieser Spalte verändern, wird automatisch das neue Ergebnis angezeigt.

Bei der Berechnung können Sie zunächst folgende Rechenzeichen verwenden:

Zeichen	Operation
+	Addieren
-	Subtrahieren
*	Multiplizieren
/	Dividieren

Dabei gelten die gleichen Rechenregeln wie in der Mathematik. Insbesondere ist der Grundsatz *Punktrechnung vor Strichrechnung* zu beachten und es ist dementsprechend mit Klammern zu arbeiten.

Für die restlichen Berechnungen in unserem Beispiel müssten Sie an sich die zuvor beschriebene Vorgehensweise in den Zellen C7 und D7 wiederholen.

Ist jedoch die Struktur der Formeln identisch, können Sie die Formel (hier Zelle C7) mithilfe der AutoAusfüllen-Funktion in die Zellen C7 und D7 übertragen. Positionieren Sie dazu den Zellzeiger auf der Zelle mit der Formel und führen Sie den Mauszeiger auf das Ausfüllkästchen unten rechts, bis er zum Pluszeichen wird. Dann klicken Sie, halten die Maustaste gedrückt und ziehen bis zur Zelle F7.

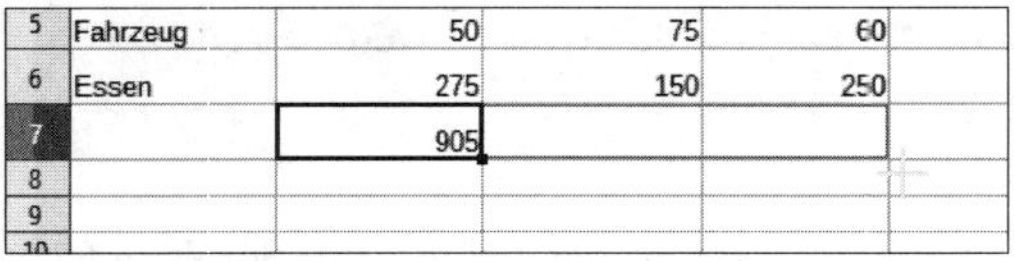

Abb. 3.48: Die Formel wird kopiert.

Wenn Sie jetzt einmal den Zellzeiger in einer der Zellen C7 oder D7 positionieren und in die Rechenleiste schauen, sehen Sie eine Formel, die genauso aufgebaut ist, als wenn Sie sie manuell eingegeben hätten. Sie können auf einer Zelle, z.B. D7, einen Doppelklick ausführen, woraufhin Ihnen die Formel mit farbig gekennzeichneten Zellbezügen in der Zelle selbst gezeigt wird.

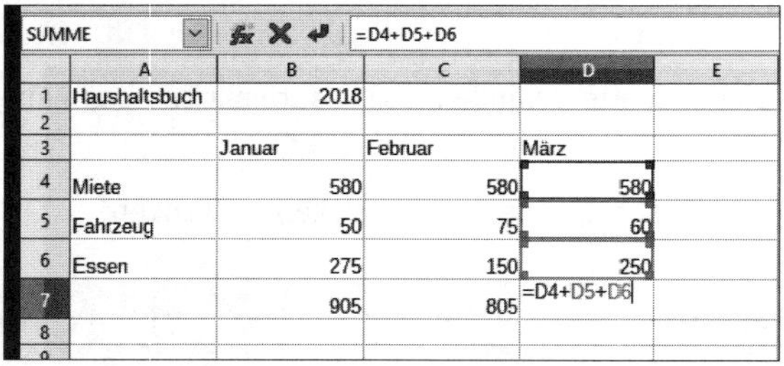

Abb. 3.49: Die Formel wurde angepasst.

> **Tipp**
>
> Die farbigen Markierungen einer Formel erscheinen auch, wenn Sie die Taste [F2] betätigen.

Verlassen Sie diese Zellbearbeitung mit [Esc].

Standardfehlermeldungen

Nobody is perfect! Oder ist es gar nicht Calc? Ab und zu werden Sie es mit Fehlermeldungen zu tun haben. Diese Fehlermeldungen treten immer im Zusammenhang mit dem #-Zeichen auf. Eine solche Fehlermeldung haben Sie bereits kennengelernt, als Sie eine Spalte mit Zahlen so schmal gezogen hatten, dass keine Zahlen mehr angezeigt werden konnten. Aber es gibt noch eine Reihe weiterer Fehlermeldungen.

Fügen Sie einmal probeweise der Formel in D7 noch den Zellbezug D3 hinzu! Wenn Sie dann die Eingabe bestätigen, erhalten Sie die Fehlermeldung *#WERT!*

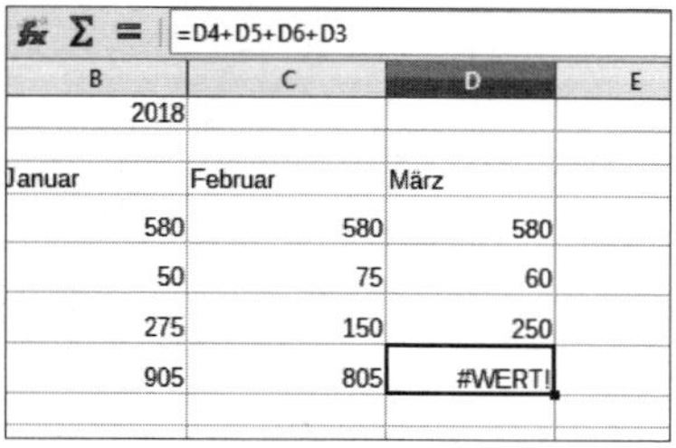

Abb. 3.50: Ein Fehler!

Diese Fehlermeldung besagt nichts anderes, als dass es in der Formel/Funktion einen Bezug auf eine Zelle gibt, die keine Zahl, sondern Text enthält.

Beim Arbeiten mit Calc treten folgende Fehlermeldungen häufiger auf:

Fehlermeldung	Ursache
#DIV/0!	In der Formel/Funktion wird durch die Zahl 0 dividiert.
#REF!	Beim Verschieben oder Löschen von Zellen ist der Bezug in einer Formel verloren gegangen.
#NAME!	Der Name einer Funktion ist falsch geschrieben. Überprüfen Sie die genaue Schreibweise.

Relative und absolute Zellbezüge

In dem vorangegangenen Beispiel konnten Sie Ihre Formeln ohne Probleme direkt kopieren und erhielten das richtige Ergebnis, denn Calc verwendet standardmäßig *relative Bezüge*. Das bedeutet: Steht in der Zelle A3 die Formel *A2+10* und wird diese Formel in die Zelle B3 kopiert, finden Sie hier die Formel *B2+10* vor.

Für das Beispiel in der folgenden Abbildung ist das Ergebnis enttäuschend und außerdem falsch.

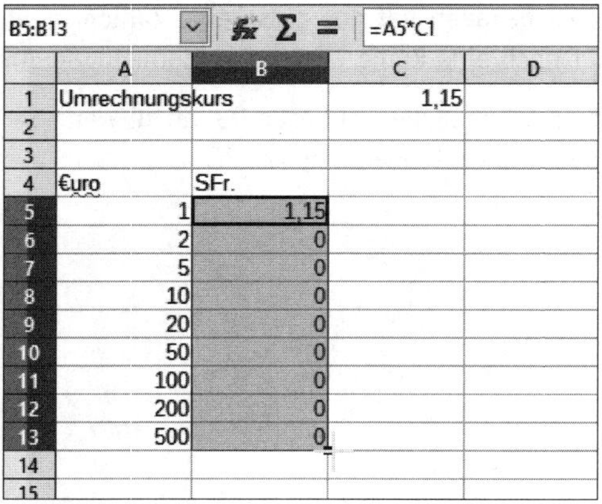

Abb. 3.51: Eine Umrechnungstabelle erstellen

Führen Sie einmal einen Doppelklick auf der Zelle B6 aus, damit die benutzten Zellen farbig dargestellt werden.

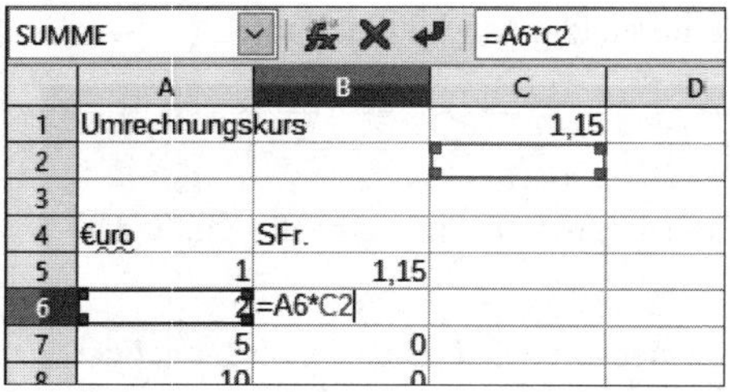

Abb. 3.52: Jetzt wird der Fehler deutlich.

Jetzt wird die Ursache für das Ergebnis deutlich: Die Formel nimmt den Wert aus der Zelle A5, was beabsichtigt war, und den Wert aus der Zelle C2, was nicht beabsichtigt war.

Das ist das Resultat des relativen Kopierens, bei dem die Zellbezüge entsprechend der Kopierbewegung angepasst werden.

Um den Fehler zu beheben, sollten Sie zunächst die Zellen mit den falschen Ergebnissen löschen. Wie Sie gesehen haben, wurde durch das AutoAusfüllen in der Formel aus der Zelle C1 die Zelle C2. In diesem Fall ist statt des relativen Bezugs ein *absoluter Bezug* nötig: Ganz gleich, in welche Zelle das Ergebnis kopiert wird, es muss immer bei der Zelle C1 bleiben.

Dies drückt man in der Formel durch das Dollarzeichen ($) aus: *$C$1*. Positionieren Sie also den Zellzeiger in der Zelle B5, klicken mit dem Mauszeiger in die Rechenleiste und geben vor dem Buchstaben und der Zahl jeweils ein Dollarzeichen ein.

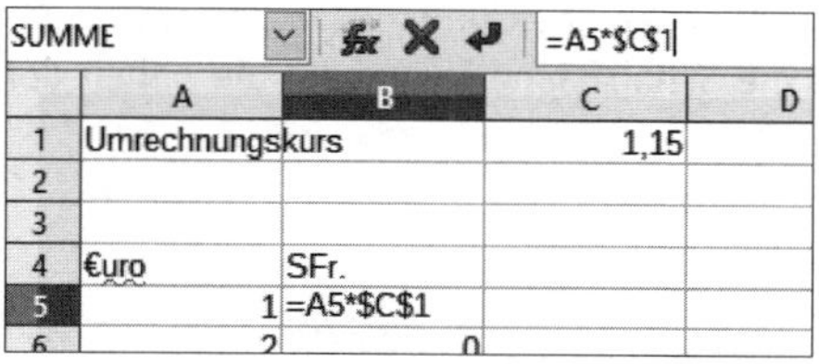

Abb. 3.53: Die betreffende Zelle absolut setzen

Die Zelle wird in Dollarzeichen gesetzt und lautet jetzt: *C1*. Beenden Sie die Korrektur mit einem Klick auf die Schaltfläche ÜBERNEHMEN.

Wenn Sie nun erneut die Formel mit AUTOAUSFÜLLEN kopieren, erscheinen die korrekten Ergebnisse.

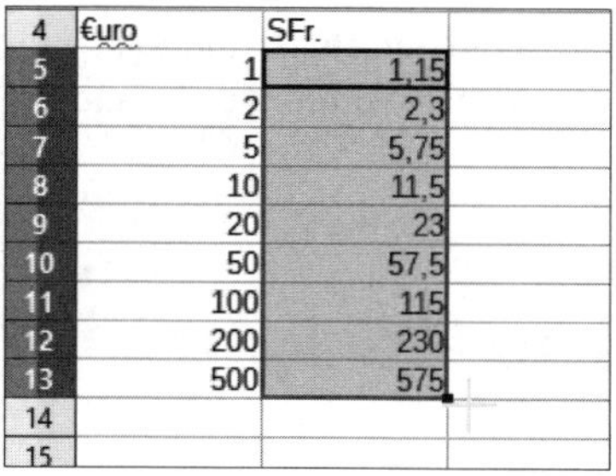

Abb. 3.54: Jetzt klappt es!

Neben reinen absoluten und reinen relativen Zellbezügen gibt es auch gemischte Bezüge, bei denen entweder die Spaltenangabe relativ und die Zeilenangabe absolut angegeben ist oder umgekehrt. Solche gemischten Bezüge könnten dann z.B. wie folgt aussehen: *$C1* oder *C$1*.

Wichtige Funktionen

Mithilfe von *Funktionen* können Sie Standardrechenoperationen durchführen. Beispiel: Um bei der Aufsummierung größerer Datenmengen nicht x-mal klicken zu müssen, bedienen Sie sich stattdessen der Funktion *Summe*.

SUMME

Wenn man mehrere Posten zusammenzählt, nennt man das eine Summe. Eine solche lässt sich mithilfe von Calc leicht erstellen.

Dazu müssen Sie lediglich den Zellzeiger in der Zelle positionieren, in der das Ergebnis erscheinen soll. Dann klicken Sie auf die Schaltfläche SUMME, die Sie neben der Rechenleiste finden.

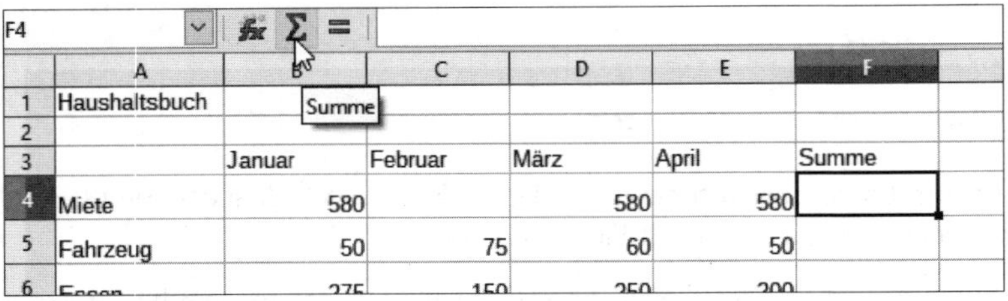

Abb. 3.55: Eine AutoSumme erstellen: Anklicken ...

Calc schreibt von selbst das Gleichheitszeichen = für die Formel. Dann folgt die Funktion *SUMME*. In Klammern wird der zu berechnende Zellbereich genannt: *(C4:F4)*. Dabei wird das »bis« als Doppelpunkt dargestellt. Der Bereich wird in der Tabelle mit blauen Rahmen verdeutlicht.

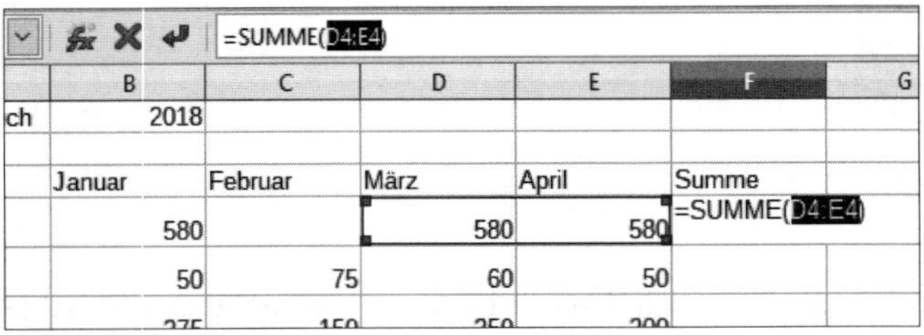

Abb. 3.56: ... und schon fertig! Na ja, ... fast!

Wie Sie bemerken, erfasst die Funktion *SUMME* automatisch alle Zahlen, die sich links der Ergebniszelle befinden.

In unserem Fall reicht das allerdings nicht, denn der Wert vom Januar und die leere Zelle im Februar werden nicht beachtet. Um den Bereich anzupassen, zeigen Sie auf einen der linken quadratischen Anfasser und ziehen den Rahmen auf die erforderlichen Zellen, also auf die Zellen B4 bis E4, auf.

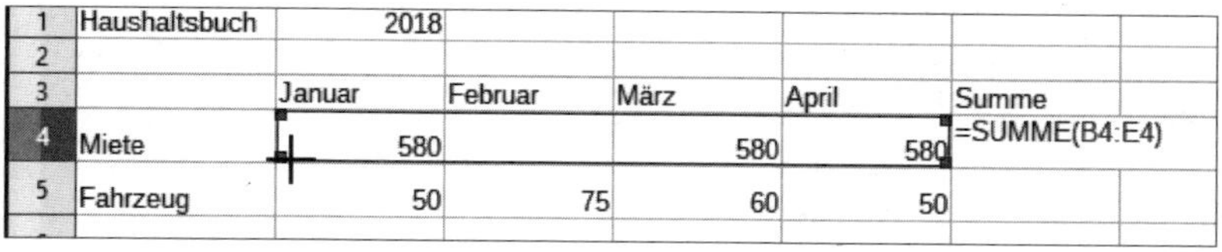

Abb. 3.57: Den Bereich anpassen

Beenden Sie mit einem Klick auf ÜBERNEHMEN.

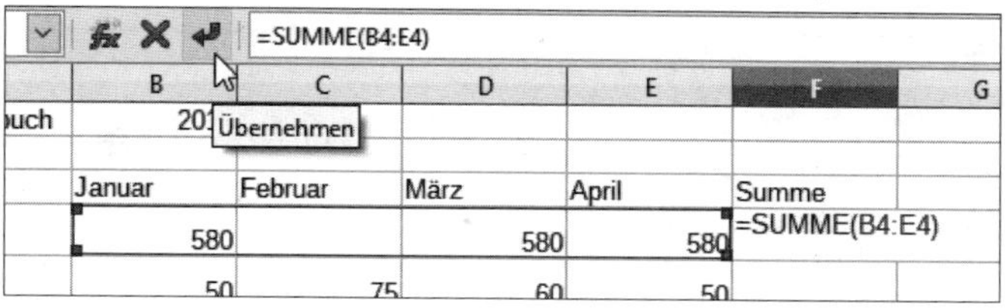

Abb. 3.58: Die Formel kann nun kopiert werden.

Danach können Sie die Formel mit AUTOAUSFÜLLEN auf die anderen Zellen übertragen.

MITTELWERT

Möchten Sie den Durchschnitt ermitteln, verwenden Sie die Funktion *MITTELWERT*.

Auch diese Funktion kann direkt eingegeben werden. Positionieren Sie dazu den Cursor in der Zelle, in der das Ergebnis erscheinen soll, und klicken Sie auf die Schaltfläche FUNKTION (das Ist-Zeichen). Anschließend wählen Sie in der Liste den Eintrag MITTELWERT an.

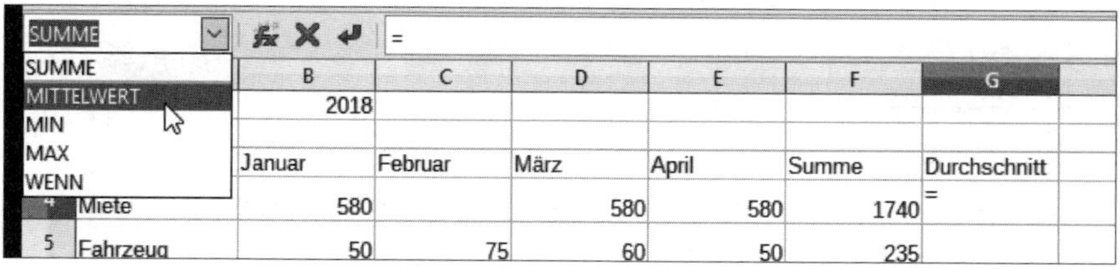

Abb. 3.59: Den Durchschnitt berechnen

Wie Sie sehen, trägt Calc die Funktion gefolgt von einer leeren Klammer ein.

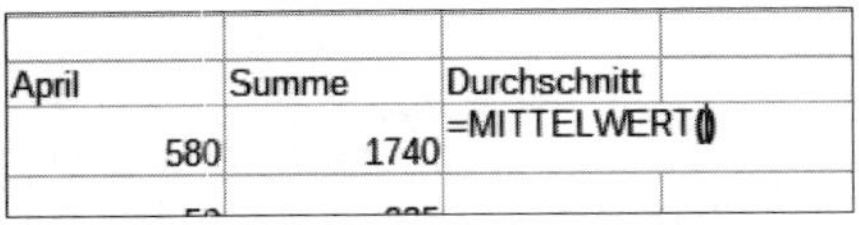

Abb. 3.60: Es fehlen noch die Argumente.

Was jetzt noch fehlt, ist der Bereich, von dem der Durchschnitt berechnet werden soll. Diesen müssen Sie selbst bestimmen. Zeigen Sie mit dem Mauszeiger auf die erste Zelle, also C4, und ziehen Sie die Markierung bis zur Zelle F4.

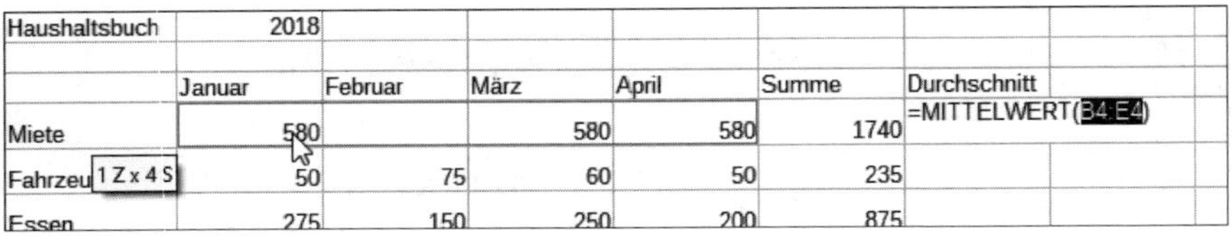

Abb. 3.61: Den Zellbereich anpassen

Bestätigen Sie Ihre Auswahl und schon passt es. Abschließend können Sie die Formel wieder kopieren.

MIN (Minimum)

Die Funktion *MIN* ermittelt die kleinste Zahl eines Bereichs.

Die benötigte Funktion befindet sich nicht im Namenfeld, sodass Sie auf den *Funktions-Assistenten* zurückgreifen müssen. Positionieren Sie den Cursor in der betreffenden Zelle und klicken Sie in der Rechenleiste auf die Schaltfläche FUNKTIONS-ASSISTENT.

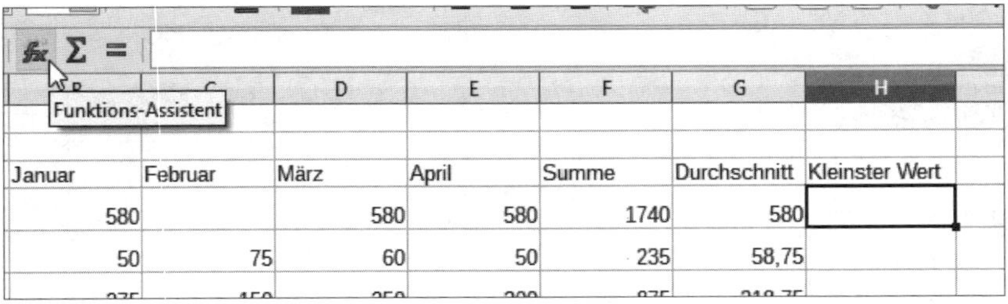

Abb. 3.62: Den kleinsten Wert herausfinden

Bei dem Assistenten werden Sie durch aufeinanderfolgende Dialogfenster geleitet, Sie durch Auswahlvorgaben oder Fragen gezielt bei einer Aufgabe unterstützen.

Es erscheint das Dialogfenster Funktions-Assistent.

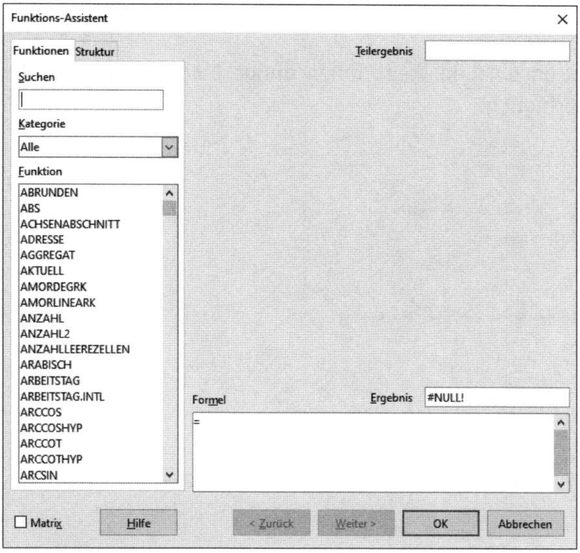

Abb. 3.63: Der Funktions-Assistent

Zur besseren Orientierung wurden die Funktionen in einzelne Gebiete eingeteilt, hier Kategorie genannt. Die Funktion zur Minimumbestimmung befindet sich unter Statistik.

Klicken Sie deshalb zunächst auf das Listenfeld Kategorie und wählen Sie den Eintrag Statistik an. Nachdem die Funktionsauswahl so beschränkt wurde, klicken Sie im Listenfeld Funktion auf MIN.

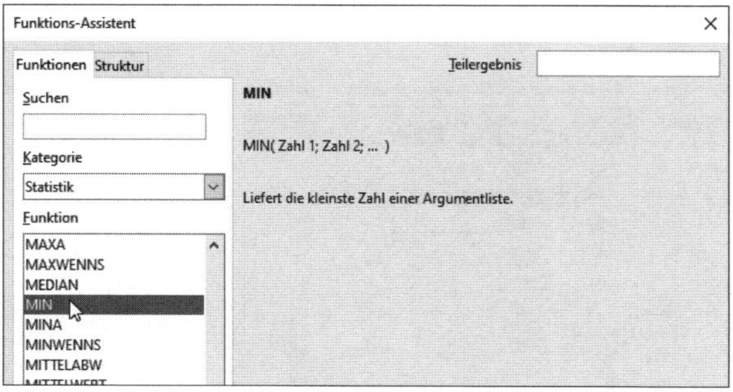

Abb. 3.64: Die gewünschte Funktion auswählen

Auf der rechten Seite wird eine kleine Erläuterung der betreffenden Funktion eingeblendet, die Ihnen bestimmt beim weiteren Vorgehen helfen wird.

Bestätigen Sie Ihre Wahl mit WEITER.

Der Assistent fügt die Funktion ein und stellt Ihnen einige Eingabefelder für die benötigten Argumente zur Verfügung.

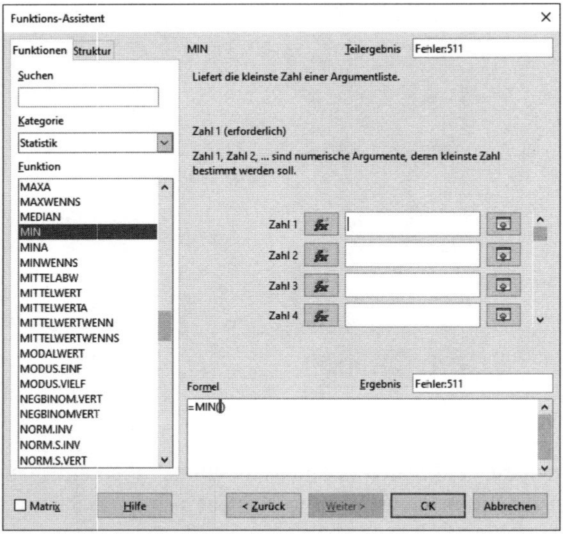

Abb. 3.65: Der Assistent benötigt ein paar Argumente.

Um die erste Zahl einzufügen, klicken Sie auf die Schaltfläche AUSWAHL. Das Dialogfenster wird verkleinert und Sie können die Zahl durch einfaches Anklicken auswählen.

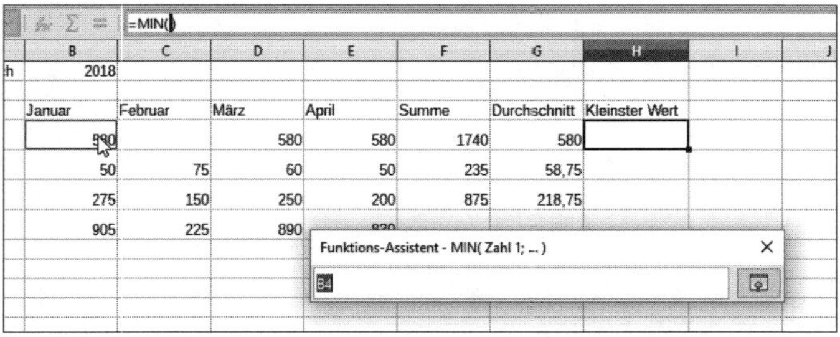

Abb. 3.66: Die erste Zahl auswählen

Sind Sie fertig, klicken Sie auf die Schaltfläche Vergrössern, um zum Feld für die zweite Zahl zu gelangen.

Den zweiten Wert fügen Sie nun hinzu, indem Sie auf das darunterliegende Feld Zahl 2 klicken und anschließend auf die gewünschte Zelle, hier D4.

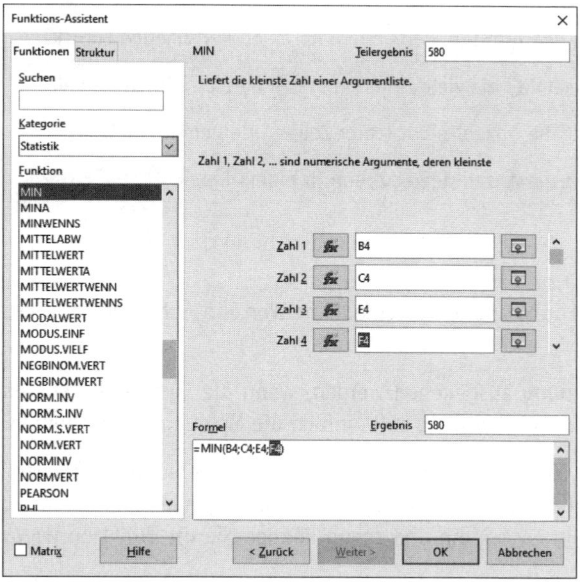

Abb. 3.67: Die Formel steht.

Die Werte werden sofort übernommen und ein weiteres Feld für den nächsten Wert wird eingeblendet.

Tipp

Einen zusammenhängenden Bereich können Sie natürlich auch ganz einfach mit der Maus überstreichen.

Fahren Sie auf diese Weise fort, bis Sie alle Zahlen beisammenhaben. Wenn Sie fertig sind, beenden Sie durch einen Klick auf OK die Funktionseingabe. Danach übertragen Sie die Funktion mit AutoAusfüllen auf die anderen Zellen.

Weitere wichtige Funktionen

Neben den eben gezeigten Funktionen werden Sie es im Alltag auch häufig mit den folgenden Funktionen zu tun haben:

Funktion	Bedeutung
MAX (Maximum)	Gibt den größten Wert innerhalb einer Wertemenge zurück.
ANZAHL	Berechnet, wie viele Zellen in einem Bereich Zahlen enthalten.
ANZAHL2	Zählt die Anzahl nicht leerer Zellen in einem Bereich.
ANZAHLLEEREZELLEN	Zählt die Anzahl leerer Zellen in einem Bereich.

WENN-DANN

Mithilfe der Funktion *WENN* können Sie unterschiedliche Werte in Abhängigkeit eines Ergebnisses erzielen.

Beispielsweise soll eine Warnung ausgegeben werden, wenn die Summe der Kosten 1000 Euro übersteigt. Ist das nicht der Fall, soll einfach die Meldung OK erscheinen.

Zunächst gilt es wieder, den Cursor zu positionieren. Dann klicken Sie in der Rechenleiste auf die Schaltfläche des Funktions-Assistenten. Im folgenden Dialogfenster schränken Sie die KATEGORIE auf LOGISCH ein und schon können Sie die Funktion *WENN* ausmachen.

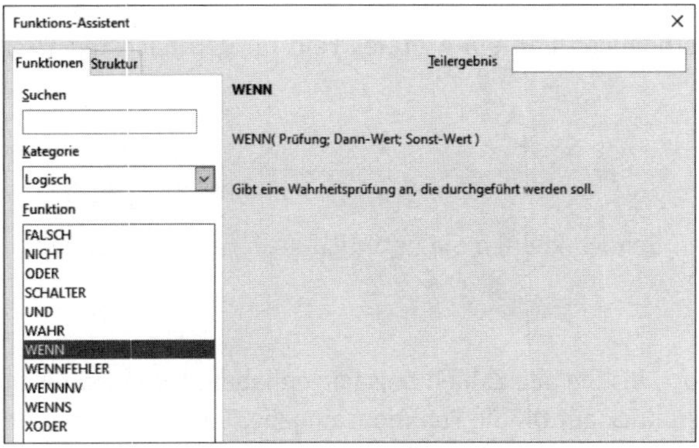

Abb. 3.68: Die Funktion anlegen

Bestätigen Sie mit WEITER.

Sie erhalten das Dialogfenster Funktionsargumente, in dem Sie drei Angaben machen müssen:

- Prüfung: Wenn die Summe mehr als 1000 beträgt, soll das passieren, was unter Dann_Wert eingetragen ist.
- Dann_Wert: Wenn die zuvor genannte Prüfung wahr ist, wird dieser Wert als Ergebnis geliefert.
- Sonst_Wert: Wenn die Prüfung falsch ist, erscheint dieser Wert in der Zelle.

Im Feld Prüfung benötigen Sie immer einen der nachfolgenden Vergleichsoperatoren, sonst kann keine Prüfung erfolgen: = (gleich), > (größer als), < (kleiner als), >= (größer oder gleich), <= (kleiner oder gleich).

Geben Sie die entsprechenden Werte in die Felder ein. Mithilfe der [Tab]-Taste bewegen Sie sich dabei von Feld zu Feld. Die Ausgabetexte müssen Sie in Anführungszeichen setzen; andernfalls gibt Calc eine Fehlermeldung aus!

Für das Beispiel sehen die Einträge im Funktions-Assistenten dann so aus:

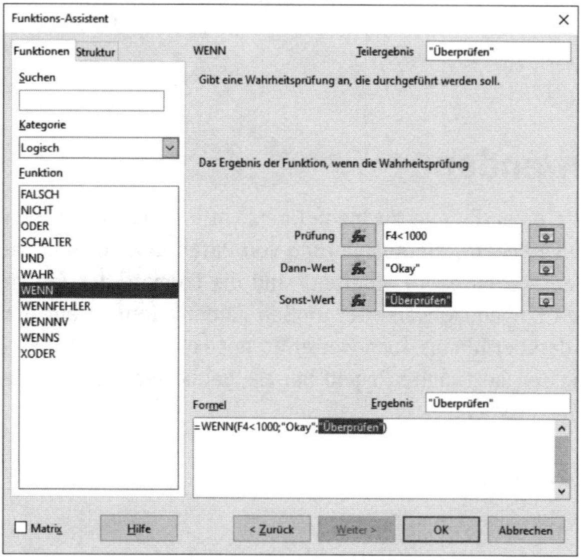

Abb. 3.69: Die eingegebenen Funktionsargumente

In diesem Dialogfenster können Sie schon das Ergebnis ablesen. Dabei werden Texte in Anführungszeichen gesetzt.

Nach dem Klick auf OK erscheint der logische Wert in der Zelle.

	Summe	Durchschnitt	Kleinster Wert	Hinweis	
0	1740	580	580	Überprüfen	
0	235	58,75	50	Okay	
0	875	218,75	150	Okay	

Abb. 3.70: Klappt ... oder?

Falls Sie jetzt einmal sehen wollen, ob es klappt, erhöhen Sie nun z.B. in der Zelle D6 den Wert auf 1580. Die Anzeige in Zelle I6 müsste sich entsprechend ändern.

	März	April	Summe	Durchschnitt	Kleinster Wert	Hinweis	
	580	580	1740	580	580	Überprüfen	
75	60	50	235	58,75	50	Okay	
150	1000	200	1625	406,25	150	Überprüfen	
225	1640	830					

Abb. 3.71: Die Meldung hat gewechselt.

3.4 Formate anwenden

Eine gute Gestaltung verhilft einer Tabelle zu mehr Übersichtlichkeit. Neben den Möglichkeiten, die Schrift zu verändern, die Ausrichtung von Daten in einer Zelle zu bestimmen und mit farblichen Attributen zu arbeiten, sind die Formate der Zahlen ein wichtiger Aspekt, um den Eingabeaufwand bei großen Zahlenkolonnen auf ein Minimum zu reduzieren. Um darüber hinaus auch weiterhin mit Formeln und Funktionen arbeiten zu können, müssen bestimmte Regeln bei Mengenbezeichnungen wie Stück, m³, Mio. € usw. beachtet werden.

Vordefinierte Zahlenformate

Calc verfügt bereits über vordefinierte Zahlenformate.

Markieren Sie zunächst die Zahlen. Dann klicken Sie in der Symbolleiste FORMAT auf die entsprechende Schaltfläche ZAHLENFORMAT. Um die Werte in unserem Beispiel mit dem €-Zeichen zu versehen, klicken Sie also auf ZAHLENFORMAT: WÄHRUNG.

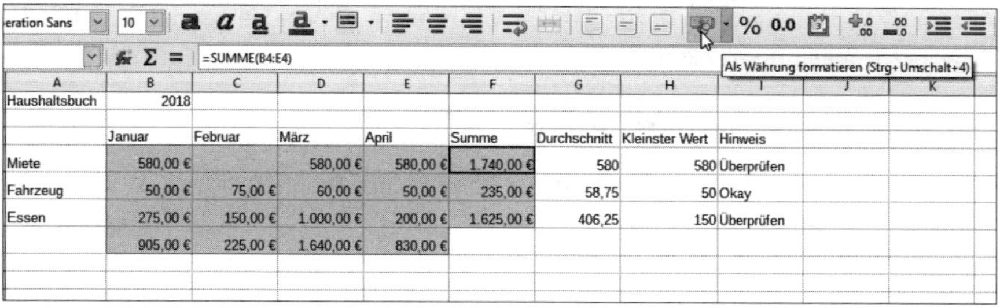

Abb. 3.72: Fertige Währungsformate

> **Tipp**
>
> Wie Sie der QuickInfo obiger Abbildung entnehmen können, kann man das Währungsformat rasch mit der Tastenkombination `Strg` + `⇧` + `4` zuweisen.

Dezimalstellen

Oftmals sehen zu viele Nachkommastellen nicht sehr schön aus und sollen »verschwinden«.

In einem solchen Fall markieren Sie die betreffenden Zellen und klicken so oft auf die Schaltfläche Zahlenformat: Dezimalstelle löschen, bis die gewünschte Anzahl angezeigt wird.

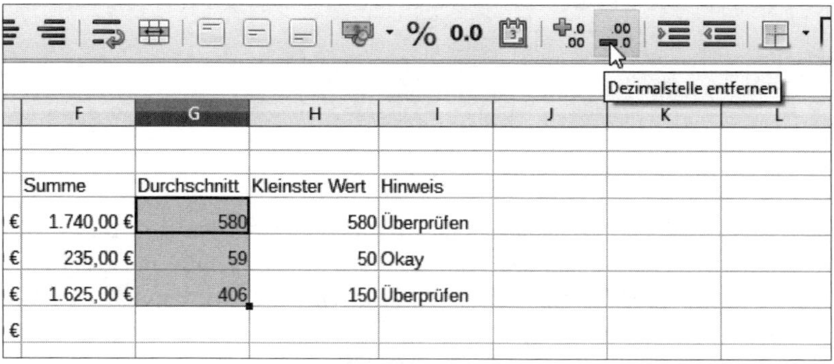

Abb. 3.73: Die Anzahl der Dezimalstellen verringern

Entgegen der Bezeichnung der Schaltfläche werden die Dezimalstellen nicht gelöscht, sondern nur ausgeblendet. Gerechnet wird also mit dem vollen Wert.

Alternativ können Sie auch Dezimalstellen hinzufügen, indem Sie auf die Schaltfläche DEZIMALSTELLE HINZUFÜGEN klicken.

Datums- und Währungsformat

Eine große Rolle im Alltag spielen oft die Datums- und Währungsformate.

Datumsformat

Sie können ganz normal ein Datum eingeben, also beispielsweise durch Punkte getrennt: `14.04.18`.

Möchten Sie das später ändern, können Sie im Dialogfenster ZELLEN FORMATIEREN ein anderes Format auswählen. Dieses Dialogfenster erhalten Sie durch Wahl der Befehlsfolge FORMAT / ZELLEN oder schneller durch Betätigen von `Strg` + `1`.

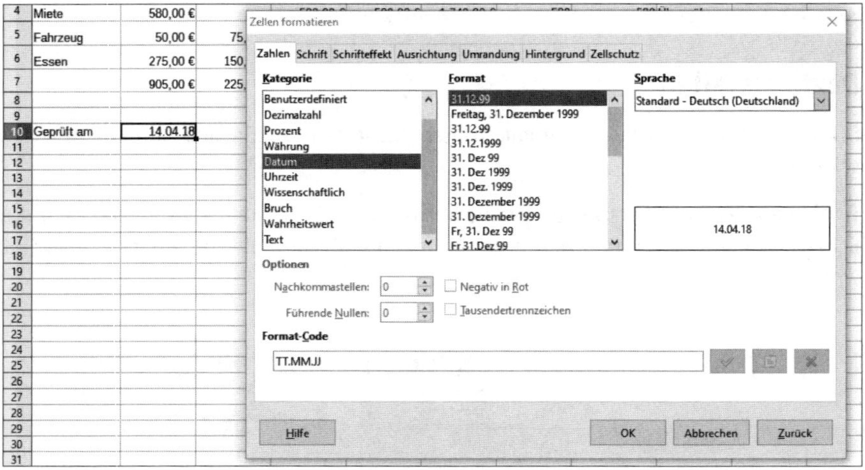

Abb. 3.74: Weitere Zahlenformate finden

Interessant ist der folgende Zusammenhang: Datumsangaben wie z.B. 14.04.2018 werden Calc-intern als Zahl behandelt. Calc beginnt am 01.01.1900 mit der Zahl 1 zu zählen, der 02.01.1900 ist dann die 2 usw. Der 14.04.2018 entspricht der Zahl 43.204. Diese Vorgehensweise hat den Vorteil, mit Datumsangaben rechnen zu können. Beispiel: Heute tätigen Sie eine Geldanlage für 100 Tage. Wann bekommen Sie Ihr Geld zurück? Das ist dann *Heute() + 100*. Damit es für den Anwender leichter wird, wird jedoch das Tagesdatum in der gewohnten Form angezeigt.

Das bedeutet auch, dass Sie ein Datum mithilfe der Kategorie ZAHL zur Zahl umformatieren können und umgekehrt. Da Calc das Format einer Zelle beim Löschen beibehält, könnte es sein, dass ein Datumsformat erscheint, obwohl Sie z.B. 40000 eingeben. Dann müssen Sie die Zahl lediglich umformatieren!

Mit der Uhrzeit verhält es sich ähnlich, sie wird intern von Calc als eine Zahl zwischen 0 und 1 behandelt. Beispiel: 6:00 entspricht 0,25 und 8:00 ist umgerechnet 0,33. Damit Calc Ihre Eingabe richtig als Uhrzeit definiert, müssen Sie auf jeden Fall einen Doppelpunkt als Trennzeichen benutzen.

Währungsformat

Für das Währungsformat können Sie auf die Schaltfläche ZAHLENFORMAT: WÄHRUNG zurückgreifen.

Wenn Sie direkt auf die Schaltfläche klicken, wird als Währung normalerweise der Euro benutzt. Wünschen Sie ein anderes Format, rufen Sie das Dialogfenster ZELLEN FORMATIEREN auf und aktivieren dort die Registerkarte ZAHLEN. Dort suchen Sie in der Liste FORMAT die gewünschte Währung aus.

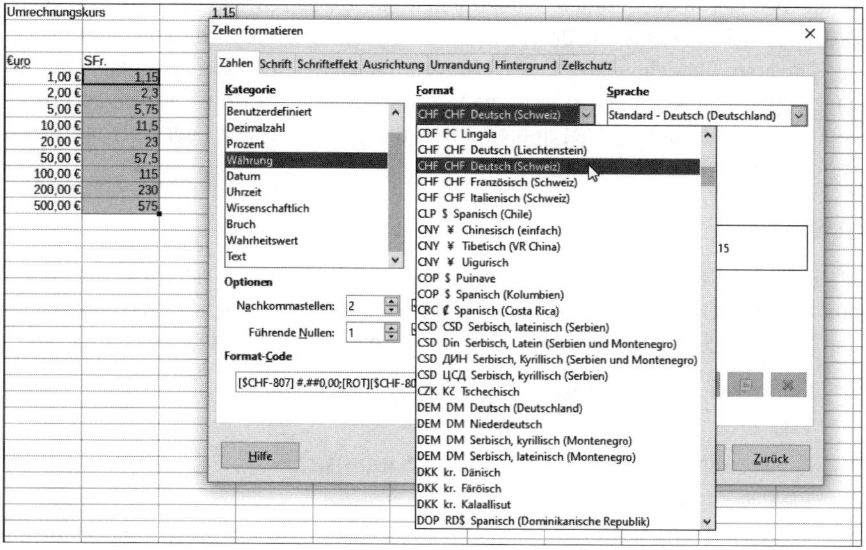

Abb. 3.75: Ein Währungsformat einstellen

Wenn Sie mit OK das Dialogfenster schließen, werden die zuvor markierten Bereiche augenblicklich formatiert.

Prozentangaben

Das Zahlenformat Prozent ergänzt die Zahl um das Prozentzeichen (%) und multipliziert gleichzeitig mit 100: Aus *1* wird *100%*, was mathematisch durchaus korrekt ist. Deshalb können Sie bei Prozentberechnungen auf die Multiplikation mit 100 verzichten, wenn Sie das Format Prozent wählen. Auch hier steht Ihnen eine Schaltfläche zur Verfügung: Zahlenformat: Prozent.

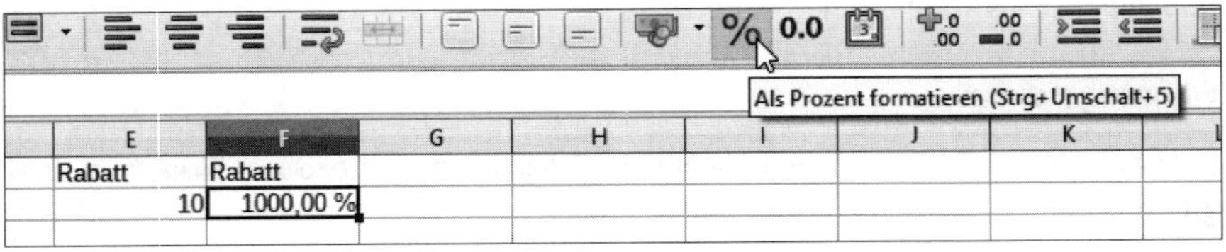

Abb. 3.76: Links vorher, rechts nachher

3.5 Formatierungen durchführen

Wenn Sie nachträglich Zellen formatieren wollen, müssen Sie die entsprechenden Zellen zunächst markieren. Das kann eine einzelne Zelle sein, ein Zellbereich oder auch mehrere Bereiche (Taste `Strg` für Mehrfachmarkierung!). Es ist unangebracht, ganze Spalten oder Zeilen zu markieren, wenn nur ein paar Zellen mit Überschriften verändert werden sollen, weil in diesem Fall die gesamte Spalte oder Zeile mit dieser Formatierung versehen werden würde.

Schrift

Als Erstes gilt es wieder, die betreffenden Zellen zu markieren. Möchten Sie Zugriff auf alle Formatierungen haben, wählen Sie die Befehlsfolge Format / Zellen. Im folgenden Dialogfenster Zellen formatieren können Sie folgende Formatierungen vornehmen:

- Registerkarte Schrift: Hier nehmen Sie die gewünschten Formatierungen für die Schrift, den Stil und die Grösse vor.
- Registerkarte Schrifteffekt: Optionen für Schriftfarbe, Relief, Überstreichungen, Durchstreichungen oder Unterstreichungen.
- Registerkarte Ausrichtung: An dieser Stelle finden Sie die Einstellungen für die Textausrichtung, die Schreibausrichtung und Eigenschaften wie Zeilenumbruch oder Zellgrößenanpassung.
- Registerkarte Umrandung: Auf dieser Registerkarte legen Sie die Linienanordnung, die Linie, den Abstand zum Inhalt und eventuelle *Schatten* einer Umrandung fest.

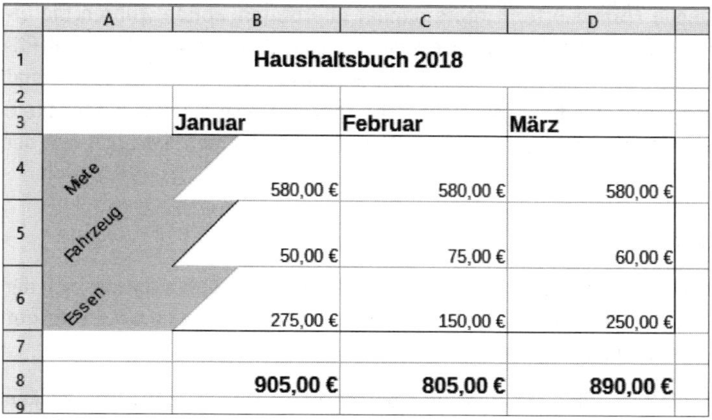

Abb. 3.77: Calc ermöglicht vielfältige Formatierungen.

Formate übertragen

Wenn Sie stets gleiche Formate anwenden müssen, kann das recht nervig werden. In diesem Fall hilft die – bereits von Writer her bekannte – Funktion FORMAT ÜBERTRAGEN weiter. Hierbei werden alle Formatierungen einer Zelle auf eine andere Zelle übertragen.

Formatieren Sie die erste Zelle in dem gewünschten Format. Klicken Sie dann auf die Schaltfläche FORMAT ÜBERTRAGEN. Ziehen Sie mit dem veränderten Cursor über die Zellen, die das Format erhalten sollen.

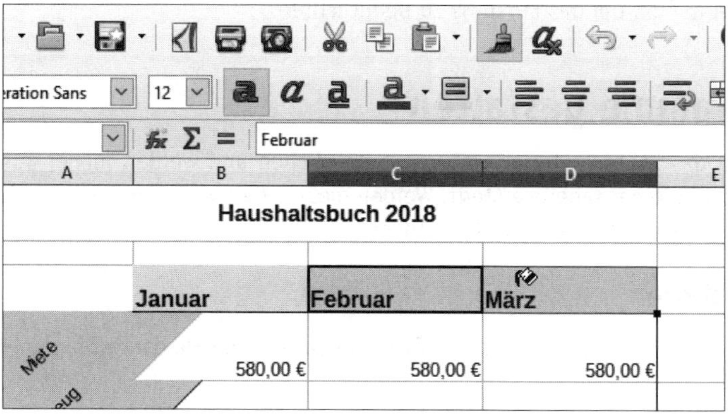

Abb. 3.78: Ein Format übertragen

Wenn Sie das gleiche Format öfter hintereinander übertragen wollen, führen Sie einen Doppelklick auf die Schaltfläche FORMAT ÜBERTRAGEN aus. Dadurch wird die Schaltfläche wie ein Schalter auf »Ein« gestellt und mit jedem neuen Klick wird das Format weitergegeben, so lange, bis Sie erneut die Schaltfläche FORMAT ÜBERTRAGEN anklicken, also den Schalter wieder auf »Aus« stellen. »Ausschalten« können Sie auch mit der Taste [Esc].

Zellen verbinden

Häufig werden Sie vermutlich die Funktion ZELLEN VERBINDEN in Kombination mit der horizontalen Ausrichtung ZENTRIERT einsetzen. Wie Sie sehen, kann man diese sehr gut für Überschriften verwenden.

Markieren Sie die Zellen, über die sich die Überschrift erstrecken soll, und klicken Sie dann auf die Schaltfläche ZELLEN VERBINDEN. Wenn Sie – wie im Beispielsfall – Informationen (hier in Zelle C3) stehen haben, werden Sie gefragt, ob der Inhalt dieser »versteckten« Zellen mit in die erste Zelle geschoben werden soll.

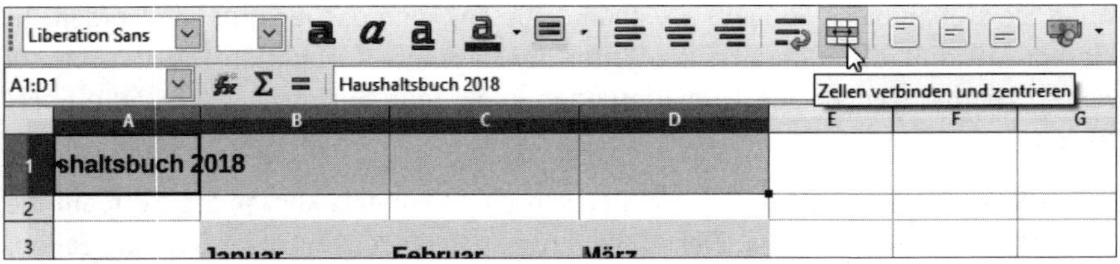

Abb. 3.79: Mehrere Zellen miteinander verbinden

Klicken Sie einmal auf JA, um das Ergebnis zu begutachten.

3.6 Diagramme gestalten

Diagramme sollen das Zahlenmaterial grafisch verdeutlichen und werden immer auf der Basis von Daten in einer Tabelle erstellt. Werden diese Daten verändert, wird auch das dazugehörige Diagramm automatisch verändert.

Diagramm erstellen

Nachdem Sie das Datenmaterial in Tabellen erfasst haben, können Sie damit Diagramme erstellen.

Klicken Sie in der Symbolleiste STANDARD auf die Schaltfläche DIAGRAMM EINFÜGEN.

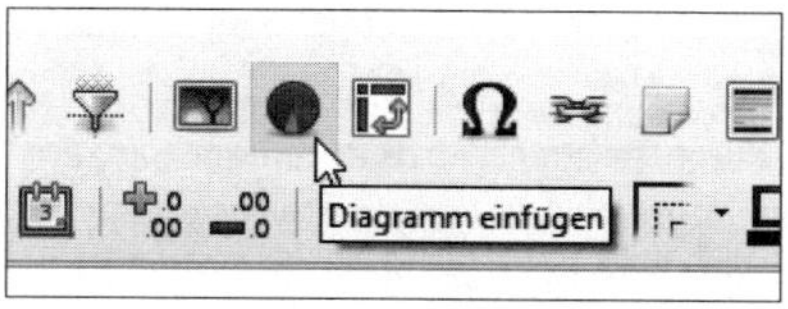

Abb. 3.80: Ein Klick zum schönen Diagramm

Calc erstellt sofort aus den markierten Zellen ein Diagramm und blendet den *Diagramm-Assistenten* ein, der Sie durch die weitere Gestaltung des Diagramms leitet.

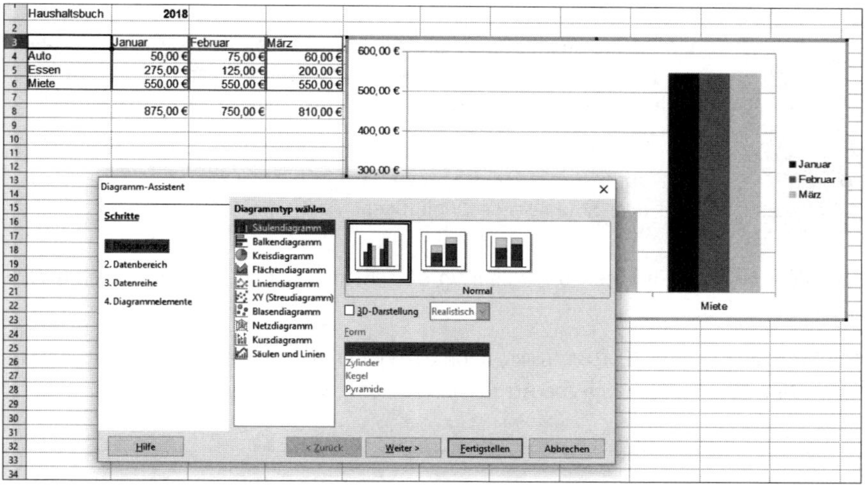

Abb. 3.81: Der Diagramm-Assistent wartet

Wie Sie sehen, befinden Sie sich im ersten Schritt DIAGRAMMTYP.

Calc bietet Ihnen eine große Auswahl an Diagrammarten, die Sie in der mittleren Liste wählen können.

So stehen zur Auswahl:

Symbol	Bedeutung
SÄULEN	Mithilfe von Säulendiagrammen werden Werte in verschiedenen Kategorien verglichen.
BALKEN	Balkendiagramme sind der optimale Diagrammtyp zum Vergleichen mehrerer Werte.

Symbol	Bedeutung
Kreis	Mit dem Kreisdiagramm können die anteiligen Werte an einem Ganzen angezeigt werden. Dieser Diagrammtyp wird immer dann verwendet, wenn Werte zusammengefügt werden können oder wenn nur eine einzige Datenreihe vorhanden ist und deren Werte positiv sind.
Flächen	Flächendiagramme betonen die Unterschiede zwischen mehreren Datensätzen über einen bestimmten Zeitraum hinweg.
Linien	Liniendiagramme ermöglichen die Darstellung von Trends über einen Zeitraum.
YX (Punkte)	Ein Punktdiagramm ermöglicht das Vergleichen von Wertepaaren. Dieses Diagramm findet dann Anwendung, wenn die dargestellten Werte nicht auf der x-Achse angeordnet sind oder wenn sie separate Maße darstellen.
Andere Diagramme	Über diese Schaltfläche können Sie Spezialdiagramme wie Blasen, Netz, Kurs oder Säulen und Linien einfügen.

Nachdem Sie sich für einen Diagrammtyp entschieden haben, können Sie eine Variante auswählen.

Möchten Sie gar eine 3D-Darstellung, dann aktivieren Sie das betreffende Kontrollkästchen. Nun können Sie noch die Art der Darstellung und die Form auswählen.

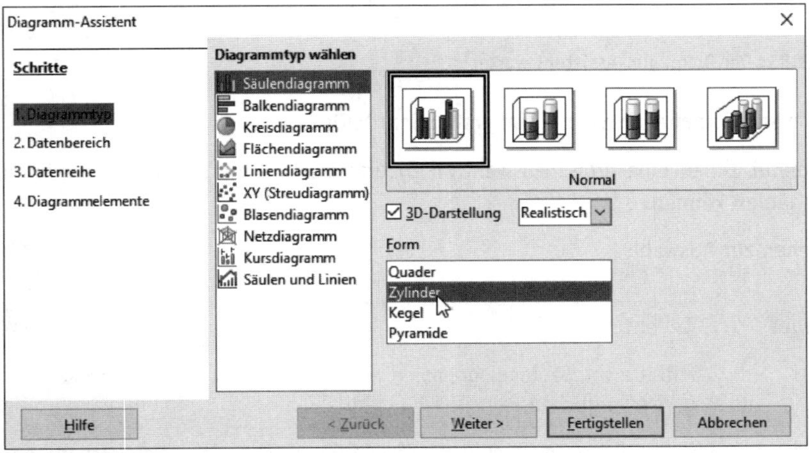

Abb. 3.82: Das Diagramm näher bestimmen

Haben Sie Ihren Favoriten ausgemacht, klicken Sie auf die entsprechende Schaltfläche.

Klicken Sie auf WEITER, um zum nächsten Schritt zu gelangen. In diesem Fenster können Sie die Datenbereiche anpassen. Beispielsweise können Sie wählen, ob die DATENREIHEN IN ZEILEN oder die DATENREIHEN IN SPALTEN angezeigt werden. Ferner legen Sie fest, ob die Tabelle die Beschriftung enthält.

Nachdem Sie auf WEITER geklickt haben, können Sie die Datenreihen bearbeiten. Beispielsweise können Sie neue Datenreihen hinzufügen oder auch entfernen oder mithilfe der Pfeilschaltflächen umordnen.

Im letzten Fenster DIAGRAMMELEMENTE, das Sie durch einen erneuten Klick auf WEITER erhalten, beschriften Sie einzelne Diagrammelemente.

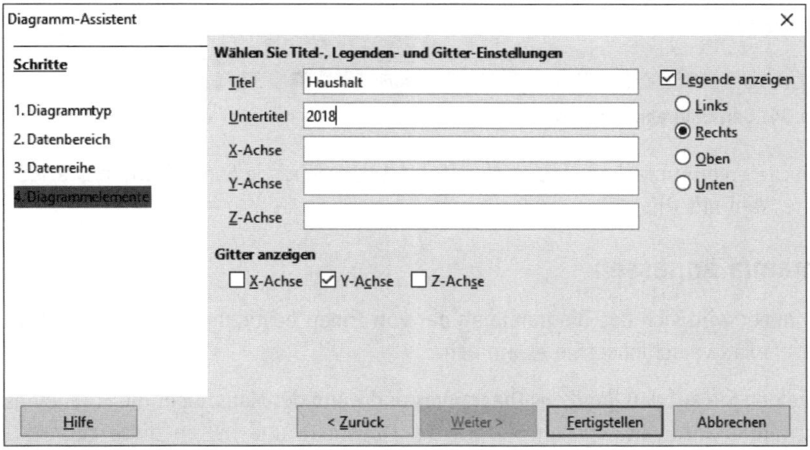

Abb. 3.83: Diagrammelemente beschriften

Sind Sie fertig, klicken Sie abschließend auf FERTIGSTELLEN.

Diagrammtyp ändern

Wünschen Sie ein anderes Diagramm, können Sie das augenblicklich bekommen.

Sollte das Diagramm nicht mehr markiert sein, klicken Sie einmal auf seinen Rand, sodass die dickere Umrandung wieder erscheint. Danach klicken Sie in der Symbolleiste FORMAT auf die Schaltfläche DIAGRAMMTYP. Es erscheint das umfangreiche Dialogfenster DIAGRAMMTYP, in dem Sie sofort den Diagrammtyp wechseln können.

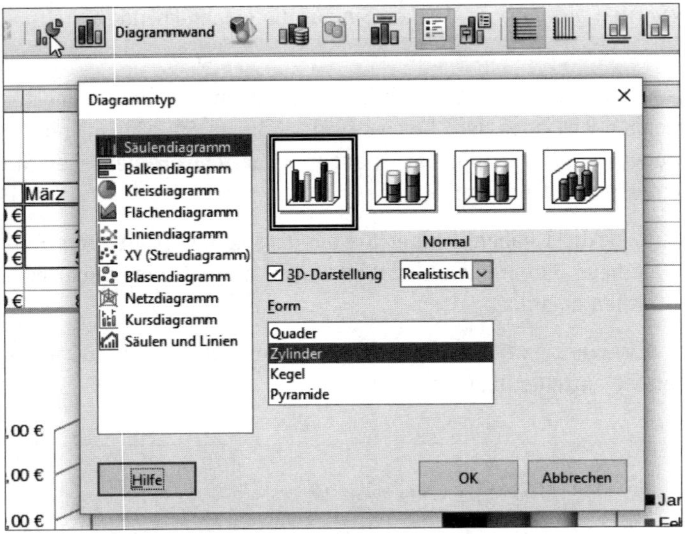

Abb. 3.84: Den Diagrammtyp ändern

Setzen Sie einen einfachen Mausklick auf das entsprechende Symbol und bestätigen Sie Ihre Wahl mit OK.

Diagramm anpassen

Nicht immer wird sich das Diagramm an der von Ihnen bevorzugten Stelle befinden. In diesem Fall verschieben Sie es einfach.

Dazu zeigen Sie auf den Rand des Diagramms und wenn der Mauszeiger die Form eines Vierfachpfeils annimmt, klicken Sie mit der Maustaste und halten diese gedrückt. Nun ziehen Sie das Diagramm an die von Ihnen gewünschte Stelle und lassen die Maustaste dort los.

Möchten Sie das Diagramm in der Größe anpassen, zeigen Sie auf einen der Eckanfasser. Wenn der Mauszeiger die Form eines Doppelpfeils annimmt, ziehen Sie ihn in die entsprechende Richtung. Bewegen Sie sich dabei nach innen, wird das Diagramm kleiner; bewegen Sie sich dagegen nach außen, wird es entsprechend größer.

Soll das Diagramm gelöscht werden, drücken Sie einfach nach dem Markieren die Taste `Entf`.

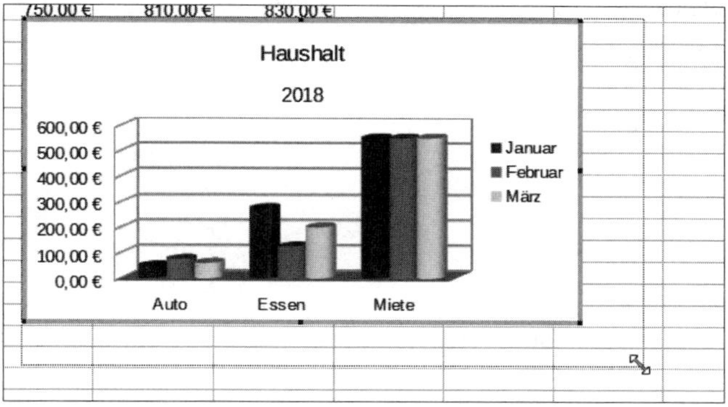

Abb. 3.85: Ein Diagramm in der Größe anpassen

Diagramm bearbeiten

Auch wenn Sie durch Anklicken der Schaltflächen schon viele Einstellungen getroffen haben, können Sie nachträglich alles bearbeiten.

3.7 Tabellen und Diagramme ausgeben

Anders als z.B. in der Textverarbeitung, bei der Sie einen Seitenwechsel direkt beim Erstellen des Textes gezeigt bekommen, können Sie in Calc schlecht abschätzen, wieviel Platz Ihre Tabelle auf dem Papier benötigt. Deshalb ist es wichtig, vor jedem Druckauftrag zunächst zu überprüfen, ob der Ausdruck Ihrer Erwartung entsprechen wird.

Einstellungsarbeiten

Bevor Sie Ihre Tabellen oder Diagramme ausdrucken, sollten Sie ein paar Vorbereitungsmaßnahmen treffen, die Sie vor Enttäuschungen bewahren.

Wechseln Sie zunächst zur DRUCKVORSCHAU.

Abb. 3.86: Zur Seitenansicht wechseln

In der veränderten Ansicht finden Sie die Symbolleiste Seitenansicht, die Ihnen mehrere Schaltflächen zur Verfügung stellt.

Klicken Sie dort auf die Schaltfläche Seitenformat.

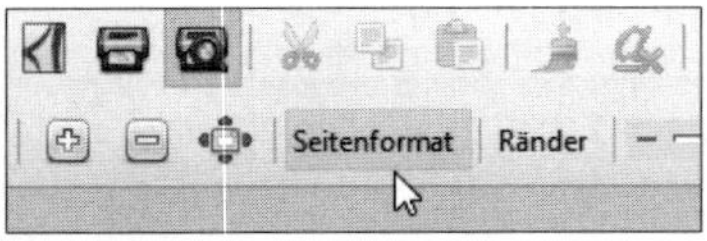

Abb. 3.87: Die Einstellungen für das Seitenformat aufrufen

Sie erhalten das entsprechende Dialogfenster.

Seitenränder

Für die Einstellungen an den Seitenrändern aktivieren Sie die Registerkarte Seite.

Die Randmaße für die Seitenränder finden Sie im Bereich Seitenränder.

Für die oberen, unteren und seitlichen Seitenränder gibt es Drehfelder, in die Sie die Werte entweder über die Tastatur oder über die Pfeile mit der Maus eingeben können.

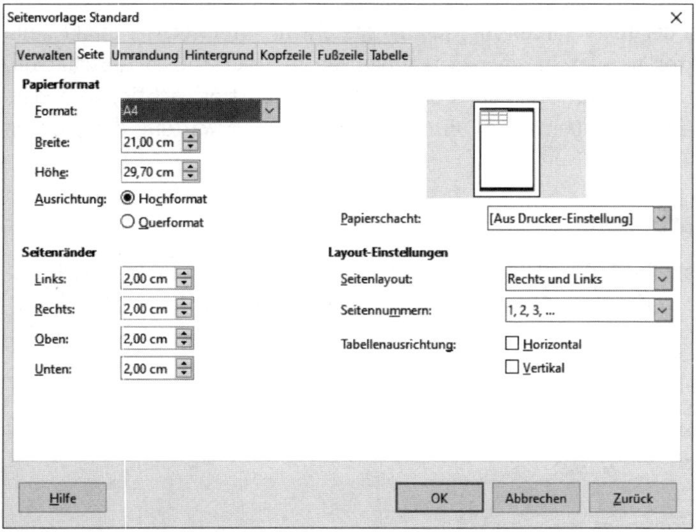

Abb. 3.88: Welchen Seitenrand möchten Sie haben?

Papierformat

Im Bereich PAPIERFORMAT haben Sie die Wahl zwischen HOCHFORMAT und QUERFORMAT.

Kopf- und Fußzeile

Unter *Kopf- und Fußzeilen* versteht man Texte, die auf jeder Seite oben (= Kopfzeile) und/oder unten (= Fußzeile) erscheinen. Ein typisches Beispiel für eine Kopf- oder Fußzeile ist die Seitennummerierung.

Wechseln Sie zur Registerkarte KOPFZEILE bzw. FUSSZEILE, um an die entsprechenden Optionen zu gelangen.

Zunächst müssen Sie darauf achten, dass die betreffende Zeile eingeschaltet ist. Deshalb sollte das Kontrollkästchen KOPFZEILE EINSCHALTEN bzw. FUSSZEILE EINSCHALTEN aktiviert sein.

Für die Gestaltung klicken Sie auf die Schaltfläche BEARBEITEN.

Als Erstes können Sie im folgenden Dialogfenster in der Liste KOPFZEILE bzw. FUSSZEILE aus vorgefertigten Kopf- und Fußzeilen bestimmte Elemente auswählen.

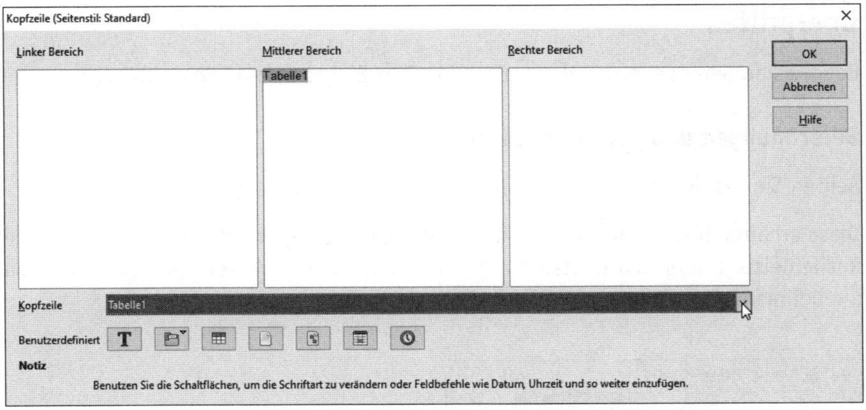

Abb. 3.89: Auf vorgefertigte Elemente zugreifen

Sie können aber auch eigene Kopf- und Fußzeilen erstellen.

Wie Sie sehen, wird der Kopf- bzw. Fußbereich in drei Teile gegliedert: LINKER BEREICH, MITTLERER BEREICH und RECHTER BEREICH.

Setzen Sie den Cursor in den gewünschten Bereich und klicken Sie auf eine der Schaltflächen im Bereich BENUTZERDEFINIERT. Hier können Sie die TEXTATTRIBUTE ändern, den

Titel oder den Dateiname nebst Pfad anzeigen lassen, den Tabellennamen einfügen, die Anzahl der Seiten, das aktuelle Datum oder die Uhrzeit einsetzen.

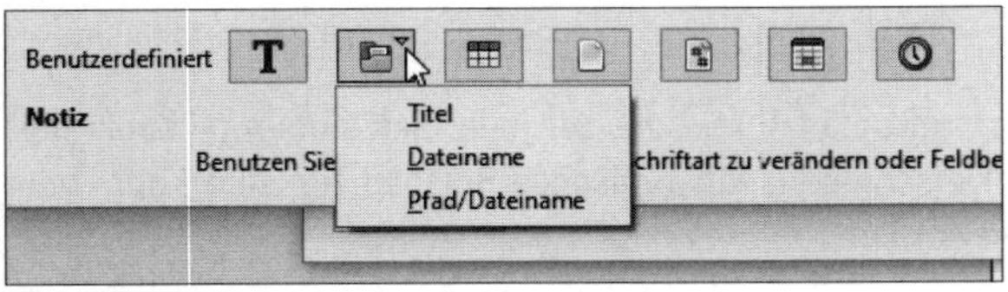

Abb. 3.90: Wählen Sie, was Sie einfügen wollen.

Sie können an dieser Stelle eine Reihe von Feldern einfügen. Diese Informationen werden als Variablen eingefügt.

Wenn Sie den Text noch formatieren wollen, markieren Sie ihn und klicken auf die erste Schaltfläche Textattribute. Im folgenden Dialogfenster Schrift nehmen Sie wie gewohnt die Einstellungen vor. Nach Beendigung der Eingabe erscheint der Eintrag formatiert.

Verlassen Sie die Seitenansicht über die Schaltfläche Seitenansicht schliessen.

Überprüfen

Bevor es an den Ausdruck geht, sollten Sie Ihre Eingaben auf Fehler überprüfen.

Berechnungen und Text überprüfen

Achten Sie bei den Berechnungen auf die farbigen Markierungen.

Diese erhalten Sie, indem Sie die betreffende Zelle markieren und anschließend in die Rechenleiste hinter den letzten Eintrag der Eingabezeile klicken. Alternativ können Sie bei markierter Zelle auch einfach die F2-Taste drücken.

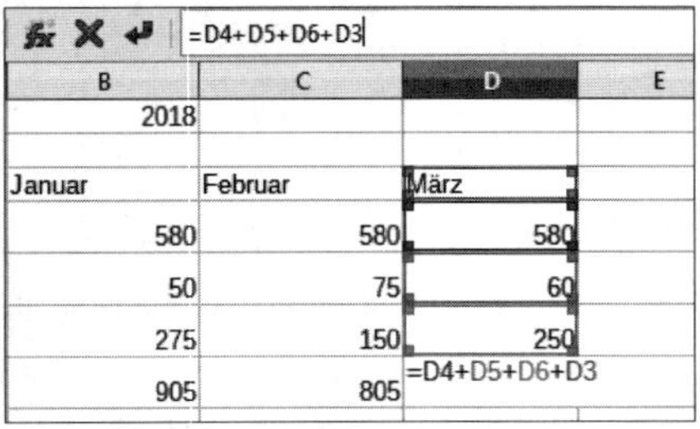

Abb. 3.91: Eine Formel kontrollieren

Die Zellen werden farbig umrandet, sodass Sie Fehlern schneller auf die Spur kommen können.

Wie in Writer sollten Sie auch in Calc die Texte auf die korrekte Rechtschreibung überprüfen. Die *Rechtschreibprüfung* überprüft jedes einzelne Wort. Das bedeutet leider noch nicht, dass Ihre Tabelle fehlerfrei ist, wenn keine Rechtschreibfehler angezeigt werden, denn: Wenn Sie statt Nachname (im Sinne von Familienname) Nachnahme (Zahlungsweise) schreiben, erhalten Sie keine Fehleranzeige.

Der Rechtschreibprüfung liegt die neue deutsche Rechtschreibung zugrunde. Das Dialogfenster RECHTSCHREIBUNG entspricht dem Writer-Dialogfenster.

Anzeige Gitternetzlinien, Spalten- und Zeilenköpfe

Tabellen lassen sich oftmals besser lesen, wenn die Gitternetzlinien und/oder die Spalten- und Zeilenköpfe angezeigt werden.

Um diese anzeigen zu lassen, rufen Sie das Dialogfenster SEITENVORLAGE mithilfe der Befehlsfolge FORMAT / SEITE auf.

Auf der Registerkarte TABELLE können Sie im Bereich DRUCKEN dann festlegen, ob das TABELLENGITTER oder die ZEILEN- & SPALTENKÖPFE gedruckt werden sollen.

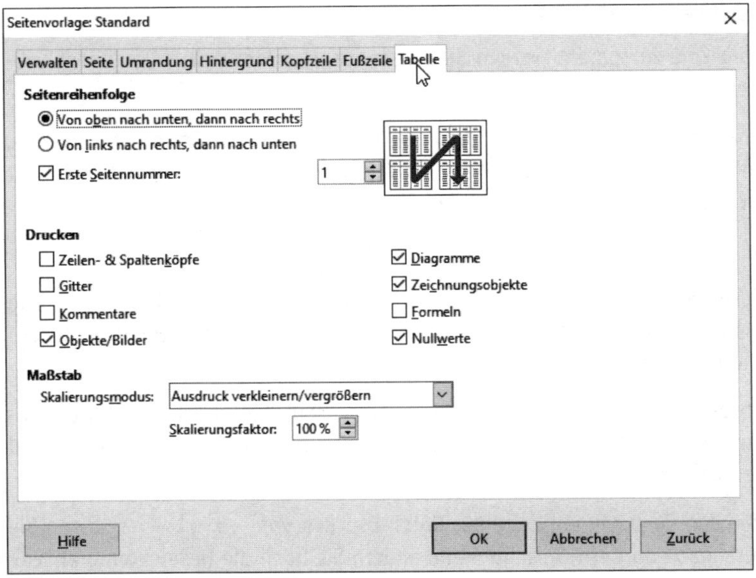

Abb. 3.92: Das Tabellengitter ausdrucken

Ein Häkchen führt jeweils dazu, dass die Gitternetzlinien bzw. die Zeilen- und Spaltenköpfe gedruckt werden.

Seitenansicht

Bevor Sie den Ausdruck starten, sollten Sie prüfen, ob die Proportionen der Tabelle beim späteren Ausdruck stimmen.

Klicken Sie dazu in der Registerkarte ANSICHT auf die Schaltfläche SEITENLAYOUT. Diese Ansicht zeigt Ihnen das Dokument so an, wie es auf der gedruckten Seite ausgegeben wird.

Über die Schaltflächen in der Gruppe SKALIERUNGSFAKTOR können Sie die Ansicht nach Ihren Vorstellungen einstellen.

3.8 Know-how für Fortgeschrittene

Im Folgenden soll mit Calc ein Angebot mit Pfiff erstellt werden. Sie werden dabei vorhandenes Wissen einsetzen, aber auch eine Menge Neues lernen.

Legen Sie zuerst eine Mappe an und speichern Sie diese ab.

Recycling einmal anders

Um ein wenig Zeit zu sparen, werden Sie Elemente von dem Writer-Dokument wiederverwenden.

Öffnen Sie den Writer-Brief und markieren Sie das Fontwork-Objekt in der Kopfzeile. Wenn Sie mögen, können Sie – dank der vielfältigen Verzahnung von LibreOffice – direkt aus Writer heraus ein neues Calc-Tabellendokument anlegen.

Drücken Sie `Strg` + `C`, um das Objekt zu kopieren.

Alsdann klicken Sie auf den Listenpfeil der Schaltfläche NEU und wählen den Eintrag TABELLENDOKUMENT aus. In der neuen Calc-Mappe klicken Sie auf die Zelle A1 und anschließend auf EINFÜGEN.

Auch die Absenderadresse soll kopiert werden. Wechseln Sie zurück zum Writer-Dokument, markieren Sie dort die betreffenden Zeichen, drücken Sie `Strg` + `C` und kehren Sie zu Calc zurück.

Platzieren Sie den Cursor in der Zelle A8. Durch Drücken von `Strg` + `V` fügen Sie die Absenderangabe dort ein. Abschließend ändern Sie noch die Bezeichnung `Writer` in `Calc` um.

Das Writer-Dokument können Sie jetzt schließen und die neue Calc-Mappe sollten Sie jetzt unter der Bezeichnung `Calc – Ein Angebot mit Pfiff` abspeichern.

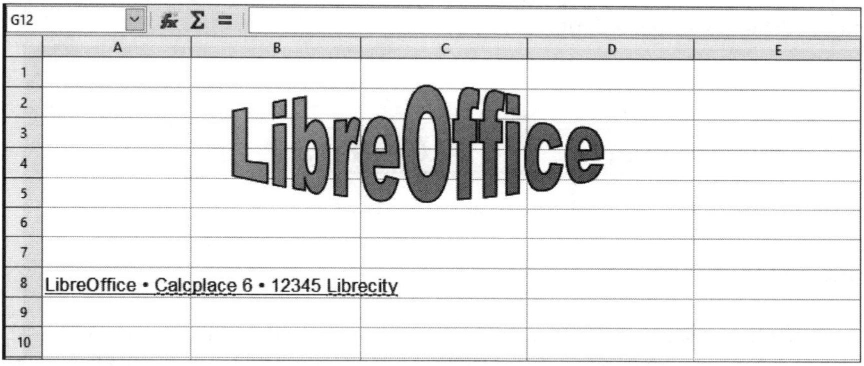

Abb. 3.93: Der »recycelte« Brief

Das eigentliche Angebot

Als Nächstes wird das eigentliche Angebot gestaltet.

Datumsfunktionen

Zunächst soll das Angebot das aktuelle Datum automatisch ausweisen.

Platzieren Sie den Cursor in die Zelle E17, geben Sie `Angebot vom:` ein und richten Sie den Zellinhalt rechtsbündig aus.

Drücken Sie dann die [⭾]-Taste, um zur Zelle F17 zu gelangen. In dieser Zelle soll das Datum erscheinen.

Geben Sie ein Gleichheitszeichen gefolgt von den Buchstaben `heute(` ein. Wie Sie sehen, erscheint eine QuickInfo mit dem benötigten Befehl.

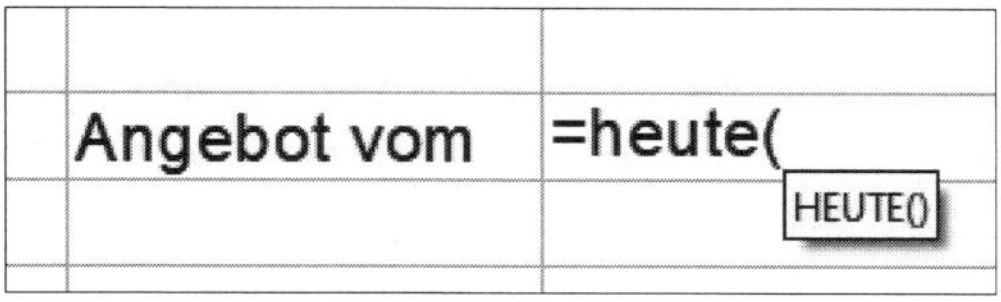

Abb. 3.94: Den Befehl eingeben

Da es der Befehl ist, den Sie hier benötigen, drücken Sie einfach die [↵]-Taste, anstatt den Rest einzugeben.

Wie Sie in der Rechenleiste bemerken, hat Calc die zweite Klammer gesetzt und zeigt in der Zelle das aktuelle Datum an.

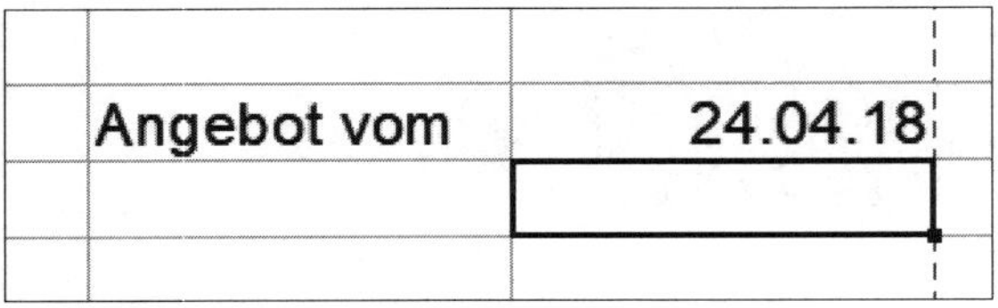

Abb. 3.95: Das aktuelle Datum wird nun angezeigt.

In der Zelle F18 soll nun der Zeitpunkt erscheinen, bis zu dem das Angebot gültig ist. Es soll dabei eine Frist von 14 Tagen gelten, sodass nun das Datum zu berechnen ist.

Geben Sie in die Zelle E18 `Gültig bis:` ein und richten Sie diese Zelle – wie die Zelle E17 – rechtsbündig aus.

Nachdem Sie die Formel wieder mit dem =-Zeichen gestartet haben, verweisen Sie auf die Zelle F17, denn darin steht das aktuelle Datum. Um nun die Frist zu berechnen, fügen Sie einfach den Zusatz +14 hinzu und schon berechnet Calc die Frist.

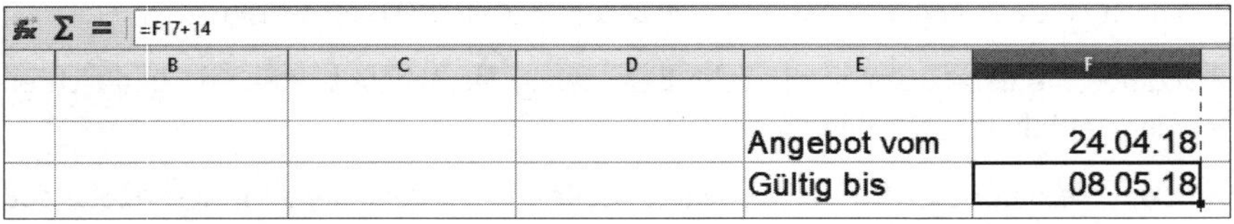

Abb. 3.96: Das Ende der Frist wird nun berechnet.

Einleitungstext

In die Zeile A20 kommt ein längerer Einleitungstext.

Da dieser nicht in die Zelle passt, markieren Sie die Zellen A20 bis F20. Dann klicken Sie auf den Listenpfeil der Schaltfläche Zellen verbinden, die Sie in der Symbolleiste Format finden.

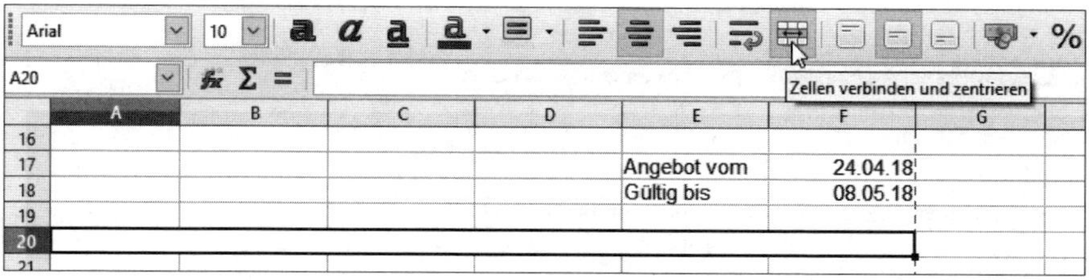

Abb. 3.97: Die Zellen verbinden

Anschließend geben Sie folgenden Text ein:

`Wir freuen uns, Ihnen nachfolgendes Angebot unterbreiten zu können:`

Berechnungsformeln

Ab der Zelle A22 beginnen Sie mit der Eingabe der Überschriften NR., BEZEICHNUNG, ANZAHL, PREIS PRO SEITE, RABATT und GESAMTPREIS.

Wenn Sie fertig sind, passen Sie die Breite der Spalte B auf 3,50 cm an.

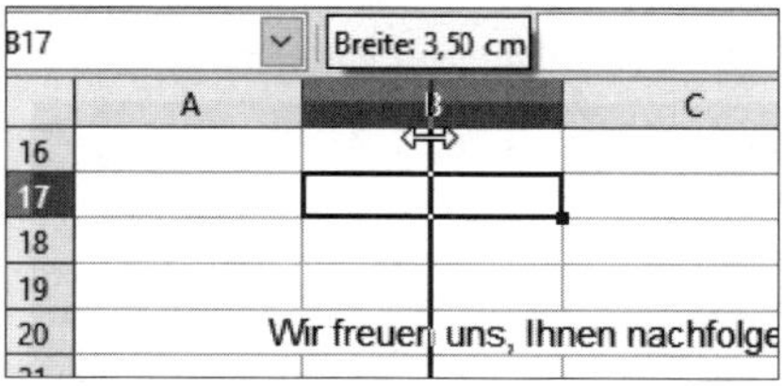

Abb. 3.98: Die Spalte B anpassen

Die Spalten C, D, E und F sollen dagegen 2,55 cm breit sein. Markieren Sie dazu die vier Spalten und klicken Sie mit der rechten Maustaste auf eine Spalte. Im folgenden Kontextmenü wählen Sie den Menüpunkt SPALTENBREITE an.

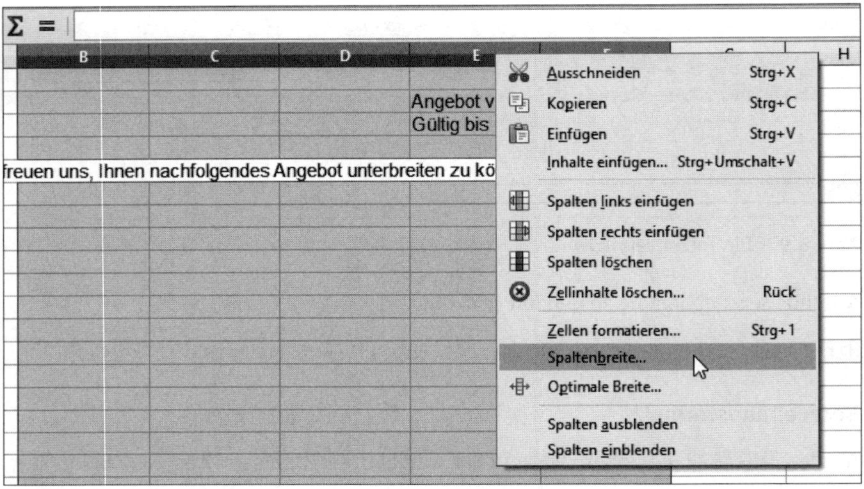

Abb. 3.99: Die restlichen Spaltenbreiten anpassen

Im daraufhin erscheinenden Dialogfenster geben Sie im Feld Breite die Angabe in Zentimetern ein und bestätigen mit OK.

Abb. 3.100: Die Spaltenbreite zentimetergenau eingeben

In der Zelle A23 geht es nun weiter wie in der folgenden Abbildung ersichtlich. Das Prozentzeichen beim Rabatt geben Sie über die Tastatur ein.

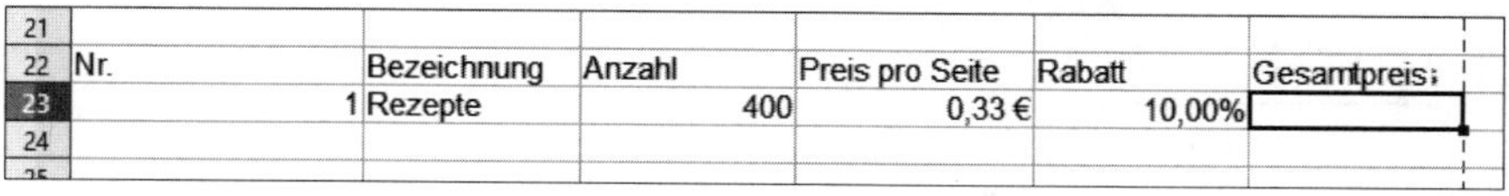

Abb. 3.101: Die Angaben der ersten Zeile

In der Zelle F23 erfolgt die Berechnung des Gesamtpreises. Die Formel lautet dafür =(D23-D23*E23)*C23.

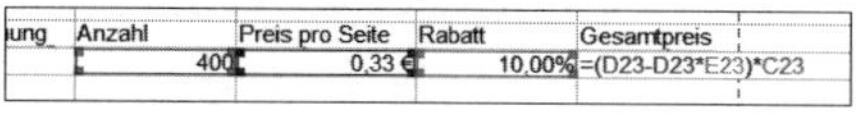

Abb. 3.102: Die Formel für den Gesamtpreis

Anschließend geben Sie noch zwei weitere Posten ein.

Klicken Sie auf die Zelle A23 und ziehen Sie diesen über das Ausfüllkästchen zwei weiteren Zellen nach unten.

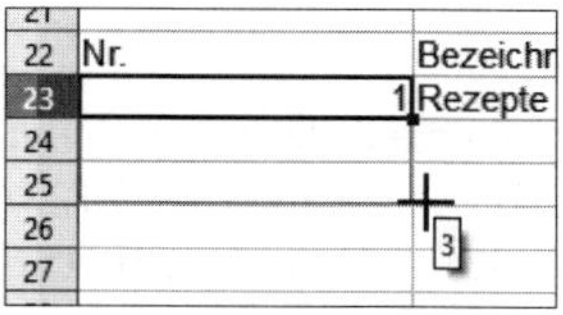

Abb. 3.103: Die Postennummer fortlaufend nummerieren

Geben Sie anschließend die restlichen Bezeichnungen wie in folgender Abbildung ersichtlich ein.

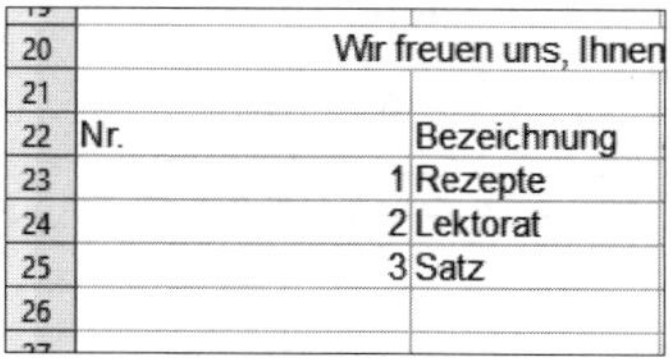

Abb. 3.104: Die restlichen Bezeichnungen

Bei der Zelle C23 drücken Sie dagegen beim Kopieren die Strg-Taste, damit Calc den Wert nicht hochzählt.

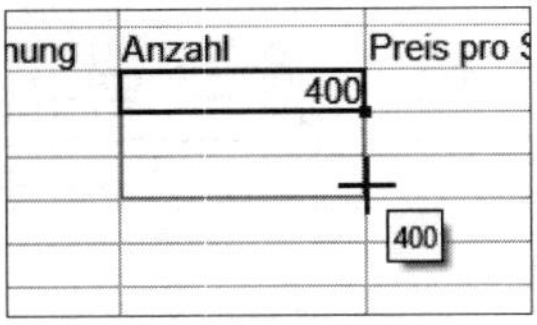

Abb. 3.105: Kopieren mit gedrückter Strg-Taste

Die Formel können Sie von der Zeile F23 nach unten kopieren. Bewegen Sie dabei den Mauszeiger auf das Ausfüllkästchen und ziehen Sie es mit gedrückter Maustaste nach unten.

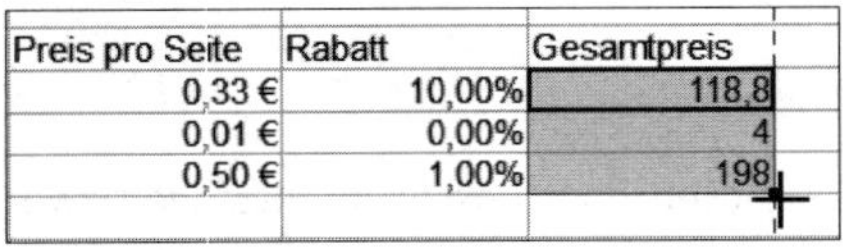

Abb. 3.106: Die Formel kopieren

Die einzelnen Posten werden danach zusammengezählt.

Schreiben Sie in die Zelle E27 das Wort Gesamt und richten Sie die Zelle rechtsbündig aus. Platzieren Sie dann mit einem Druck auf ⇆ die Markierung auf der Zelle F27. Um die Summe zu ermitteln, klicken Sie in der Rechenleiste auf die Schaltfläche SUMME.

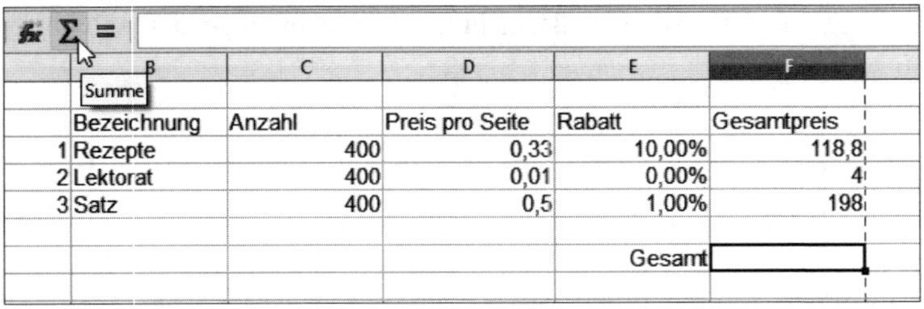

Abb. 3.107: Die Summe ermitteln

Diese Funktion ermittelt die Zahlen, die über der aktiven Zelle stehen, und addiert deren Werte.

Klicken Sie auf ÜBERNEHMEN, um das Ergebnis gleich einmal zu überprüfen.

Als Nächstes soll die Mehrwertsteuer ausgewiesen werden.

In die Zelle E28 geben Sie `19% MwSt.` ein und in die Zelle F28 kommt die Formel hinein.

Wenn Sie an dieser Stelle einen Zellbezug auf die Zelle E28 machen, kommt es allerdings zur Fehlermeldung.

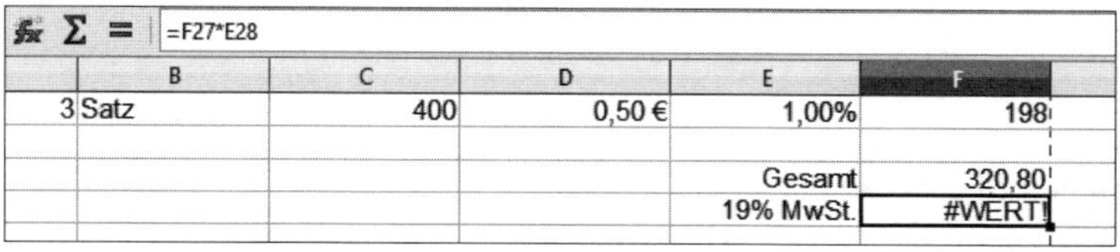

Abb. 3.108: So geht das nicht!

Sie erhalten eine Fehlermeldung, die in Calc durch eine Raute ein- und durch ein Ausrufezeichen ausgeleitet werden. Der Fehler *#Wert*! bedeutet, dass hier versucht wird, mit Buchstaben zu rechnen. Das ist nicht verwunderlich, da in der Zelle E28 ja das Wort *MwSt.* steht.

Gewiss könnte man das Problem umgehen und einfach statt des Zellbezugs *19%* in die Formel schreiben. Allerdings ist das nicht sehr elegant und hat den kleinen Nachteil, dass man im Falle einer Mehrwertsteuererhöhung die Formel ändern müsste. Wenn man dabei nicht alle Zellen genau anschaut, könnte es sein, dass man etwas übersieht und dann falsche Werte erhält.

Einfacher ist es, mit einer weiteren Calc-Funktion zu arbeiten. Diese heißt *LINKS* und ermöglicht es, von links her beginnend den Inhalt einer Zelle auszulesen. Diese Formel enthält zwei Argumente, zum einen den Zellbezug und zum anderen die Angabe, wie viele Zeichen von links her ausgelesen werden sollen.

Abb. 3.109: Die Lösung für die Mehrwertsteuer

Im konkreten Beispiel bedeutet die Formel, dass die ersten zwei Ziffern (also die 19) ausgelesen werden sollen und diese dann anschließend durch 100 geteilt werden, da ja der Prozentsatz ermittelt wird. Das Ergebnis wird noch mit der ermittelten Summe multipliziert.

Zum Schluss ermitteln Sie mithilfe der Summen-Funktion noch den Gesamtbetrag. Dabei ist allerdings zu beachten, dass der erforderliche Bereich bei dieser Konstruktion nicht »eingefangen« wird und Sie selbst Hand anlegen müssen. Zeigen Sie mit dem veränderten Cursor – er hat die Form einer Hand – auf den Bereich und verschieben Sie ihn auf die Zellen F27 und F28.

Abb. 3.110: Den Bereich anpassen

Nach einem Klick auf ÜBERNEHMEN sollte das Ergebnis stimmen.

Formatierungen

Nachdem die grundlegende Berechnung steht, geht es ans Formatieren. Zunächst versehen Sie die Zellen A22 bis F22 mit dem Format FETT.

Dann sollen die Zellen mit Geldbeträgen das Euroformat erhalten. Klicken Sie nacheinander mit gedrückter `Strg`-Taste die Zellen an, denen Sie das Euroformat zuweisen wollen. Auf der Symbolleiste FORMAT finden Sie die Schaltfläche ZAHLENFORMAT: WÄHRUNG. Ein Klick darauf führt zu dem gewünschten Ergebnis.

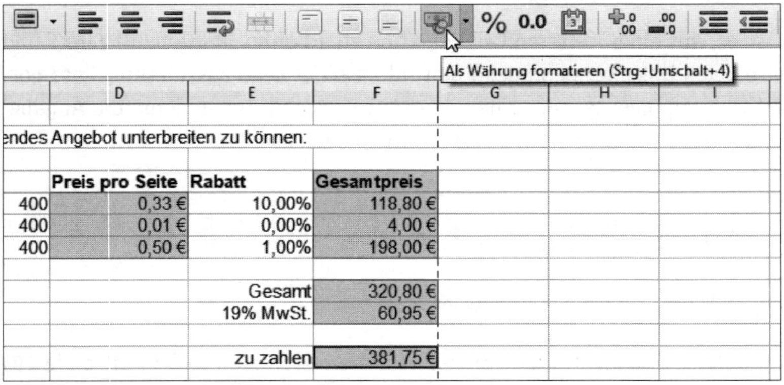

Abb. 3.111: Das Währungsformat zuweisen

Schließlich markieren Sie noch die Zelle F30. Diese soll mit einer Rahmenlinie oben und einer doppelten unten versehen werden.

Die dazu benötigte Schaltfläche finden Sie auf der Registerkarte UMRANDUNG, die Sie im Dialogfenster ZELLEN FORMATIEREN (FORMAT / ZELLEN) finden. Klicken Sie im Vorschaubereich BENUTZERDEFINIERT auf die obere Linie und wählen Sie einen passenden STIL aus. Anschließend markieren Sie die untere Linie und suchen im Listenfeld LINIE eine Doppellinie aus.

Abb. 3.112: Die Zelle mit zwei Linien versehen

Mit OK übernehmen Sie die Einstellungen.

Das Angebot ist nun fertig und kann ausgedruckt werden.

Kapitel 4

Math – der Formelexperte

Mit dem Programmmodul *Math* lassen sich wissenschaftliche Formeln erstellen, bearbeiten und darstellen. Anders als bei Calc geht es hier nicht um das Berechnen dieser Formeln, sondern nur um deren grafische Darstellung.

4.1 Math kennenlernen

Bei Math handelt es sich zwar um ein eigenständiges Programm, doch es ist direkt über Writer, Calc und Impress aufrufbar. Auf diese Weise lassen sich problemlos Formeln in mathematisch-naturwissenschaftliche Texte, Kalkulationen oder Vorträge einbinden.

Math starten

Dementsprechend kann man es auf zweierlei Weise starten: direkt über ein Programmsymbol oder in dem betreffenden Programmmodul.

Wenn Sie das Programm als eigenständige Anwendung starten wollen, klicken Sie im Startcenter auf die Schaltfläche MATH. FORMEL.

Abb. 4.1: Das Programm als separate Anwendung starten

Befinden Sie sich dagegen in einem Programmmodul, beispielsweise in Writer, wird der Formeleditor über EINFÜGEN / OBJEKT / FORMEL gestartet.

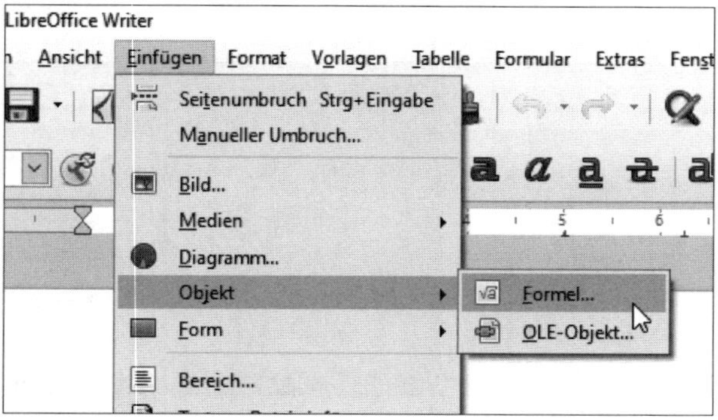

Abb. 4.2: Den Formeleditor von einer Anwendung (hier Writer) aus starten

Aufbau des Programms

Sie erhalten in beiden Fällen ein zweigeteiltes Fenster. Einzig die Bezeichnung in der Titelleiste gibt Ihnen einen Anhaltspunkt, auf welche Weise das Programm aufgerufen wurde.

Haben Sie es als Programm aufgerufen, befindet sich hinter dem Dateinamen die Bezeichnung `LibreOffice Math`. Wurde der Formeleditor aus einem Programmmodul heraus aufgerufen, finden Sie an dieser Stelle den Namen des besagten Moduls, beispielsweise `LibreOffice Writer`.

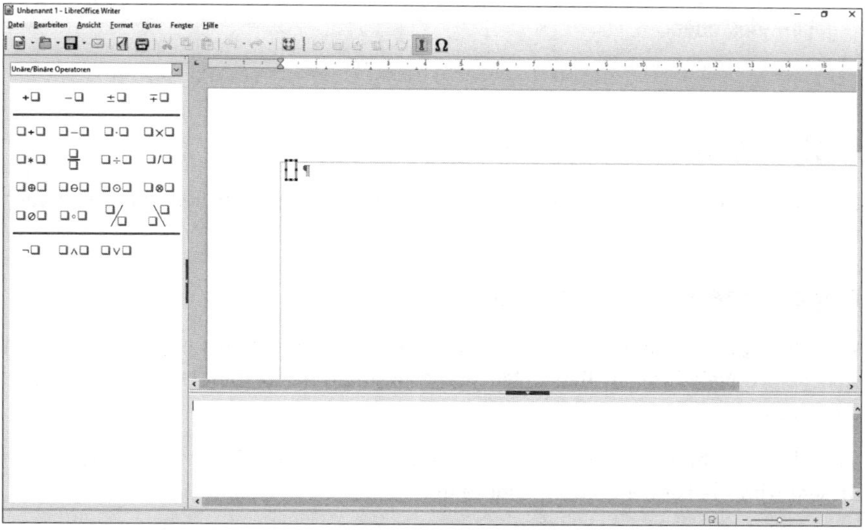

Abb. 4.3: Dieses Fenster wurde von Writer aus geöffnet.

Wenn Sie im letzten Fall die Arbeiten mit dem Formeleditor beenden, befinden Sie sich demzufolge wieder in Writer.

Der Math-Bildschirm weist zwei Besonderheiten auf:

Wie Ihnen sicherlich sogleich auffällt, ist der Bildschirm zweigeteilt: Im oberen Bereich wird die Formel angezeigt, während man im unteren Bereich die betreffende Formel eingeben und bearbeiten kann. Des Weiteren wird auf der linken Seite die SEITENLEISTE eingeblendet, welche Ihnen bei der Formelauswahl hilft. Sollte sie nicht sichtbar sein, können Sie diese über die Befehlsfolge ANSICHT / SEITENLEISTE einblenden.

Dieser Aufbau hat seine Ursache darin, dass man den Formeleditor auf zweierlei Arten bedienen kann:

- Sie können die Formeln bzw. die Formelteile mit der Maus auswählen und zusammenklicken oder
- Sie setzen die Formeln bzw. deren Bestandteile mithilfe bestimmter Textkommandos zusammen.

Hinweis

Im Alltag wird sich sicherlich eine gemischte Arbeitsweise aus Klicken und Eingaben einstellen.

4.2 Formeleingabe

Die Eingabe der Formeln lehnt sich an den naturwissenschaftlichen Sprachgebrauch an.

Allgemeine Vorgehensweise

Wie gesagt, kann man die Formel auf zweierlei Art eingeben. Am einfachsten erklärt sich der Formeleditor an Beispielen. Dabei werden Sie Bestandteile der SEITENLEISTE einsetzen.

Sicherlich ist Ihnen im oberen Teil des Fensters der kleine Rahmen aufgefallen. In diesem wird die Formel grafisch angezeigt.

Im unteren Teil, dem Fenster KOMMANDOS, können Sie nun die Formel eingeben. Klicken Sie hinein und tippen Sie die einfache Formel `1 + 1 =` ein.

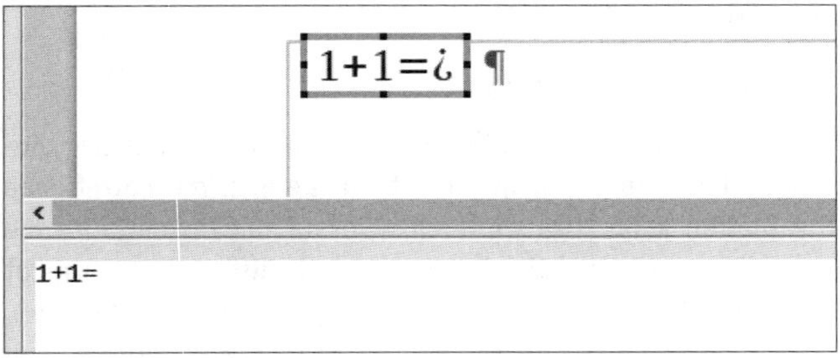

Abb. 4.4: Die erste Formel

Wie Sie sehen, wird diese sofort im oberen Teil grafisch umgesetzt. Da Sie nach dem Gleichheitszeichen noch keinen Wert eingegeben haben, zeigt Math an dieser Stelle ein umgedrehtes Fragezeichen. Sie könnten nun das Ergebnis eingeben oder Sie tun das zu einem späteren Zeitpunkt.

Wenn Sie in das obere Fenster klicken, befinden Sie sich wieder im Writer und die Formel wird Ihnen dem entsprechenden Zustand angezeigt.

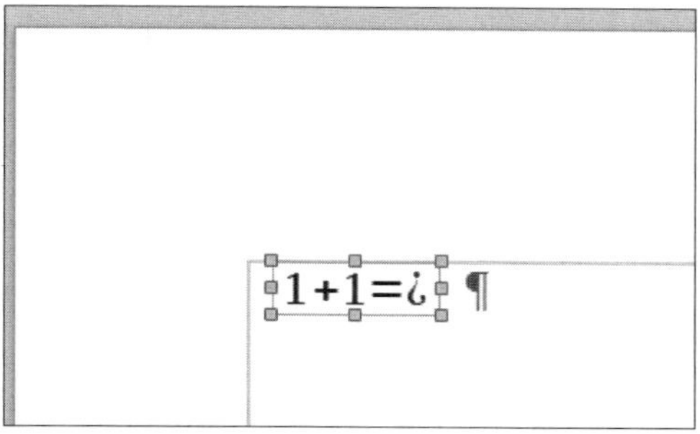

Abb. 4.5: Die Formel in Writer

Zurück zu Math kehren Sie mit einem Doppelklick. Hier könnten Sie im unteren Bereich nun das Ergebnis eingeben.

Werden die Formeln etwas komplexer, werden Sie auf die Vorgaben des Fensters Elemente zurückgreifen. Die Arbeitsweise lässt sich beispielsweise an einem einfachen Bruch demonstrieren.

Klicken Sie in der Seitenleiste auf die Schaltfläche mit dem Bruch.

Hinweis

Die Seitenleiste ist ebenfalls zweigeteilt. Im oberen Bereich finden Sie die Kategorien. Wenn Sie diese anklicken, werden im unteren Teil die zugehörigen Funktionen angezeigt.

Ein Bruch wird im oberen Teil mit zwei leeren Kästchen dargestellt. Im unteren Teil finden Sie den Eintrag: `<?> over <?>`. Dabei handelt es sich um ein Schlüsselwort, das den Bruch repräsentiert.

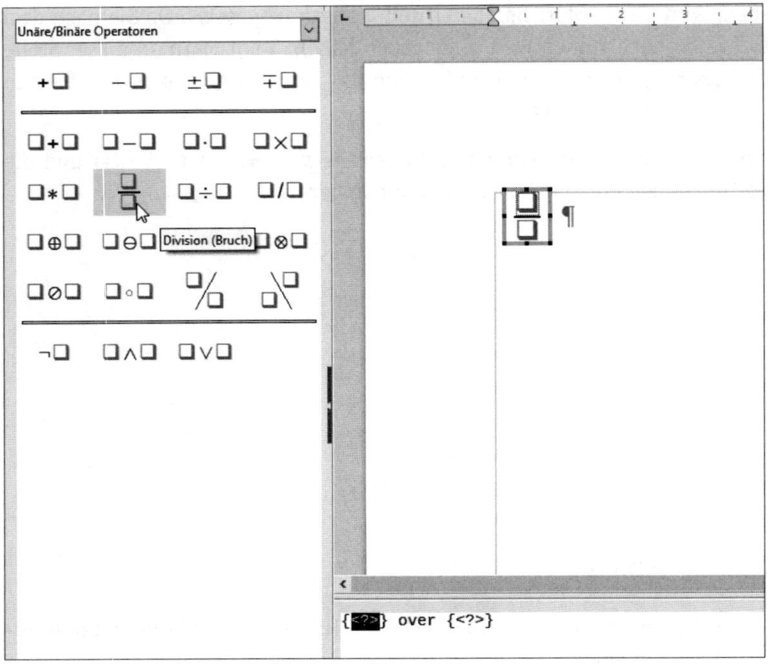

Abb. 4.6: Einen Bruch eingeben

Wie Sie sehen, befinden sich um die spitze Klammern mit dem Fragezeichen geschweifte Klammern. Diese haben verbindende Funktionen, da sie um einen logisch zusammengehörigen Teil gesetzt werden müssen.

Überschreiben Sie nun im unteren Teil das erste markierte Fragezeichen (<?>) über die Tastatur mit einer 1. Das ist der Zähler.

Für den Nenner markieren Sie dann das verbliebene Fragezeichen in den spitzen Klammern (<?>). Klicken Sie dazu einfach auf das kleine Quadrat.

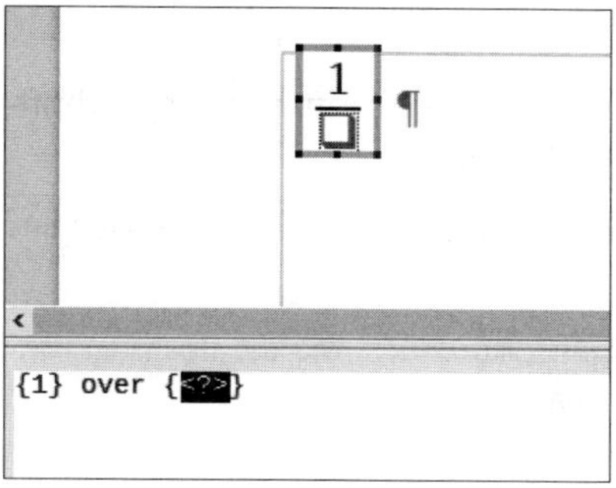

Abb. 4.7: Der Bruch ist fertig.

Geben Sie nun noch eine 2 ein und augenblicklich wird der Bruch dargestellt.

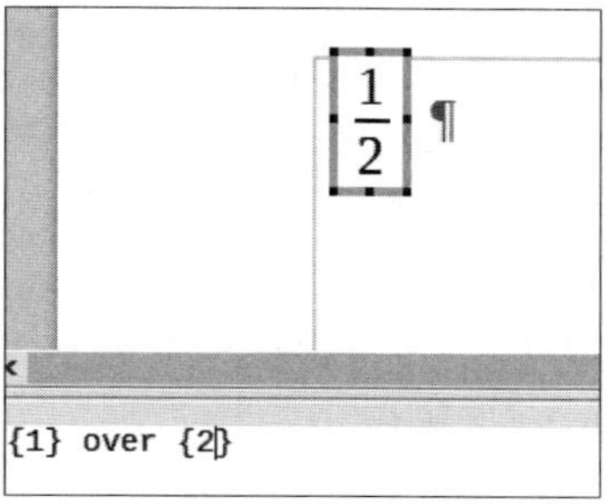

Abb. 4.8: Der fertige Bruch

Formeln anpassen oder ändern

Möchten Sie die Formel verändern, genügt ein einfacher Klick auf die Formel und Sie können sie verschieben oder löschen (nach Drücken von [Entf]).

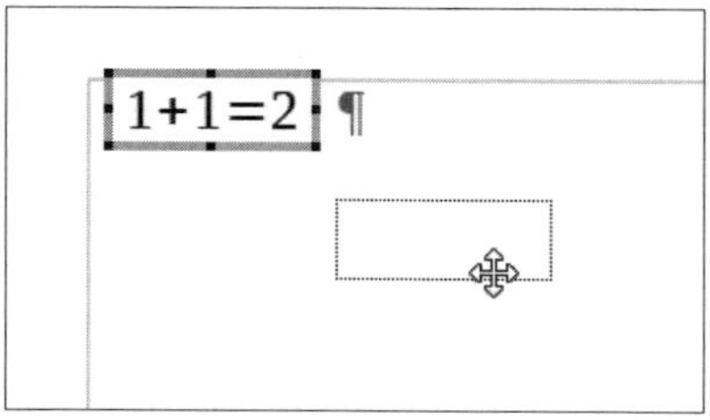

Abb. 4.9: Eine Formel verschieben

Formeln formatieren

Grundsätzlich benutzt Math verschiedene voreingestellte Schriftarten bzw. Schriftschnitte, um die Formeln bzw. deren Teile darzustellen.

Möchten Sie die Schriftart einer Formel ändern, markieren Sie den Formelrahmen und rufen die Befehlsfolge FORMAT / SCHRIFTARTEN auf.

Im folgenden Dialogfenster können Sie die FORMELSCHRIFTARTEN sowie die BENUTZERSCHRIFTARTEN nach Anklicken der Schaltfläche ÄNDERN anpassen.

Abb. 4.10: Die Schriftart anpassen

Gleiches gilt für die Schriftgröße nach Aufruf der Befehlsfolge FORMAT / SCHRIFTGRÖSSEN. Hier haben Sie die Möglichkeit, die BASISGRÖSSE und davon abhängig die Größe bestimmter Formelteile festzulegen. So sind etwa INDIZES auf 60 % der Basisgröße reduziert.

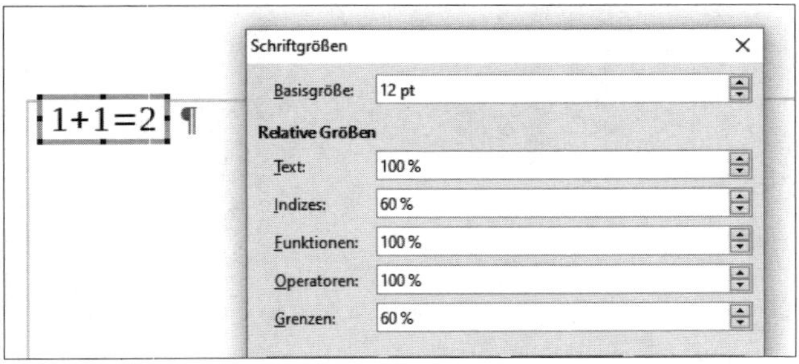

Abb. 4.11: Die Schriftgrößen festlegen

Eingabe verschiedener Formeln

Das Eingeben von Formeln erfordert ein bisschen Übung und manchmal auch Geduld. Gerade wenn Sie etwas komplexeren Formeln mithilfe der SEITENLEISTE eingeben, werden Sie bei Beachtung einer gewissen Reihenfolge nicht den gewünschten Erfolg erzielen. Dieses Problem kann man umgehen, wenn man von vornherein die Textkommandos benutzt. An dieser Stelle sei allerdings nicht verschwiegen, dass Math einen recht großen Umfang an Schlüsselwörtern besitzt und es eine Weile dauert, bis man sich damit vertraut gemacht hat.

Tipp

Weiterführende Informationen zu allen Kommandos finden Sie in der LibreOffice-Hilfe.

Im Folgenden finden Sie Beispiele für häufig gebrauchte Formeln.

Hinweis

Diese Beispiele können nicht alle Eventualitäten abdecken und können nur die allgemeine Arbeitsweise aufzeigen. Mit ein bisschen Übung und der exzellenten Hilfe sollten Sie aber in der Lage sein, in absehbarer Zeit zu einer brauchbaren Lösung zu kommen.

Unäre/Binäre Operatoren

Als *unär* werden Operatoren bezeichnet, die auf einen Platzhalter wirken, *binär* dagegen solche genannt, die zwei Platzhalter zueinander in Beziehung setzen. Alle nicht in der Seitenleiste zu findenden Operatoren müssen Sie direkt in das Fenster KOMMANDOS eingeben.

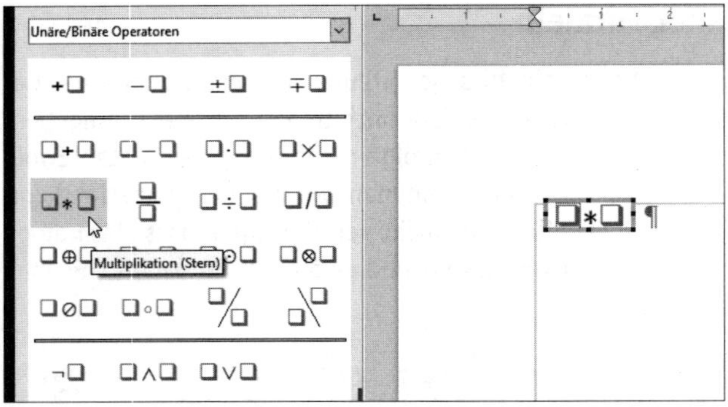

Abb. 4.12: Unäre/Binäre Operatoren

Relationen

Über den Bereich RELATIONEN können Sie entsprechende Beziehungen, die zwischen Dingen bestehen, erstellen.

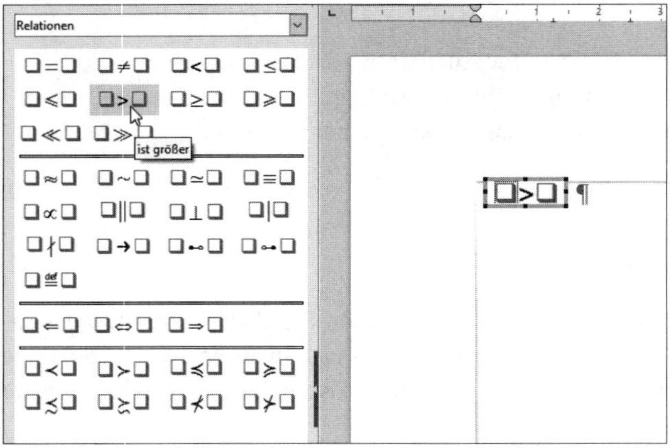

Abb. 4.13: RELATIONEN

Mengenoperatoren

Die Menge ist eines der wichtigsten und grundlegenden Konzepte der Mathematik, mit ihrer Betrachtung beschäftigt sich die Mengenlehre. Eine Menge ist ein Verbund, eine Zusammenfassung von einzelnen Elementen. Um diese darzustellen, greifen Sie auf den Listeneintrag MENGENOPERATIONEN zu.

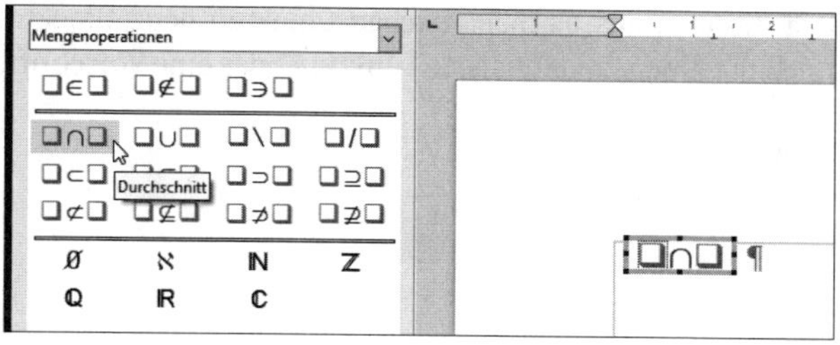

Abb. 4.14: Mengenoperatoren

Funktionen

Funktionen, also eine Beziehung zwischen zwei Mengen, die jedem Element der einen Menge (Funktionsargument) genau ein Element der anderen Menge (Funktionswert) zuordnet, können Sie über die Symbole des Eintrags Funktionen darstellen.

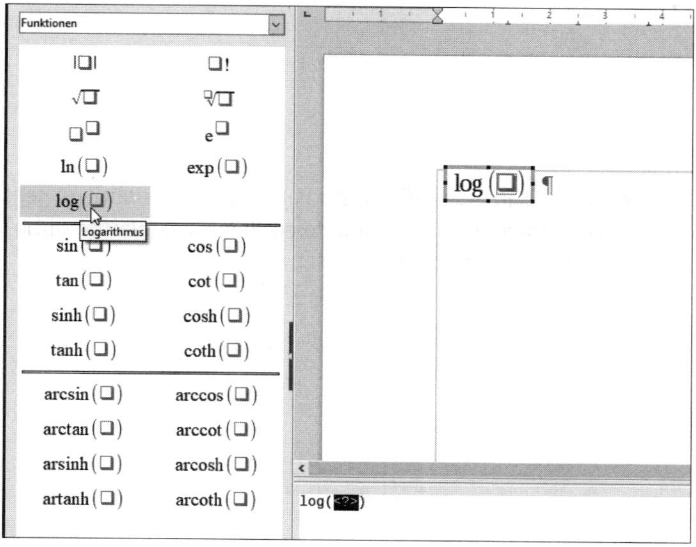

Abb. 4.15: Funktionen

Operatoren

Eine große Auswahl an *Operatoren* finden Sie unter dem entsprechenden Listenfeldeintrag. Anwendung finden die Operatoren bei Rechenoperationen, also bei manuellen oder bei maschinellen Berechnungen. Mithilfe dieser können Sie mathematische

Vorschriften darstellen, durch die man aus mathematischen Objekten neue Objekte bilden kann. Dabei kann es sich um eine standardisierte Funktion oder eine Vorschrift über Funktionen handeln.

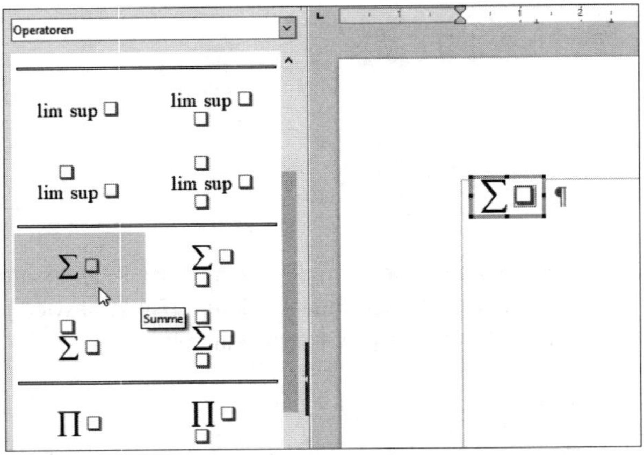

Abb. 4.16: Operatoren

Attribute

In diesem Bereich finden Sie alle in LibreOffice Math verfügbaren Attributierungen. Neben den entsprechenden Zeichen finden Sie im unteren Bereich zahlreiche Optionen für eine grafische Darstellung der Zeichen.

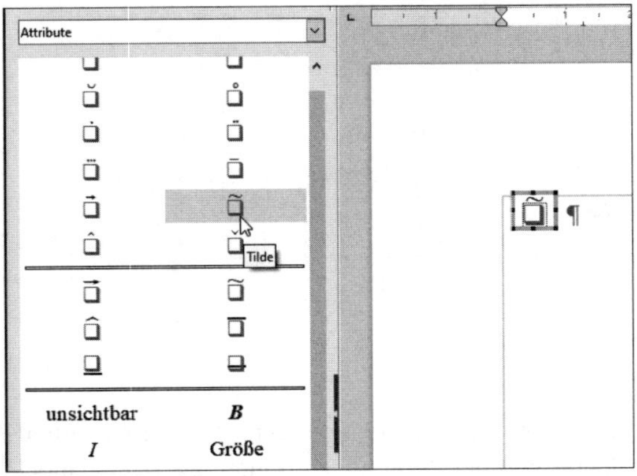

Abb. 4.17: Attribute

Klammern

Alle möglichen Darstellungsformen von Klammerungen finden Sie in diesem Bereich.

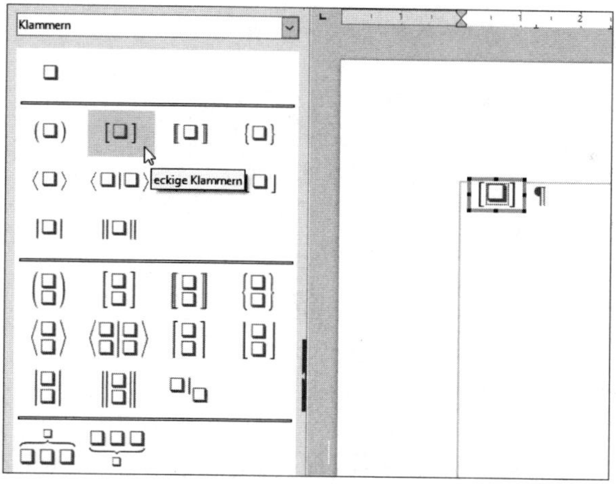

Abb. 4.18: Klammern

Formatierungen

Unter Formatierungen finden Sie viele Optionen, die Ihnen dabei helfen, die Zeichen einer Math-Formel optimal auszurichten.

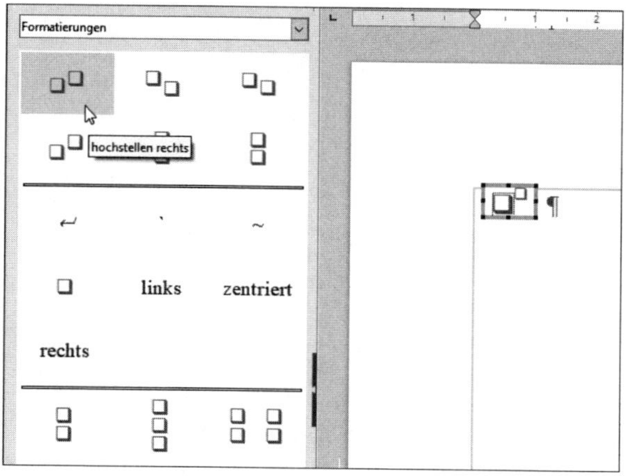

Abb. 4.19: Formatierungen

Symbole

Neben der Eingabe von Formeln können Sie auch verschiedene Symbole einfügen. Um beispielsweise ein Symbol für Unendlich einzufügen, klicken Sie auf die entsprechende Schaltfläche.

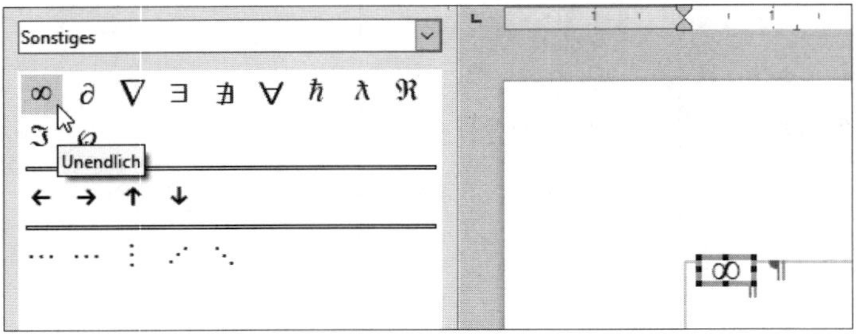

Abb. 4.20: Ein Symbol eingeben

> **Tipp**
>
> Als letzten Menüpunkt finden Sie in der Liste noch den Eintrag BEISPIELE. Hier finden Sie Muster, wie komplexere Formeln aussehen können.

Kapitel 5

Impress – der Präsentator

Wenn es um das Halten eines Vortrags vor einem größeren Publikum geht, kommt *Impress* ins Spiel. Während man früher handgeschriebene Folien mittels eines Overhead-Projektors an die Wand warf, übernimmt heute der Computer im Zusammenspiel mit einem Beamer diesen Part. Mithilfe des Präsentationsprogramms Impress erstellen Sie schnell professionell gestaltete Folien für Vorträge, Referate oder Sitzungen. Dabei haben Sie grundsätzlich die Wahl, die Folien auszudrucken und auf einem Overheadprojektor zu zeigen oder über ein Notebook und einen angeschlossenen Projektor als Bildschirmpräsentation vorzuführen.

5.1 Impress kennenlernen

Starten Sie das Programm im STARTCENTER durch Klick auf die Schaltfläche IMPRESS PRÄSENTATION.

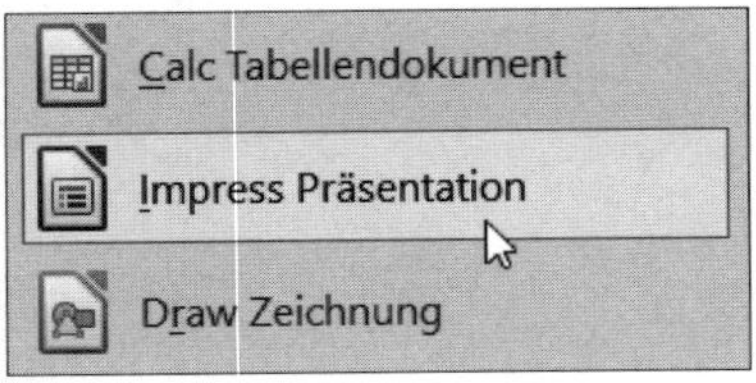

Abb. 5.1: Das Programm starten

Der Startvorgang von Impress gestaltet sich ein wenig anders als bei den anderen Modulen: Sie werden gleich von dem Dialogfenster VORLAGEN begrüßt.

Vorlagen

Zunächst müssen Sie entscheiden, welche Art von Präsentation Sie erstellen wollen und welches grundlegende Aussehen diese haben soll.

Hinweis

Wenn Sie zu einem späteren Zeitpunkt der »Umweg« über dieses Fenster stört, können Sie es mithilfe des Kontrollkästchens DIESEN DIALOG BEIM PROGRAMMSTART ANZEIGEN deaktivieren.

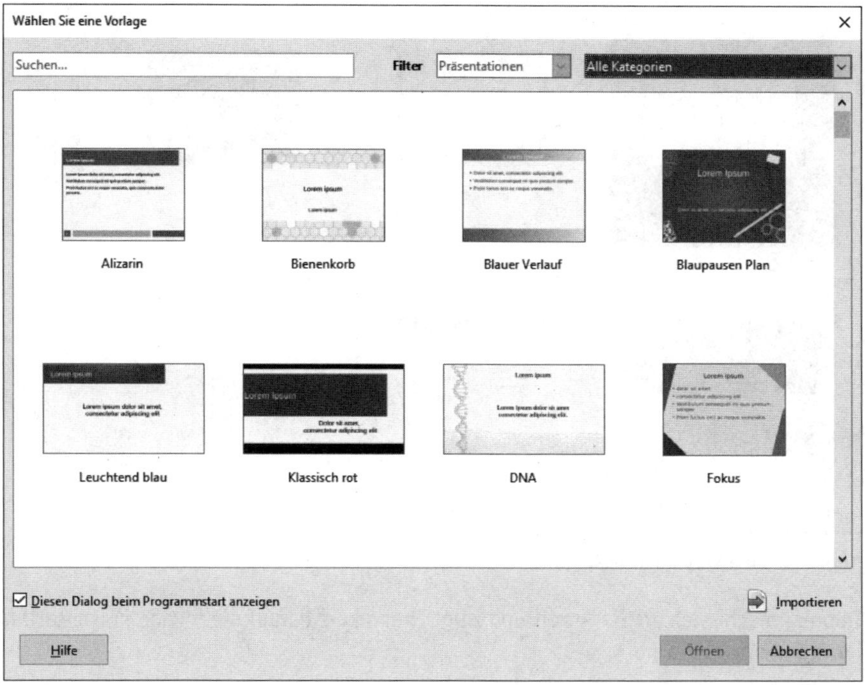

Abb. 5.2: Wählen Sie eine Vorlage.

Um sich mit der grundlegenden Arbeitsweise des Programms vertraut zu machen, wählen Sie an dieser Stelle einmal eine Vorlage aus. Damit erstellen Sie eine »Präsentation von der Stange«, die Sie aber später problemlos an Ihre Bedürfnisse anpassen können. Für unser Beispiel wurde die Vorlage Impressionen ausgewählt.

Haben Sie das getan, bestätigen Sie Ihre Wahl mit einem Klick auf die Schaltfläche Öffnen.

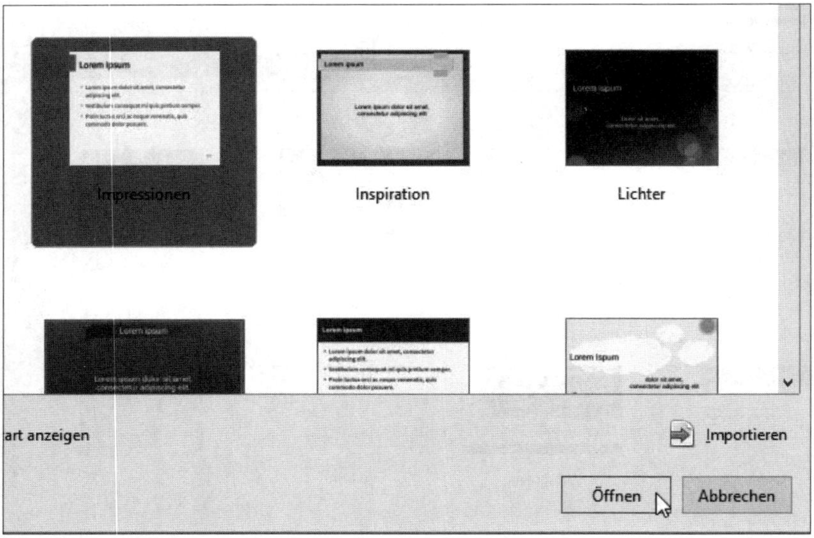

Abb. 5.3: Eine Vorlage auswählen

Impress macht sich an die Arbeit und zeigt Ihnen kurz darauf die fertige Präsentation im Programmfenster.

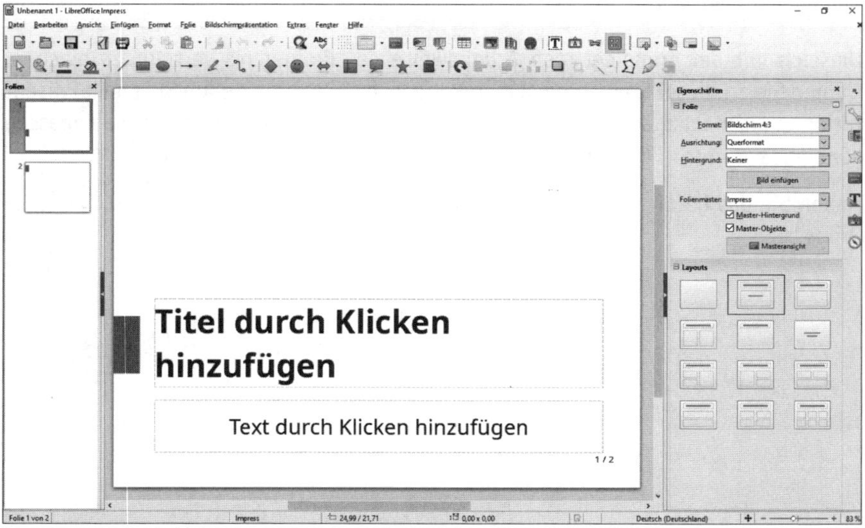

Abb. 5.4: Der erste Schritt ist getan!

Hier finden Sie bereits zwei fertig formatierte Folien vor, die Sie im Prinzip nur noch mit Text versehen müssen. Bei den beiden Folien, die Sie auf der linken Seite im Bereich FOLIEN angezeigt bekommen, handelt es sich um eine TITELFOLIE und eine Folie vom Layouttyp TITEL, INHALT. Diese enthalten jeweils zwei Platzhalter, die gegenwärtig mit Vorgabetexten bestückt sind, die Sie zur Eingabe animieren sollen.

Hinweis

Einzelheiten zu den einzelnen Folienlayouts nebst der Bedeutung der Platzhalter finden Sie weiter unten.

Speichern Sie diese erst einmal, beispielsweise als Impressionen, wie gewohnt ab.

Betrachten Sie noch kurz den Bildschirm. Unterhalb der Titelleiste und der Menüleiste fallen die für LibreOffice typischen Symbolleisten auf. Zunächst findet sich dort die übliche Symbolleiste STANDARD mit den am häufigsten benutzten Befehlen. Darunter finden Sie die Symbolleiste ZEICHNEN. Sie enthält alle Werkzeuge (Linien, Rechteck, Kreis, Formen usw.), die für das Ausgestalten der Folien benötigt werden. Auf der linken Seite sehen Sie zudem das Fenster FOLIEN. Dieses benötigen Sie nur, wenn Sie sich rasch zwischen den einzelnen Folien bewegen wollen. Den Abschluss des Fensters bildet die Statusleiste.

Ansichtssachen

Nachdem Sie die vorherigen Schritte ausgeführt haben, befinden Sie sich im Arbeitsbildschirm, in dem bereits Ihre neue Präsentation angelegt ist. Gewiss ist es hilfreich, sich zunächst mit den verschiedenen Bestandteilen des Programms vertraut zu machen.

Die einzelnen Ansichten finden Sie im Menü ANSICHT.

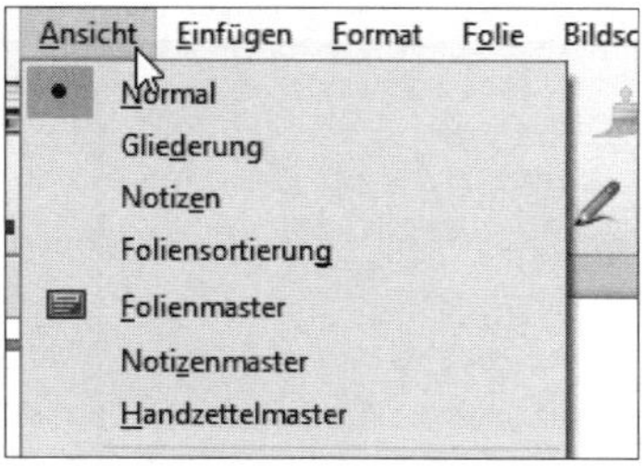

Abb. 5.5: Die Ansichten von Impress

Normal

Die aktuelle Ansicht ist die Ansicht NORMAL, die in drei Bereiche geteilt ist: Auf der linken Seite werden alle Folien aufgelistet. Der große Bereich in der Mitte stellt die aktuelle Folie dar, rechts daneben befindet sich die übliche Seitenleiste mit verschiedenen Unterbereichen.

Sie können die Größe der Bereiche anpassen, indem Sie auf die jeweilige Trennlinie klicken, die Maustaste gedrückt halten und die Trennlinie dann verschieben.

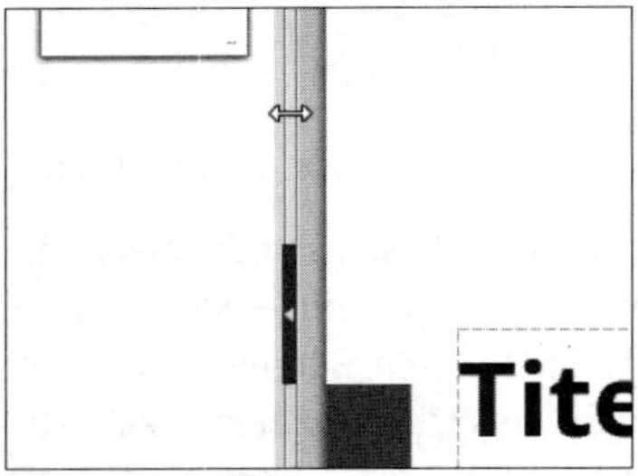

Abb. 5.6: Die Bereiche kann man im Bedarfsfall anpassen.

Klicken Sie auf den Pfeil in dem dunklen Rechteck, wird der Bereich ausgeblendet und kann mit einem erneuten Klick wieder sichtbar gemacht werden.

Gliederung

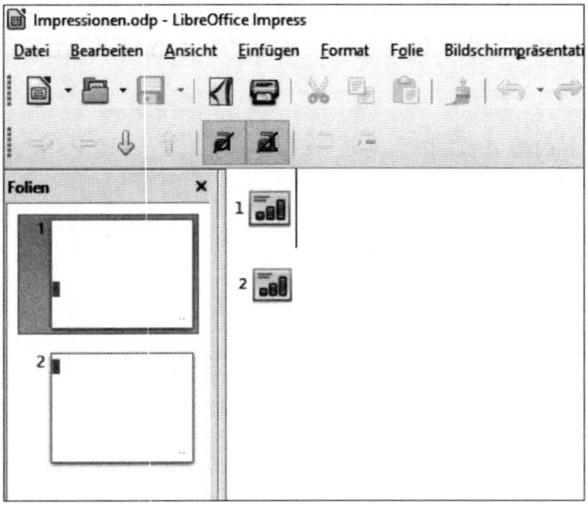

Abb. 5.7: Die Ansicht GLIEDERUNG

Entscheiden Sie sich für die Ansicht GLIEDERUNG werden Ihnen lediglich die Inhalte – sofern schon vorhanden – der einzelnen Folien gegliedert angezeigt. Steht ein Vortrag in den Grundzügen, ist die Eingabe der Punkte in dieser Ansicht am schnellsten erledigt.

Notizen

Über die dritte Ansicht NOTIZEN gelangen Sie in den Bereich, der für Sie als Vortragenden gedacht ist. Hier können Sie Bemerkungen niederlegen, die Sie während des Vortrags machen wollen.

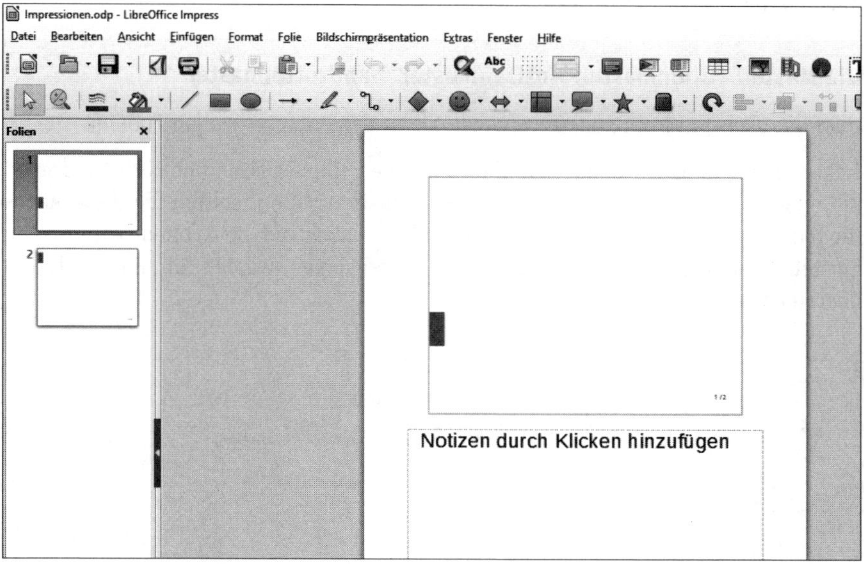

Abb. 5.8: Die Ansicht NOTIZEN

Foliensortierung

Die vierte Schaltfläche führt zur Ansicht FOLIENSORTIERUNG. In dieser sehen Sie alle vorhandenen Folien wie Dias auf einem Leuchttisch und können diese in eine gewünschte Reihenfolge bringen.

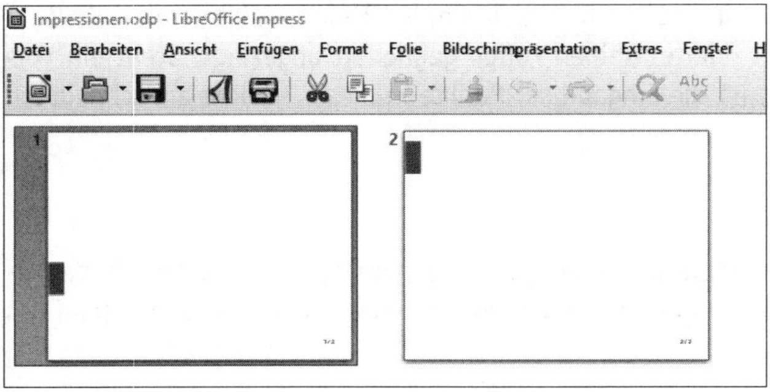

Abb. 5.9: Die Ansicht Foliensortierung

Die Master: Folienmaster, Notizenmaster, Handzettelmaster

Über die nächsten Menüpunkte gelangen Sie in den entsprechenden Folienmaster.

Immer, wenn es darum geht, dass alle Ihre Folien, Ihre Notizen und Ihre Handzettel dieselben Schriftarten und Bilder (Logos) enthalten sollen, sollten Sie diese Änderungen an einem zentralen Ort vornehmen – nämlich auf den Folienmastern. Alle Einstellungen und Gestaltungen, die Sie hier vornehmen, werden für alle Ihre Folien übernommen.

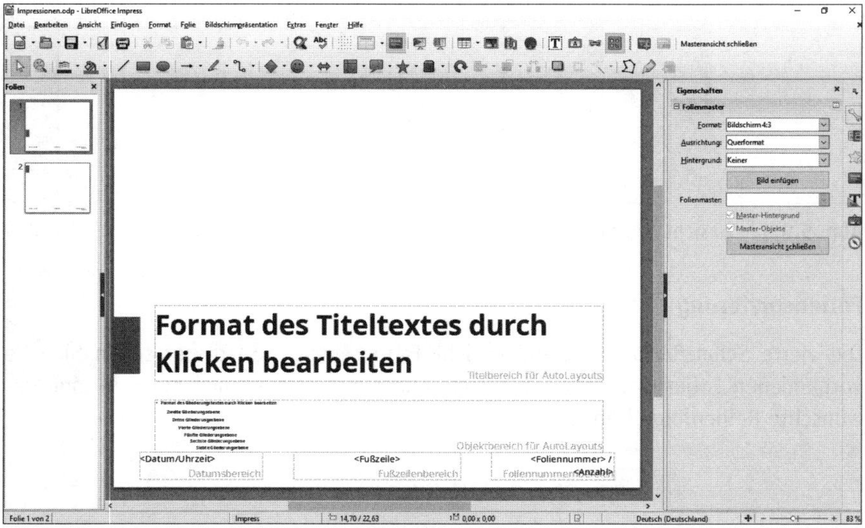

Abb. 5.10: Der Folienmaster

5.2 Handhabung von Texten

Auch wenn man oft hört, dass ein Bild mehr als tausend Worte sagt, ist es doch eher in unser bilderüberfluteten Zeit der gut durchdachte Text, der die Botschaft rüberbringt. Allerdings gilt es beim Erstellen von Folieninhalten darauf zu achten, dass man kurze, präzise Sätze verwendet und die Texte mithilfe von Auflistungen und Aufzählungen logisch gliedert.

In der Regel ist die Position des Textes durch die bereits schon erwähnten Platzhalter vorbestimmt. Das ist aus gestalterischen Gründen auch sehr sinnvoll, da Ihre Präsentation auf diese Weise ein einheitliches Gesamtbild erhält. Dennoch kann es notwendig sein, Text außerhalb dieser vorgegebenen Platzhalter zu positionieren. Dazu benötigen Sie dann ein *Textfeld*.

Die von LibreOffice bereitgestellten Entwurfsvorlagen enthalten sorgfältig aufeinander abgestimmte Farben, Grafiken und Schriften. Falls Sie Änderungen vornehmen wollen, prüfen Sie unbedingt, ob dieses Zusammenspiel optimal gewahrt bleibt.

Platzhalter

Wie Sie bereits gesehen haben, werden Texte innerhalb von Impress in einem Platzhalter dargestellt. Möchten Sie einen Text in einen Platzhalter eingeben, muss dieser zunächst aktiviert werden.

Platzieren Sie dazu den Cursor innerhalb des Platzhalterrahmens und klicken Sie einmal.

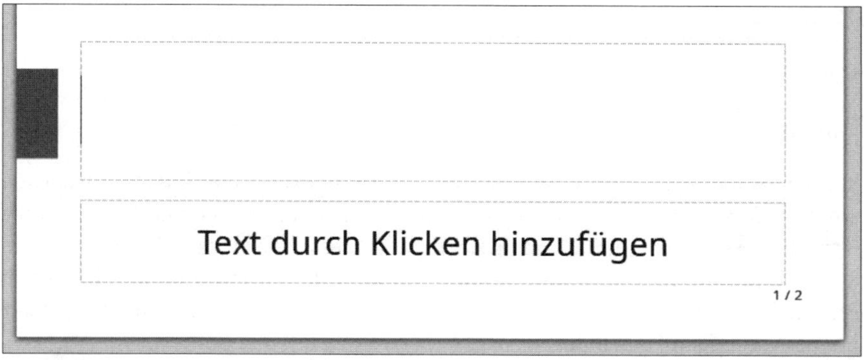

Abb. 5.11: Platzhalter vor und nach dem Aktivieren

Der Cursor wird platziert und Sie können mit der Texteingabe beginnen.

Abb. 5.12: Der erste Text

In den nächsten Platzhalter gelangen Sie durch einen Mausklick in denselben oder Sie drücken einfach [⇧] + [↵]. Anschließend geben Sie wieder den Text ein.

Eine weitere Möglichkeit, Text einzugeben, besteht in der Gliederungsansicht. Aktivieren Sie diese einmal über den entsprechenden Menüpunkt, um den Unterschied zu sehen.

Abb. 5.13: Zur Gliederung wechseln

Hier sehen Sie die bereits vorgenommenen Eingaben auf der Folie 1.

Klicken Sie hinter das zweite Foliensymbol und beginnen Sie gleich mit der nächsten Eingabe. Wie Sie sehen, erscheint diese auch gleich auf dem Folientitel. Wenn Sie jetzt die [↵]-Taste drücken würden, würde Impress eine neue Folie anlegen. Im Regelfall werden Sie jedoch weiteren Text auf die Folie eingeben wollen. In diesem Fall drücken Sie die [↹]-Taste. Sie sehen, Impress rückt den Text ein und gliedert ihn der vorherigen Folie unter.

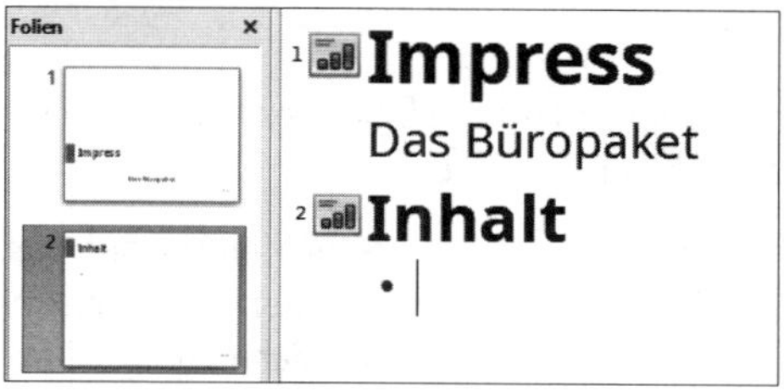

Abb. 5.14: Eingabe in der Gliederungsansicht

Geben Sie nun den ersten Punkt ein. Dann drücken Sie abermals die [↵]-Taste, um den nächsten Aufzählungspunkt zu erhalten.

Tipp

Wenn Sie die [⇆]-Taste mehrmals drücken, erkennen Sie, dass insgesamt neun Abstufungen möglich sind. Wirklich sinnvoll sind solche tiefen Einrückungen aber nicht. Wenn es geht, sollten Sie sich auf zwei, maximal drei Einrückungsebenen beschränken.

Fahren Sie auf diese Art und Weise fort, bis Sie alle Aufzählungspunkte erfasst haben. Zum Schluss drücken Sie die Tastenkombination [⇧] + [⇆], um wieder auszurücken.

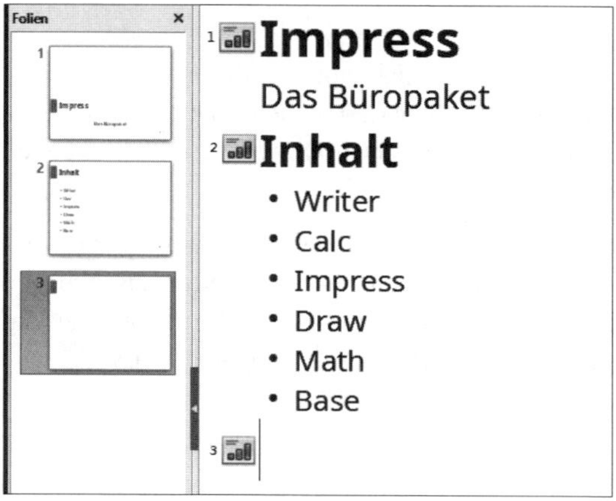

Abb. 5.15: Und wieder ausrücken!

Dadurch erhalten Sie eine weitere, neue Folie.

Texte bearbeiten

Für das Bearbeiten der Texte gelten keine Besonderheiten. Wegen der Nähe zur Textverarbeitung Writer gelten hier die gleichen Arbeitsschritte.

Der grundsätzliche Ablauf des Kopierens bzw. Verschiebens besteht immer aus vier Schritten: Markieren Sie den Text, den Sie kopieren möchten. Wählen Sie Bearbeiten / Kopieren bzw. Bearbeiten / Ausschneiden, klicken Sie auf die Schaltfläche Kopieren bzw. Ausschneiden oder verwenden Sie die Tastenkombination [Strg] + [C] bzw. [Strg] + [X]. Positionieren Sie den Cursor auf der Position, an der die Kopie eingefügt werden soll. Wählen Sie dann den Menübefehl Bearbeiten / Einfügen, die Schaltfläche Einfügen oder die Tastenkombination [Strg] + [V].

Möchten Sie Text nur löschen, geht das noch einfacher: Markieren Sie den Text oder das Objekt und drücken Sie die Taste [Entf].

Das Markieren von Text in Impress ist am einfachsten in der Gliederungsansicht zu realisieren: Mit einem Doppelklick markieren Sie ein Wort, ansonsten klicken Sie jeweils vor den entsprechenden Bereich, um beispielsweise einen Gliederungspunkt oder eine ganze Folie zu markieren.

Dann können Sie den Befehl Kopieren ausführen, den Cursor in der Gliederungsansicht an der neuen Stelle positionieren und den Befehl Einfügen ausführen.

Sollen die Textteile in einer anderen Präsentation erscheinen, öffnen Sie diese Präsentation, positionieren den Cursor an der gewünschten Stelle und führen den Befehl Einfügen aus.

Das Verschieben von Gliederungspunkten lässt sich noch einfacher durchführen. Nachdem Sie den betreffenden Teil des Textes markiert haben, ziehen Sie ihn anschließend an die Stelle, an der Sie ihn platzieren möchten.Auf diese Weise können Sie den Text auch auf eine andere Folie verschieben.

Das Löschen von markiertem Text nehmen Sie einfach mit der Taste [Entf] vor. Möchten Sie einen Schritt (oder mehrere) rückgängig machen, gelten die gleichen Regeln wie bei Writer und Co.: Sie klicken auf die entsprechende Schaltfläche in der Symbolleiste oder Sie verwenden die Tastenkombination [Strg] + [Z] bzw. [Strg] + [Y].

Formatierung

Die von LibreOffice bereitgestellten Vorlagenfolien enthalten sorgfältig aufeinander abgestimmte Farben, Grafiken und Schriften. Falls Sie Änderungen vornehmen wollen, prüfen Sie unbedingt, ob dieses Zusammenspiel optimal gewahrt bleibt.

Ab und an können Anpassungen nötig sein und Sie möchten die Schriftgröße und den Schrifttyp ändern. Wie bei Writer wird hier zwischen Zeichenformatierung (*Zeichen*) und Absatzformatierung (*Absatz*) unterschieden. Dementsprechend können Sie die Formatierungen in der Seitenleiste in den Bereichen ZEICHEN und ABSATZ vornehmen.

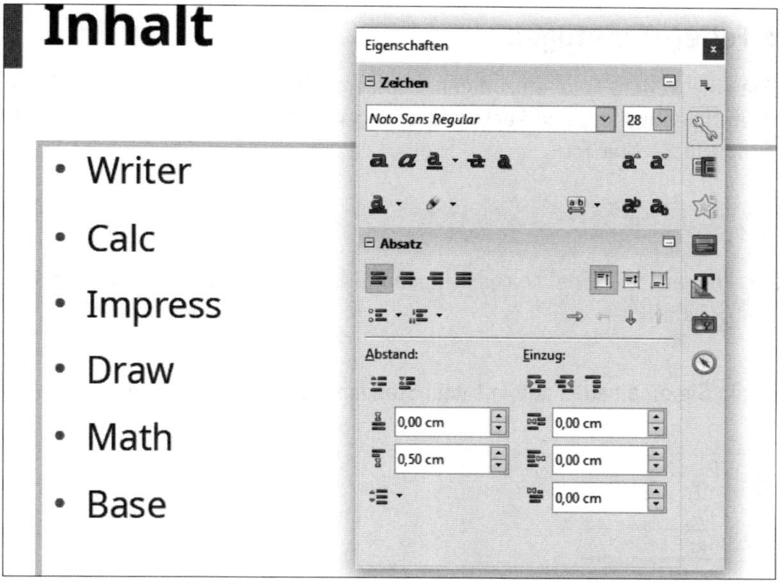

Abb. 5.16: Formatierung wie im Writer über die SEITENLEISTE (hier abgedockt)

Möchten Sie einzelne Zeichen formatieren, markieren Sie die betreffende Stelle und wählen dann im Listenfeld SCHRIFTART die von Ihnen gewünschte Schrift aus. Soll der gesamte Platzhalter mit diesem Format versehen werden, dann klicken Sie – wenn der Verschiebepfeil erscheint – auf den Rand des Platzhalters.

Abb. 5.17: Die Formatierung wirkt jetzt auf den gesamten Platzhalter.

Die gleiche Arbeitsweise gilt auch für die Absatzformate.

5.3 Arbeiten mit Folien

Entscheiden Sie sich beim Erstellen einer neuen Präsentation für die Option einer Vorlage, enthält diese beim Starten zunächst nur zwei Folien, nämlich die Titelfolie und eine weitere Standardfolie.

Weitere Folie(n) einfügen

Möchten Sie eine weitere Folie einzufügen, markieren Sie die Folie, hinter die Sie die neue Folie einfügen wollen, und klicken in der Symbolleiste Standard auf den Listenpfeil der Schaltfläche Neue Folie.

Tipp

Schneller können Sie eine solche Standardfolie mit der Tastenkombination [Strg] + [M] einfügen.

Dadurch fügen Sie eine neue Folie mit dem Standardlayout Titel, Inhalt ein.

Abb. 5.18: Eine Standardfolie wurde eingefügt

Zur vorherigen Folie gelangen Sie durch einfaches Anklicken der gewünschten Folie in der Ansicht Folien.

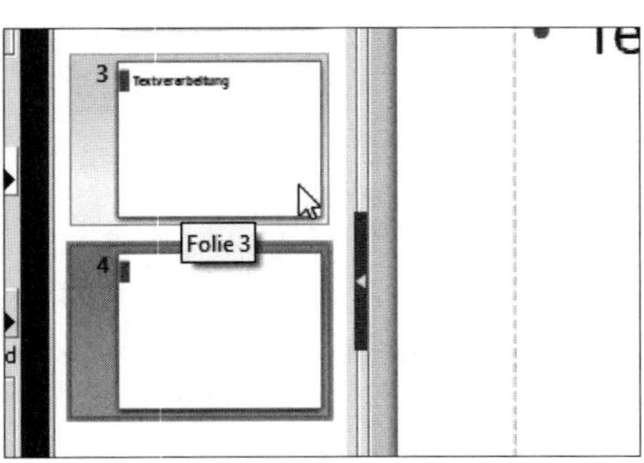

Abb. 5.19: Direktanwahl einer Folie

Folienlayout

Wie Sie eben erfahren haben, wird beim Klicken auf die Schaltfläche NEUE FOLIE standardmäßig das Folienlayout TITEL, INHALT verwendet. Das kann jedoch problemlos nachträglich geändert werden.

In diesem Fall klicken Sie auf den Listenpfeil der Schaltfläche FOLIENLAYOUT. Sie erhalten eine Liste mit unterschiedlichen Folienaufbauten.

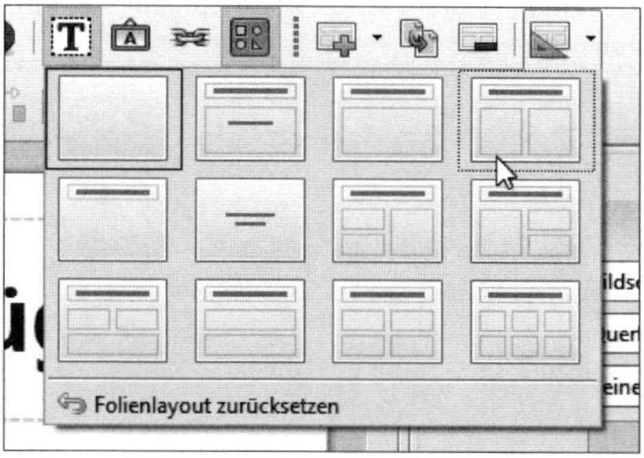

Abb. 5.20: Folie mit einem anderen Layout wählen

Durch einfaches Anklicken wählen Sie in der Auswahlliste das gewünschte Layout, beispielsweise TITEL UND 2 INHALTE. Die markierte Folie nimmt sofort das gewählte Layout an.

Tipp

Sie können natürlich auch gleich beim Einfügen einer neuen Folie das Layout wählen. Im Listenpfeil der Schaltfläche NEUE FOLIE finden Sie die gleichen Symbole.

Masterseiten

Standardmäßig verwendet Impress das Design TITEL, INHALT als Vorlage, welches vielleicht nicht immer für den vorgesehenen Zweck passt. Sie können einer Präsentation jederzeit eine verfügbare Masterseite, so nennt man diese Designs auch, zuweisen.

Ein Master ermöglicht es Ihnen zum einen, die Präsentation mit verschiedenen Farben, Formen und Hintergründen zu versehen. Zum anderen können Sie damit den Folien zu einem einheitlichen Aussehen verhelfen.

Klicken Sie in der Seitenleiste auf den Eintrag FOLIENMASTER. Wie Sie sehen, ist dieser ist dreigeteilt und enthält die Bereiche IN DIESER PRÄSENTATION VERWENDEN, ZULETZT VERWENDET und ZUR VERWENDUNG VORHANDEN.

In der letzten Kategorie finden Sie alle mitgelieferten fix und fertigen Vorlagen. Wenn Sie auf eine dieser Vorlagen mit der Maus klicken, wird die entsprechende Vorlage sofort auf die markierte Folie angewendet.

Abb. 5.21: Rasch das Design ändern

Möchten Sie das Design für alle Folien verwenden, klicken Sie mit der rechten Maustaste auf das gewünschte Design. Im Kontextmenü wählen Sie den Eintrag FÜR ALLE FOLIEN ÜBERNEHMEN.

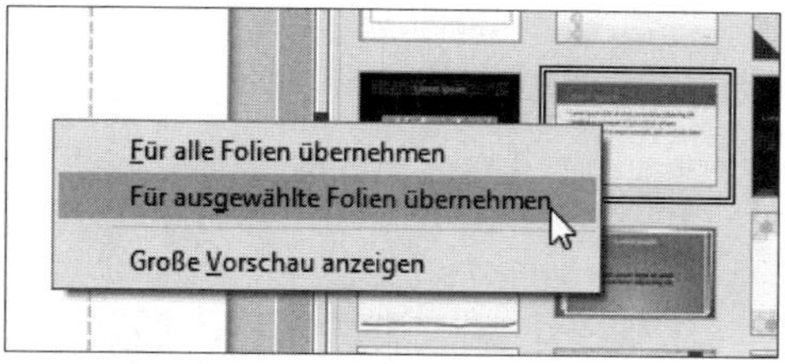

Abb. 5.22: Das gewählte Design übernehmen

Hintergrundfarbe ändern

Unabhängig vom verwendeten Design können Sie einer oder mehreren Folien eine Hintergrundfarbe zuweisen.

Dazu klicken Sie mit der rechten Maus auf die Folie und wählen im Kontextmenü den Eintrag EINSTELLUNGEN.

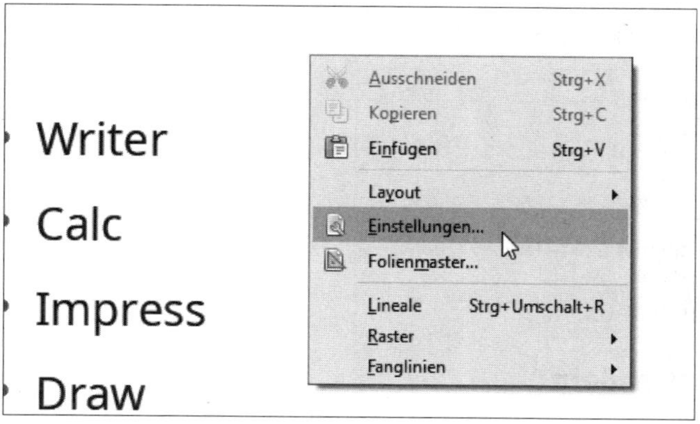

Abb. 5.23: Die Einstellungen einer Seite aufrufen

Im folgenden Dialogfenster klicken Sie auf die Registerkarte HINTERGRUND und dort auf den Listenpfeil FARBVERLAUF. Dieser Bereich enthält die einige Optionen, die für eine farbliche Gestaltung möglich sind. Entscheiden Sie sich für eine, indem Sie auf diese klicken. Über die zahlreichen Optionen auf der rechten Seite können Sie weitere Abänderungen vornehmen.

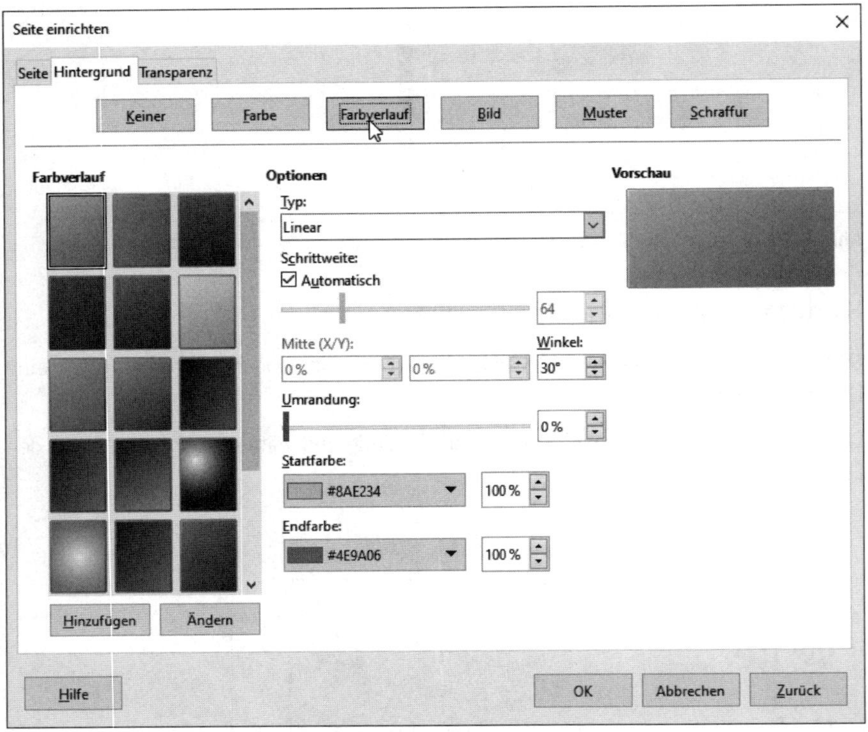

Abb. 5.24: Die Hintergrundfarbe einstellen

Bestätigen Sie Ihre Wahl mit OK.

Hintergrundformat ändern

Unabhängig vom verwendeten Design können Sie einer oder mehrere Folien eine Hintergrundgrafik zuweisen.

In diesem Fall klicken Sie im Dialogfenster Seite einrichten auf die Schaltfläche Bild und wählen eines der Vorgabebilder im Bereich Bild aus. Wünschen Sie ein eigenes Bild, dann klicken Sie auf die Schaltfläche Importieren und stellen den Speicherort der Grafik ein.

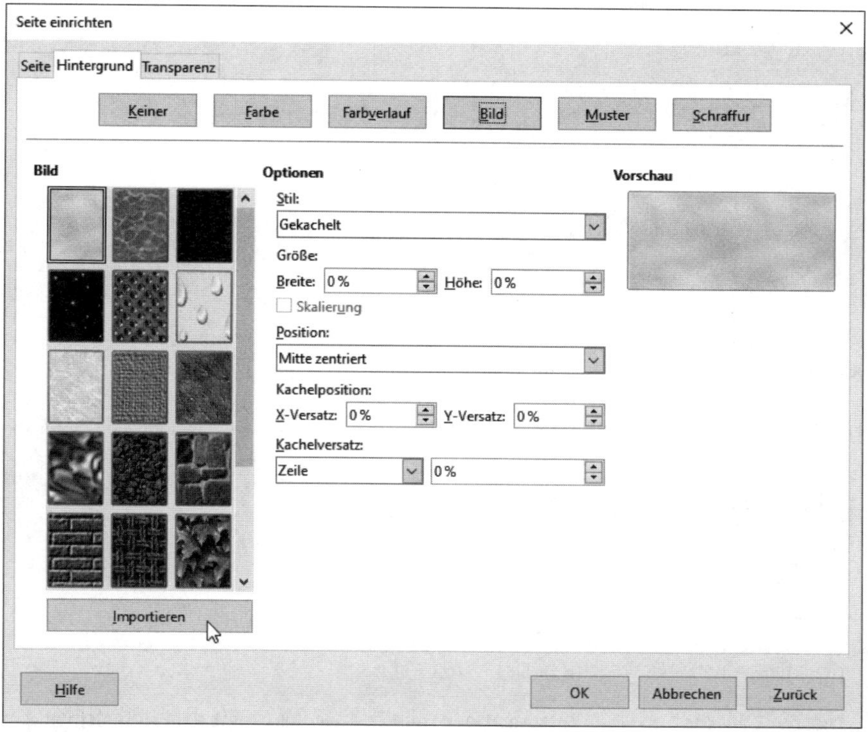

Abb. 5.25: Eine Foliereihe mit einem Hintergrundfoto versehen

Weitere Folien einfügen

Neben der bekannten Folie Titel, Inhalt können Sie – wie gesehen – auch weitere Folien mit festgelegten Inhalten einfügen.

Nachdem Sie auf den Listenpfeil der Schaltfläche Seite geklickt haben, wählen Sie die gewünschte Folienaufteilung aus den Vorgaben aus.

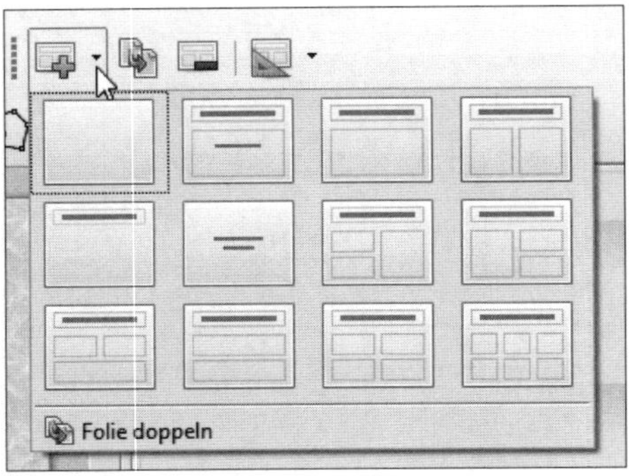

Abb. 5.26: Diese Layouts stehen zur Wahl.

Folgende Folienlayouts werden angeboten:

Folienlayout	Einsatz
LEERE FOLIE	Wie schon der Name sagt, enthält diese Folie keine Elemente.
TITELFOLIE	Erste Folie einer Präsentation oder eines Kapitels
TITEL, INHALT	Standard
TITEL UND 2 INHALTE	Entspricht der Folie TITEL UND INHALT mit dem Unterschied, dass zwei Spalten vorhanden sind.
NUR TITEL	Eine Folie, die man mit Zeichnungen oder eigenen Objekten bestückt und die lediglich den Titel aus der Präsentation benötigt
ZENTRIERTER TEXT	Eine Folie, mit der man einen neuen Abschnitt einleiten kann
TITEL 2 INHALTE UND INHALT	In insgesamt drei Bereichen können Sie die Texte präsentieren. Von dieser Folie gibt es zwei unterschiedliche Anordnungsvarianten.
TITEL 2 INHALTE ÜBER INHALT	Dient zur Darstellung von zwei Inhalten eines Vortrags.
TITEL INHALTE ÜBER INHALT	Dient zur Darstellung des Inhalts eines Vortrags.
TITEL 4 INHALTE	Diese Folie bringt vier Inhalte auf den Schirm.
TITEL 6 INHALTE	Mit dieser Folie lassen sich sechs Inhalte gleichzeitig gegenüberstellen.

Folien kopieren

Folien lassen sich innerhalb einer Präsentation oder auch zwischen geöffneten Präsentationen kopieren bzw. verschieben.

Wenn die Folie innerhalb einer Präsentation kopiert werden soll, klicken Sie mit der rechten Maustaste auf die betreffende Folie in der Folienansicht und wählen im Kontextmenü den Eintrag KOPIEREN. Alternativ können Sie auch den Eintrag DUPLIZIEREN verwenden.

Um eine Folie von der einen in die andere Präsentation zu kopieren, sollten beide Dateien geöffnet sein.

Markieren Sie dann die betreffende Folie in der ersten Präsentation und wählen Sie die Schaltfläche KOPIEREN oder fürs Verschieben die Schaltfläche AUSSCHNEIDEN.

Klicken Sie in der Taskleiste auf das Symbol der Präsentation, in die die Folie eingefügt werden soll.

Nachdem diese aktiviert wurde, platzieren Sie in der Folienvorschau den Cursor an der Stelle, an der die Folie eingefügt werden soll.

Nun müssen Sie nur noch auf die Schaltfläche EINFÜGEN klicken und schon ist die kopierte bzw. verschobene Folie an der Stelle, an der sie sein soll.

Innerhalb einer Präsentation können Sie Folien sehr leicht verschieben. Klicken Sie dazu auf die betreffende Folie, halten Sie die Maustaste gedrückt und verschieben Sie die Folie. Sie sehen an einem kleinen Symbol (die Nummer steht für die Anzahl der markierten Folien), wo die Folie eingefügt wird, wenn Sie die Maustaste loslassen. Wenn Sie mehrere Folien markiert haben, werden alle Folien an diese Stelle verschoben.

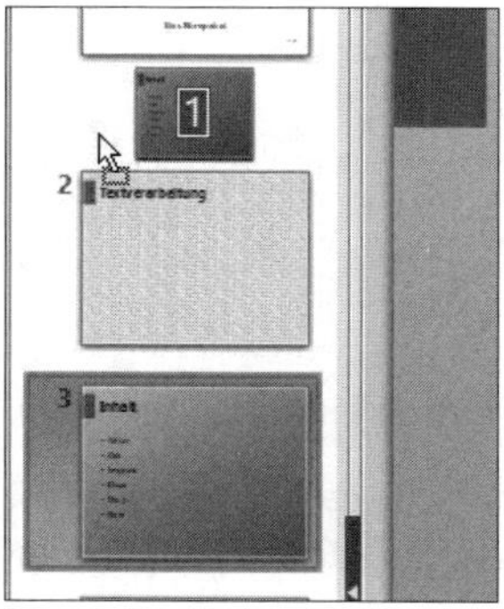

Abb. 5.27: Folien verschieben

Folien löschen

Folien lassen sich recht einfach löschen:

Im Bereich Folien markieren Sie die betreffende einzelne Folie durch Anklicken.

Dann drücken Sie die [Entf]-Taste oder klicken auf die Schaltfläche Ausschneiden, die sich in der Symbolleiste Standard befindet.

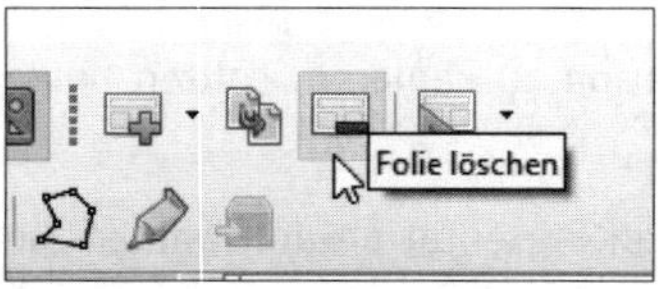

Abb. 5.28: Eine Folie löschen

Möchten Sie gleich mehrere Folien auf einmal löschen, halten Sie nach dem ersten Klick die Taste [Strg] gedrückt und klicken die weiteren Folien an. Sind diese markiert, drücken Sie wieder [Entf].

Sie erhalten keinen Hinweis, dass die Folie jetzt gelöscht wird!

5.4 Arbeiten mit Objekten

Um unterschiedliche Objekte einzufügen, stellt Ihnen Impress entsprechende Schaltflächen zur Verfügung.

Abb. 5.29: Die Schaltflächen für die Auswahl der Objekte

Tabellen

Tabellen als Ordnungsmittel spielen auch bei einer Präsentation eine wichtige Rolle.

Das Erstellen einer entsprechenden Tabelle geht ganz einfach, da das Folienlayout einer neuen Folie bereits den Aufruf für eine Tabelle enthält. Sie müssen lediglich auf das Symbol Tabelle einfügen klicken. Anschließend legen Sie im folgenden Dialogfenster zunächst fest, wie viele Spalten und Zeilen die Tabelle enthalten soll.

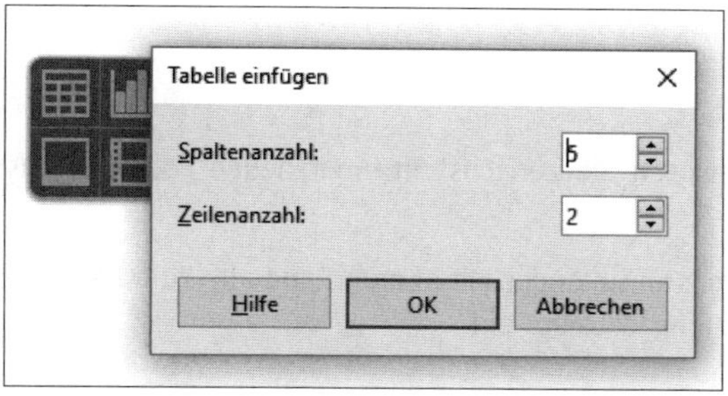

Abb. 5.30: Das Grundgerüst der Tabelle festlegen

Nachdem Sie mit OK bestätigt haben, erscheint sofort die Tabelle und Impress blendet den Seitenleiste Tabellen ein, der alle Schaltflächen für die weitere Gestaltung der Tabelle bereitstellt.

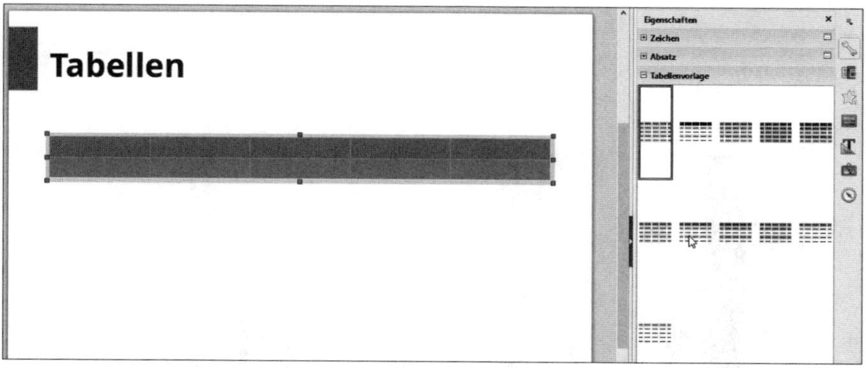

Abb. 5.31: Die Tabelle kann wie in Writer gestaltet werden.

Nun können Sie wie im Writer Designs zuweisen oder mithilfe einzelner Kontrollkästchen die exakte Definition der Tabelle vornehmen. Insbesondere in der Seitenleiste finden Sie rasch alle relevanten Formatierungsmöglichkeiten.

Diagramme

Bevor Ehe Sie in einer Präsentation Ihren Zuschauern unendliche Zahlenkolonnen vortragen, sollten Sie besser die Sachverhalte, um die es Ihnen geht, mit aussagekräftigen Diagrammen oder Organigrammen darstellen. LibreOffice bietet dazu im Rahmen des Anwendungspakets gute Möglichkeiten, die wie die AutoFormen nicht auf Impress beschränkt sind, sondern auch in den anderen Anwendungen benutzt werden können.

Diagramm erstellen

Um ein Diagramm zu erstellen, müssen Sie zunächst in einer neuen Folie auf das Symbol DIAGRAMM EINFÜGEN klicken.

Impress erstellt sofort ein Diagramm und blendet am oberen Rand alle zum Bearbeiten benötigten Symbole in einer eigenen Leiste ein.

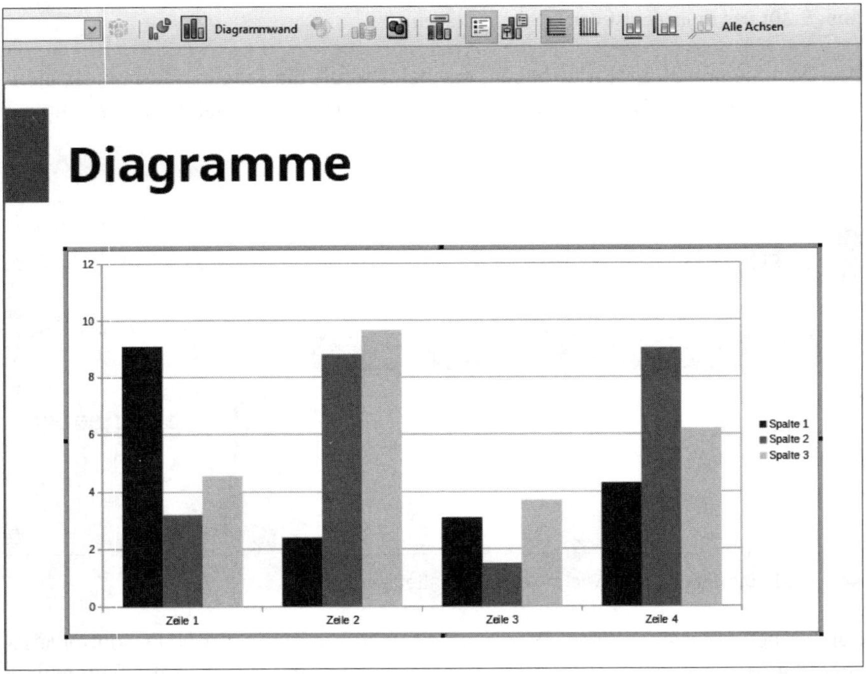

Abb. 5.32: Der Anfang ist gemacht.

Um die von Ihnen bevorzugte Diagrammart, beispielsweise ein Säulendiagramm, einzustellen, klicken Sie auf die Schaltfläche DIAGRAMMTYP und nehmen im folgenden Dialogfenster die gewünschten Einstellungen vor.

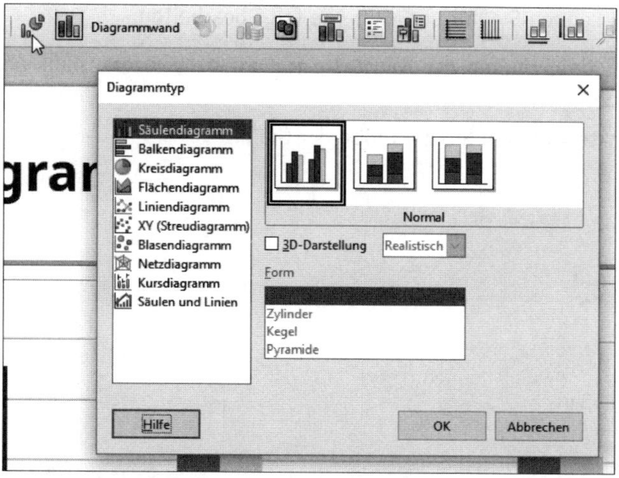

Abb. 5.33: Den Diagrammtyp ändern

Die vorgegebenen Daten lassen sich über die Diagrammdatentabelle ändern.

Klicken Sie auf die entsprechende Schaltfläche und nehmen Sie dann die Änderungen im folgenden Dialogfenster vor. Dazu können Sie die Werte einfach überschreiben und die Tabelle beliebig erweitern. Um sie zu verkürzen, löschen Sie einfach die nicht benötigten Werte.

Sind Sie fertig, schließen Sie das Dialogfenster DATENTABELLE. Im Hintergrund hat Impress bereits die Daten übernommen und das Diagramm entsprechend angepasst.

Grafiken und Bilder

Neben geschriebenen Informationen haben Sie in LibreOffice die Möglichkeit, Sachverhalte auch grafisch darzustellen. Ob in Writer, Calc oder Impress, die Art und Weise, Ihre eigenen Zeichnungen zu erstellen, bleibt immer die gleiche, jedoch wird im Rahmen einer Präsentation öfter als in den anderen Anwendungen eine grafische Darstellung benötigt.

Bilder einfügen

Um ein grafisches Objekt auf eine Folie einzufügen, klicken Sie auf das Symbol BILD EINFÜGEN.

Im folgenden Dialogfenster BILD EINFÜGEN klicken Sie das gewünschte Bild an und bestätigen mit EINFÜGEN. Und schon sitzt das Bild mittig auf der Folie.

Die eingefügten Grafiken können Sie mit der Maus wie folgt bearbeiten:

- Durch Klicken und Gedrückthalten der Maustaste verschieben Sie die Grafik an die gewünschte Stelle.
- Über die Eckziehpunkte variieren Sie die Größe der Grafik.

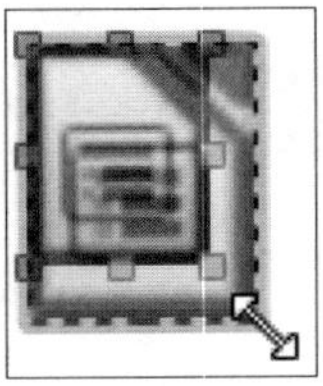

Abb. 5.34: Eine Grafik vergrößern

Tipp

Benutzen Sie nicht die anderen Ziehpunkte, dadurch verzerren Sie die Grafik. In einem solchen Fall hilft der Befehl Rückgängig im Menü Bearbeiten oder [Strg] + [Z]. Halten Sie beim Aufziehen die [⇧]-Taste gedrückt. Dann bleiben die Proportionen erhalten.

Sie können die Eigenschaften der Bilder auch ändern, indem Sie im Kontextmenü – dieses rufen Sie über die rechte Maustaste auf dem ausgewählten Bild auf – Position und Grösse wählen. Alternativ können Sie die meisten Einstellungen auch im gleichnamigen Bereich der Seitenleiste vornehmen.

Auf der Registerkarte Position und Grösse können Sie die gewünschte Grösse in cm festlegen. Wenn die Option Seitenverhältnis beibehalten aktiviert ist, brauchen Sie nur die Höhe oder die Breite einzugeben, der fehlende zweite Wert wird dann berechnet, sodass das Bild nicht verzerrt wird. Die Position der Grafik können Sie über die Felder Position X bzw. Position Y in der Gruppe Position vornehmen. Mit einem Klick auf OK beenden Sie die Einstellungen.

Mithilfe der Optionen der Schaltfläche Filter können Sie die Grafik verändern. Die Funktionen entsprechen weitestgehend den Möglichkeiten, die Sie schon von Writer her kennen.

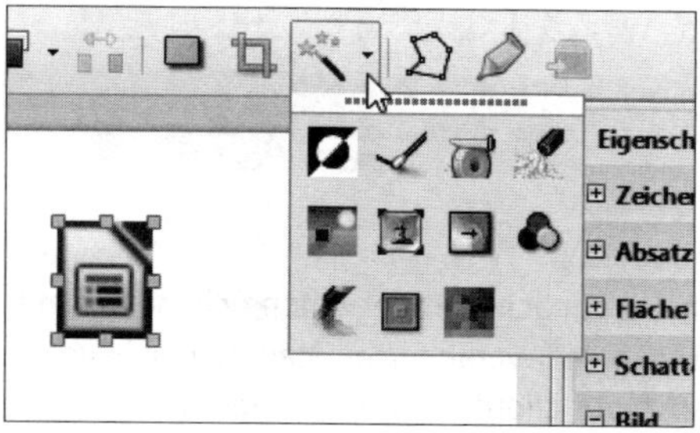

Abb. 5.35: Die Grafik mithilfe von Filtern bearbeiten

Verfügt die Grafik nicht über die gewünschte Ausrichtung, muss sie gedreht werden. In diesem Fall greifen Sie auf die Optionen der Schaltfläche DREHEN zurück, die Sie im Bereich POSITION UND GRÖSSE in der Seitenleiste finden.

Durch Anklicken wechseln die Anfasser des Bildes auf die Farbe Rot. Zeigen Sie nun auf einen der Eckanfasser und ziehen Sie das Bild in die gewünschte Drehrichtung. Die Grafik wird sofort gemäß Ihren Angaben gedreht.

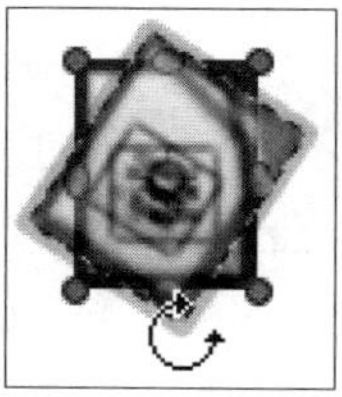

Abb. 5.36: Drehen über die roten Anfasser.

Formen

Oftmals sucht man nach einer grafischen Lösung und findet keine entsprechende Datei. In diesem Fall sollten Sie sich einmal bei den sogenannten FORMEN umsehen. Impress verfügt nämlich über eine Reihe von Zeichnungsobjekten, die Sie auf eine Folie einfügen können.

Diese Formen, die in verschiedene Kategorien zusammengefasst sind, finden Sie in der Symbolleiste ZEICHNEN. Wenn Sie dort beispielsweise auf den Listenpfeil der Schaltfläche STERNE klicken, können Sie diese einsehen.

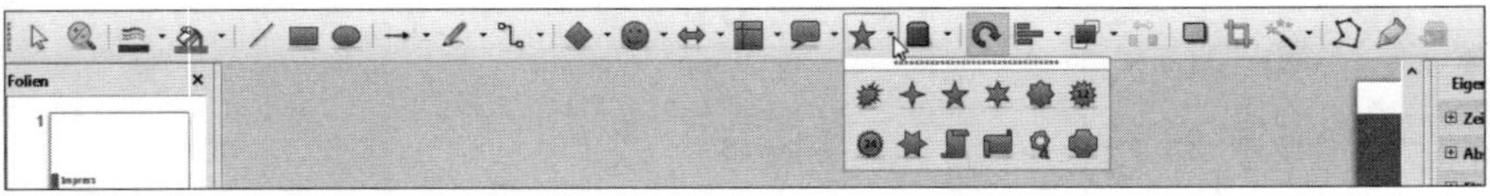

Abb. 5.37: Formen für alle Zwecke

Um einfache Formen zu erstellen, müssen Sie zunächst in der entsprechenden Kategorie auf das betreffende Symbol klicken. Mit dem veränderten Mauszeiger begeben Sie sich auf die Folie, halten die linke Maustaste gedrückt, ziehen nach unten rechts die Form auf und lassen am gewünschten Endpunkt die Maustaste wieder los.

Tipp

Wenn Sie die Taste [⇧] beim Aufziehen eines Rechtecks oder einer Ellipse gedrückt halten, entsteht ein Quadrat bzw. ein Kreis.

Um eine Linie zu zeichnen, wählen Sie die Schaltfläche LINIE an. Anschließend klicken Sie auf die linke Seite und ziehen mit gedrückter Maustaste die Linie.

Tipp

Damit die Linie gerade wird, sollten Sie beim Aufziehen die Taste [⇧] gedrückt halten.

Wenn Sie Linien mit Pfeilspitzen zeichnen möchten, verwenden Sie die Schaltfläche LINIE MIT PFEILENDE.

Sie können jede geschlossene Form (außer Linien!) mit Text versehen.

Dazu ist es lediglich erforderlich, dass Sie die betreffende Form markieren und dann einfach beginnen zu schreiben.

Abb. 5.38: Eine Form mit Text versehen

Problemlos lassen sich die Hintergrundfarbe, die Linienfarbe, die Linienstärke oder die Linienart eines Zeichnungsobjekts ändern.

Um beispielsweise die Hintergrundfarbe einer Form zu ändern, klicken Sie nach dem Markieren auf den Listenpfeil der rechten Schaltfläche FÜLLFARBE und wählen per Mausklick eine der Farben oder Füllungen zu.

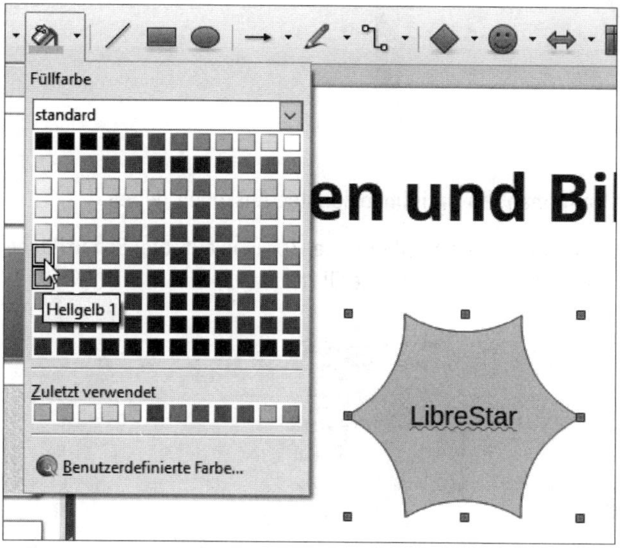

Abb. 5.39: Die Füllfarbe ändern

Sie können der Form aber auch einen FARBVERLAUF, eine SCHRAFFUR oder eine BITMAP zuweisen. In diesem Fall klicken Sie auf den Listenpfeil der linken Schaltfläche FÜLLUNG und wählen die gewünschte Art aus.

Die Linienfarbe ändern Sie über die Vorgaben der Liste der Schaltfläche LINIENFARBE.

Gleiches gilt für den LINIENSTIL, bei dem Sie die Vorgaben aus der Liste auswählen.

Die LINIENBREITE tragen Sie direkt in das entsprechende Feld ein oder stellen sie über die kleinen Drehpfeile ein.

Sie können Formen zusätzlich mit einer Reihe weiterer Formeffekte versehen.

Möchten Sie beispielsweise einen Schatten anlegen, klicken Sie auf die Schaltfläche SCHATTEN.

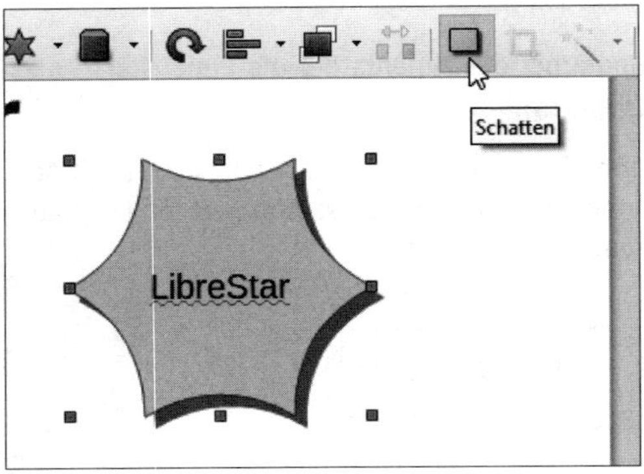

Abb. 5.40: Einen Schatten zuweisen

Den allermeisten Formen kann man ein dreidimensionales Aussehen geben.

Klicken Sie bei markierter Form in der Symbolleiste ZEICHNEN auf die Schaltfläche EXTRUSION UMSCHALTEN. Der 3D-Effekt wird sofort ausgeführt.

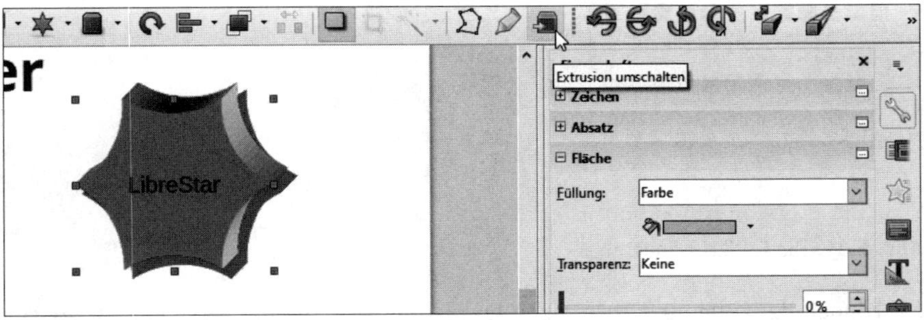

Abb. 5.41: Eine Extrusion erstellen

Gleichzeitig wird hinter der angeklickten Schaltfläche die Symbolleiste 3D-EINSTELLUNGEN eingeblendet, mit deren Schaltflächen Sie die Darstellung vielfältig gestalten können.

So lässt sich beispielsweise die Form kippen oder die Beleuchtung ändern.

Filme

Videoclips halten mehr und mehr in unser Leben Einzug. Und oftmals ist ein kurzer Videoclip auch beim Präsentieren hilfreich.

Klicken Sie zum Einfügen eines Medienclips bei einer neuen Folie auf das Symbol FILM EINFÜGEN. Im folgenden Dialogfenster FILM UND KLANG EINFÜGEN begeben Sie sich beispielsweise zu Ihrer Videobibliothek. Anschließend werden Ihnen die von dort importierbaren Videos angezeigt.

Tipp

Wie Sie dem Namen des eben erwähnten Dialogfensters entnehmen können, können Sie auf diese Weise auch Audiodateien einbinden.

Wählen Sie Ihr Wunschvideo aus und fügen Sie es mit einem Klick auf ÖFFNEN ein.

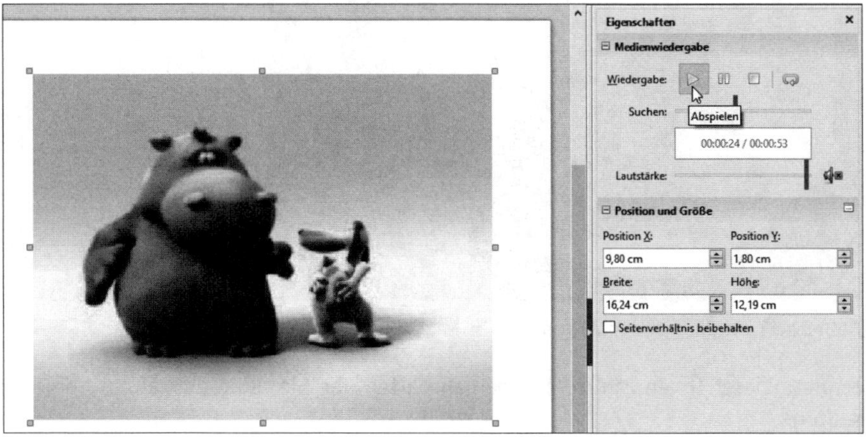

Abb. 5.42: Ein platziertes Video

Impress platziert den Clip und Sie können ihn über die Schaltfläche ABSPIELEN/PAUSE im Bereich MEDIENWIEDERGABE der Seitenleiste sofort abspielen.

5.5 Präsentation vorbereiten

Im Folgenden werden Sie die Möglichkeiten der Bildschirmpräsentation kennenlernen, für die Sie durch vielfältige Einstellungen attraktive Übergänge und Texteinblendungen für Ihre Präsentation festlegen können,.

Bevor es an die eigentliche Präsentation geht, müssen ein paar Vorbereitungen getroffen werden, damit Ihr Auftritt ein großer Erfolg wird.

Übergangseffekte

Zunächst werden Sie die Übergänge zwischen den einzelnen Folien festlegen.

Das geschieht über den Bereich FOLIENÜBERGANG, den Sie in der SEITENLEISTE finden. Um einen Übergang gleich einmal zu begutachten, müssen Sie lediglich mit dem Mauszeiger auf eine der Vorgaben klicken.

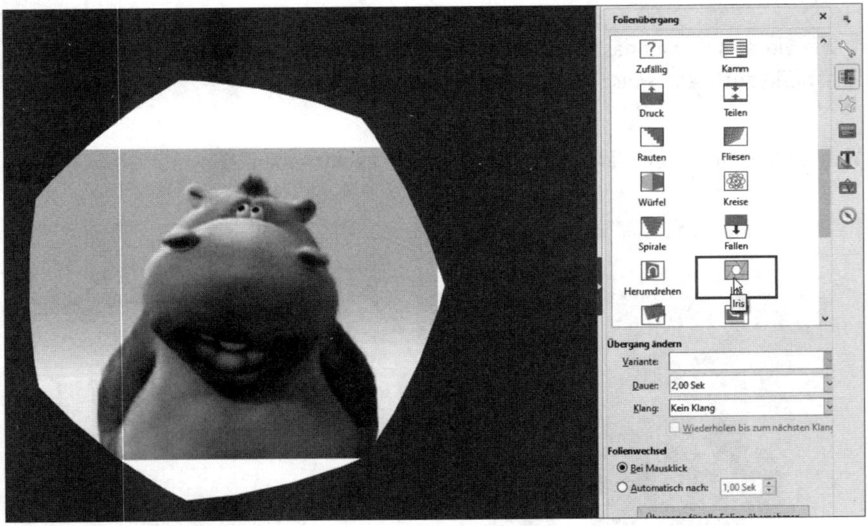

Abb. 5.43: Ein Übergang in Aktion

Impress bietet Ihnen zahlreiche Übergangsarten, die Sie ruhig einmal ausprobieren sollten.

Die meisten Übergänge können Sie über die Optionen des Bereichs ÜBERGANG ÄNDERN näher einstellen. Zum einen können Sie die GESCHWINDIGKEIT ändern oder auch dem Effekt einen KLANG zu ordnen.

So können Sie jede Folie einzeln mit einem geeigneten Übergang versehen. Wenn mehrere Folien den gleichen Übergang erhalten sollen, markieren Sie die Folien nacheinander durch Drücken der Taste [Strg].

Die Einstellungen können Sie abschließend mit einem Klick auf die Schaltfläche FÜR ALLE FOLIEN ÜBERNEHMEN anwenden.

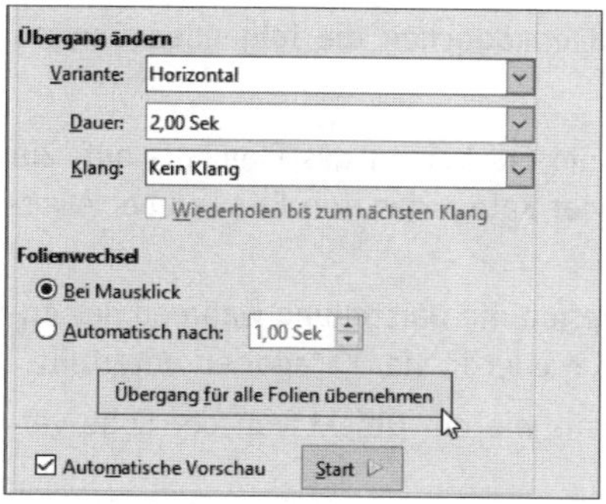

Abb. 5.44: Die Feineinstellungsmöglichkeiten für den Übergang

Benutzerdefinierte Animation

Des Weiteren können Sie den verschiedenen Folienelementen voreingestellte Animationseffekte hinzufügen und solche Effekte auch wieder entfernen.

Klicken Sie in der Seitenleiste auf die Schaltfläche ANIMATION, denn damit können Sie eine Animation zum Anwenden auf Objekte in der Folie auswählen.

Anschließend markieren Sie auf der Folie ein Objekt oder einen Textrahmen, den Sie mit der Animation versehen wollen, und klicken auf die Schaltfläche EFFEKT HINZUFÜGEN.

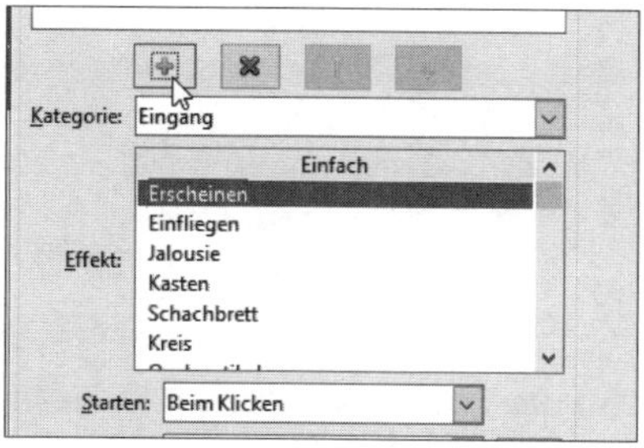

Abb. 5.45: Effekte für alle Fälle

Im Listenfeld KATEGORIE wird Ihnen die erste der vier verschiedenen Effektgruppen (EINGANG, HERVORGEHOBEN, BEENDEN und ANIMATIONSPFADE) eingeblendet, die jeweils eine große Anzahl von Effekten bieten, die Sie im darunter liegenden Listenfeld auswählen.

Um einen Effekt zuzuweisen, genügt ein Klick auf den betreffenden Eintrag. Augenblicklich wird der Effekt ausgeführt und Sie können entscheiden, ob es der richtige ist.

Die Effekte sind in Kategorien eingeteilt und ermöglichen die folgenden Darstellungsformen:

- Kategorie EINGANG: Diese Effekte treten beim Erscheinen des Elements auf. Zur besseren Übersicht sind diese Effekte in vier Kategorien von EINFACH über AUFREGEND und ANGEMESSEN bis SPEZIAL geordnet.
- Kategorie HERVORGEHOBEN: Diese Effekte betreffen die Darstellung während der Anzeige der Objekte. Auch diese Effekte sind wieder in vier Kategorien unterteilt.
- Kategorie BEENDEN: Diese Effekte bestimmen, wie ein Objekt von der Folie verschwindet, also ausgeblendet wird.
- Kategorie ANIMATIONSPFADE: Bei diesen Effekten handelt es sich um Formen auf der Folie, die den Ablauf der Animation vorgeben. Ein Animationspfad lässt sich wie jeder andere Animationseffekt zuweisen.
- Kategorie VERSCHIEDENE EFFEKTE: Diese bieten die Klassiker START, PAUSE und STOPP.

Allen Effekten ist gemeinsam, dass Sie im unteren Bereich des Dialogfensters weitere Einzelheiten der Animation regeln können. Dazu gehören das Startverhalten, die RICHTUNG, die DAUER und die VERZÖGERUNG beim Einsatz des Effekts.

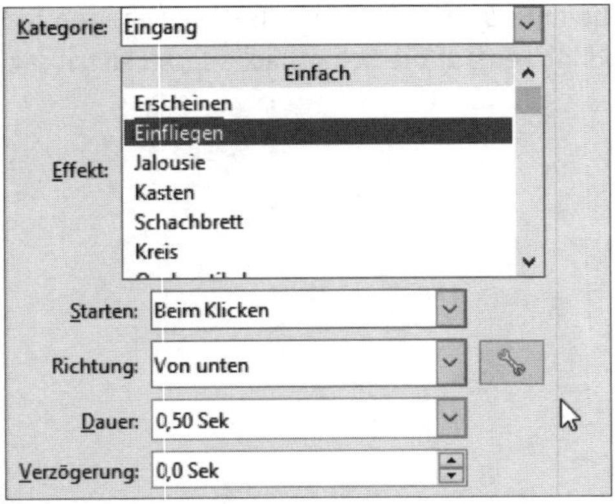

Abb. 5.46: Die Eigenschaften der Animation näher bestimmen

5.6 Know-how für Fortgeschrittene

Für eine gelungene Präsentation gilt es, noch einige weitere Punkte zu beachten, wie Sie im Folgenden sehen werden.

Folienmaster

Alle Formatierungen und Gestaltungen, die Sie an Ihren Folien vornehmen, betreffen zunächst jeweils nur die aktive Folie. Möchten Sie dagegen Änderungen für die gesamte Präsentation durchführen, geschieht das auf dem sogenannten *Master*. Dabei handelt es sich um eine Folie, die das Aussehen aller Folien regelt. Von Bedeutung sind folgende Master:

- FOLIENMASTER*:* Er bestimmt das Layout für alle Folienlayouts außer dem Folienlayout TITELFOLIE.
- NOTIZENMASTER*:* Mit diesem Master gestalten Sie das Aussehen der Notizenansicht und damit den Ausdruck der Notizen.

Die Master rufen Sie über die Befehlsfolge ANSICHT / FOLIENMASTER auf.

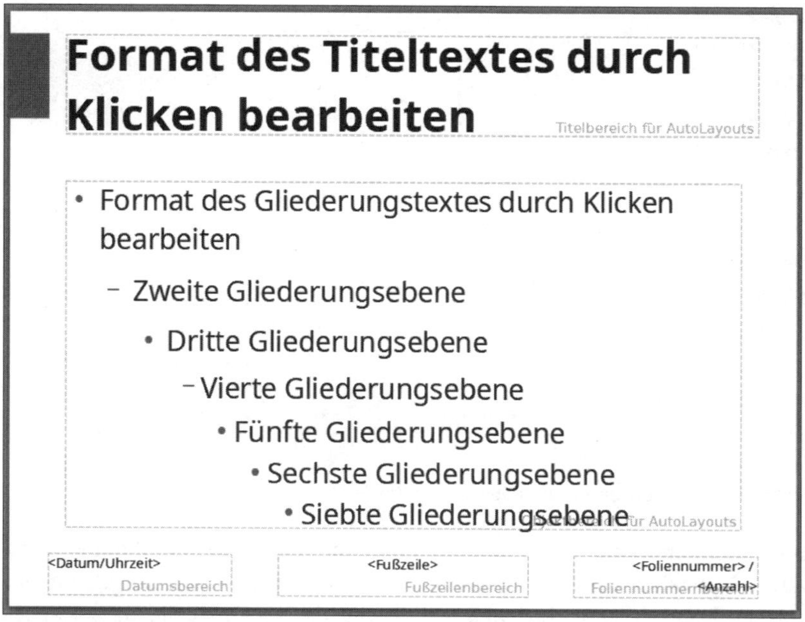

Abb. 5.47: Eine Standardfolie in der Folienmasteransicht

Nehmen Sie hier die Einstellungen und Platzierungen vor, die auf allen Folien erscheinen sollen. Neben grafischen Objekten können Sie auch Text in den Master eingeben, der ebenfalls auf allen Folien erscheint.

Im unteren Bereich der Masterfolie finden Sie drei Platzhalter, von denen einer mit Fußzeile beschriftet ist. In diesen müssen Sie lediglich hineinklicken und den gewünschten Text eingeben, der auf allen Folien erscheinen soll.

Wie Sie sicher bemerkt haben, enthält der rechte Platzhalter einen Eintrag in spitzen Klammern. Dabei handelt es sich um ein Feld, das von Impress automatisch ausgefüllt wird. In diesem Fall wird die Nummer der betreffenden Folie angezeigt. Wenn Sie verhindern möchten, dass die Foliennummer auf der ersten Folie angezeigt wird, müssen Sie die Befehlsfolge EINFÜGEN / KOPF- UND FUSSZEILE anwählen. Im folgenden Dialogfenster KOPF- UND FUSSZEILE aktivieren Sie das Kontrollkästchen AUF DER ERSTEN FOLIE NICHT ANZEIGEN. Soll die Foliennummer ansonsten sichtbar sein, müssen Sie des Weiteren das Kontrollkästchen FOLIENNUMMER aktivieren.

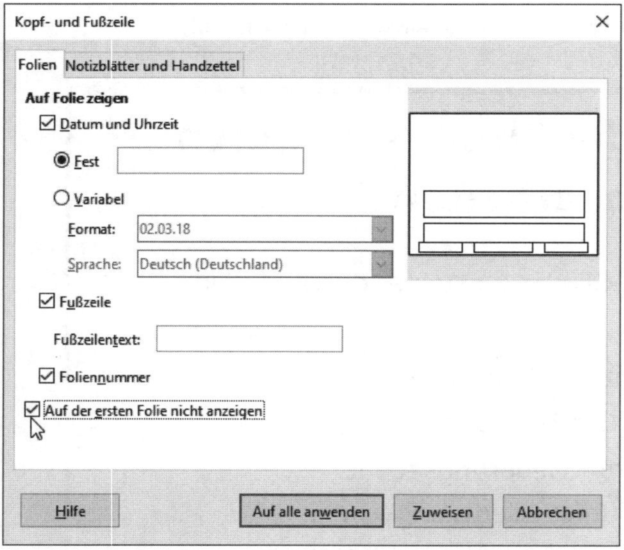

Abb. 5.48: Die Einstellungen für die Kopf- und Fußzeile

Im linken Platzhalter finden Sie – wie gesehen – die Datumsangabe. Diese kann fix oder variabel gestaltet werden. Im ersten Fall können Sie das Erstellungsdatum der Präsentation dokumentieren. Im zweiten Fall wird das tagesaktuelle Datum angezeigt. Standardmäßig wird ein variables Datum automatisch durch die Systemzeit des Rechners aktualisiert. Das Format können Sie über den Listenpfeil einstellen. In dieser Liste finden Sie einige Vorgabeformate, die Sie einfach auswählen. Möchten Sie dagegen dokumentieren, welchen Stand die Folien haben, müssen Sie die Option FEST aktivieren und in das Feld das gewünschte Datum eintragen.

Bildschirmpräsentation

Das ganze Arbeiten mit Impress zielt darauf ab, das Ergebnis zu präsentieren. Sind alle Arbeiten erledigt, klicken Sie auf die Schaltfläche START MIT ERSTER FOLIE.

Abb. 5.49: Die entscheidende Schaltfläche

In diesem Fall wird mit der ersten Folie begonnen. Möchten Sie die Präsentation ab der aktuellen Folie sehen, dann klicken Sie auf die danebenliegende Schaltfläche START MIT AKTUELLER FOLIE.

Tipp

Eine Präsentation kann man rasch durch Drücken von [F5] starten. Möchten Sie mit der aktuellen Folie beginnen, drücken Sie [⇧] + [F5].

Während der Präsentation können Sie folgende Tasten benutzen:

Befehl	Maus oder Taste(n)
Nächste Folie	Mausklick, [Leer], [N], [↓], [Bild↓]
Vorherige Folie	[↑], [Bild↑], [←]
Zu einer bestimmten Folie	Foliennummer eingeben [↵]
Beenden einer Präsentation	[Esc]
Schwarzer bzw. weißer Bildschirm bzw. zurück zur Präsentation nach schwarzem Bildschirm	[B] / [W]

Darüber hinaus können Sie die Präsentation auch mit der Maus steuern. Mit einem Mausklick gelangen Sie zur nächsten Folie. Möchten Sie zurück, müssen Sie mit der rechten Maustaste klicken. Im daraufhin angezeigten Kontextmenü finden Sie den entsprechenden Befehl.

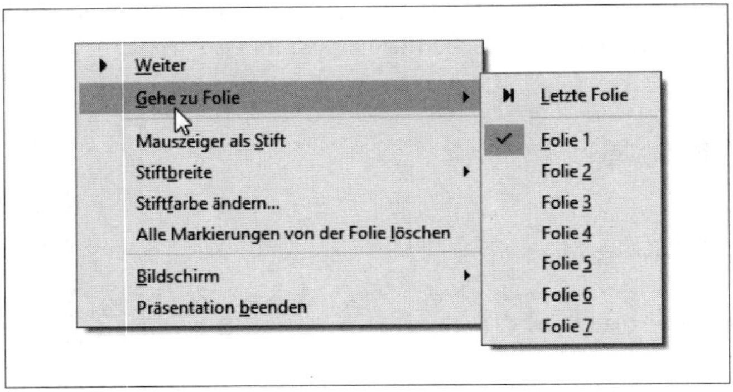

Abb. 5.50: Das Kontextmenü während der Präsentation

Tipp

Beim Verwenden des Kontextmenüs gilt es zu bedenken, dass sein Erscheinen das Publikum von dem eigentlichen Geschehen ablenken kann. Verwenden Sie deshalb besser die Tastenkombinationen.

Perfekt vorbereitet

Wir leben im visuellen Zeitalter. Und vielleicht ist es Ihnen schon passiert, dass Sie in Ihrem Beruf, im Studium oder in der Schule vor einem Zuhörerkreis die von Ihnen erstellten Ergebnisse vortragen mussten.

Während es früher recht mühsam war, derartiges Material herzustellen, steht Ihnen nun ein mächtiges Präsentationsprogramm, eben Impress, zur Seite. Das ist auch gut so, denn zum einen sind die Ansprüche an eine Präsentation gestiegen und zum anderen ist es dank der konsequenten Weiterentwicklung dieses Programms mittlerweile recht einfach geworden, eine anspruchsvolle, professionelle Präsentation zu entwerfen.

Doch bevor es losgeht, sollten Sie sich über Ihre zukünftige Präsentation Gedanken machen. Die Zeit, die Sie hier investieren, zahlt sich in jedem Fall später aus. Zwar ist Impress in überschaubarer Zeit zu erlernen, doch bietet dieses Programm sehr viele Möglichkeiten, die es an der richtigen Stelle einzusetzen gilt.

Was braucht eine gute Präsentation?

Damit das Ziel erreicht werden kann, ist Folgendes erforderlich:

Planen Sie Ihre Präsentation. Auch wenn das eine Binsenweisheit ist. Der Erfolg Ihrer Präsentation hängt im Wesentlichen davon ab, ob Sie die Inhalte gut strukturieren, also einen roten Faden vorgeben.

Ferner sollte alles Wichtige visuell belegt werden – gute Abstimmung ist also wichtig. Der Rhythmus zwischen gesprochenem Wort und Bildwechsel muss stimmen – nichts ist für den kombinierten Zuhörer/-schauer langweiliger als eine Folie, die zehn Minuten nicht gewechselt wird.

Und schließlich sollten Sie nicht vergessen, dass das Gezeigte das Gesagte sinnvoll unterstützen sollte. Eine pure Wiederholung durch die Grafik ist nicht geeignet, sondern das Bild soll helfen, das Gehörte besser zu verstehen. Dabei kommt es häufig auf eine sinnvolle Vereinfachung an.

Das bringt mit sich, dass es bei der Vorbereitung einer Präsentation nicht darum gehen kann, einen schon fertigen Vortrag nachträglich zu bebildern, sondern Erstellung von Text und Bild müssen von vornherein Hand in Hand gehen. Deshalb bietet es sich an, gleichzeitig an der visuellen Umsetzung zu arbeiten.

Planung einer Präsentation

Bevor Sie mit der Umsetzung einer Präsentation beginnen, sollten die drei großen Fragen geklärt sein:

- Welche Themen werden behandelt (das Was)?
- Wie sollen sie visualisiert werden (das Wie)?
- Welcher Medieneinsatz ist möglich (das Womit)?

Stehen diese Eckpfeiler, kann es an die Vorbereitung gehen.

Gute Folien, schlechte Folien?

Zwar bietet Impress Ihnen eine unglaubliche Fülle an Mitteln, Ihre Präsentation umzusetzen, doch kann man auch eine Menge Fehler machen. Sicherlich haben auch Sie schon einmal Präsentationen gesehen, die eine viel zu kleine Schrift aufwiesen oder in schreienden Schriftfarben formatiert waren, die sich mit dem Hintergrund bissen. Und sicherlich ist es nicht sehr aufregend, wenn man immer wieder die gleichen hässlichen Fertigvorlagen für die Hintergrundgestaltung sieht oder mit ungeschickten oder überfrachteten Animationen erschlagen wird.

Zwar gilt auch bei Impress-Folien die alte Weisheit, dass Schönheit im Auge des Betrachters liegt. Dennoch sollten Sie die folgenden Klippen besser umschiffen:

- Gliederung: Wenn Sie eine Präsentation entwerfen, werden Sie sehr schnell merken, dass eine gute Gliederung das A und O einer gelungenen Präsentation ist. Je mehr Zeit Sie in eine solche Gliederung stecken, umso besser wird das Ergebnis sein.
- Begrüßungs- und Inhaltsfolie: Legen Sie nicht gleich los, sondern blenden Sie eine Begrüßungsfolie ein. Dieser sollte idealerweise eine Inhaltfolie folgen.
- Zahlen und Text: Überfrachten Sie Ihre Folien nicht mit zu vielen Informationen. Gerade bei Zahlen ist die Versuchung sehr groß, möglichst viele Informationen rüberbringen zu wollen.
- Foliendesign: Die Folien sollten plakativ gestaltet werden. Vermeiden Sie, Ihr Redemanuskript darzustellen, denn Folien stellen lediglich Zusammenfassungen des Gesagten dar. Deshalb sollten Sie auch nicht einfach die Texte aus Ihrem Manuskript übernehmen, sondern lediglich deren Aussagen plakativ zusammenfassen. Deshalb spricht nichts dagegen, den Platz auch durch große Schrift zu nutzen.
- Ort: Achten Sie hier insbesondere darauf, wo die Präsentation erfolgen soll. Möchten Sie einen Beamer einsetzen, ist ein hellerer Hintergrund wesentlich besser. Auf dem Bildschirm ist es genau umgekehrt.
- Visualisieren: Denken Sie weitestgehend grafisch! Die meisten Menschen sind visuell veranlagt und nicht umsonst besagt ein altes Sprichwort, dass ein Bild oft mehr sagt als tausend Worte.

Bildschirmpräsentation

Eine Präsentation kann auf recht unterschiedliche Weise eingesetzt und abgespielt werden. Die am weitaus häufigste Form dürfte die Präsentation durch einen Redner sein. Daneben kommt aber auch die Ansicht durch eine Einzelperson infrage, etwa wenn die Präsentation auf einer Messe oder einem Forum gezeigt werden soll und der Betrachter Eingriffsmöglichkeiten haben soll. Und schließlich kommt im Zeitalter des Internets immer mehr eine Webpräsentation in Betracht.

Elementare Arten der Präsentation

Im Regelfall werden Sie die Abfolge der Folien selbst durch Mausklicks oder Tastendruck regeln und bestimmen wollen, wann und wie lange eine Folie auf dem Bildschirm erscheint. Auf der anderen Seite ist es aber möglich, dass eine Präsentation in einer Endlosschleife wiederholt wird, etwa weil Sie auf einer Messe oder in Ihrem Geschäft etwas laufend zeigen wollen, um die Aufmerksamkeit von Besuchern zu erregen.

Diese elementaren Einstellungen nehmen Sie im Dialogfenster BILDSCHIRMPRÄSENTATION vor, das Sie durch Aufruf der Befehlsfolge BILDSCHIRMPRÄSENTATION / PRÄSENTATIONS-EINSTELLUNGEN erhalten.

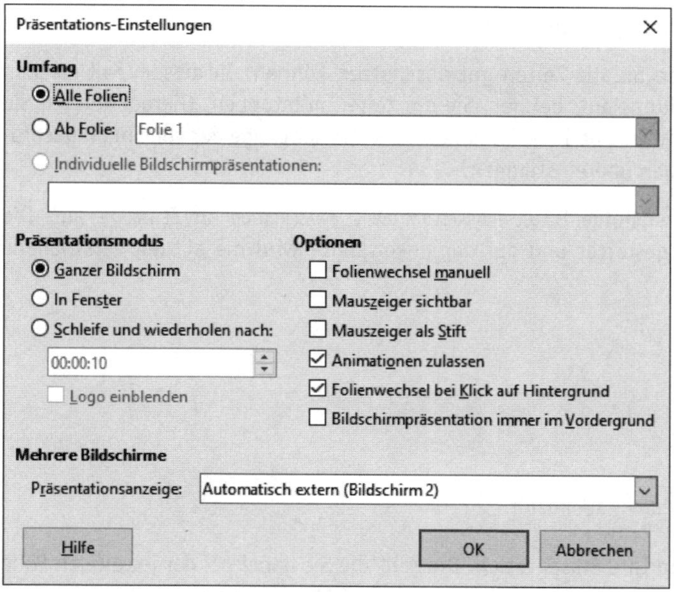

Abb. 5.51: Die Optionen für die Bildschirmpräsentation

Im Bereich UMFANG können Sie festlegen, ob Sie ALLE FOLIEN oder nur eine bestimmte Anzahl (AB FOLIE) zeigen möchten.

Individuelle Bildschirmpräsentation

Nicht immer werden Sie alle Folien Ihres Vortrags zeigen wollen oder können. Oder Sie möchten auf eine ganz bestimmte Zuhörerschaft eingehen. In solchen Fällen ist es sinnvoll, eine individuelle Bildschirmpräsentation Ihrer Folienreihe einzurichten.

Rufen Sie die Befehlsfolge BILDSCHIRMPRÄSENTATION / INDIVIDUELLE PRÄSENTATIONEN auf. Im folgenden Dialogfenster klicken Sie auf die Schaltfläche NEU. Im nun erscheinenden Dialogfenster können Sie die Folien zusammenstellen, die Sie für Ihre individuelle Präsentation benötigen.

Automatische Bildschirmpräsentation

Eine automatische Bildschirmpräsentation benötigt vorgegebene Einblendzeiten, nach denen die Folien gewechselt werden.

Nicht immer werden Sie die Zeiten gut abschätzen können. In diesem Fall machen Sie einfach einen Probelauf, bei dem Sie die Zeiten mitstoppen. Hierbei können Sie insbesondere feststellen, ob Ihre Einblendzeiten mit der Länge der von Ihnen gesprochenen Erläuterungen übereinstimmen.

Rufen Sie die Befehlsfolge BILDSCHIRMPRÄSENTATION / PRÄSENTATION MIT ZEITNAHME auf. Die Präsentation wird gestartet und auf der linken Seite wird die aktuell verstrichene Zeit eingeblendet.

Abb. 5.52: Und ab! Präsentation läuft!

Durchlaufen Sie nun Ihre Präsentation. Die Zeit, die Sie dabei bei der jeweiligen Folie verbringen, wird von Impress gespeichert und dem Ablauf zugewiesen.

Wenn Sie Sie nun abermals die Präsentation starten, läuft diese nun ohne weiteres Zutun ab. Um die Präsentation kurzfristig zu unterbinden, drücken Sie die Taste [S] für einen schwarzen Bildschirm und die Taste [W] für einen weißen. Soll die Präsentation sichtbar bleiben, drücken Sie einfach die Taste [A]. Ein Druck auf die gleichen Tasten hebt den Zustand wieder auf. Die Präsentation können Sie jederzeit durch Drücken von [Esc] beenden.

Kapitel 6

Draw – der kreative Zeichner

Das Programm *Draw* ist für die kreative Seite des LibreOffice-Pakets zuständig. Mit ihm können Sie Vektorgrafiken erstellen, deren entscheidender Vorteil ist, dass man sie beliebig verlustfrei skalieren kann. Beispielsweise lassen sich einfachere Objekte wie Rechtecke und Kreise, aber auch Würfel, Kugeln oder Zylinder erzeugen. Aus mehreren einzelnen Objekten lassen sich komplexere Objekte erstellen, die man zu einer Einheit verschmelzen kann oder mithilfe spezieller Linien, den so genannten *Verbindern*, zu einem Objekt vereint.

Die fertigen Objekte lassen sich in unterschiedlichen Formaten speichern und können anschließend problemlos in jedes LibreOffice-Modul eingebunden werden.

6.1 Draw kennenlernen

Starten Sie das Programm im Startcenter durch Klick auf die Schaltfläche Draw Zeichnung.

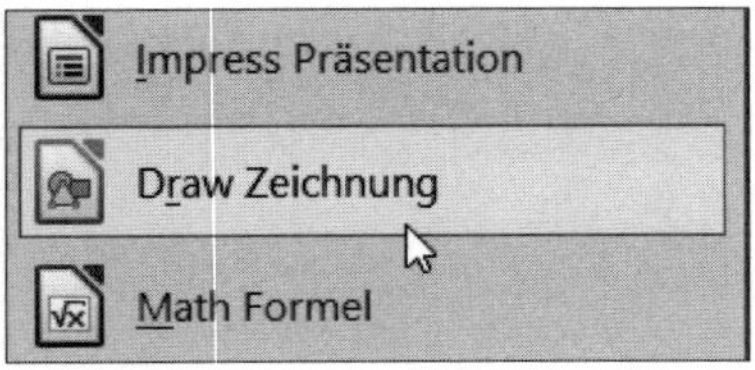

Abb. 6.1: Das Programm starten

Nachdem Sie das Programm gestartet haben, finden Sie im Zentrum des Programmfensters die Arbeitsfläche, auf der Sie gestalten werden. Sie enthält ein leeres Zeichenblatt, das Sie aber erst füllen können, wenn Sie ein bestimmtes Zeichenwerkzeug aktiviert haben.

Unterhalb der Titelleiste und der Menüleiste fallen wieder die für LibreOffice typischen Symbolleisten auf. Zunächst findet sich dort die übliche Symbolleiste Standard mit den am häufigsten benutzten Befehlen. Am linken Rand des Fensters finden Sie die Symbolleiste Zeichnen, die bei Draw im Wesentlichen die Funktion einer Werkzeugleiste einnimmt. Sie enthält alle Werkzeuge (Linien, Rechteck, Kreis, Formen usw.), die zum Zeichnen benötigt werden. Auf der linken Seite sehen Sie zudem das Fenster Folien. Dieses benötigen Sie nur, wenn Sie Objekte auf mehrere Seiten verteilen möchten. Diesen Bereich können Sie vorerst über die Schliessen-Schaltfläche ausblenden.

Auf dem Zeichenblatt werden zunächst alle Objekte – unabhängig von ihrer späteren Größe – erstellt.

Abb. 6.2: Draw steht bereit.

Unterhalb des Zeichenblatts finden Sie die Register, um zwischen den verschiedenen Ansichten umzuschalten.

Den Abschluss des Fensters bildet die Statusleiste.

6.2 Zeichnen mit Draw

Um eine neue Zeichnung mit Draw zu erstellen, müssen Sie zunächst eine entsprechende neue Datei anlegen.

Wie Sie gleich sehen werden, ist ein neues Dokument recht einfach erstellt. Jedoch sollten Sie sich, bevor es losgeht, Gedanken über den Verwendungszweck Ihrer Zeichnung machen. Wenn Sie nämlich gleich zu Beginn die grundlegenden Einstellungen vornehmen, wirkt sich das auf eine erfolgreiche Gestaltung positiv aus.

Ein neues Dokument erstellen

Beim Starten von Draw wird ein neues Zeichenblatt angelegt. Selbst können Sie eine neue Datei wie folgt anlegen:

Sie klicken im Startbildschirm auf die Schaltfläche ZEICHNUNG. Alternativ können Sie auch die Tastenfolge `Strg` + `N` verwenden oder Sie wählen den Weg über die Befehlsfolge DATEI / NEU.

Um Einfluss auf die Seitengröße des neuen Dokuments nehmen zu können, wählen Sie anschließend die Befehlsfolge FORMAT / FOLIENEIGENSCHAFT (eine leider etwas unglückliche Bezeichnung!) und stellen im folgenden Dialogfenster SEITE EINRICHTEN auf der Registerkarte SEITE das gewünschte PAPIERFORMAT ein.

Arbeitshilfen

Beim Arbeiten mit Grafikdateien werden Sie sicherlich die ein oder andere der Arbeitshilfen zu schätzen wissen, die Ihnen im Folgenden vorgestellt werden.

Lineale

Ein wichtiges Hilfsmittel sind die *Lineale*. Mithilfe der Lineale ist es möglich, Objekte exakt zu positionieren und auszurichten. Sie dienen außerdem der besseren Orientierung, da Sie so sehr schnell erkennen können, an welcher Position sich ein Objekt momentan befindet.

Die Lineale sehen Sie am oberen und linken Rand des Arbeitsbereichs. Sollten sie nicht sichtbar sein, können Sie sie über das Menü ANSICHT / LINEAL einblenden.

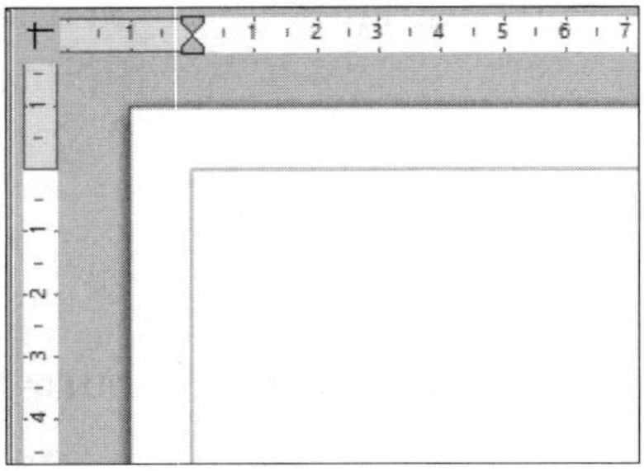

Abb. 6.3: Hilfreich: das Lineal

Der Nullpunkt der Lineale kann Ihren Wünschen gemäß festgelegt und verschoben werden. Standardmäßig befindet er sich in der linken oberen Ecke des Zeichenblatts.

Wenn Sie den Nullpunkt verändern möchten, klicken Sie genau auf den kleinen Kasten, der sich im Schnittpunkt der Lineale befindet. Nun halten Sie die Maustaste gedrückt und der Mauszeiger erscheint als Fadenkreuz. Ziehen Sie den Nullpunkt an die gewünschte Position.

Tipp

Möchten Sie den ursprünglichen Zustand wiederherstellen, führen Sie einen Doppelklick auf dem Schnittpunkt der Lineale aus.

Fanglinie

Ebenso wie die Lineale dienen die *Fanglinien* der besseren Orientierung. Zusätzlich haben sie die Aufgabe einer Platzierungshilfe. Sie sollten die Hilfslinien verwenden, um Objekte in einer bestimmten Größe zu zeichnen oder an einer bestimmten Position zu platzieren.

Die Fanglinien sind gestrichelte Linien, die nur auf Ihrem Bildschirm angezeigt werden, jedoch nicht im Ausdruck erscheinen. Sie können beliebig auf einer Seite oder der Montagefläche positioniert werden.

Wenn Sie eine Fanglinie gezogen haben, ist es recht einfach, beispielsweise eine Grafik an dieser Linie auszurichten.

Um eine Fanglinie zu erstellen, klicken Sie mit der Maus auf eines der beiden Lineale und ziehen mit gedrückter linker Maustaste die Linie an die gewünschte Position.

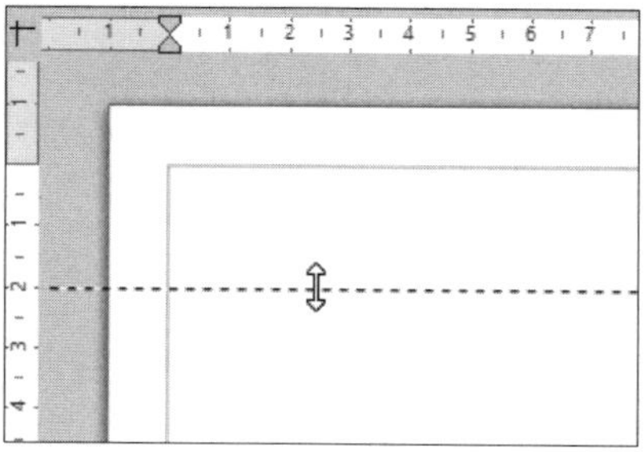

Abb. 6.4: Eine Fanglinie anlegen

Fanglinien erfüllen ihren Zweck dann, wenn Sie Objekte an ihnen ausrichten können. Dazu müssen Sie einen bestimmten Mindestabstand zu dem betreffenden Objekt unterschreiten, sodass das Objekt dann an der Fanglinie einrastet.

Klicken Sie das Objekt, das Sie an der Linie ausrichten wollen, an. Zeigen Sie auf die Mitte und ziehen Sie es mit gedrückter Maustaste an die Linie heran.

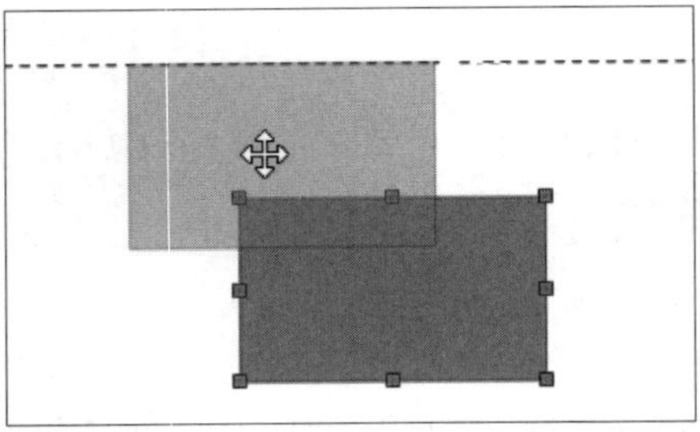

Abb. 6.5: Mit Fanglinien lassen sich Objekte ausrichten.

Um eine Fanglinie zu verschieben, zeigen Sie auf diese, halten nach dem Anklicken die Maustaste gedrückt und verschieben sie mit gedrückter Maustaste an die neue Stelle.

Eine markierte Fanglinie können Sie einfach mit `Entf` löschen.

Raster

Zusätzlich können Sie für die Gestaltung Ihrer Seiten ein *Raster* einsetzen, das Ihnen bei der präzisen Strukturierung und Ausrichtung der Objekte Ihrer Zeichnung sehr behilflich sein kann.

Das Raster ist nicht standardmäßig sichtbar. Sie können es über das Menü ANSICHT / RASTER sichtbar machen.

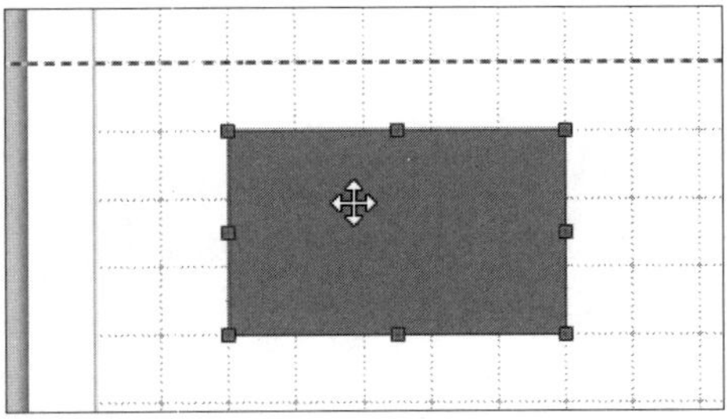

Abb. 6.6: Das Raster sichtbar machen

Mit Draw erstellen Sie Vektorgrafiken, die im Prinzip aus Linien, Rechtecken, Kreisen und sonstigen Formen bestehen. Solche Grafiken und Bilder wirken sehr anziehend auf das Auge. Blättern Sie einmal in einer Zeitschrift oder einem Buch und beobachten Sie, worauf Ihre Augen zuerst gelenkt werden. Vermutlich werden es die Grafiken oder Bilder sein. Dementsprechend hat ein Zeichner eine wichtige Aufgabe. Er zeichnet, malt und fertigt die Abbildungen an, die ein Buch oder eine andere Publikation bebildern.

Um diese Zeichnungen zu erstellen, bietet Ihnen Draw einige Werkzeuge an, mit denen Sie selbst grafische Objekte zeichnen können.

Arbeitsweise der Zeichenhilfsmittel

Mithilfe der Hilfsmittel zum Zeichnen können Sie schnell einfache Objekte wie Rechtecke, Ellipsen und regelmäßige Polygone sowie die entsprechenden Rahmen zeichnen. Diese Objekte werden auch als *geschlossene Objekte* bezeichnet.

Die Funktionsweise der verschiedenen Werkzeuge ist fast identisch. Im Folgenden werden Sie die wichtigsten Schritte anhand des Werkzeugs RECHTECK erlernen.

Beim Arbeiten mit den einzelnen Werkzeugen sind im Prinzip stets die nachfolgenden Arbeitsschritte durchzuführen.

Zunächst müssen Sie das gewünschte Werkzeug aktivieren. Klicken Sie in der Symbolleiste ZEICHNEN auf die betreffende Schaltfläche. Führen Sie dann den Mauszeiger an die gewünschte Position in Ihrem Dokument und drücken Sie die linke Maustaste. Mit gedrückter Maustaste entfernen Sie sich nun diagonal von dem Anfangspunkt. Dadurch wird ein Rechteck gezeichnet, das umso größer wird, je weiter Sie die Maus vom Ausgangspunkt wegbewegen.

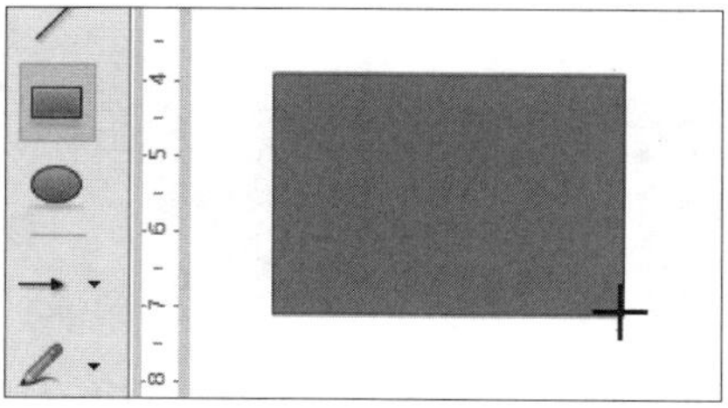

Abb. 6.7: Ein Rechteck zeichnen

Sobald das Rechteck die gewünschte Größe hat, lassen Sie die Maustaste los und das Objekt ist gezeichnet.

> **Tipp**
>
> Möchten Sie statt eines Rechtecks ein Quadrat zeichnen, müssen Sie beim Aufziehen die [⇧]-Taste gedrückt halten.

Objekte markieren

Um ein Objekt bearbeiten zu können, müssen Sie es zuvor markieren. Das geschieht durch einen Klick mit dem Werkzeug Auswahl auf das Objekt.

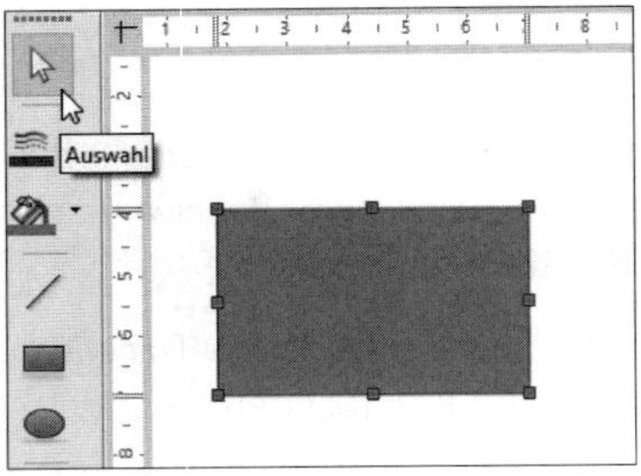

Abb. 6.8: Ein Rechteck markieren

Objektgröße festlegen

Möchten Sie die Größe des Objekts gleich bestimmen, so nehmen Sie die Einstellungen im gleichnamigen Bereich der Seitenleiste vor.

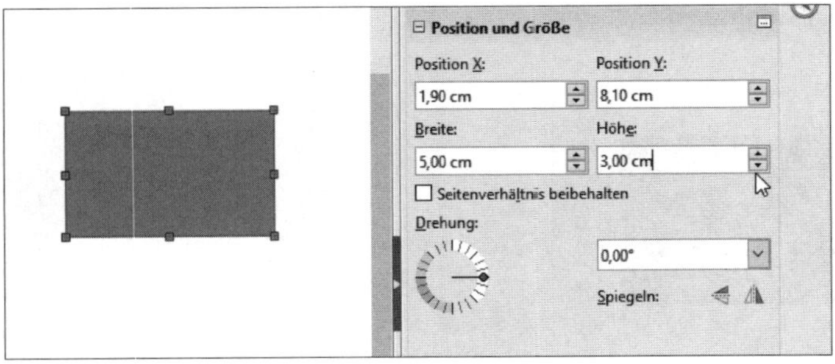

Abb. 6.9: Die Größe (und Position) anpassen

Tipp

Alternativ klicken Sie mit dem aktivierten Werkzeug Auswahl mit der rechten Maustaste auf das Rechteck und wählen Position und Grösse. Im folgenden Dialogfenster können Sie dann in die gleichnamigen Felder die gewünschte Breite und Höhe eingeben.

Objekte verschieben

Nicht immer werden Sie das Objekt Ihrer Wahl an dem Ort haben, an dem Sie es brauchen. Doch keine Sorge: Objekte können an jeder beliebigen Stelle platziert werden.

Führen Sie den Mauszeiger auf das Objekt. Wenn der Cursor die Form eines Vierfachpfeils annimmt, klicken Sie und halten die Maustaste gedrückt. Ziehen Sie das Objekt dann an die gewünschte Stelle.

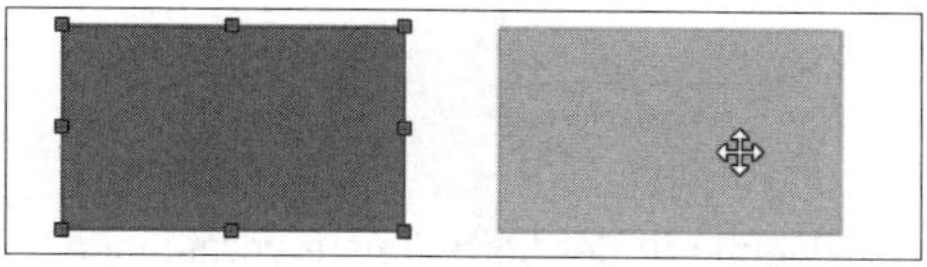

Abb. 6.10: Ein Objekt verschieben

Objekte dehnen und stauchen

Ein erstelltes Objekt kann über die quadratischen Anfasser mühelos gedehnt oder gestaucht werden.

Zeigen Sie mit aktiviertem Hilfsmittel AUSWAHL auf eines der Quadrate an den Seiten. Die richtige Position erkennen Sie daran, dass der Mauszeiger die Form eines Doppelpfeils annimmt. Klicken Sie mit der Maus und ziehen Sie mit gedrückter Maustaste den quadratischen Anfasser in die gewünschte Richtung.

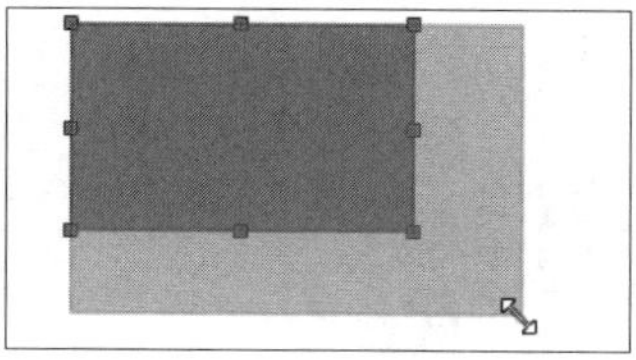

Abb. 6.11: Ein Objekt dehnen

Wenn das Objekt die vorgesehenen Ausmaße hat, lassen Sie die Maustaste los.

Objekte drehen

Objekte können beliebig – entweder intuitiv oder per Dialogfenster – gedreht werden.

Klicken Sie ein zweites Mal auf ein Objekt, um in den Drehmodus zu schalten. Sie erkennen ihn an den runden roten Anfassern. Zeigen Sie auf einen der runden Anfasser und ziehen Sie mit gedrückter Maustaste in die zu drehende Richtung.

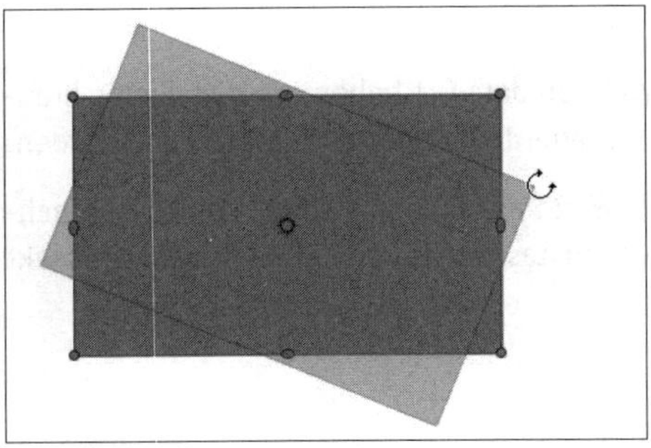

Abb. 6.12: Ein Objekt drehen

Alternativ können Sie die Drehung auch gradgenau in der Seitenleiste vornehmen.

Objekte färben

Wenn Sie ein neues Objekt zeichnen, wird es mit den aktuell eingestellten Farben für Kontur und Füllung versehen.

Die Füllung und die Kontur können nachträglich (um)gefärbt werden. Markieren Sie zunächst das Objekt mit dem Hilfsmittel Auswahl und nehmen Sie die Färbung über die Seitenleiste im Bereich Fläche vor.

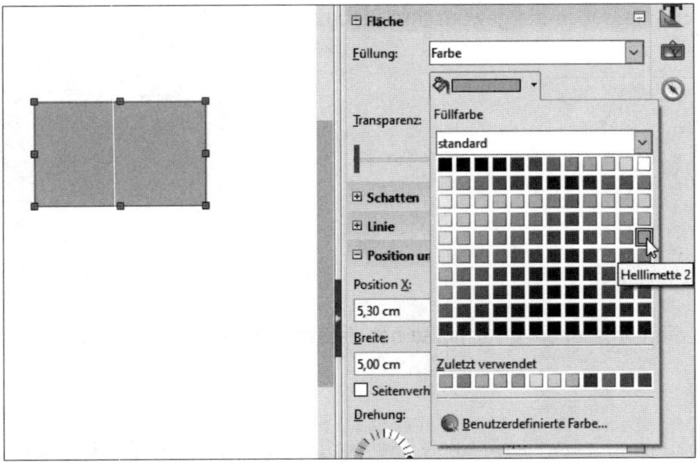

Abb. 6.13: Ein Objekt färben

Das Objekt nimmt sofort die gewählte Färbung an.

Um den Umriss zu verändern, belassen Sie das Objekt markiert und stellen die gewünschte Linien-Breite in dem gleichnamigen Feld ein.

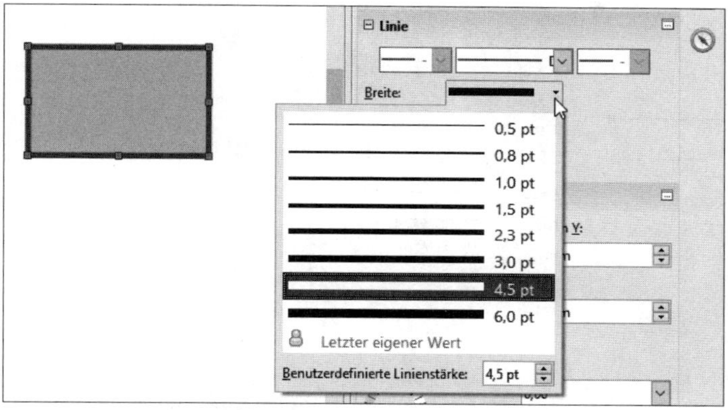

Abb. 6.14: Die Linienbreite verändern

Elementare Objekte zeichnen

Neben dem bislang bekannten Hilfsmittel Rechteck können Sie auf die gezeigte Art und Weise auch eine Reihe weiterer Objekte erstellen. Wenn Sie sich eine Weile mit Draw beschäftigen, werden Sie erkennen, dass alle grafischen Objekte im Regelfall auf Linien, Kurven, Rechtecken und Ellipsen aufbauen. Selbst vorhandene Hilfsmittel wie Polygone, Sterne oder gar die Grundformen bauen auf diesem Prinzip auf. Auf diese Weise lassen sich selbst die komplexesten Formen erstellen. Allerdings haben hier die Götter vor dem Erfolg mal wieder den Schweiß gesetzt und es gilt zunächst, sich mit den elementaren Objekten vertraut zu machen. Diese erstellen Sie mit den Symbolen der Leiste Zeichnen. Dabei werden die Eigenschaften der Grundobjekte durch die voreingestellten Optionen bestimmt. In der Seitenleiste können Sie diese jedoch im Bedarfsfall an Ihre Bedürfnisse und Vorstellungen anpassen.

Im Folgenden werden Sie die wichtigsten Zeichenwerkzeuge im Einzelnen näher kennenlernen.

Linie

Linien zeichnen sich dadurch aus, dass sie keine Fläche beschreiben, weswegen sie auch als *offene Formen* bezeichnet werden.

Eine Linie erzeugen Sie dadurch, dass Sie zunächst das Zeichenwerkzeug Linie aktivieren. Dann bestimmen Sie als Nächstes den Anfang der Linie, indem Sie an die gewünschte Position klicken. Mit gedrückter linker Maustaste bewegen Sie dann den Zeiger zum vorgesehenen Endpunkt.

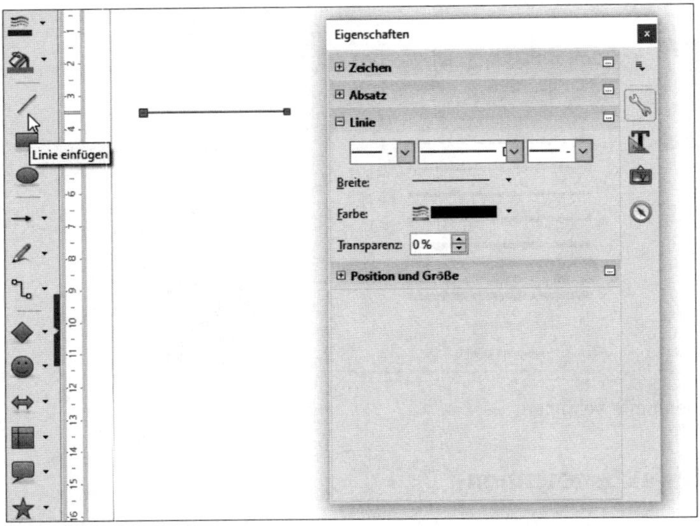

Abb. 6.15: Eine Linie

> **Tipp**
>
> Halten Sie beim Zeichnen die [⇧]-Taste gedrückt, wird es eine gerade Linie.

Linie mit Pfeilende

Bei einer Linie mit Pfeilende gehen Sie genauso wie bei einer normalen Linie vor.

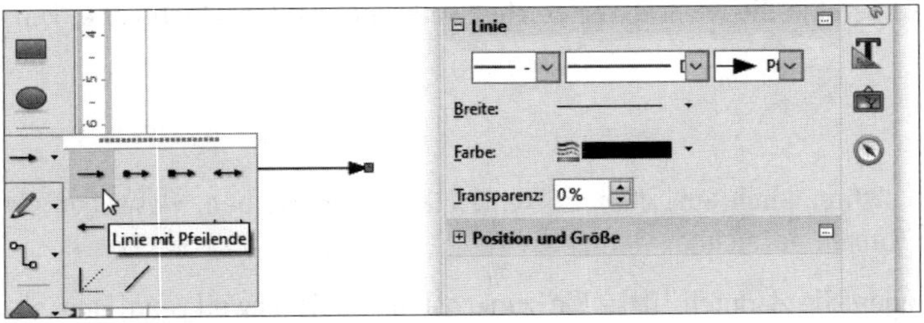

Abb. 6.16: Eine Linie mit Pfeilende

Wie der Name schon sagt, erhält eine solche Linie an einem Ende eine Pfeilspitze, die Sie ändern können. Klicken Sie im Bereich LINIE auf die Schaltfläche LINIENENDENSTIL und wählen Sie die gewünschte Pfeilspitze aus.

Ellipse

Ellipsen bzw. Kreise werden auf die gleiche Art wie Rechtecke oder Quadrate erzeugt. Dazu verwenden Sie das Werkzeug ELLIPSE.

Sie aktivieren das Werkzeug, suchen einen Anfangspunkt und ziehen mit gedrückter Maustaste die Ellipse auf.

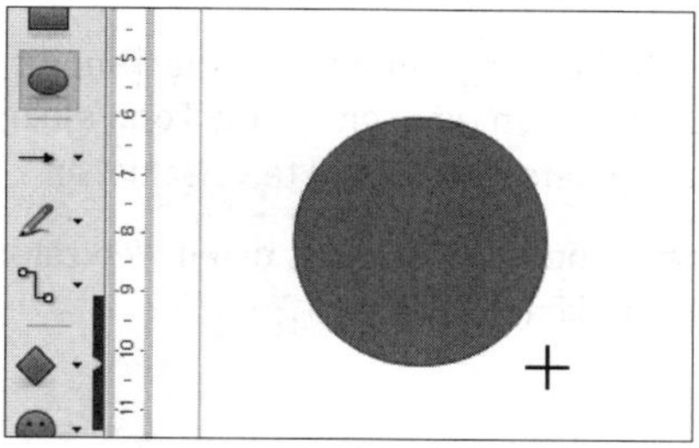

Abb. 6.17: Einen Kreis erzeugen

Möchten Sie einen Kreis erstellen, halten Sie dabei die [⇧]-Taste gedrückt.

Kurve / Freihandlinie

Die Schaltfläche KURVE öffnet eine weitere Symbolleiste, mit der Sie Freihand- und Bézierkurven zeichnen können. Diese zeichnen sich durch einen Startpunkt und einen Endpunkt aus, die auch als *Anker* bezeichnet werden. Die Form dieser Kurve lässt sich durch Steuerpunkte (auch Griffe genannt) definieren. So wird durch das Verschieben eines Steuerpunkts die Form solcher Kurven geändert.

Um eine Linie wie mit einem Bleistift zu zeichnen, klicken Sie auf die Schaltfläche FREIHANDLINIE.

Bestimmen Sie zunächst den Anfang der Linie, indem Sie an die gewünschte Position klicken. Mit gedrückter linker Maustaste bewegen Sie dann den Zeiger zum vorgesehenen Endpunkt.

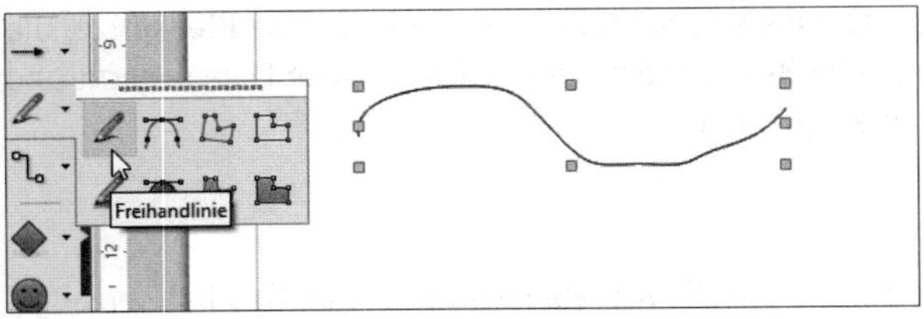

Abb. 6.18: Eine Freihandlinie zeichnen

Wenn Sie die Maustaste loslassen, erstellt Draw die Linie. Gleichzeitig erkennen Sie die Punkte in Form von kleinen Quadraten auf der Linie. Diese wurden an jeder Richtungsänderung der Linie erstellt.

Im Prinzip bestehen alle Objekte in Draw aus einzelnen Segmenten oder Strecken, die über Punkte verbunden sind. Wie Sie noch sehen werden, können Sie die Form einer Linie oder Kurve ändern, indem Sie einen oder mehrere Knotenpunkte verschieben.

Zusätzlich wurde die Symbolleiste PUNKTE BEARBEITEN eingeblendet, mit deren Werkzeugen Sie die Kurve nun nachbessern oder verändern können.

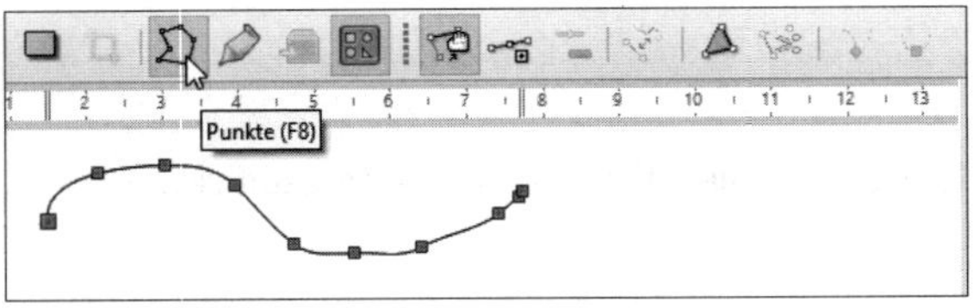

Abb. 6.19: Deutlich zu erkennen: die Punkte

Aktivieren Sie an dieser Stelle die Schaltfläche PUNKTE VERSCHIEBEN, zeigen Sie dann auf einen Punkt und ziehen Sie diesen nach außen weg.

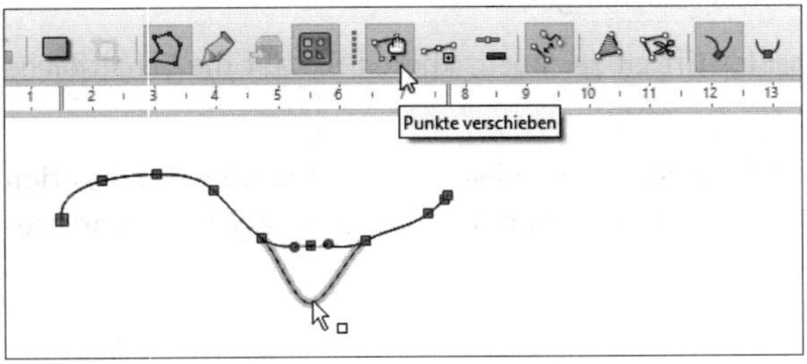

Abb. 6.20: Einen Punkt bearbeiten

Solange Sie den Knotenpunkt markiert lassen, sehen Sie nun eine Linie mit zwei kleinen runden Punkten. Dabei handelt es sich um Kontrollpunkte.

Mithilfe dieser Kontrollpunkte können Sie nun Einfluss auf den Kurvenverlauf nehmen.

Zeigen Sie auf einen der Kontrollpunkte und verlängern Sie diese Linie durch Ziehen.

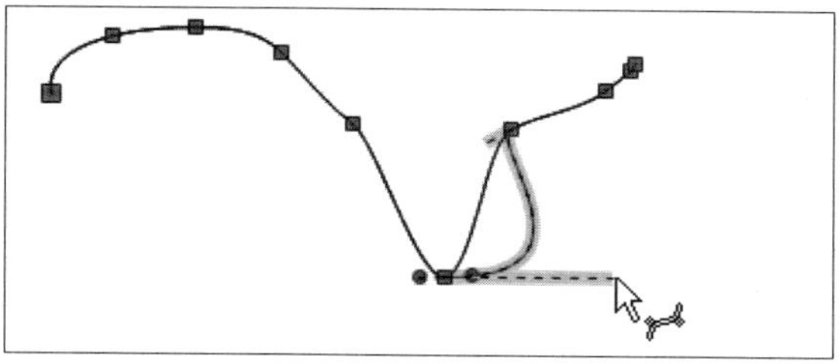

Abb. 6.21: Den Kurvenverlauf beeinflussen

Wie Sie sehen, führt das Verlängern der Kontrolllinie zu einer Verstärkung der Kurvenkrümmung.

(Block-)Pfeile

Möchten Sie schnell eine Linie mit Pfeilenden erstellen, können Sie auf die offenen Objekte der Gruppe PFEILE zugreifen.

Dazu müssen Sie lediglich auf den Listenpfeil der Schaltfläche klicken und können dann eine entsprechende Form auswählen, die sich wie eine ganz gewöhnliche Linie zeichnen lässt.

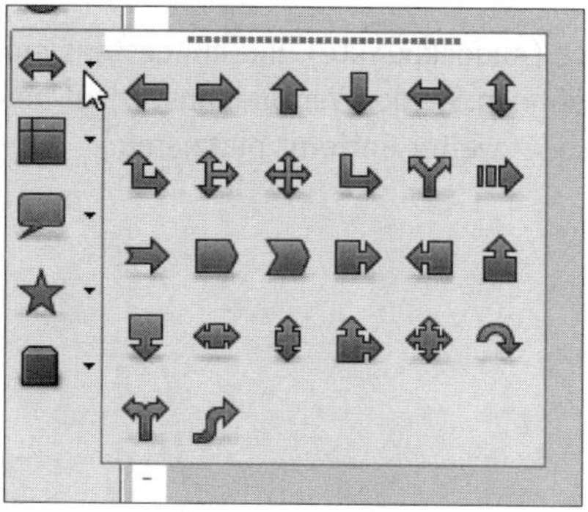

Abb. 6.22: Linien und Pfeilenden

Verbinder

Mehrere Objekte lassen sich mit sogenannten *Verbindern* versehen. Dabei handelt es sich um Verbindungslinien, die zwei Objekte verbinden und gemeinsam mit dem dazugehörigen Objekt verschoben werden.

Wenn Sie auf den Listenpfeil der Schaltfläche klicken, werden Sie die vier Verbinder-Typen *Standard-*, *Linien-*, *Direkt-* und *Kurven-Verbinder* ausmachen können.

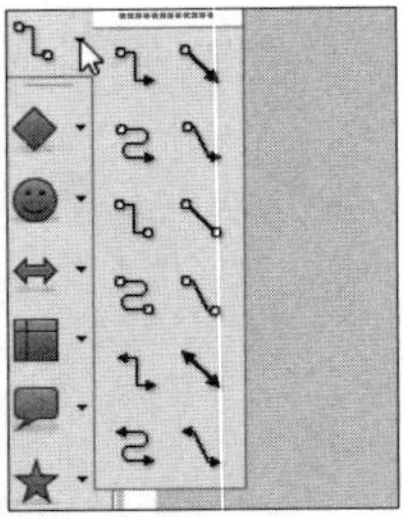

Abb. 6.23: Die möglichen Verbinder

Um eine Verbindung anzulegen, markieren Sie das erste Objekt, klicken auf den Verbinder, klicken auf eine der Eckmarkierungen des ersten Objekts und ziehen mit gedrückter Maustaste zu einer Markierung des zweiten Objekts.

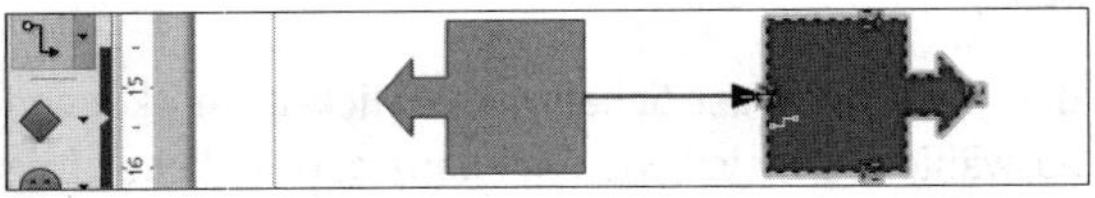

Abb. 6.24: Sobald Sie eine Markierung des zweiten Objekts berühren, sind die Objekte miteinander verbunden.

Die Verbindung wird nun durch zwei rote Kreise (Andockpunkte) und mindestens ein rotes Quadrat gekennzeichnet. Mit Letzterem können Sie den Verbindungsverlauf beeinflussen und beispielsweise die Linie näher oder weiter entfernt platzieren.

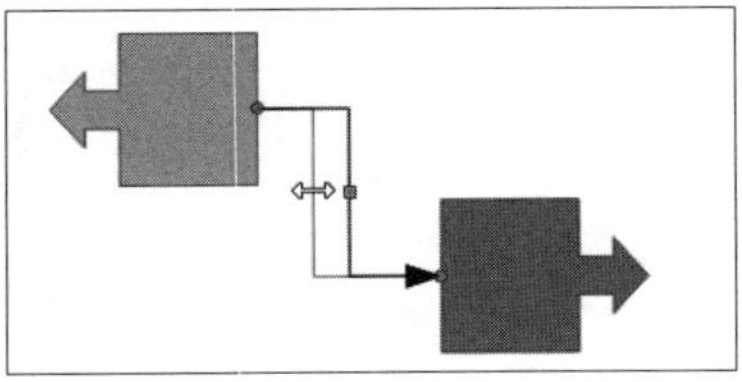

Abb. 6.25: Die Objekte sind verbunden.

Fertige Formen

Draw enthält eine Reihe vordefinierter geschlossener Formen wie Grundformen, Pfeilformen, Legenden oder Sterne. Diese sind in die Kategorien STANDARDFORMEN, SYMBOLFORMEN, BLOCKPFEILE, FLUSSDIAGRAMME, LEGENDEN und STERNE unterteilt.

Um beispielsweise eine Standardform zu erstellen, klicken Sie in der Symbolleiste ZEICHNEN auf den Listenpfeil des Symbols.

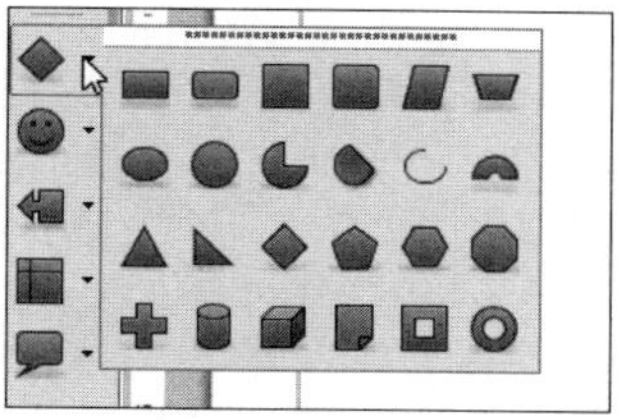

Abb. 6.26: Die Standardformen betrachten

In dieser Liste wählen Sie die gewünschte Form durch einfaches Anklicken an und ziehen dann die Form in gewohnter Weise auf.

Text

Die Texteingabe in Draw funktioniert im Prinzip wie bei einem gängigen Textverarbeitungsprogramm.

Dazu müssen Sie folgende Schritte durchlaufen: Aktivieren Sie in der Standardsymbolleiste die Schaltfläche TEXTFELD EINFÜGEN oder betätigen Sie die Taste F2 und klicken Sie auf eine Stelle im Bild. Ziehen Sie mit gedrückter Maustaste einen rechteckigen Textrahmen auf.

Sobald Sie die Maustaste loslassen, befindet sich der Cursor ganz links oben in dem Rahmen und Sie können mit der Eingabe beginnen.

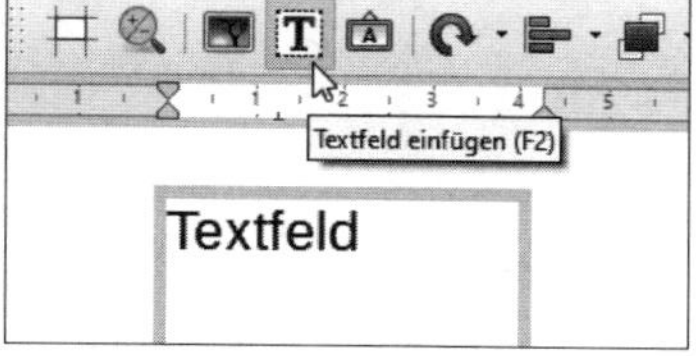

Abb. 6.27: Einen Text eingeben

Mit Objekten arbeiten

Objekte werden von Draw mit acht quadratischen Anfassern umgeben, die ein imaginäres Rechteck um das markierte Objekt bilden. Man spricht hierbei vom *Markierungsmodus*.

Möchten Sie ein solches Objekt drehen, müssen Sie in den *Drehen-Modus* umschalten. Klicken Sie ein weiteres Mal auf das Objekt. In diesem Modus werden die Anfasser durch rote Anfasser ersetzt.

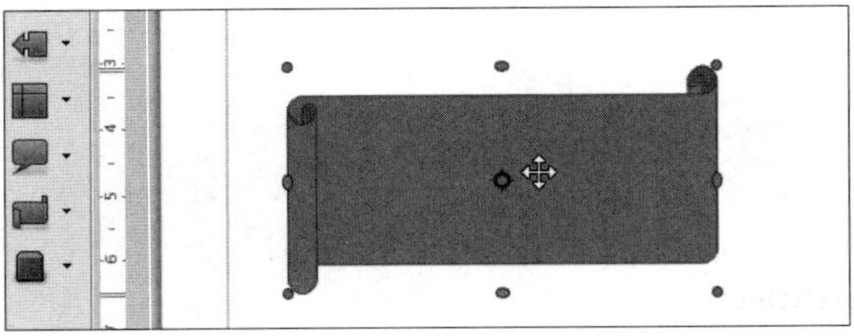

Abb. 6.28: Vorbereitung zum Drehen

Zeigen Sie auf einen solchen Drehpunkt und ziehen Sie mit gedrückter Maustaste in die gewünschte Richtung, um das Objekt zu drehen. Um wieder in den normalen Modus zurückzugelangen, genügt ein Klick auf die Zeichnungsfläche.

Sicherlich fällt Ihnen bei dem einen oder anderen Objekt eine gelbe Markierung auf. Mit deren Hilfe können Sie die Form des Objekts verändern. Zeigen Sie mit dem Mauszeiger auf diesen Punkt. Klicken Sie. Wenn der Mauszeiger die Form einer zeigenden Hand annimmt, bewegen Sie ihn mit gedrückter Maustaste vom Ursprungsort weg.

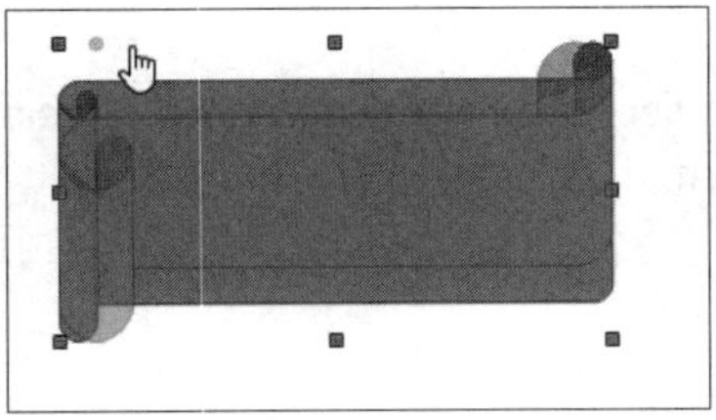

Abb. 6.29: Die Form eines Objekts anpassen

Die Form wird entsprechend den Mausbewegungen angepasst.

Objekte markieren

Um ein Objekt bearbeiten zu können, müssen Sie es zuvor markieren. Die zu wählende Vorgehensweise hängt dabei von der zu lösenden Aufgabe ab.

Um ein einzelnes Objekt mit der Maus zu markieren, bewegen Sie den Cursor auf das Objekt und klicken mit dem Hilfsmittel AUSWAHL auf dieses Objekt.

Sollen mehrere Objekte auf einmal markiert werden, klicken Sie auf das erste Objekt. Dann halten Sie die [⇧]-Taste gedrückt, während Sie nacheinander auf die Linien der betreffenden Objekte klicken.

Ein erneutes Anklicken nimmt das markierte Objekt wieder aus der Markierung heraus.

Möchten Sie alle aneinander angrenzenden Objekte in einem bestimmten Bereich markieren, so lässt sich das am besten durch einen Markierungsrahmen erreichen.

Dazu zeigen Sie mit dem Hilfsmittel AUSWAHL auf einen leeren Bildschirmbereich außerhalb der Objekte. Dann klicken Sie, halten die Maustaste gedrückt und ziehen einen Rahmen um die Objekte.

Abb. 6.30: Einen Auswahlrahmen ziehen ...

Sobald Sie die Maustaste loslassen, verschwindet der Rahmen und alle Objekte, die Sie so »eingefangen« haben, sind markiert.

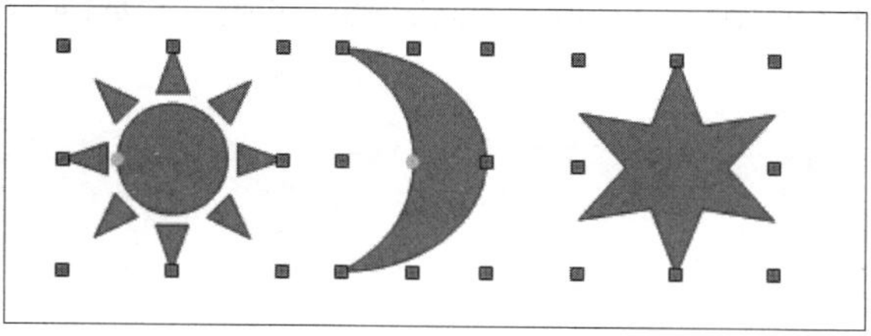

Abb. 6.31: ... loslassen und schon sind alle markiert

Objekte vervielfältigen

Wenn Sie ein bestimmtes Objekt mehrmals benötigen, stehen Ihnen in Draw zwei Möglichkeiten zur Verfügung: Kopieren oder Duplizieren.

Wenn es darum geht, ein oder mehrere Objekte zu vervielfältigen, kommen die bekannten KOPIEREN- und EINFÜGEN-Funktionen zur Anwendung.

Beim Kopieren von Objekten können Sie wie gewohnt vorgehen. Wählen Sie die Befehlsfolge BEARBEITEN / AUSSCHNEIDEN oder BEARBEITEN / KOPIEREN bzw. die Tastenkombinationen [Strg] + [X] oder [Strg] + [C] oder klicken Sie in der Symbolleiste STANDARD auf die Schaltfläche AUSSCHNEIDEN bzw. KOPIEREN.

Damit werden die Objekte in die Zwischenablage kopiert und können von dort beliebig oft in dasselbe oder in ein anderes Dokument eingefügt werden.

Wenn Sie sie wieder einfügen wollen, klicken Sie mit der Maus an die entsprechende Stelle und dann auf die Schaltfläche EINFÜGEN bzw. drücken die Tastenkombination [Strg] + [V].

Das eingefügte Objekt wird passgenau über dem der Kopiervorlage platziert. Sie müssen die Kopie zunächst von der Stelle wegziehen, um zu erkennen, ob der Kopiervorgang von Erfolg gekrönt war.

Möchten Sie erreichen, dass das eingefügte Objekt nicht bündig platziert wird, müssen Sie es duplizieren.

Markieren Sie zunächst wieder das betreffende Objekt. Rufen Sie dann die Befehlsfolge BEARBEITEN / VERVIELFÄLTIGEN auf oder drücken Sie [⇧] + [F3]. Es erscheint das Dialogfenster VERVIELFÄLTIGEN, in dem Sie den horizontalen bzw. vertikalen Versatz des neuen Objekts festlegen können.

Tragen Sie die gewünschten Werte in die Felder ein. Wie Sie sehen, können Sie im Bereich FARBEN sogar einen Verlauf erstellen.

Wenn Sie anschließend mit OK bestätigen, wird das duplizierte Objekt mit den eingegebenen Werten eingefügt.

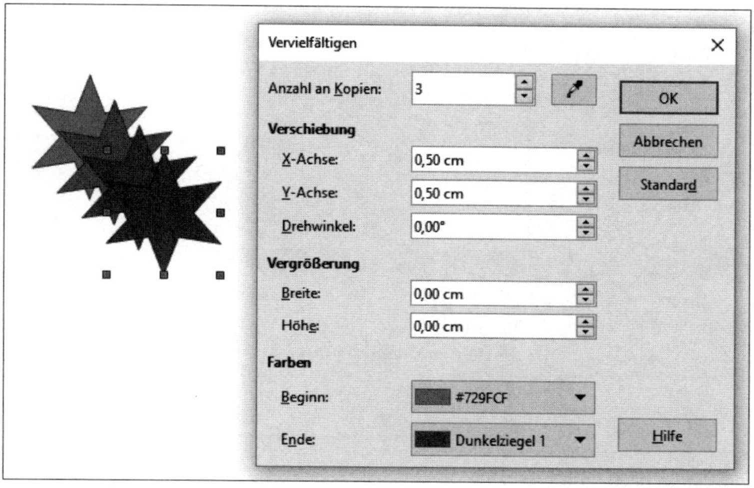

Abb. 6.32: Ein Objekt per Dialogfenster duplizieren

Objekte arrangieren

Wenn Sie mit mehreren Objekten arbeiten, werden Sie diese des Öfteren in die richtige Position bringen müssen. Dazu stehen Ihnen die folgenden Möglichkeiten zur Verfügung.

Draw bietet Ihnen die Möglichkeit, Objekte übereinanderzustapeln sowie bestimmte Objekte in den Vordergrund und andere dagegen in den Hintergrund zu setzen. Das ist besonders dann von Bedeutung, wenn Sie beispielsweise eine Grafik hinter einen Textabschnitt legen wollen.

Wenn Sie mehrere Objekte an der gleichen Stelle erzeugen, werden diese – wie Spielkarten – übereinander abgelegt. Diesen Effekt können Sie jedoch nur bei gefüllten oder bei Textobjekten erkennen. Darunterliegende Objekte werden dann ganz oder teilweise verdeckt.

Das Objekt, das zuletzt gezeichnet wurde, befindet sich im Vordergrund.

Möchten Sie ein Objekt nach vorne versetzen, so gehen Sie wie folgt vor: Markieren Sie zunächst das Objekt mit der Maus, klicken Sie mit der rechten Maustaste und wählen Sie dann im Kontextmenü den Menüpunkt ANORDNUNG und anschließend die gewünschte Reihenfolge an.

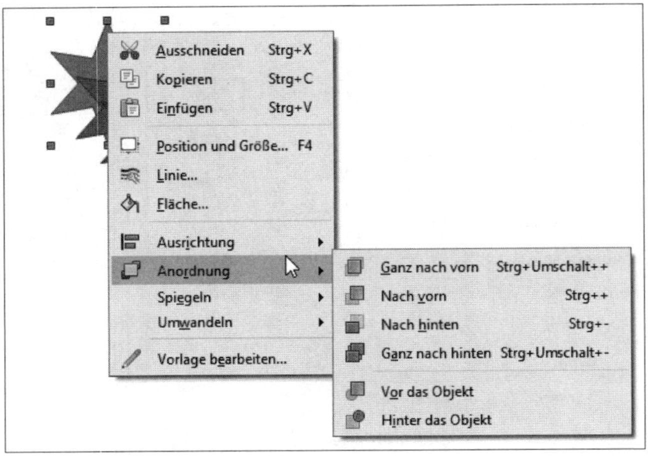

Abb. 6.33: Ein Objekt nach vorn bringen

Dadurch wird das markierte Objekt nach vorn verschoben.

Tipp

Für das schrittweise Platzieren der Objekte sollten Sie sich die Tastenkombination Strg + + für eins nach vorn und Strg + - für eins nach hinten merken und Strg + ⇧ + + für das Befördern in den Vordergrund. Möchten Sie ein Objekt in den Hintergrund bringen, drücken Sie Strg + ⇧ + -.

Haben Sie mehr als zwei Objekte, kann schnell der Wunsch aufkommen, diese schrittweise nach hinten oder nach vorn zu platzieren. In diesem Fall markieren Sie das betreffende Objekt. Dann klicken Sie wieder in der Symbolleiste Zeichnen auf den Listenpfeil der Schaltfläche Anordnen und wählen die Schaltfläche Nach hinten.

Sie können aber auch ein Objekt gleich an eine ganz bestimmte Stelle befördern. Dazu verwenden Sie die Schaltflächen Vor das Objekt bzw. Hinter das Objekt. Markieren Sie das Objekt, das Sie platzieren wollen, und rufen Sie dann die entsprechende Schaltfläche auf. Zeigen Sie nun mit dem veränderten Mauszeiger auf das Objekt, hinter bzw. vor dem Sie das andere platzieren wollen. Es wird zur Kontrolle gestrichelt angezeigt. Mit einem Klick wird das markierte Objekt entsprechend der Vorgabe angeordnet.

Objekte gruppieren

Wenn Sie mehrere Objekte auf die eben dargestellte Weise markieren, werden sie vorübergehend als Einheit behandelt. Diesen praktischen Zustand können Sie dauerhaft anlegen, indem Sie die verschiedenen Objekte zu einer Gruppe zusammenfassen. Anschließend können Sie die Objekte verschieben oder transformieren, ohne dass sich dies auf die einzelnen Positionen oder Attribute auswirkt.

Um eine Gruppe zu erzeugen, gehen Sie am besten wie folgt vor: Wählen Sie zunächst mithilfe des Hilfsmittels AUSWAHL die Objekte aus, indem Sie entweder einen Auswahlrahmen um die Objekte ziehen oder sie nacheinander mit gedrückter [⇧]-Taste anklicken.

Klicken Sie dann innerhalb des Auswahlrahmens mit der rechten Maustaste und wählen Sie den Kontextmenüeintrag GRUPPIEREN.

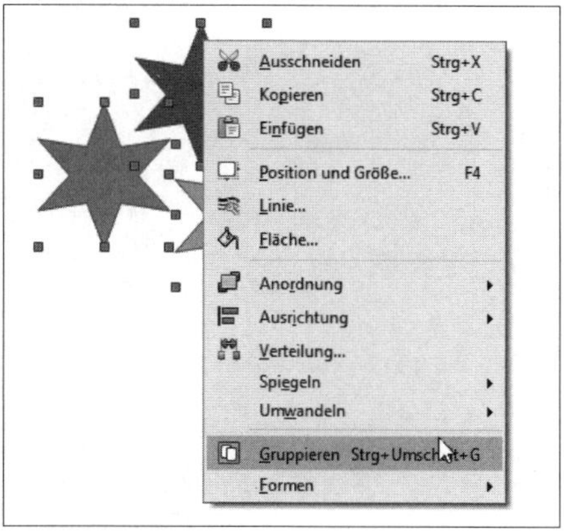

Abb. 6.34: Eine Gruppe bilden

Durch das Gruppieren werden Objekte zu einer einzigen Einheit verschmolzen und entsprechend nur als Einheit verschoben.

Manchmal ist es notwendig, die Gruppierung wieder aufzuheben, etwa wenn Sie ein Objekt entfernen wollen.

In diesem Fall klicken Sie abermals innerhalb der Markierung mit der rechten Maustaste. Diesmal wählen Sie den Kontextmenüpunkt GRUPPIERUNG AUFHEBEN an.

Objekte ausrichten und verteilen

Draw bietet Ihnen eine hilfreiche Möglichkeit, Objekte auf das Genaueste anzuordnen und auszurichten.

Markieren Sie zunächst die (nicht gruppierten!) Objekte.

Klicken Sie dann innerhalb der Markierung und wählen Sie den Kontextmenüpunkt AUSRICHTUNG an. Nun müssen Sie in dessen Untermenü nur noch die richtige Option anklicken.

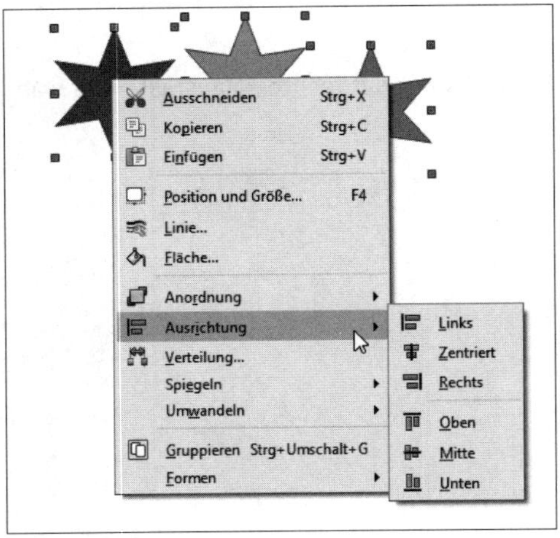

Abb. 6.35: Formen aneinander ausrichten

Objekte transformieren

Wenn Sie die Größe oder Ausrichtung oder die gesamte Form eines Objekts verändern, wird das Objekt transformiert. Als TRANSFORMATIONEN gelten das Verschieben, Skalieren, Drehen, Verbiegen (Schrägstellen) und Spiegeln eines Objekts.

Bislang haben Sie mehr oder weniger intuitiv diese Aktionen an den Objekten vorgenommen. Die meisten der Änderungen lassen sich auch über die entsprechenden Kontextmenüpunkte vornehmen.

Spezialeffekte

Draw bietet Ihnen einige Spezialeffekte, mit denen Sie die Aufmerksamkeit der Betrachter erregen können.

3D-Objekte

Über die letzte Schaltfläche der Symbolleiste ZEICHNEN können Sie fertige 3D-Objekte einfügen. Wählen Sie einfach die gewünschte Form aus und ziehen Sie diese wie jedes andere Objekt auf.

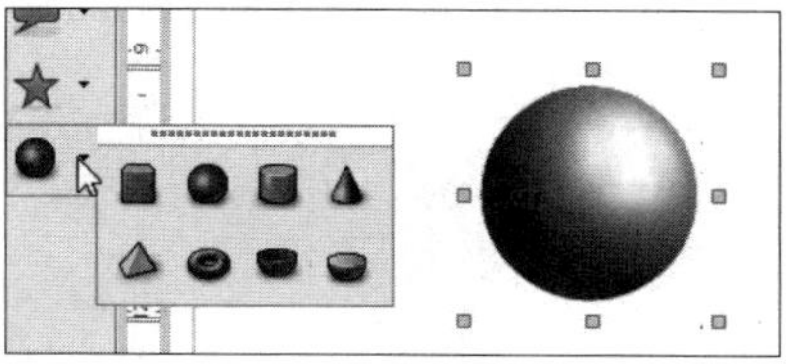

Abb. 6.36: Fertige 3D-Objekte

Extrusion

Mit wenig Aufwand können Sie solche 3D-Rotationskörper von fast jeder Form erstellen.

Markieren Sie die Form und klicken Sie dann auf die Schaltfläche EXTRUSION UMSCHALTEN. Augenblicklich wird die Form in ein dreidimensionales Objekt umgewandelt.

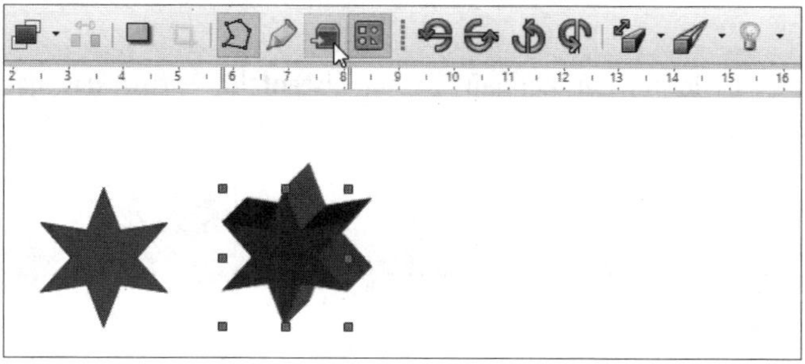

Abb. 6.37: Ein 3D-Objekt

Über die Symbole der eingeblendeten Leiste 3D-EINSTELLUNGEN können Sie diese Form vielfältig bearbeiten, wie KIPPEN, die TIEFE und RICHTUNG ändern oder die BELEUCHTUNG verändern.

6.3 Zeichnungen publizieren

Beim Speichern einer Draw-Zeichnung gibt es zunächst keine Besonderheiten.

Arbeitsdatei

Mit einem Klick auf die Schaltfläche SPEICHERN speichert Draw die Datei im Standardformat *.odg.

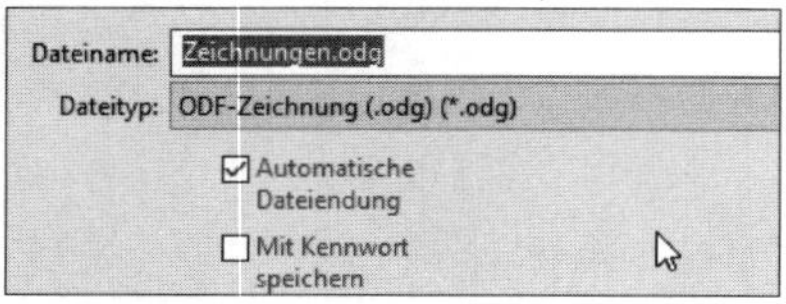

Abb. 6.38: Eine Zeichnung speichern

Es handelt sich dabei um die Arbeitsdatei, d. h., sie kann jederzeit weiterbearbeitet werden. Den Vorgang schließen Sie mit einem Klick auf SPEICHERN ab.

Grafikdatei

Möchten Sie nun die Datei in ein anderes Format (z. B. *.gif, *.tiff oder *.jpg) exportieren, um sie in einem anderen Modul einzufügen, rufen Sie die Befehlsfolge DATEI / EXPORTIEREN auf.

In dem darauffolgenden Dialogfenster können Sie im Listenfeld DATEITYP das gewünschte Dateiformat auswählen.

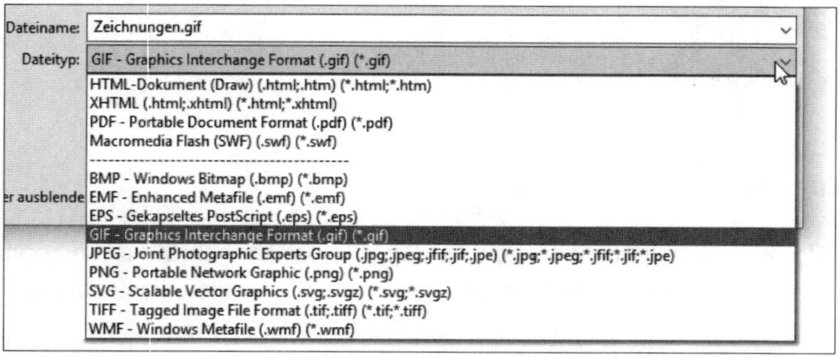

Abb. 6.39: Eine Zeichnung exportieren

Anschließend klicken Sie noch auf die Schaltfläche SPEICHERN und können nun die Grafikdatei wie jede Bilddatei in einem der LibreOffice-Module verarbeiten.

Hinweis

Je nach gewähltem Dateityp erscheint noch ein weiteres Dialogfenster, in dem Sie die nähere Spezifikation der Datei einstellen können.

Webtaugliche Grafik

Wenn Sie als Speicherformat HTML-DOKUMENT auswählen, erscheint das Dialogfenster HTML-EXPORT, das Sie dialoggesteuert durch den Vorgang begleitet.

Unter anderem können Sie zwischen den Formaten PNG, GIF und JPG wählen und die entsprechenden Einstellungen treffen. Zusätzlich stehen noch Optionen für die Monitorauflösung und die JPG-Komprimierung zur Auswahl.

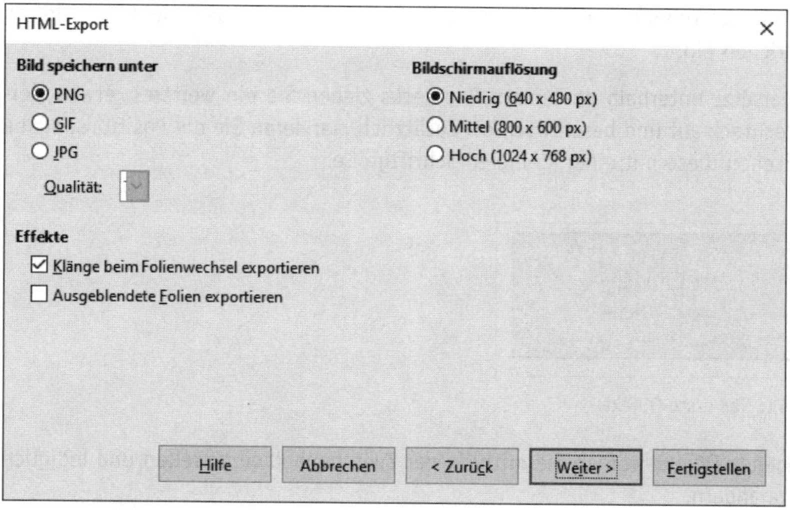

Abb. 6.40: Die HTML-Ausgabe ist dialoggesteuert.

Mit einem Klick auf die Schaltfläche FERTIGSTELLEN schließen Sie den Vorgang ab.

6.4 Know-how für Fortgeschrittene

Neben grafischen Objekten benötigt man auch ab und an sich erklärende Schemas, wie beispielsweise ein Organigramm. An diesem Beispiel erkennen Sie schön das Zusammenspiel der anderen Programme von LibreOffice mit Draw. Im Folgenden werden Sie ein Organigramm im Modul Draw erstellen und dann in eine Impress-Folie einbinden.

Rufen Sie zunächst Draw auf und legen Sie eine neue Zeichnung an, die Sie unter dem Namen `Organigramm` abspeichern.

Stellen Sie die Ausrichtung des Zeichenblatts auf Querformat (Befehlsfolge FORMAT / FOLIENEIGENSCHAFTEN, dort Option AUSRICHTUNG auf QUERFORMAT) um.

Klicken Sie dann in der ZEICHNEN-Symbolleiste auf die Schaltfläche RECHTECK und ziehen Sie mit gedrückter Maustaste ein Rechteck auf.

Wie Sie bereits wissen, verfügt das Rechteck über eine FÜLLUNG. Wenn diese Ihnen nicht zusagt, können Sie sie über die Schaltfläche FÜLLUNG der Symbolleiste LINIE UND FÜLLUNG entsprechend ändern.

Achten Sie darauf, dass das Objekt noch markiert ist, und geben Sie über die Tastatur den Namen des Inhabers ein. Drücken Sie [↵] und geben Sie dann seine Position in Bindestrichen ein.

Etwas versetzt unterhalb des ersten Rechtecks ziehen Sie ein weiteres, etwas kleineres Rechteck auf und beschriften es. Zusätzlich markieren Sie die Positionsangabe und versehen diese mit einer kleineren Schriftgröße.

Abb. 6.41: Das erste Objekt

Das folgende Objekt werden Sie mithilfe der Zwischenablage erstellen und lediglich die Texte ändern.

Lassen Sie das eben erstellte Objekt markiert, klicken Sie auf die KOPIEREN-Schaltfläche und dann auf die EINFÜGEN-Schaltfläche.

Die so entstandenen Objekte lassen sich nun mühelos mit der [→]-Taste verschieben.

Überschreiben Sie abschließend noch den Namen und die Position mit anderen Angaben. Aktivieren Sie dazu das Werkzeug TEXT, klicken Sie in den Rahmen und nehmen Sie die Änderung vor.

Vermutlich haben die so erstellten Objekte nicht den gleichen Abstand. Das werden wir gleich ändern. Dazu werden Sie die Symbolleiste des Symbols AUSRICHTUNG neben den Objekten platzieren. Klicken Sie dazu auf den Listenpfeil der Schaltfläche und bewegen den Mauszeiger auf die Reihe mit den Punkten. Wenn der Mauszeiger die Form eines Verschiebenpfeils annimmt, ziehen Sie die Symbolleiste einfach weg.

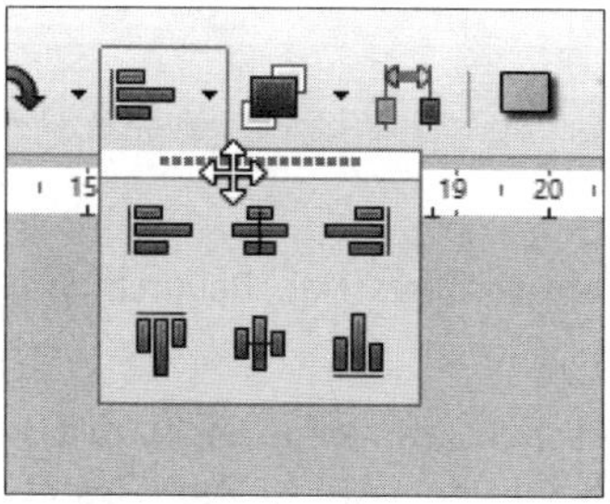

Abb. 6.42: Die Symbolleiste der Schaltfläche abtrennen

Platzieren Sie diese Symbolleiste nun neben die markierten Objekte und wählen Sie die entsprechende Schaltfläche zum Ausrichten aus.

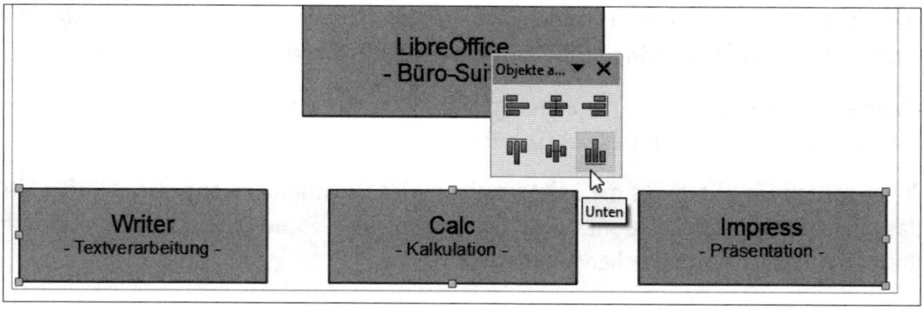

Abb. 6.43: Für einen gleichen Abstand sorgen

Nachdem die einzelnen Objekte fertig sind, geht es ans Verbinden derselben.

Mit dem sogenannten VERBINDER können Zusammenhänge oder Zugehörigkeiten kenntlich gemacht werden. Im Menü der Schaltfläche VERBINDER finden Sie gerade, abgewinkelte oder gebogene Verbindungslinien für alle Zwecke.

Nachdem Sie die gewünschte Form ausgewählt haben, platzieren Sie den veränderten Cursor an die Anfangsposition und klicken dort. Nun können Sie den Mauszeiger frei bewegen, wobei die Linie angeheftet bleibt.

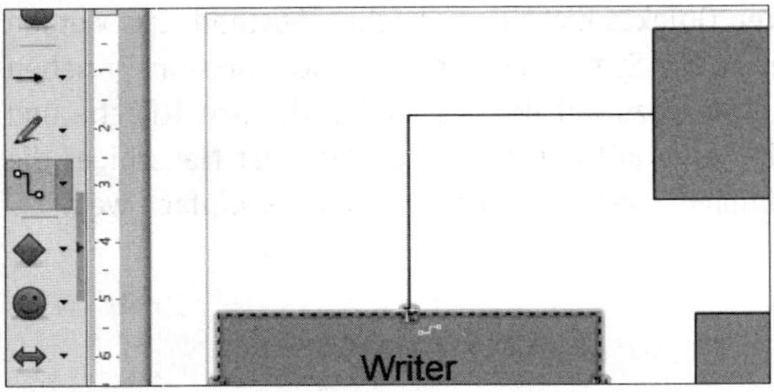

Abb. 6.44: Die Verbinder positionieren

Suchen Sie dann den Endpunkt auf und klicken Sie ein weiteres Mal. Dadurch wird die Linie erstellt.

Diese Linie, wie auch die Rechtecke, können Sie wunschgemäß gestalten. Dazu klicken Sie das betreffende Objekt lediglich an und nehmen die gewünschten Einstellungen über die Symbolleiste LINIE UND FÜLLUNG vor.

Entspricht die Linienführung nicht Ihren Vorstellungen, lässt sie sich problemlos ändern.

Klicken Sie dazu auf den Anfangspunkt der Linie und ziehen Sie sie mit gedrückter Maustaste zu einem anderen Fangpunkt des betreffenden Objekts. Über die kleinen quadratischen Anfasser können Sie anschließend die Linienführung anpassen.

Nachdem Sie das Organigramm angelegt haben, geht es ans Speichern, genauer gesagt ans Exportieren, denn es soll ja auf einer Folie platziert werden.

Zuvor sollten Sie allerdings die Seitenmaße an das Organigramm anpassen. Rufen Sie das Dialogfenster SEITE EINRICHTEN über die Befehlsfolge FORMAT / FOLIENEIGENSCHAFTEN auf und tragen Sie die entsprechenden Werte ein.

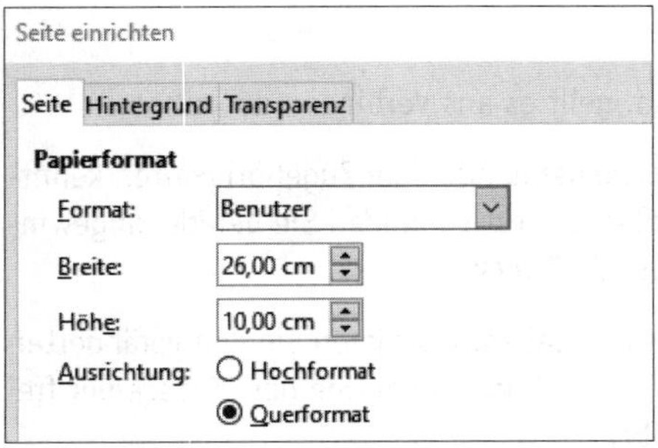

Abb. 6.45: Die Seitenmaße anpassen

Anschließend rufen Sie die Befehlsfolge Datei / Exportieren auf.

Im folgenden Dialogfenster wählen Sie den Speicherort aus und stellen das Dateiformat ein. Im Beispielsfall wählen Sie JPEG und klicken dann auf Speichern.

Im folgenden Dialogfenster können Sie einige Einstellungen vornehmen und unter anderem auch die Qualität des Bildes festlegen.

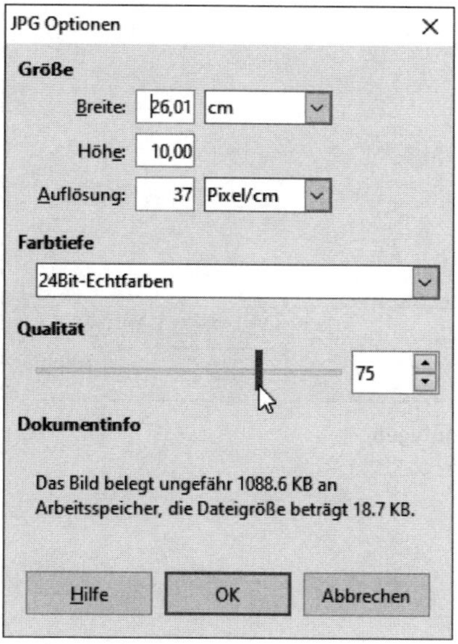

Abb. 6.46: Welche Qualität wünschen Sie?

Da es sich nicht um eine Internetgrafik handelt, können Sie ruhig den Wert auf 100 setzen. Nachdem Sie mit OK bestätigt haben, liegt die Grafik in ihrem Speicherordner bereit zum Einfügen.

Möchten Sie diese nun in einem anderen Programmmodul einfügen, dann rufen Sie in diesem Modul die Befehlsfolge Einfügen / Bild / Aus Datei auf, wählen die Grafik aus und bestätigen mit Öffnen.

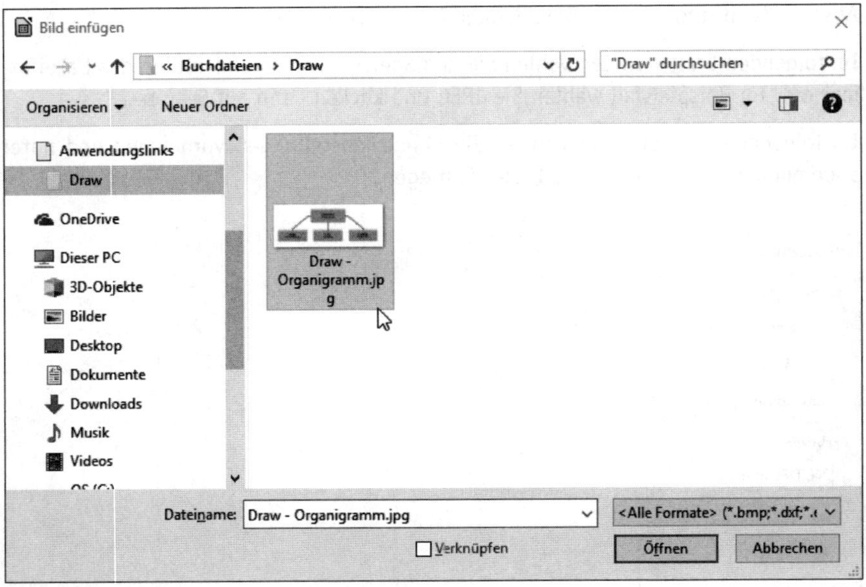

Abb. 6.47: Das erstellte Organigramm in Impress einfügen

Kapitel 7

Base – die Datenbank

Daten spielen in unserem Leben eine große Rolle. Früher führte man dazu Karteikästen, heute nimmt man eine Datenbank. Wie Sie rasch sehen werden, sind die Anwendungsmöglichkeiten vielfältig: Mithilfe einer Kundendatenbank kann man die Adressen für ein Anschreiben drucken oder die Telefonnummern der Ansprechpartner verwalten. Im heimischen Bereich wird etwa damit die Musiksammlung verwaltet und man findet alle Songs eines Interpreten rascher oder man vermerkt, welche CD, DVD oder Blu-Ray an wen verliehen wurde.

Diese Liste ließe sich beliebig fortsetzen, denn Datenbanken bestimmen zunehmend unser Leben und begegnen uns im Alltag an unzähligen Orten. Buchen Sie beispielsweise Ihren Sommerurlaub bei einer Fluglinie, landen Ihre Daten in einer Datenbank. Benötigen Sie einen neuen Reisepass, schaut man in der Gemeinde in der Datenbank nach. Holen Sie sich Geld vom Geldautomaten, wird dieser Vorgang in der Datenbank Ihrer Bank verzeichnet. Müssen Sie sich einmal ins Krankenhaus begeben, werden Ihre persönlichen wie auch krankheitsbezogenen Daten in einer Datenbank erfasst. Wenn Sie ein bisschen über Ihren Alltag nachdenken, fallen Ihnen gewiss noch viel mehr Beispiele ein!

7.1 Datenbankgrundlagen

Bevor Sie mit dem Aufbau Ihrer ersten Datenbank beginnen, sollten Sie sich zunächst mit einigen Grundbegriffen vertraut machen.

Zunächst stellt sich die Frage, was eine Datenbank überhaupt ist.

Datenbankbegriffe

Am besten stellt man sich eine Datenbank wie einen Karteikasten vor. In einem Büro kann so ein Karteikasten auch die Ausmaße von ganzen Schränken annehmen. In diesen Schränken befinden sich die Karteikarten. Auf den einzelnen Karten befinden sich wiederum die Daten.

Daten sind im Prinzip logisch gruppierte Informationen, die in einer Datenbank gespeichert sind. Bei einer Adresskartei werden in vorgegebenen Kästchen die Daten eingetragen. Zu diesen Daten gehören z. B. der Name, der Vorname, die Adresse, das Geburtsdatum usw. In einer Datenbank heißen diese Kästchen *Datenfelder*. Diese Datenfelder werden benannt: *Name*, *Vorname*, *Geburtsdatum* usw. Dabei ist wichtig, dass ein Datenfeld immer die gleichen Informationen enthält, d. h., der Name steht immer im Feld *Name*, das Geburtsdatum immer im Feld *Geburtsdatum*!

Damit später beim Suchen und Sortieren der Daten auch alle Datensätze gefunden werden, ist es nötig, dass die Daten vorschriftsmäßig eingegeben werden, d. h., im

Feld *Geburtsdatum* muss auch ein Datum eingegeben werden und nicht – aus Versehen – ein Name. Deshalb wird beim Erstellen einer neuen Datenbank bei jedem Feld festgelegt, welchen *Datentyp* es enthalten soll: Text, Zahlen, Datum usw.

Datenbankaufbau

Wenn Sie in Base eine neue Datenbank anlegen, müssen Sie sich Gedanken über den elementaren Aufbau der Datenbank und insbesondere hier über die Datenfelder machen.

Tabellen

Die Felder werden in eine *Tabelle* eingetragen: Die Datenfelder sind die Spaltenüberschriften, die eingetragenen Datensätze bilden die Zeilen. Die Tabelle wird anschließend unter einem Namen gespeichert.

Vorname	Nach...	Adresse	Post...	Ort	eMail	AdressID	Gesch...
Willibald	Writer	Writer-Straße 6	12345	Librecity	w.writer@libreoff	7	m
Mick	Math	Math-Weg 6	12345	Librecity	m.math@libreoffi	6	m
Dieter	Draw	Draw-Passage 6	12345	Librecity	d.draw@libreoffi	5	m
Ida	Impress	Impression Allee 6	12345	Librecity	i.impress@libreof	4	w
Bert	Base	Basement 6	12345	Librecity	b.base@libreoffic	3	m
Clara	Calc	Calculate Place 6	12345	Librecity	c.calc@libreoffic	2	w

Abb. 7.1: Eine Datentabelle

Mit Tabellen arbeiten Sie im Regelfall nur dann, wenn Sie eine Datenbank aufbauen und einen Überblick über die Struktur bekommen möchten. Ansonsten verwenden Sie übersichtliche Formulare, die dem jeweiligen Bearbeitungszweck angepasst sind und nur die Felder präsentieren, die bei Ihrer Arbeit gerade von Interesse und Bedeutung sind.

Ein kleines Unternehmen könnte also theoretisch einen Großteil der betriebsrelevanten Daten durchaus in einer Tabelle verwalten. So könnten die Personalabteilung, der Vertrieb und die Buchhaltung mit spezialisierten Formularen auf die für sie relevanten Datenfelder zugreifen. Wenngleich diese Vorgehensweise im Regelfall genügt, sollten Sie sie jedoch vermeiden, denn je größer Ihre Datenbank wird, umso langsamer wird sie. Große, komplizierte Datenbanken arbeiten schneller, wenn sie von Anfang an auf mehrere miteinander verknüpfte Tabellen mit jeweils vom Sinn her zusammengehörigen Daten aufgeteilt werden. Bevor Sie an die Erstellung einer Datenbank gehen, sollten Sie deshalb einige Vorüberlegungen zum Verwendungszweck und der voraussichtlichen Größe anstellen.

Das Gestalten einer Datenbank erfordert eine gewissenhafte Planung. Insbesondere muss man Folgendes vermeiden:

- *Redundanzen*, darunter versteht man die Mehrfachspeicherung der gleichen Datensätze, und
- *Inkonsistenzen*, die durch Differenzen in der Schreibweise, beispielsweise von Namen (*Mayer* oder *Meier*), entstehen.

Die Arbeiten, die genau diese Probleme verhindern sollen, nennt man *Normalisierung*. Deshalb stellt man vor jedem Aufbau einer Datenbank folgende Überlegungen an:

- Welche Daten (Informationen) sollen gespeichert werden?
- In welche Tabellen werden die Daten aufgeteilt?
- Welche Felder erhält jede Tabelle?

Datensätze

Innerhalb dieser Tabellen findet man die Datensätze. Ein *Datensatz* ist eine abgeschlossene Einheit innerhalb einer Datenbank. Er enthält typischerweise mehrere Datenfelder, die sich in Struktur und Beschaffenheit in jedem weiteren Datensatz derselben Datei oder Datenbank wiederholen.

	Ida	Impress	Impression Allee 6	12345	Librecity	i.impress@libreof	4	w
▷	Bert	Base	Basement 6	12345	Librecity	b.base@libreoffic	3	m
	Clara	Calc	Calculate Place 6	12345	Librecity	c.calc@libreoffic	2	w

Abb. 7.2: Ein (markierter) Datensatz

Felder

Felder sind die wichtigste Einheit einer Datenbank. Sie enthalten die einzelnen Informationen.

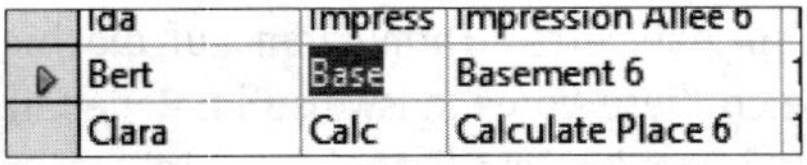

	Ida	Impress	Impression Allee 6
▷	Bert	Base	Basement 6
	Clara	Calc	Calculate Place 6

Abb. 7.3: Ein einzelnes (markiertes) Feld

Ein jedes Feld enthält ein bestimmtes *Attribut*. Beispiele für solche Attribute sind der Familienname oder die Krankenkasse. Ein solches Datenfeld wird im Datenbankentwurf für einen bestimmten Datenfeldtyp, z. B. Text, Zahl, Datum etc., vorgesehen. Zusätzlich zum Datenfeldtyp werden für ein Datenfeld oft weitere Merkmale wie die Feldgröße, ein Eingabeformat oder ein Standardwert festgelegt.

Datenbankorganisation

Das Erstellen einer Datenbank setzt einige Vorüberlegungen voraus.

Einer der wichtigsten Grundsätze bei den Vorarbeiten für eine Datenbank ist, dass es gelingt, die Daten so weit aufzuspalten, dass eine Tabelle nur die Daten zu einem ganz bestimmten Thema enthält.

Jedes Feld einer Tabelle sollte nur ein einziges Datenelement enthalten.

Das wäre beispielsweise nicht erfüllt, wenn der Vor- und der Nachname in einem einzigen Feld stehen würden. Eine Sortierung oder gar Filterung nach dem Nachnamen wäre dann nur unter sehr erschwerten Bedingungen möglich.

Ein solches Feld ist zudem durch seine *Feldeigenschaften* bestimmt. Dazu zählen insbesondere die Feldgröße, also wie viele Informationen gespeichert werden, und die Feldart, also was gespeichert wird. Es macht nämlich einen Unterschied, ob ein Feld Text oder Zahlen enthält. Mit Letzteren kann man beispielsweise rechnen, mit Ersterem dagegen nicht.

Jeder Datensatz innerhalb einer Tabelle muss von Base eindeutig identifiziert werden können. Aus diesem Grund wird ein Feld zum *Primärschlüssel* erklärt.

Datenbankbedienung

Eine Datenbank bedienen kann fast jeder, eine funktionstüchtige Datenbank erstellen erfordert aber mehr Wissen.

Datenbankspezialisten

Professionelle Datenbanken werden von Datenbankspezialisten erstellt, da dazu ein gehöriges Maß an Wissen und Erfahrung benötigt wird. Als normaler Anwender werden Sie kaum in die Verlegenheit kommen, eine komplette Datenbank »mit allen Schikanen« zu erstellen. Nichtsdestotrotz sollten Sie sich für das bessere Verständnis auch Wissen aneignen, wie man eine Datenbank erstellt.

Datenbankadministrator

Ein *Datenbankadministrator* ist für die Verwaltung eines Datenbankmanagementsystems verantwortlich. Seine Aufgaben umfassen im Wesentlichen den Entwurf der Datenbank, die Definition von Schemata, den Datenschutz, die Datensicherheit, die Leistungsüberwachung und -optimierung sowie Änderungen am Schema.

Er verteilt zudem die Zugriffsrechte, d. h. die Berechtigungen, wer welche Daten abfragen darf und kann, und sorgt dafür, dass die Datenbank möglichst reibungslos funktioniert. Sollte einmal die Datenbank zusammenbrechen oder ein größerer Fehler auftauchen, ist es gleichfalls seine Aufgabe, die Datenbank wieder ans Laufen zu bringen und den Fehler zu beseitigen.

Benutzer

Die meisten Menschen, die mit Datenbanken zu tun haben, sind Benutzer. Das heißt, sie arbeiten mit dem Datenbestand der Datenbank. Sie geben neue Daten über Formulare ein, pflegen bestehende Daten mithilfe dieser Formulare und erstellen Abfragen aus der Datenbank.

Formulare

Zur bequemen Eingabe von Daten werden in der Regel *Formulare* verwendet. Oftmals ist es wenig komfortabel, die Daten direkt in eine Tabelle einzugeben. Deshalb werden Formulare erstellt, die jedoch auf den Tabellen basieren. Bei der Erstellung eines Formulars kann entschieden werden, welche Datenfelder in dem Formular erscheinen sollen. Dadurch wird es möglich, aufgabenbezogene Formulare zu erstellen.

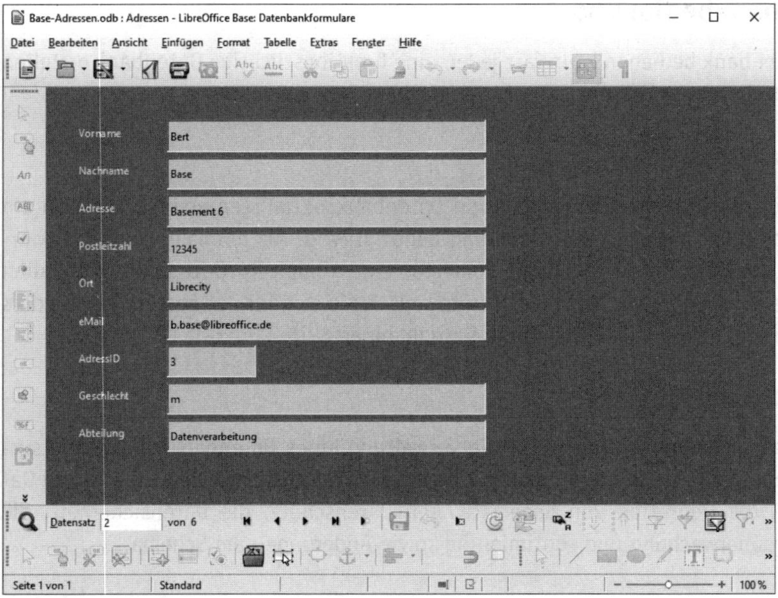

Abb. 7.4: Formulare erleichtern die Eingabe.

In Base ist es unerheblich, ob die Daten in einem Formular oder in der Tabelle selbst eingegeben oder verändert werden. In jedem Fall werden die Daten in der Tabelle gespeichert, dort aktualisiert und in dieser Form an alle Formulare weitergegeben.

Abfragen

Zum Sortieren und Filtern von Daten benutzt man *Abfragen*. Eine Abfrage basiert auf einer Tabelle oder einer anderen Abfrage. Das Ergebnis einer Abfrage wird als *Dynaset* bezeichnet. Ähnlich wie in Formularen können Sie auch in Dynasets Daten verändern, die sofort an die entsprechende Tabelle weitergegeben werden.

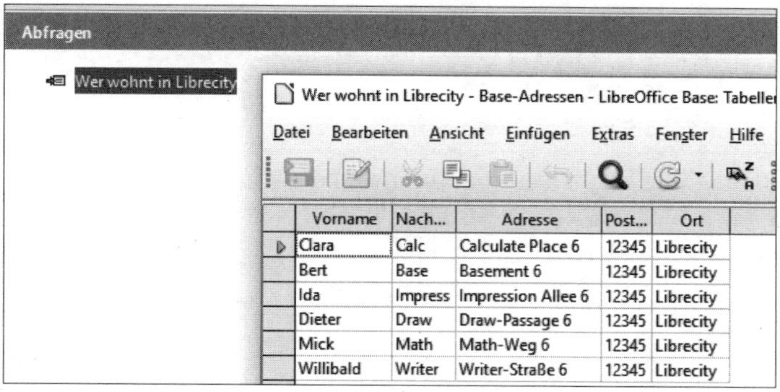

Abb. 7.5: Abfragen klären Fragen.

Standardmäßig erscheint das Ergebnis einer Abfrage als Tabelle. Komfortabler wird es, wenn Sie ein Formular erstellen, dem diese Abfrage zugrunde liegt. Dann steht Ihnen auch bei der Bearbeitung der Daten der Komfort von Formularen zur Verfügung.

7.2 Base kennenlernen

Im Folgenden werden Sie eine Datenbank mit *Base* erstellen und diese Schritt für Schritt ausbauen.

Starten Sie zunächst das Programmmodul BASE bzw. klicken Sie im STARTCENTER auf die Schaltfläche DATENBANK.

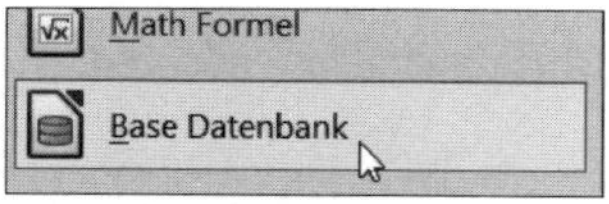

Abb. 7.6: Es geht los.

Unmittelbar nachdem Sie die betreffende Schaltfläche angeklickt haben, erscheint der DATENBANK-ASSISTENT und heißt Sie willkommen.

Da Sie eine neue Datenbank erstellen möchten, belassen Sie es bei der Option NEUE DATENBANK ERSTELLEN.

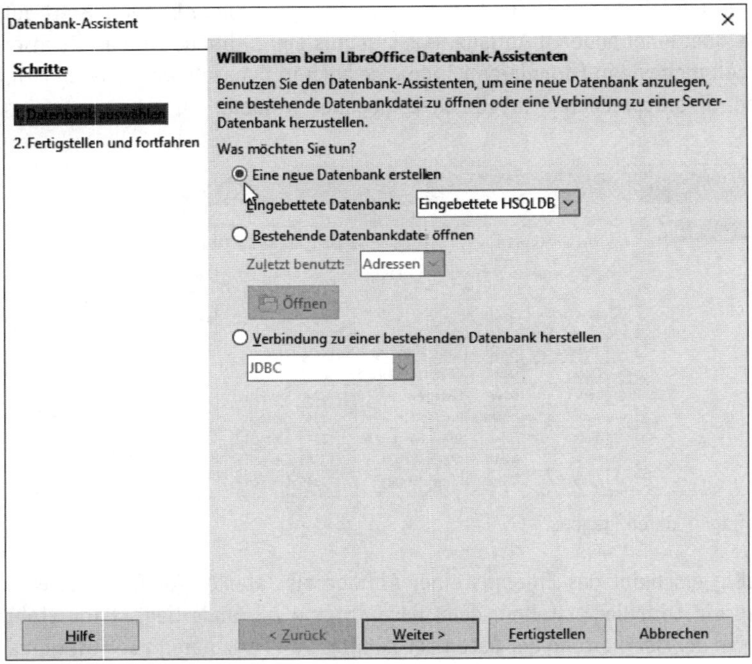

Abb. 7.7: Erstellen Sie eine neue Datenbank.

Tipp

Möchten Sie zu einem späteren Zeitpunkt die nachfolgend erstellte Datenbank bearbeiten, wählen Sie die zweite Option.

Mit WEITER gelangen Sie zum nächsten Dialogfenster.

In diesem müssen Sie entscheiden, ob Sie sich in LibreOffice anmelden möchten.

Belassen Sie es bei der Vorgabe Ja, die Datenbank soll angemeldet werden, denn so stehen Ihnen dann später die Inhalte der Datenfelder z. B. in Feldbefehlen und Kontrollfeldern zur Verfügung.

Da auch gleich mit dem Bearbeiten begonnen werden soll, belassen Sie das Kontrollkästchen Die Datenbank zum Bearbeiten öffnen ebenfalls aktiviert.

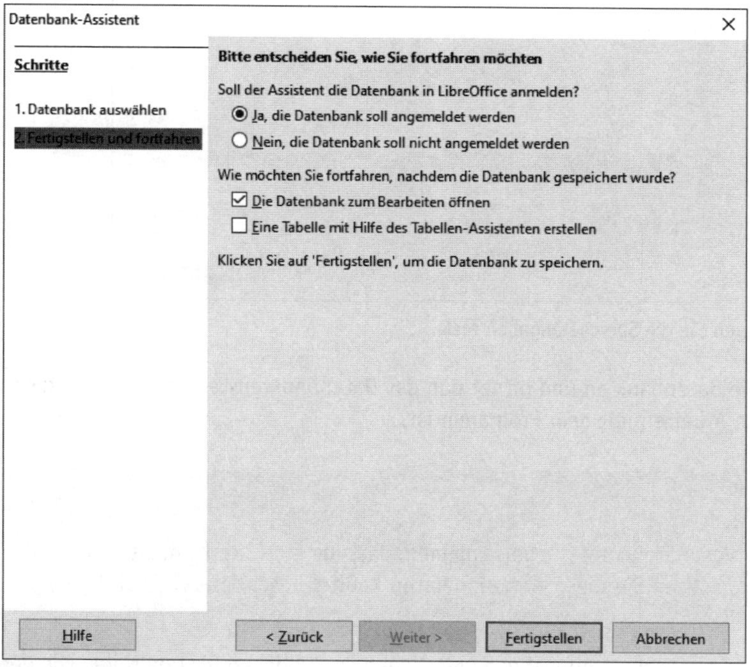

Abb. 7.8: Melden Sie sich an.

Da hier nichts weiter zu tun ist, klicken Sie auf Fertigstellen.

Sie erhalten das Dialogfenster Speichern unter, denn die Datenbankdatei muss ja irgendwo auf Ihrer Festplatte gesichert werden.

Begeben Sie sich zum gewünschten Ordner und geben Sie im Feld Dateiname eine aussagekräftige Bezeichnung ein.

In unserem Fall tragen Sie `Base - Adressen` ein und klicken dann auf Speichern.

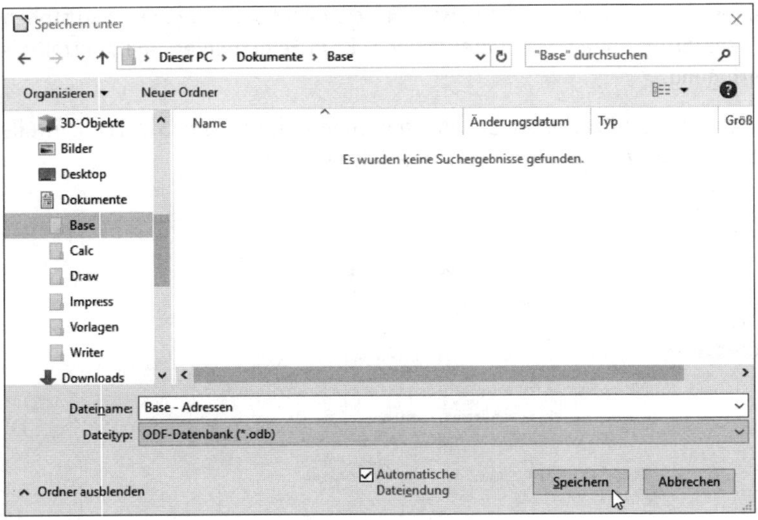

Abb. 7.9: Legen Sie die Speicherangaben fest.

Base legt die Datenbank an und öffnet nun das Datenbankfenster, das die Schaltzentrale für alle Arbeiten mit dem Programm ist.

Hinweis

Sollte an dieser Stelle ein Hinweis kommen, dass Sie eine JRE-Laufzeitumgebung benötigen, sollten Sie diese – wie im ersten Kapitel beschrieben – installieren.

Betrachten wir es deshalb einmal genauer. Neben den üblichen Bestandteilen wie der Menü- und der Symbolleiste finden Sie auf der linken Seite den Bereich DATENBANK. Hier finden Sie alle Objekte, die beim Arbeiten mit einer Datenbank eine Rolle spielen: TABELLEN, ABFRAGEN, FORMULARE und BERICHTE.

Unmittelbar daneben befindet sich der Bereich AUFGABEN, in dem Sie die Arbeiten mit den einzelnen Objekten koordinieren.

Nachdem Sie diese durchgeführt haben, befinden sich die Ergebnisse in dem Bereich darunter, von dem sie wieder aufgerufen werden können.

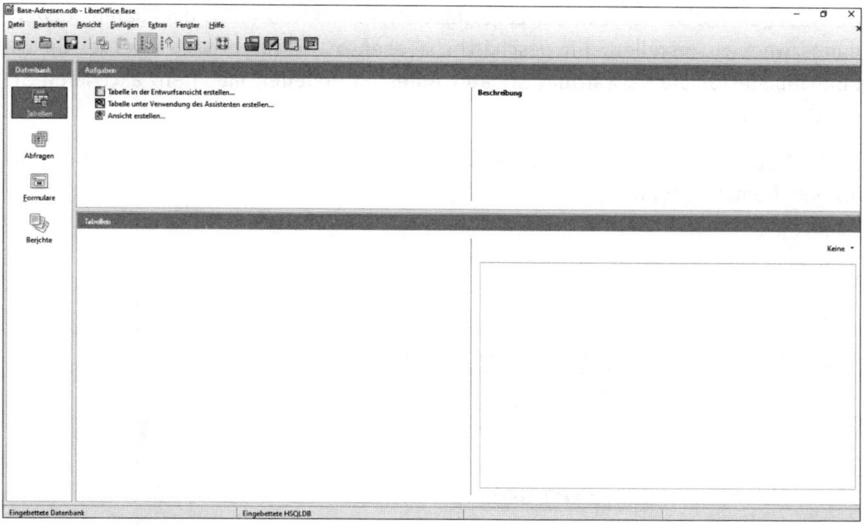

Abb. 7.10: Das Datenbankfenster

7.3 Tabellen

Um eine Tabelle zu erstellen, klicken Sie im Bereich AUFGABEN auf den Eintrag TABELLE UNTER VERWENDUNG DES ASSISTENTEN ERSTELLEN.

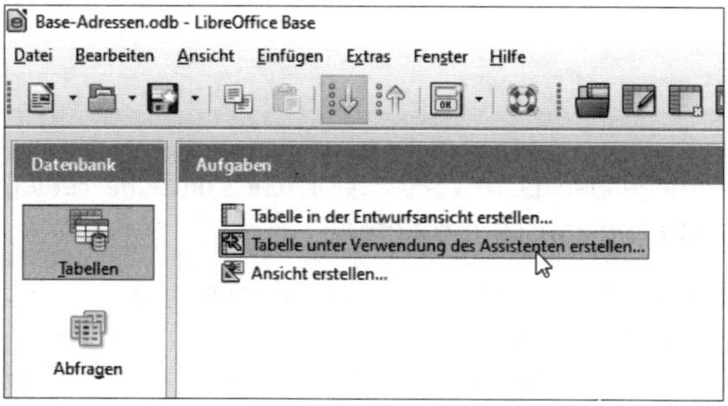

Abb. 7.11: Eine Tabelle mithilfe des Assistenten erstellen

Dadurch startet das Dialogfenster des Assistenten, der Sie Schritt für Schritt durch die Erstellung leitet. Im ersten Fenster geht es um die Wahl einer Beispieltabelle mit den dazugehörigen relevanten Feldern.

Der Tabellen-Assistent ist in der Lage, Tabellen für nahezu jeden denkbaren Verwendungszweck zu erstellen, für geschäftliche ebenso wie für private Zwecke. Da wir eine Tabelle für die Verwaltung privater Adressen erstellen möchten, aktivieren Sie die Option PRIVAT.

In der Liste BEISPIELTABELLEN finden Sie eine Tabelle für unsere Zwecke, Sie erkennen sie an dem Namen ADRESSEN.

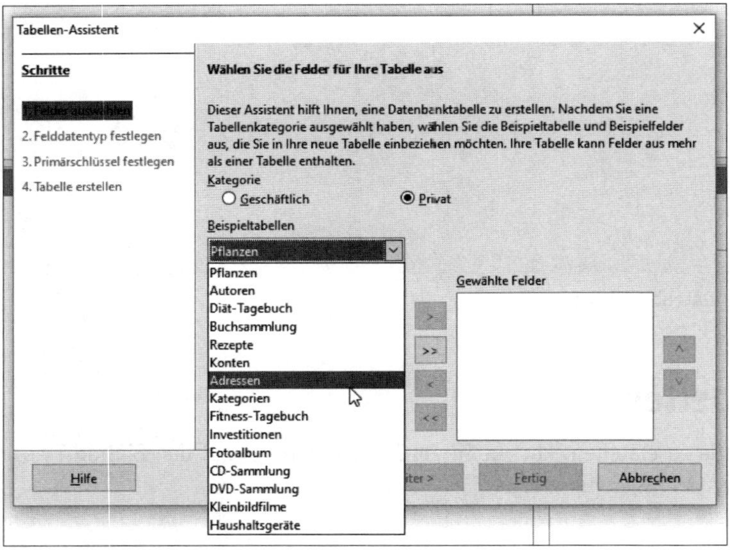

Abb. 7.12: Eine Adresstabelle erstellen

Aktivieren Sie diese Tabelle.

Sofort erscheinen in der darunterliegenden Liste VORHANDENE FELDER sämtliche Felder, die man in eine solche Adresstabelle hineinpacken könnte.

Auf der rechten Seite finden Sie die Liste GEWÄHLTE FELDER, die bislang noch leer ist. In diese Liste werden Sie im Folgenden die Felder einfügen, die Sie in Ihrer Adresstabelle verwenden möchten. Dazu bedienen Sie sich der vier Schaltflächen zwischen den beiden Listen.

Markieren Sie ein Feld im Bereich VORHANDENE FELDER und klicken Sie auf die Schaltfläche mit dem Pfeil nach rechts (>), um das Feld als erstes Feld der neuen Tabelle zu übernehmen. Mit der Schaltfläche >> könnten Sie alle Beispielfelder auf einmal übernehmen.

Klicken Sie dagegen < an, nimmt Base Felder, die Sie versehentlich in die neue Tabelle übernommen haben und die markiert sind, wieder zurück. Der Doppelpfeil << macht die komplette Feldauswahl wieder rückgängig.

Alternativ dazu können Sie ein Feld durch Doppelklick auswählen und auch wieder aus dem Bereich entfernen.

Zu Übungszwecken sollten Sie an dieser Stelle folgende Felder auswählen: AdressID, Adresse, Ort, eMail, Vorname, Nachname und Postleitzahl.

Sagt Ihnen die Reihenfolge (die im Übrigen bei einer Datenbanktabelle keine Rolle spielt) nicht zu, können Sie die Felder mithilfe der beiden Schaltflächen am rechten Rand in die gewünschte Reihenfolge bringen.

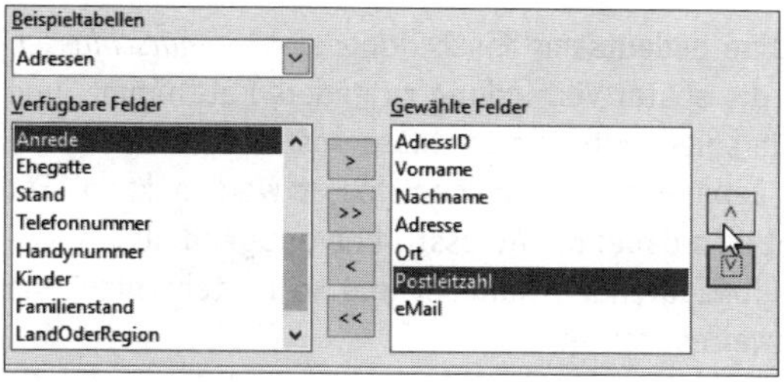

Abb. 7.13: Die Felder in die gewünschte Reihenfolge bringen

Passt alles, klicken Sie auf Weiter.

Im folgenden Schritt könnten Sie auf die Felddatentypen Einfluss nehmen.

Belassen Sie es – mit einer Ausnahme – bei den Voreinstellungen. Das Feld Eingabe erforderlich sollte auf Ja umgestellt werden. Damit wird verhindert, dass Felder leer bleiben.

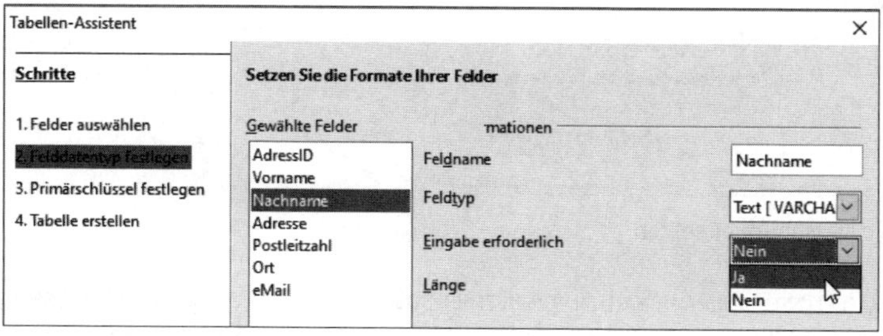

Abb. 7.14: Die Eingabe erforderlich machen

Im Feld eMail belassen Sie es aus Übungszwecken beim Eintrag Nein. In diesem Fall muss das Feld nicht bestückt werden.

Hinweis

Das Verändern der Feldinformationen setzt einiges an Datenbankwissen voraus, da Veränderungen an diesen Einstellungen bedeutsame Folgen haben können. Wegen der begrenzten Seitenzahl kann hier leider nicht auf alle Einstellungen eingegangen werden, weiterführende Informationen erhalten Sie in der Hilfe.

Ist das erledigt, haben Sie hier nichts weiter zu tun, als abermals auf Weiter zu klicken.

Im folgenden Schritt geht es um eine bedeutsame Einstellung: den *Primärschlüssel*, der in keiner Tabelle fehlen sollte, die später Verbindung zu anderen aufnimmt, und der unter Base eine erhebliche Rolle spielt. Ein Primärschlüssel ist ein Kennzeichen, mit dem jeder Datensatz in Ihrer Tabelle eindeutig identifiziert werden kann. Für eine Tabelle mit Adressdaten eignet sich dabei die AdressID hervorragend als Primärschlüssel. Diese besteht aus einer fortlaufenden Nummer und so besteht nicht die Gefahr, dass es eine AdressID ein zweites Mal gibt.

Jeder Datensatz in einer Datenbanktabelle muss vom Datenbankprogramm eindeutig identifiziert werden können. Zu diesem Zweck wird im einfachsten Fall ein Feld zum Primärschlüssel erklärt, dessen Inhalt diese Bedingung erklärtermaßen erfüllen muss.

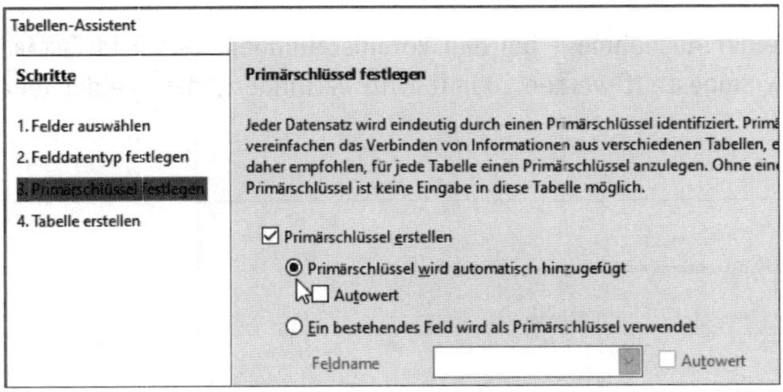

Abb. 7.15: Den Primärschlüssel setzen

Die Option Primärschlüssel wird automatisch hinzugefügt sollten Sie nur ausgewählt lassen, wenn Sie sich noch nicht für ein Primärschlüsselfeld entschieden haben bzw. unsicher sind, welches Feld als Primärschlüssel verwendet werden kann. In diesem Fall übernimmt Base diese Arbeit. Wenn Sie zudem das Kontrollkästchen Autowert aktivieren, gilt das auch für die Vergabe der Ordnungsnummer.

Haben Sie sich bereits Gedanken über ein Zuordnungsfeld gemacht, aktivieren Sie das Kontrollkästchen Ein bestehendes Feld wird als Primärschlüssel verwendet. In einer Adressdatenbank wie in unserem Beispiel trifft das auf das Feld AdressID zu.

Wählen Sie folglich die Option Ein bestehendes Feld wird als Primärschlüssel verwendet und stellen Sie über die Liste Feldname den Wert AdressID ein. Zusätzlich sollten Sie noch das Kontrollkästchen Autowert aktivieren. Base vergibt dann automatisch einen Wert, sodass Sie nicht darauf achten müssen, ob dieser schon einmal vergeben wurde.

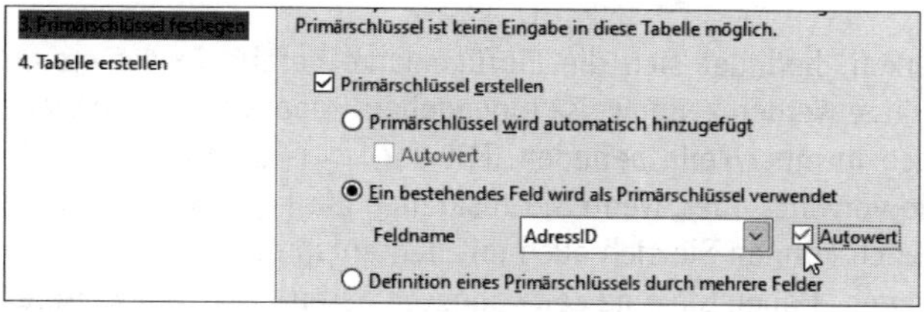

Abb. 7.16: Einem bestimmten Feld den Primärschlüssel zuordnen

Und wieder geht es mit Weiter zum nächsten Schritt.

Hier fragt Sie der Tabellen-Assistent dann nach einem Namen für die neue Tabelle. Sind Sie mit der Vorgabe Adressen einverstanden, belassen Sie den Eintrag, andernfalls geben Sie eine andere Bezeichnung ein.

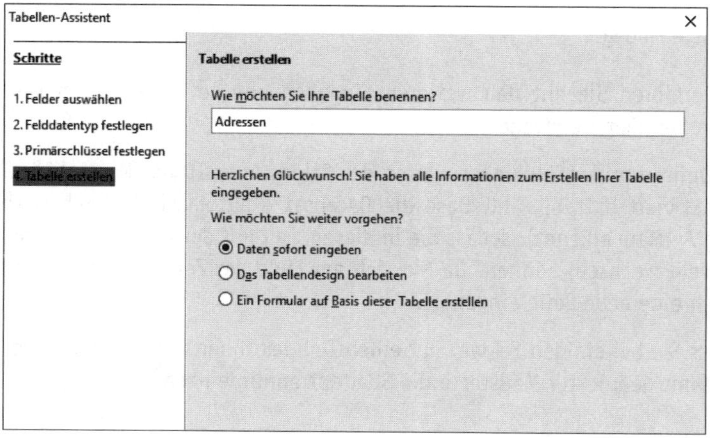

Abb. 7.17: Der letzte Schritt

Ferner haben Sie nun die Wahl, ob Sie direkt Daten in die Tabelle eingeben wollen, den Entwurf der Tabelle nachträglich ändern möchten, indem Sie z. B. Felder hinzufügen, löschen oder umbenennen, oder ein Formular erstellen wollen, das eine komfortable Eingabe der Daten in die Tabelle erlaubt.

Lassen Sie den Vorschlag des Assistenten hier zunächst unverändert und klicken Sie auf Fertigstellen.

Nach einer kurzen Weile präsentiert Ihnen Base in der Datenblattansicht die Tabelle mit den Feldnamen als Spaltenüberschriften.Datensätze eingeben

Sie haben nun eine Tabelle erstellt und es wird Zeit, dass sie mit Leben, sprich Daten, gefüllt wird.

Wie Sie sicherlich bemerken, befindet sich die Einfügemarke bereits in der ersten Tabellenzeile. Die Datensätze werden zeilenweise eingegeben, sodass die Daten eines jeweiligen Adressaten sich in einer Zeile befinden. Mit der [⇥]-Taste bewegen Sie sich innerhalb einer Zeile vorwärts oder, wenn Sie zusätzlich die [⇧]-Taste gedrückt halten, rückwärts. Zusätzlich können Sie sich auch mit den entsprechenden Pfeiltasten durch die Felder bewegen. Haben Sie eine Zeile abgeschlossen, setzt ein weiteres Betätigen der [⇥]-Taste den Cursor in die nächste Zeile. Alternativ können Sie eine neue Tabellenzeile auch mit einem Mausklick aktivieren.

Im ersten Feld tragen Sie den ersten Wert ein und drücken die [⇥]-Taste.

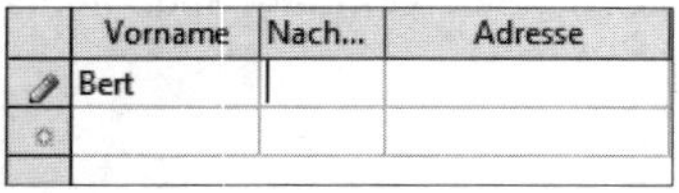

Abb. 7.18: Der erste Eintrag

Anschließend verfahren Sie mit den weiteren Eingaben ebenso. Einzig beim Feld *AdressID* müssen Sie nichts eintragen.

Da Sie bei der Definition der Feldeigenschaften des Feldes AdressID das Kontrollkästchen Autowert aktiviert hatten, zählt Base die Datensätze automatisch durch (was man am Eintrag AutoFeld erkennt), sodass Sie in diesem Fall mit der [⇥]-Taste sofort zum nächsten Feld wechseln können. Da Sie sich am Ende der Zeile befinden, wird dadurch zugleich eine neue Zeile eingefügt.

Stört es Sie, dass Sie bei einigen Feldern nur einen Teil des Inhalts sehen? Dann ziehen Sie einfach mit gedrückter Maustaste die Spaltentrennlinie nach rechts.

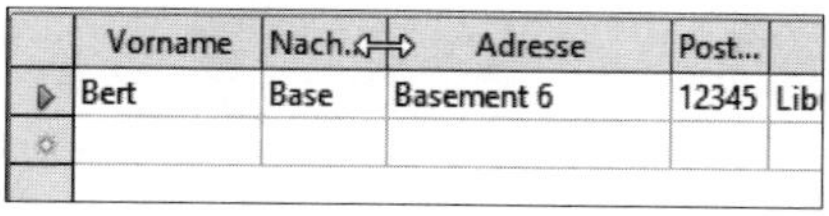

Abb. 7.19: Eine Spalte verbreitern

> **Tipp**
>
> Schneller geht das Anpassen, wenn Sie auf der Spaltenlinie einen Doppelklick ausführen. Dann wird der gesamte Inhalt optimal angepasst.

Sie können aber auch gleich für die Spalten feste Werte einstellen. Klicken Sie dazu mit der rechten Maustaste auf die entsprechende Spaltenbezeichnung und wählen Sie im Kontextmenü den Eintrag SPALTENBREITE aus.

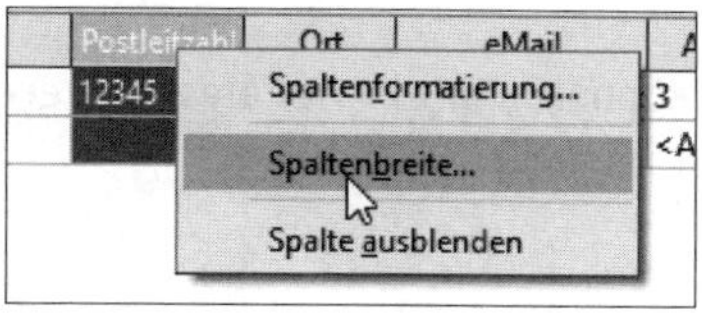

Abb. 7.20: Die Spaltenbreite einstellen

Im dem folgenden Dialogfenster SPALTENBREITE stellen Sie die gewünschte Breite in dem gleichnamigen Feld ein und bestätigen mit OK. Möchten Sie, dass sich die Spaltenbreite an den jeweils längsten Eintrag anpasst, belassen Sie das Kontrollkästchen AUTOMATISCH aktiviert.

> **Tipp**
>
> Sie können auf die gleiche Weise auch die Zeilenhöhe einstellen.

Nachdem sich der Cursor bereits im ersten Feld der zweiten Zeile befindet, können Sie gleich mit der Eingabe des zweiten Datensatzes fortfahren.

An dieser Stelle soll noch ein weiteres Feld eingefügt werden.

Schließen Sie zunächst die Tabelle.

Im Datenbankfenster klicken Sie anschließend mit der rechten Maustaste auf die Tabelle und wählen im Kontextmenü den Eintrag BEARBEITEN.

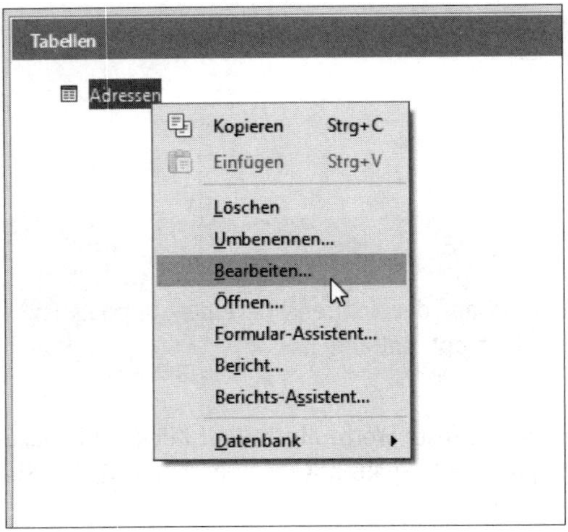

Abb. 7.21: Eine Tabelle bearbeiten

Base schaltet in die Bearbeitungsansicht und Sie können nun ein weiteres Feld erstellen. Die notwendigen Angaben finden Sie in der folgenden Abbildung.

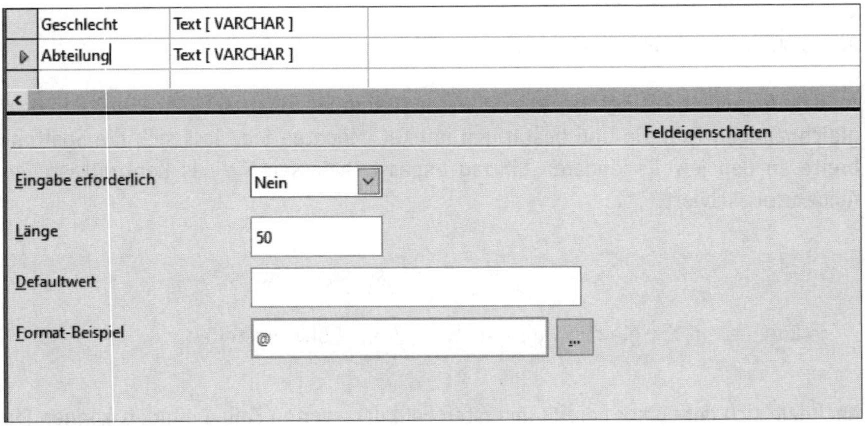

Abb. 7.22: Ein weiteres Feld anlegen

Schließen Sie dann die Tabelle und öffnen Sie sie erneut mit einem Doppelklick. Tragen Sie abschließend auf die gezeigte Weise noch ein paar weitere Datensätze ein (lassen Sie Ihrer Fantasie freien Lauf oder nehmen Sie die aus der folgenden Abbildung).

Vorname	Nachname	Adresse	Postleitzahl	Ort	eMail	AdressID	Geschlecht	Abteilung
Willibald	Writer	Writer-Straße 6	12345	Librecity	w.writer@libreoffice.de	7	m	Verwaltung
Mick	Math	Math-Weg 6	12345	Librecity	m.math@libreoffice.de	6	m	Buchhaltung
Dieter	Draw	Draw-Passage 6	12345	Librecity	d.draw@libreoffice.de	5	m	Kreativ
Ida	Impress	Impression Allee 6	12345	Librecity	i.impress@libreoffice.de	4	w	Präsentation
Bert	Base	Basement 6	12345	Librecity	b.base@libreoffice.de	3	m	Datenverarbeitung
Clara	Calc	Calculate Place 6	12345	Librecity	c.calc@libreoffice.de	2	w	Kalkulation

Abb. 7.23: Die restlichen Datensätze

Tipp

Falls Sie sich gegebenenfalls fragen, wo in der obigen Abbildung die AdressID 1 geblieben ist: Es handelt sich dabei lediglich um Ordnungsziffern von Base, mit denen verhindert wird, dass ein Datensatz zweimal vorkommt. Mit reinen Ordnungsziffern haben diese Werte nichts zu tun.

Tabellen schließen und erneut öffnen

Irgendwann werden Ihre Arbeiten abgeschlossen sein und Sie möchten die Tabelle schließen. Nichts einfacher als das: Wählen Sie einfach die Befehlsfolge Datei / Schliessen und schon befinden Sie sich wieder im Datenbankfenster.

Tipp

Schneller geht es auch hier mit der Tastenkombination `Strg` + `W`.

Möchten Sie an dieser Tabelle weiterarbeiten, genügt ein Doppelklick auf die Bezeichnung und schon können Sie weitermachen.

Tabellen bearbeiten

Da die Daten einer Datenbank in Tabellen abgelegt werden, werden Sie häufig mit Tabellen zu tun haben. Hierbei helfen Ihnen die folgenden Möglichkeiten, schneller den Überblick zu behalten.

Bewegen und Ändern

Innerhalb der Tabelle können Sie jederzeit einen Eintrag ändern:

Klicken Sie mit der Maus in das Datenfeld oder positionieren Sie den Zellzeiger mithilfe der Tasten `↵` bzw. `→`, `←`, `↑` und `↓`. Dadurch wird der gesamte

Feldeintrag markiert und kann direkt überschrieben werden. So markieren Sie auch, wenn Sie den Eintrag in einem Datenfeld löschen wollen.

Wenn ein Datenfeld (nicht Datensatz!) aus Versehen gelöscht wurde, können Sie den Löschvorgang über den Befehl RÜCKGÄNGIG im Menü BEARBEITEN oder über Strg + Z oder die Schaltfläche RÜCKGÄNGIG ungeschehen machen.

Tabellen formatieren

Gefällt Ihnen das Aussehen der Tabellen nicht oder ist Ihnen die Schrift zu klein, können Sie die Tabellen entsprechend formatieren.

Klicken Sie dazu mit der rechten Maustaste auf ein Feld vor einem Datensatz und wählen Sie im Kontextmenü den Eintrag TABELLENFORMAT.

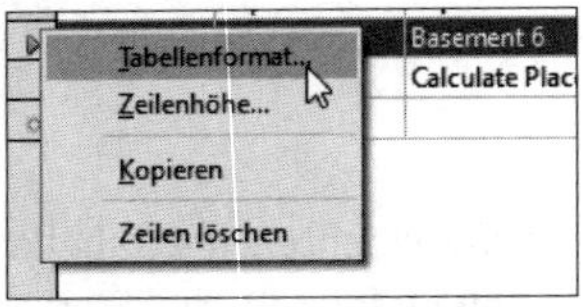

Abb. 7.24: Vorbereitung fürs Formatieren

Im folgenden Dialogfenster ZEICHEN stehen Ihnen dann eine Reihe von Formatierungsmöglichkeiten für die Tabelle zur Auswahl.

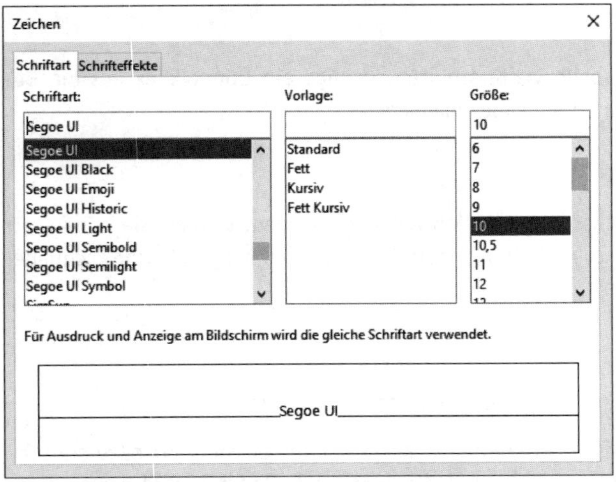

Abb. 7.25: Tabellen können Sie ansprechender gestalten.

Datensätze markieren

Datensätze markieren Sie über die Spalten- bzw. Zeilenköpfe.

Führen Sie den Mauszeiger auf die Spaltenbezeichnung bzw. auf das Feld vor der entsprechenden Zeile und klicken Sie mit der Maus.

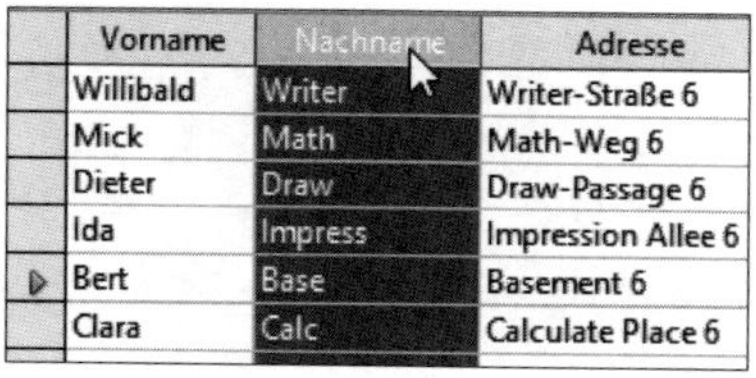

Abb. 7.26: Eine Spalte markieren

Spalten ausblenden

Manche Spalten, wie etwa die AdressID, sind nur für die interne Bearbeitung von Base von Bedeutung und müssen eigentlich nicht angezeigt werden.

Um eine Spalte auszublenden, klicken Sie mit der rechten Maustaste auf die betreffende Spaltenbezeichnung und wählen im Kontextmenü den Eintrag Spalte ausblenden.

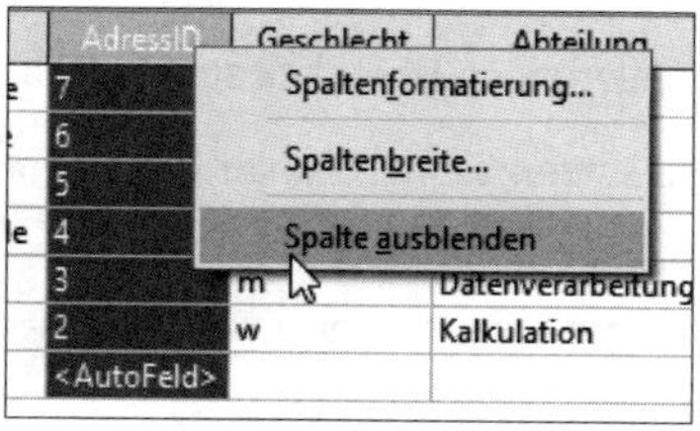

Abb. 7.27: Eine Spalte ausblenden

Um eine Spalte wieder einzublenden, klicken Sie mit der rechten Maustaste auf eine beliebige andere Spaltenbezeichnung und wählen im Kontextmenü den Eintrag Spalten einblenden und in dessen Untermenü die Spalte, die Sie wieder einblenden möchten.

Datensatz löschen

Um einen Datensatz komplett aus der Datenbank zu entfernen, setzen Sie den Cursor in ein Feld des Datensatzes und rufen die Befehlsfolge Bearbeiten / Datensatz löschen auf. Alternativ markieren Sie den Datensatz und drücken einfach die Taste Entf.

Sie erhalten eine Sicherheitsabfrage, ob Sie die ausgewählten Daten wirklich löschen möchten.

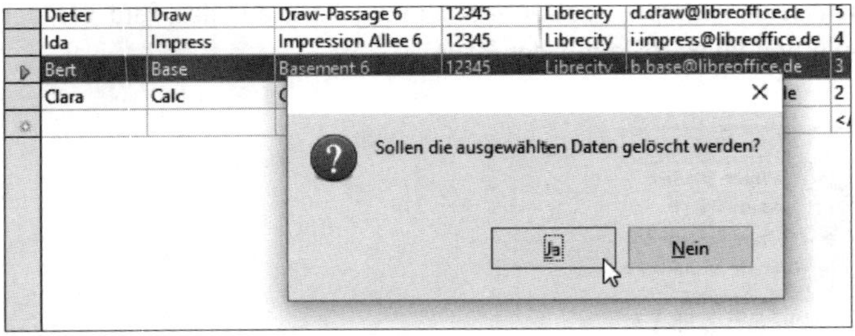

Abb. 7.28: Sind Sie sich sicher?

Wenn Sie mit Ja bestätigen, wird der Datensatz entfernt und kann nicht über die Rückgängig-Funktion wiederhergestellt werden.

Nach Informationen suchen

Eine Datenbank wird in der Regel aufgebaut, um aus dem eingegebenen Datenbestand gezielt Informationen abzufragen. Hierzu gibt es verschiedene Möglichkeiten.

Datensätze sortieren

Häufig werden Sie die Datensätze sortieren, um schneller einen Überblick zu erhalten.

Um eine bestimmte Spalte einer Tabelle zu sortieren, setzen Sie den Cursor mit einem Klick in der entsprechenden Spalte ab.

Dann klicken Sie je nach gewünschtem Ergebnis auf die Schaltfläche Aufsteigend sortieren oder Absteigend sortieren.

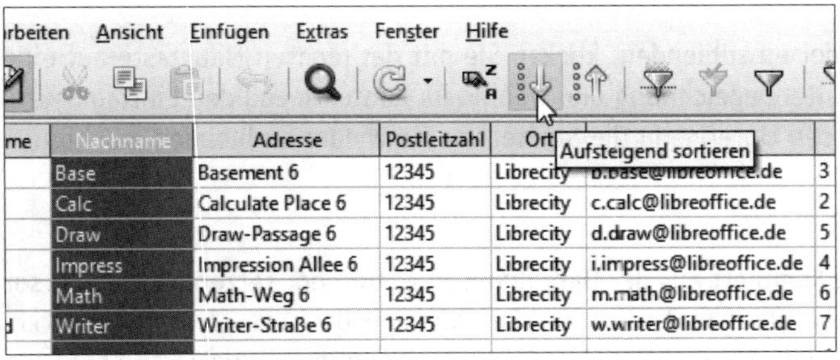

Abb. 7.29: Mal eben schnell umsortieren

Möchten Sie nach mehr als einem Kriterium sortieren, wählen Sie die Schaltfläche SORTIEREN und legen im folgenden Dialogfenster SORTIERUNG die drei möglichen Kriterien fest.

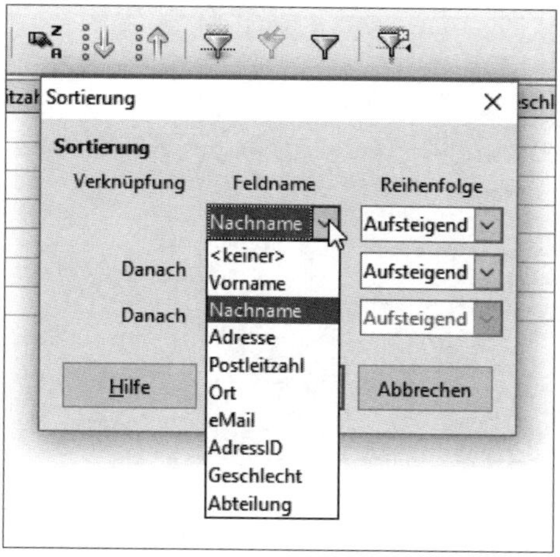

Abb. 7.30: Nach mehr als einem Kriterium sortieren

Datensätze suchen

Wie jede andere LibreOffice-Anwendung verfügt auch Base über den Befehl SUCHEN.

Positionieren Sie den Cursor in der Spalte, in der Sie nach dem Begriff suchen wollen, und klicken Sie auf die Schaltfläche DATENSATZ SUCHEN.

Im Dialogfenster DATENSATZ-SUCHE geben Sie den gesuchten Begriff ein bzw. übernehmen den Vorgabewert. Dann legen Sie fest, ob Sie ALLE FELDER oder ein EINZELNES FELD durchsuchen wollen.

Im Bereich EINSTELLUNGEN legen Sie dann die Bedingungen fest, die bei der Suche beachtet werden sollen.

Klicken Sie dann auf die Schaltfläche SUCHEN, damit Base die Fundstelle(n) markieren kann.

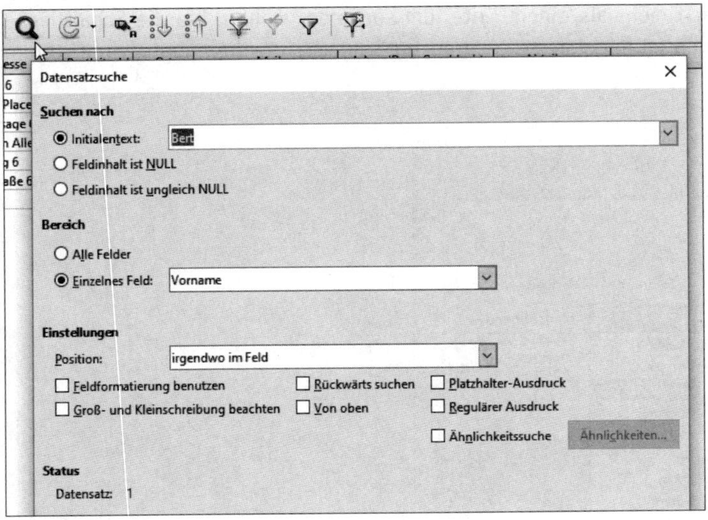

Abb. 7.31: Die Suchmaske

Datensätze filtern

Wenn die Anzeige der Datensätze eingeschränkt werden soll, muss man sie filtern.

Die schnellste Möglichkeit, zu einem Suchergebnis zu gelangen, ist der AutoFilter. Bei diesem Filter positionieren Sie den Cursor direkt in einem Feld mit dem zu filternden Begriff, beispielsweise Base in der Spalte Nachname. Dann klicken Sie auf die Schaltfläche AutoFilter. Danach erhalten Sie sofort das Ergebnis: alle Adressen mit dem Nachnamen Base im Feld Nachname.

Um den Filter zu entfernen und wieder Zugriff auf alle Datensätze zu erhalten, klicken Sie auf die Schaltfläche Filter/Sortierung zurücksetzen.

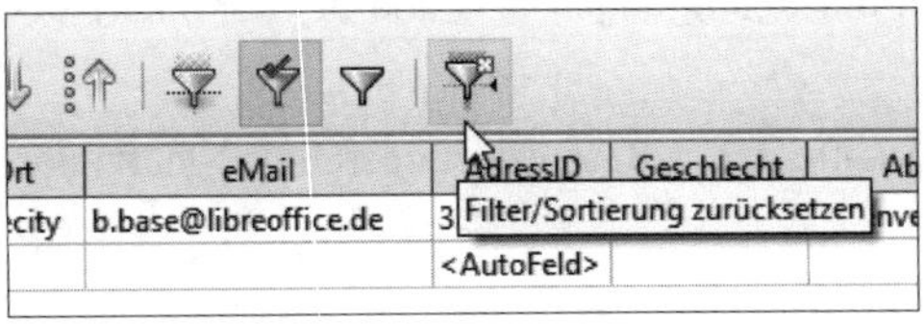

Abb. 7.32: Den Filter ausschalten

Möchten Sie die Filterung mit mehr als einem Kriterium durchführen, klicken Sie auf die Schaltfläche Standardfilter. Im folgenden Dialogfenster können Sie bis zu drei Kriterien einstellen. Entscheiden Sie sich dabei für UND, wenn alle Begriffe vorkommen müssen. Für ODER entscheiden Sie sich dagegen, wenn es genügt, dass einer der Begriffe in dem jeweiligen Datensatz vorhanden ist. Im Listenfeld BEDINGUNG stellen Sie ein, wie der Begriff in dem Feldnamen vorkommen soll. Soll beispielsweise der Begriff genau so vorkommen, wählen Sie WIE (also gleich). Ist das nicht der Fall und der Begriff soll nicht auftauchen, wählen Sie NICHT WIE. Bei Zahlenwerten setzen Sie die entsprechenden mathematischen Zeichen = bzw. <> ein.

Tabellen optimieren

Zu Beginn der Planung einer Datenbank steht immer der Zweck dieser Datenbank im Vordergrund. Deshalb gilt es, besonderen Wert auf die Tabellen zu legen, denn diese enthalten die Daten. Dabei kommt den Einstellungen »hinter« den Tabellen besondere Bedeutung zu, denn sie bestimmen die Geschwindigkeit und Eleganz der Datenbank.

Standardmäßig werden die Tabellen nur in der Tabellenansicht angezeigt. Wenn Sie mehr über ihre Struktur erfahren wollen, müssen Sie in die Entwurfsansicht wechseln. Klicken Sie mit der rechten Maustaste auf die betreffende Tabelle und wählen Sie den Kontextmenüeintrag BEARBEITEN. Sie befinden sich nun in der Entwurfsansicht, auch *Table Design* genannt. In dieser kann man für jedes Feld einen Namen vergeben sowie den Feldtyp und die Feldeigenschaften bestimmen.

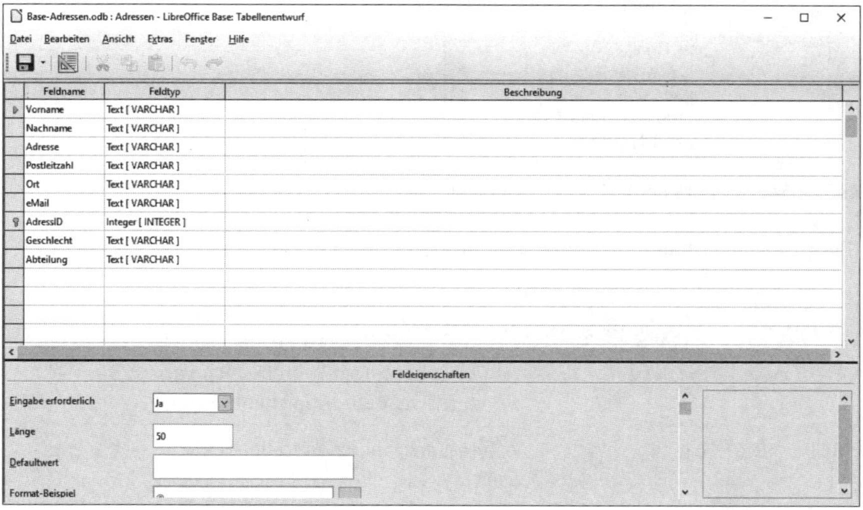

Abb. 7.33: Die Entwurfsansicht einer Tabelle

Feldname

Zunächst geht es um den *Feldnamen*.

Ein Feldname kann 64 Zeichen lang sein und muss innerhalb der Tabelle (nicht Datenbank!) eindeutig sein.

Auch wenn es hier etwas länger dauert, sollten Sie sich die Zeit nehmen und möglichst aussagekräftige, nicht abgekürzte Feldnamen vergeben. Sie werden bei der weiteren Arbeit innerhalb der Datenbank davon profitieren!

Feldtyp

Wenn Sie den Cursor in der Spalte FELDTYP positionieren, erscheint ein Listenpfeil zum Auswählen des benötigten Typs.

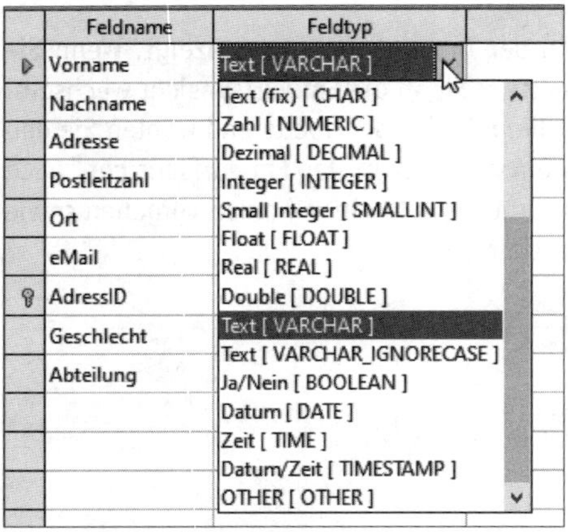

Abb. 7.34: Die Liste der möglichen Feldtypen

Diese Feldtypen haben folgende Bedeutung:

FELDTYP	Beschreibung
TINY INTEGER [TINYINT]	1-Byte-Ganzzahl im Wertebereich von -128 bis 127; wird auch als Byte bezeichnet
BIGINT [BIGINT]	8-Byte-Ganzzahl im Wertebereich von +/-9,2 Trillionen

Feldtyp	Beschreibung
Bild [LONGVARBINARY]	Feld für Bilder mit max. 2 Gigabyte; diese Objekte können nicht durch die Datenbank verarbeitet werden
Binärfeld [VARBINARY]	Ein Feld, das Binärzahlen beinhaltet, d. h. irgendwelche Informationen wie Daten, Text, Grafiken, Tondateien und Videos
Binärfeld (fix) [BINARY]	dito
Memo [LONGVARCHAR]	Platz für Texte mit bis zu 2 Gigabyte Zeichen
Text (fix) [CHAR]	Text mit fester Länge bis zu 65.534 Zeichen; die Eingabe wird bis zur Vorgabe mit Leerzeichen aufgefüllt
Zahl [NUMERIC]	Kann Zahlen mit einer Präzision von bis zu 1.000 Ziffern speichern und exakte Berechnungen ausführen
Dezimal [DECIMAL]	Dezimalbruchzahl mit bis zu zehn Stellen, Nachkommaergebnisse werden auf die festgelegte Anzahl der Nachkommastellen kaufmännisch gerundet
Integer [INTEGER]	4-Byte-Ganzzahl im Wertebereich von -2.147.483.648 bis 2.147.483.647
Small Integer [SMALLINT]	2-Byte-Ganzzahl im Wertebereich von -32.768 bis 32.767
Float [FLOAT]	Fließkommazahl
Real [REAL]	4-Byte-Fließkommazahl im Wertebereich von +/-3,4E38 bis -1,40E-45
Double [DOUBLE]	8-Byte-Fließkommazahl im Wertebereich von +/-1,80E308 bis 4,94E-324
Text [VARCHAR]	Langer Text oder Kombinationen aus Text und Zahlen mit bis zu 65.534 Zeichen
Text [VARCHAR_IGNORECASE]	Text mit bis zu 65.534 Zeichen, Groß- und Kleinschreibung ist unerheblich
Ja/Nein [BOOLEAN]	Zwei-Werte-Feld, z. B. ja/nein, an/aus, 0/1, wahr/falsch

Feldtyp	Beschreibung
Datum [DATE]	Datumsangaben vom Jahr 1000 bis zum Jahr 9999
Zeit [TIME]	Zeitangaben
Datum/Zeit [TIMESTAP]	Datums- und Zeitangaben
OTHER [OTHER]	Insbesondere für die Speicherung von Java-Objekten geeignet

Feldeigenschaft

Wenn der Cursor in der Zeile eines Datenfeldes steht, werden im unteren Teil des Objekts die Feldeigenschaften aktiv.

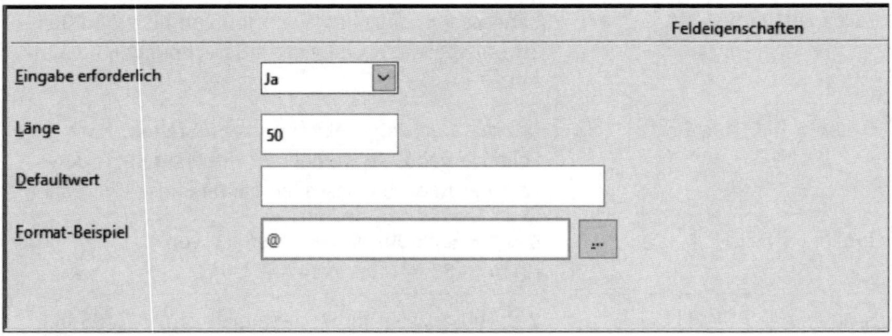

Abb. 7.35: Die Feldeigenschaften

Ihre Bedeutung im Einzelnen:

Feldeigenschaft	Bedeutung
Eingabe erforderlich	Wenn Sie diesen Wert auf Ja setzen, zwingen Sie den Bearbeiter, in dieses Feld eine Eingabe zu machen. Andernfalls akzeptiert Base den Datensatz nicht.
Länge	Hier wird die maximale Größe des Feldes definiert. Für Textfelder ist das Maximum 255, für Memofelder 65.535. Die Feldgröße von Zahlenfeldern hat Auswirkung auf den Speicherplatzbedarf. Als Vorgabe ist der Wert 50 eingetragen.

Feldeigenschaft	Bedeutung
Defaultwert	In dieses Feld kann man einen Standardwert für das Feld eintragen.
Format-Beispiel	Wenn Sie auf die Schaltfläche mit den drei Punkten klicken, können Sie die Formatierung des Datenfeldes einstellen.

7.4 Formulare

Daten werden – wie dargestellt – in Base standardmäßig in Tabellen verwaltet. Direktes Arbeiten mit einer Tabelle empfiehlt sich jedoch nur dann, wenn Sie mehrere Datensätze gleichzeitig einsehen möchten, um sich einen Überblick über den gesamten Datenbestand zu verschaffen.

Bedeutung von Formularen

Ein Formular stellt demgegenüber die Daten eines Datensatzes, also z. B. die eines Kunden, eines Produkts oder einer Rechnung, in übersichtlicher Form zusammen. Die Anordnung können Sie im Formularentwurf frei bestimmen. Außerdem gibt es Formulare, die in sich Daten aus mehreren Tabellen zusammenführen. So können Sie in einem Formular beispielsweise sowohl die Adresse des Kunden als auch nähere Informationen zu einem gelieferten Produkt einsehen, auch wenn diese Daten aus verschiedenen Tabellen stammen.

Formulare eignen sich besonders zum Erfassen und Ändern von Datensätzen in bestehenden Datenbanken.

Formulare erstellen

Um ein solches Formular zu erstellen, klicken Sie im Bereich Datenbank auf Formulare.

Klicken Sie dann auf den Eintrag Formular unter Verwendung des Assistenten erstellen, um ein Formular zu entwerfen (siehe Abbildung 7.36).

Es erscheint der Formular-Assistent, bei dem es zunächst um die Auswahl der Datenfelder geht, die in das Formular aufgenommen werden sollen.

Die Tabelle müssen Sie nicht im Feld Tabellen und Abfragen auswählen, denn Sie haben bislang nur eine erstellt. Klicken Sie auf den Doppelpfeil >>, um alle Felder in das Formular zu übernehmen.

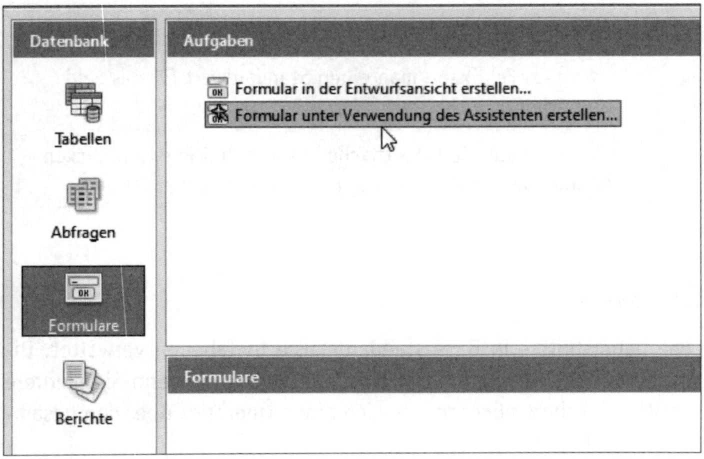

Abb. 7.36: Ein Formular erstellen

Nicht benötigte Felder, wie beispielsweise das Feld AdressID, können Sie nach dem Markieren über die Schaltfläche < wieder aus der Liste entfernen.

Klicken Sie dann auf Weiter.

Da kein Subformular erstellt werden soll, können die nächsten drei Schritte übersprungen werden.

Hinweis

Ein Subformular benötigt eine weitere Tabelle und eine Beziehung zwischen den beiden.

In den folgenden relevanten Schritten geht es um die Anordnung der Felder auf dem Formular, kurz gesagt, Sie können hier die Darstellungsform der Daten bestimmen. Wählen Sie dazu einfach eine der Varianten mit der Maus aus und betrachten Sie sogleich die Auswirkung im Hintergrund.

Nachdem Sie auf Weiter geklickt haben, können Sie beispielsweise bestimmen, ob weitere Daten über das Formular in die Tabelle eingefügt werden dürfen oder ob das Formular nur zum Betrachten der Daten dient. Belassen Sie es bei dem Vorgabewert und wechseln Sie mit Weiter zum nächsten Schritt.

In diesem legen Sie das Aussehen des Hintergrunds fest. Zur Auswahl stehen mehrere farbige Hintergründe sowie verschiedene Feldumrandungen. Wenn Sie Ihre Wahl getroffen haben, klicken Sie auf WEITER.

Nun werden Sie aufgefordert, einen Titel für das Formular einzugeben. Hier können Sie z. B. die Eingabe `Adressen` übernehmen oder im Bedarfsfall einen anderen Namen vergeben.

Die Formularerstellung ist damit abgeschlossen. Wählen Sie nun nur noch die Vorgabe MIT DEM FORMULAR ARBEITEN und klicken Sie dann auf die Schaltfläche FERTIGSTELLEN.

Der Assistent arbeitet nun fleißig im Hintergrund und nur wenig später erscheint das neue Formular auf Ihrem Bildschirm.

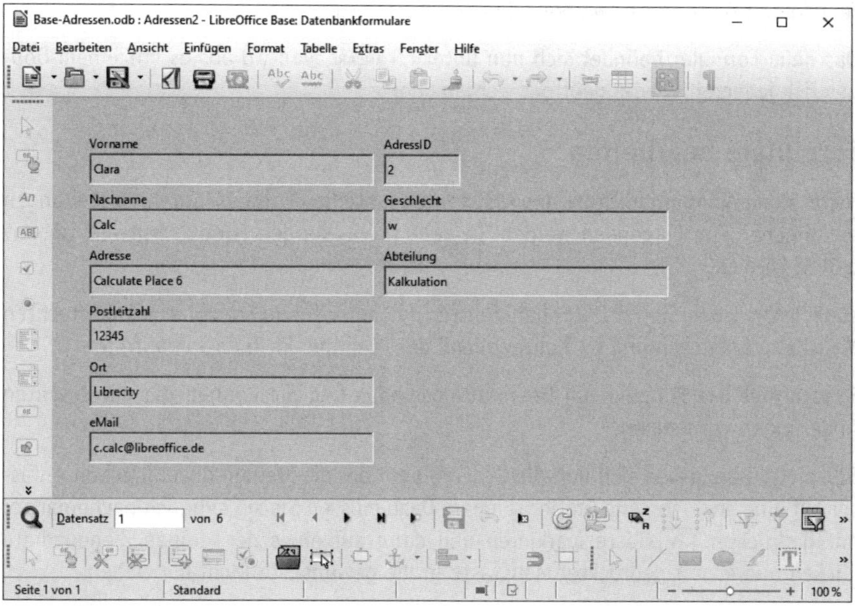

Abb. 7.37: Das fertige Formular in voller Pracht

Die Datensätze, die Sie zuvor in die Tabelle eingegeben haben, können Sie sich nun in dem Formular Datensatz für Datensatz anzeigen lassen. Die benötigte Schaltfläche finden Sie in der Symbolleiste FORMULAR-NAVIGATION, die sich am unteren Rand des Formularfensters befindet.

Klicken Sie auf die Schaltfläche NÄCHSTER DATENSATZ, um sich die Datensätze nacheinander anzeigen zu lassen.

Nachdem Sie am Ende angelangt sind, wird ein leerer Datensatz angezeigt, den Sie gleich bestücken können. Alternativ können Sie das aber auch über die Schaltfläche mit dem Sternchen tun.

Soll ein Datensatz gelöscht werden, klicken Sie auf die Schaltfläche mit dem roten X (Datensatz löschen). Sie erhalten dann den wichtigen Hinweis, dass diese Aktion nicht rückgängig gemacht werden kann. Benötigen Sie nach dem Klicken auf Ja den Datensatz dennoch, müssen Sie ihn erneut eingeben.

Wie Sie sehen, enthält die Symbolleiste Formular-Navigation auch noch Schaltflächen zum Aufrufen von Datensatz suchen und Sortieren sowie den Aufruf des Filters. Hierfür gelten die Ausführungen im Abschnitt über die Tabellen entsprechend.

Das Formular schließen Sie auf die gleiche Weise wie die Tabelle, also über die Befehlsfolge Datei / Schliessen oder schneller mit [Strg] + [W].

Das neue Formular befindet sich nun unter Formulare, von wo aus es mit einem Doppelklick jederzeit wieder geöffnet werden kann.

Formulare bearbeiten

Nicht immer wird ein mithilfe des Assistenten erstelltes Formular Ihren Vorstellungen entsprechen. Im Folgenden werden Sie sehen, wie Sie den Formularentwurf überarbeiten können.

Zunächst müssen Sie im Datenbankfenster das betreffende Formular mit der rechten Maustaste anklicken und im Kontextmenü den Menüpunkt Bearbeiten aufrufen.

Base öffnet das Formular im Bearbeitungsmodus und Sie können die gewünschten Änderungen vornehmen.

Beispielsweise lassen sich nun die Datenfelder über die kleinen quadratischen Anfasser auf eine angemessene Größe trimmen. Dazu müssen Sie sie lediglich nacheinander mit gedrückter [⇧]-Taste markieren und dann auf eines der kleinen Ziehquadrate klicken und es mit gedrückter Maustaste in die gewünschte Richtung ziehen.

Tipp

Über die Schaltflächen der am unteren Rand eingeblendeten Symbolleiste Formular-Entwurf können Sie das Formular auf vielfältige Weise gestalten.

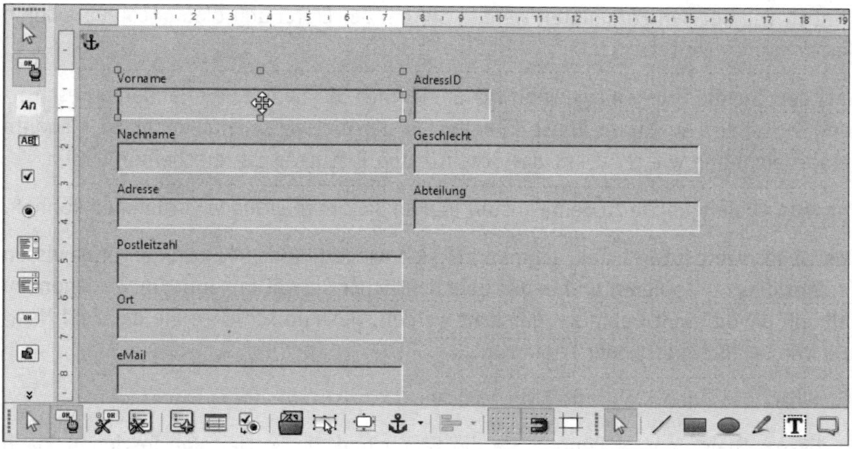

Abb. 7.38: Ein Datenfeld anpassen

7.5 Berichte

Möchten Sie die eingegebenen Daten anderen Menschen zeigen, können Sie sie in einem sogenannten BERICHT ausdrucken.

Einen Bericht können Sie wieder rasch mithilfe eines Assistenten erstellen, wobei die Schritte denen der Formularerstellung ähneln.

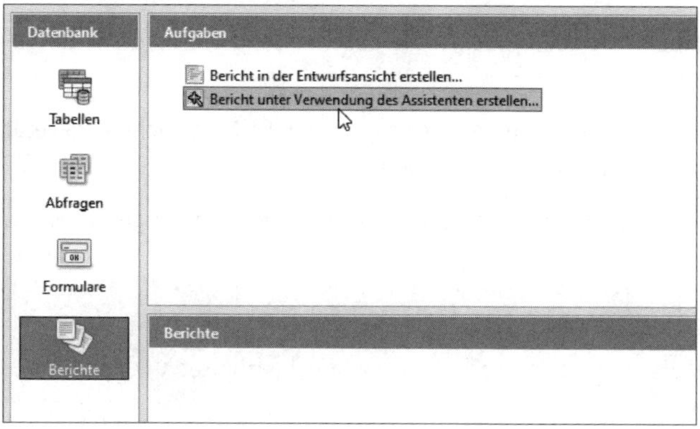

Abb. 7.39: Einen Bericht erstellen

Klicken Sie also auf BERICHT UNTER VERWENDUNG DES ASSISTENTEN ERSTELLEN.

Ähnlich wie bei den Formularen werden Sie bei der Erstellung dialoggesteuert durch den Vorgang geleitet.

Nachdem Sie die Felder ausgewählt haben, können Sie sie mit einer anderen Beschriftung versehen. Auf diese Weise können Sie beispielsweise eine nicht so elegante Feldbezeichnung wie eMail mit der Beschriftung E-Mail-Adresse erscheinen lassen.

Mit Weiter gelangen Sie zu dem Fenster, in dem Sie *Gruppierungen* vornehmen können.

Das ist insoweit interessant, als man bei sich wiederholenden Einträgen in gewissen Feldern diese gruppieren und damit übersichtlicher gestalten kann. Im vorliegenden Fall soll davon nicht Gebrauch gemacht werden. Deshalb schicken Sie das Feld Nachname wieder in die Liste der Felder zurück.

Mit Weiter gelangen Sie in die Sortieroptionen.

In diesem Dialogfenster können Sie die Felder und die Sortierfolge festlegen, nach der die Datensätze im Bericht erscheinen sollen.

Im nächsten Dialogfenster können Sie die Auswahl des Layouts vornehmen. An dieser Stelle bestimmen Sie das Aussehen des Berichts durch die Wahl eines Formats für die Daten und für die Gestaltung der Kopf- und Fußzeilen.

Haben Sie sich entschieden, geht es mit Weiter ins letzte Dialogfenster.

Neben der Namensvergabe für den Bericht müssen Sie sich noch entscheiden, ob Sie einen Statischen Bericht oder einen Dynamischen Bericht wünschen. Im ersten Fall erfolgt eine Momentaufnahme, die eine weitere Dateneingabe nicht berücksichtigt. Im zweiten Fall wird der Bericht ständig an die Datenerfassung angepasst.

Sind Sie mit Ihren Angaben zufrieden, klicken Sie abschließend auf Fertigstellen, damit Base den Bericht erstellen kann.

Nach einer kurzen Weile erhalten Sie einen Bericht in der Seitenansicht angezeigt und können ihn sofort auf Ihrem Drucker ausgeben.

Der Bericht wird auf die gleiche Weise wie eine Tabelle oder ein Formular geschlossen.

Tipp

Berichte können auf die gleiche Weise wie Formulare bearbeitet und an Ihre Wünsche angepasst werden.

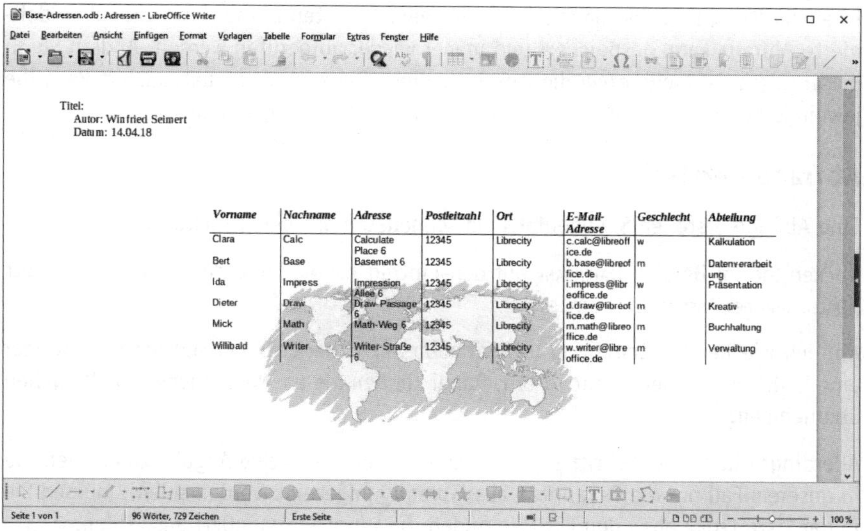

Titel:
Autor: Winfried Seimert
Datum: 14.04.18

Vorname	Nachname	Adresse	Postleitzahl	Ort	E-Mail-Adresse	Geschlecht	Abteilung
Clara	Calc	Calculate Place 6	12345	Librecity	c.calc@libreoffice.de	w	Kalkulation
Bert	Base	Basement 6	12345	Librecity	b.base@libreoffice.de	m	Datenverarbeitung
Ida	Impress	Impression Allee 6	12345	Librecity	i.impress@libreoffice.de	w	Präsentation
Dieter	Draw	Draw-Passage 6	12345	Librecity	d.draw@libreoffice.de	m	Kreativ
Mick	Math	Math-Weg 6	12345	Librecity	m.math@libreoffice.de	m	Buchhaltung
Willibald	Writer	Writer-Straße 6	12345	Librecity	w.writer@libreoffice.de	m	Verwaltung

Abb. 7.40: Ein fertiger Bericht

7.6 Abfragen

Einer der wesentlichsten Vorteile einer Datenbank besteht darin, dass sie flexibel ist, wenn es darum geht, Daten zu sortieren oder nach bestimmten Kriterien zu selektieren.

Hierbei bedient man sich sogenannter *Abfragen*, die dazu dienen, Daten aus einer Tabelle zu extrahieren und zu analysieren. Abfragen spielen deshalb bei einer Datenbank eine ganz besondere Rolle.

Bedeutung von Abfragen

Suchen Sie in einem alphabetisch nach Namen aufgebauten Karteikasten z. B. nach allen Bekannten aus Librecity, brauchen Sie eine ganze Weile dafür. In einer Datenbank hingegen filtern Sie alle Daten, die dieses Kriterium erfüllen, schnell heraus, indem Sie – vereinfacht gesagt – eine Frage stellen: Welche Bekannten wohnen in Librecity? Eine solche Selektion, die sich nach außen hin wie eine neue spezialisierte Untertabelle präsentiert, nennt man Abfrage.

Das Ergebnis einer solchen Abfrage wird als *Recordset* bezeichnet. Ganz konkret wird der Recordset in unserem Beispiel alle Bekannten aus Librecity enthalten. Die Daten in einem Recordset sind dabei immer auf dem neuesten Stand. Eine einmal so definierte Abfrage kann gespeichert und immer wieder aufgerufen werden. Ändern Sie in dieser Ergebnistabelle etwa die Anschrift eines Bekannten, so aktualisiert Base die jeweilige Kundenadresse automatisch auch in der Ursprungstabelle.

Abfragen erstellen

Eine Abfrage erstellen Sie ebenfalls am schnellsten mit dem Assistenten.

Klicken Sie im Bereich Datenbank auf den Eintrag Abfragen und dann auf Abfrage unter Verwendung des Assistenten erstellen.

Ähnlich wie bei der Erstellung des Formulars bzw. Berichts müssen Sie jetzt wieder eine Reihe von Fragen beantworten. Dabei können Sie im Wesentlichen die Vorgaben übernehmen.

Allerdings gilt es, bei Schritt 3 (Suchbedingungen) eine wichtige Angabe zu machen. Da in unserem Fall nur die Bekannten aus Librecity angezeigt werden sollen, müssen Sie in der Liste Felder eben den Ort (Sie finden ihn unter Adressen.Ort) auswählen.

Die Anzeige dieses Feldes muss auf die besagten Bekannten eingeschränkt werden, sodass Sie in das Feld Wert `Librecity` eingeben müssen.

Im Feld Bedingung bleibt es bei der Vorgabe, da es ja genau das ist, was Sie wollen.

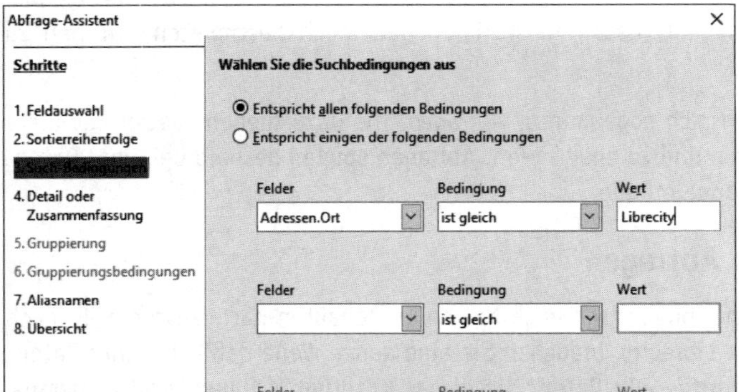

Abb. 7.41: Auf diesen Schritt kommt es an.

Die weiteren Schritte können Sie nun mit den Vorgaben durchlaufen.

Im Schritt ALIASNAMEN können Sie die Feldbezeichnungen anders benennen und so für eine bessere Lesbarkeit der Abfrage sorgen.

Im letzten Fenster erhalten Sie einen ÜBERBLICK über Ihre Angaben und können gegebenenfalls den NAMEN DER ABFRAGE ändern.

Belassen Sie die Vorgabe ABFRAGE ANZEIGEN, bevor Sie auf die Schaltfläche FERTIGSTELLEN klicken, um sofort das Ergebnis zu begutachten.

Zum Schluss erhalten Sie gleich das Ergebnis der Abfrage in Tabellenform präsentiert.

Diese Abfrage können Sie wie gewohnt schließen.

Die Abfrage befindet sich im Datenbankfenster im Bereich ABFRAGEN und kann von dort jederzeit mit einem Doppelklick gestartet werden.

Auswahlkriterien

Auswahlkriterien helfen Ihnen, bestimmte Informationen aus der Tabelle herauszusuchen.

Um mit diesen Kriterien zu arbeiten, müssen Sie entweder eine vorhandene Abfrage im Bearbeitungsmodus öffnen oder über eine neue Abfrage, die Sie in der Entwurfsansicht erstellen, definieren.

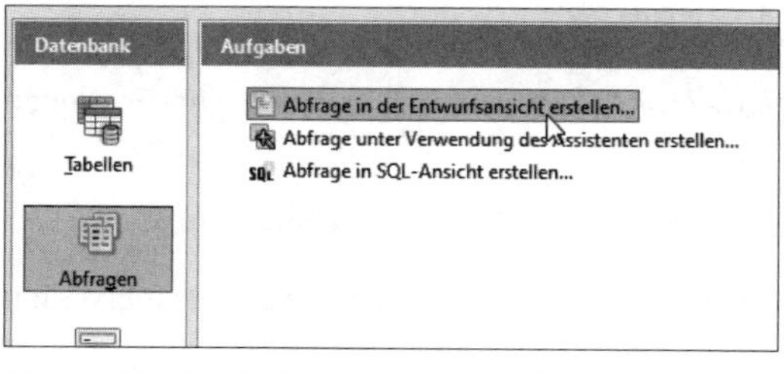

Abb. 7.42: Eine Abfrage in der Entwurfsansicht erstellen

Haben Sie sich für die zweite Variante entschieden, erhalten Sie eine zweigeteilte Ansicht: Oben sehen Sie die Tabellen, die der Abfrage zugrunde liegen, unten werden, auf Spalten verteilt, alle Felder angezeigt.

Ferner erhalten Sie zunächst ein Dialogfenster, in dem Sie die Tabellen oder Abfragen auswählen müssen. Markieren Sie die gewünschte Tabelle und klicken Sie auf die Schaltfläche HINZUFÜGEN.

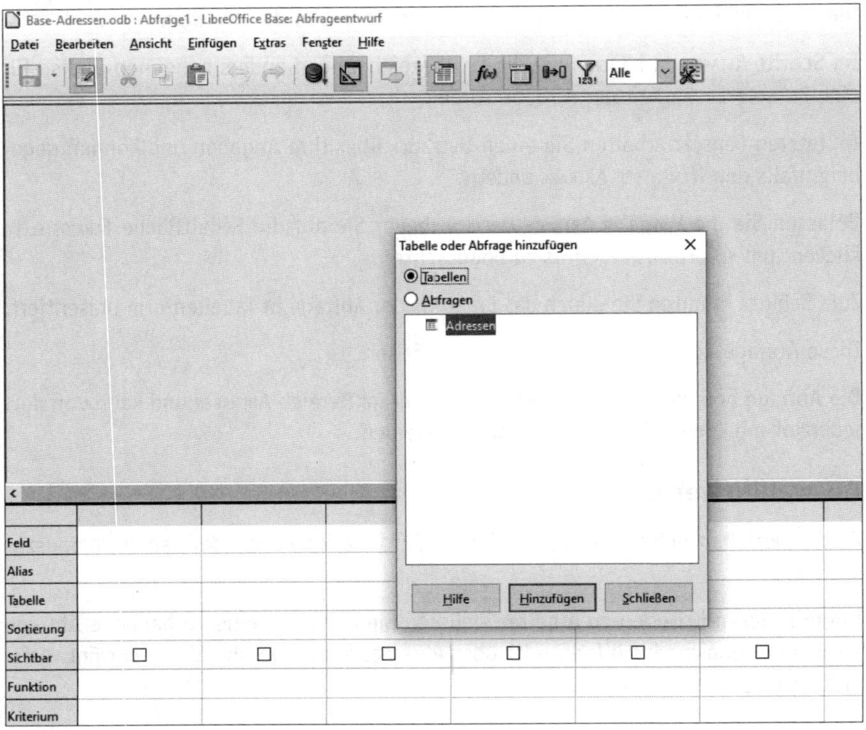

Abb. 7.43: Wählen Sie die Tabelle für die Abfrage.

Schließen Sie das Dialogfenster Tabelle oder Abfrage hinzufügen, um mit dem Festlegen der eigentlichen Kriterien zu beginnen.

Erweitern Sie sich dazu die Feldliste, damit Sie alle Felder einsehen können.

Im oberen Auswahlbereich erkennen Sie die Liste der Datenfelder, die Sie beim Erstellen der Tabelle übernommen haben.

Im unteren *Kriterienbereich* werden die Kriterien untereinander pro Datenfeld angeordnet. Diese sind wie folgt unterteilt:

- Feld: Das ist der Name des Datenfeldes, wie er in der Tabelle eingegeben wurde.
- Tabelle: Aus dieser Tabelle stammt das Datenfeld.
- Sortierung: Durch Angaben in dieser Zeile legen Sie Sortierkriterien fest (siehe weiter unten).

- SICHTBAR: Durch Aktivieren der Option bestimmen Sie, dass dieses Feld in der Datenblattansicht zu sehen ist.
- FUNKTION: Durch Eingabe von Funktionen können Sie neue Kombinationen schaffen und beispielsweise ermitteln, wie viel Stück einer Sache verkauft wurden.
- KRITERIUM: Durch Eingabe von Kriterien filtern Sie bestimmte Datensätze heraus, die diesen Kriterien genügen.
- ODER: Diese Zeile wird zur Eingabe von weiteren Kriterien benötigt.

Um nun ein Feld in den Kriterienbereich einzufügen, haben Sie mehrere Möglichkeiten:

- Doppelklicken Sie im Auswahlbereich in der Feldliste auf das gewünschte Feld.
- Wählen Sie das Feld über der Feldliste aus. Klicken Sie in der nächsten freien Spalte in die Zeile FELD. Anschließend können Sie über den Listenpfeil alle Felder einblenden und durch Anklicken eins auswählen.

Tipp

Mit dem Eintrag ADRESSEN.* in der Feldliste werden alle Felder dieser Tabelle in eine Spalte übernommen. In dieser Form können Sie keine Kriterien oder Sortierungen angeben. Dazu müssen Sie das entsprechende Feld in einer gesonderten Spalte einstellen und mit Kriterien versehen, jedoch die Option ANZEIGE ausschalten. Sonst erscheint dieses Feld zweimal in der Datenblattansicht.

- Ziehen Sie das Feld per Drag&Drop aus dem Auswahlbereich in den Kriterienbereich. Klicken Sie im oberen Bereich auf den Namen des gewünschten Feldes, halten Sie die Maustaste gedrückt und ziehen Sie den Namen auf eine freie Spalte.

Falls Sie sich vertan haben, können Sie jederzeit ein Feld aus dem Kriterienbereich entfernen, indem Sie in die Spalte klicken und im Menü BEARBEITEN den Befehl SPALTE LÖSCHEN wählen. (Sie können auch durch einen Klick auf den Spaltenkopf oberhalb des Feldnamens die Spalte markieren und anschließend die Taste `Entf` drücken.)

Fügen Sie auf eine der gezeigten Arten die Felder POSTLEITZAHL und ORT hinzu.

Sie benötigen nun beispielsweise eine Liste aller Bekannten in Librecity. Dann tragen Sie in die Zeile KRITERIUM in der Spalte des Feldes ORT den Wert `Librecity` ein.

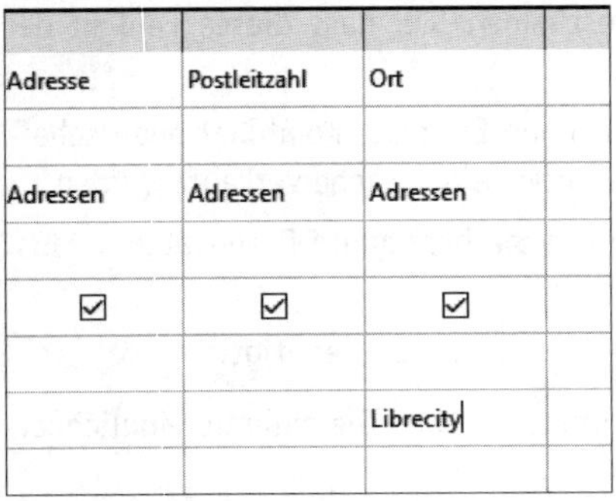

Abb. 7.44: Das Auswahlkriterium eingeben

Wenn Sie nun lediglich eine Ortsliste benötigen, können Sie die Anzeige überflüssiger Felder in der Abfrage unterdrücken.

Dazu deaktivieren Sie in der Zeile NACHNAME das Kontrollkästchen SICHTBAR.

Um die Abfrage zu starten, klicken Sie in der Symbolleiste STANDARD auf die Schaltfläche ABFRAGE AUSFÜHREN.

Die Abfrage wird sofort ausgeführt und das Ergebnis wird Ihnen über dem Auswahlbereich angezeigt.

Möchten Sie eine Änderung an den Auswahlkriterien vornehmen, klicken Sie auf die Schaltfläche ABFRAGE LÖSCHEN.

So können Sie beispielsweise noch zusätzlich die Bekannten in Officeheim herausfiltern, indem Sie in der Entwurfsansicht unterhalb des Eintrags ORT in die Zeile ODER noch `Officeheim` eingeben.

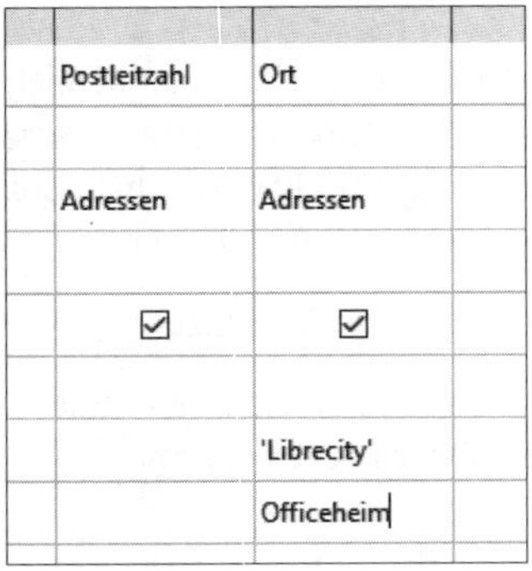

Abb. 7.45: Ein zweites Kriterium (ODER)

Hinweis

Die Hochkommas werden von Base automatisch vergeben.

Auf diese Weise – Kriterien werden in unterschiedliche Zeilen eingetragen – wird eine ODER-Verknüpfung realisiert. Als ODER-Verknüpfung bezeichnet man Kriterien, die mit dem logischen ODER verbunden werden: Es sollen Datensätze herausgefiltert werden, die entweder die eine oder die andere Bedingung erfüllen.

Suchen Sie jedoch Datensätze, die mehrere Kriterien gleichzeitig erfüllen sollen, handelt es sich um eine UND-Verknüpfung. Dazu müssen Sie in der Abfrage nichts anderes tun, als alle Kriterien in eine Zeile einzugeben. Beispiel: Sie wollen alle Bekannten aus Librecity abfragen, jedoch nur die, bei denen der Nachname mit einem W beginnt.

Löschen Sie zunächst mithilfe der Taste `Entf` den Eintrag `oder ‚Officeheim'`.

Dann geben Sie in derselben Zeile, in der `Librecity` steht, unter dem Feld NACHNAME ein: `Wie ‚W*'`.

Hinweis

Das Sternchen ist ein Platzhalter für jede mögliche Zeichenfolge nach dem Buchstaben W. Der Operator *Wie* ist für die Suche nach Textbestandteilen erforderlich.

Wenn Sie dann auf die Schaltfläche ABFRAGE AUSFÜHREN klicken respektive die Taste `F5` drücken, erhalten Sie das gesuchte Ergebnis.

Tipp

Eine Reihe von Kriterien zum Ausprobieren und Vertiefen finden Sie in der Hilfe unter dem Suchwort *Kriterium*.

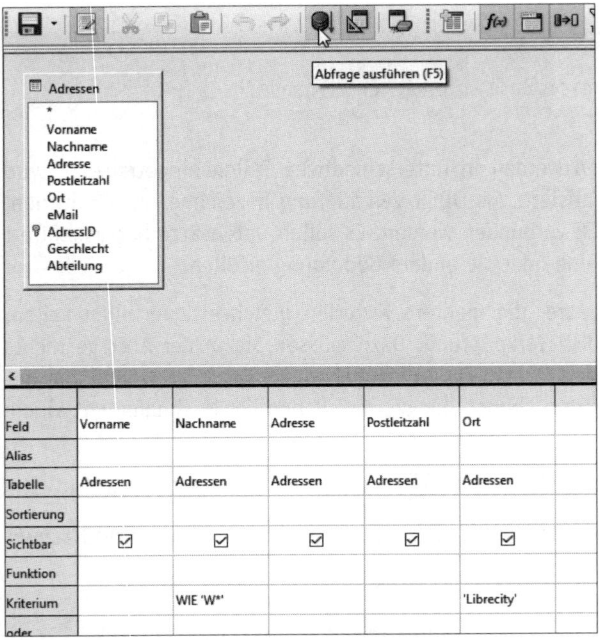

Abb. 7.46: Suche mit mehreren Kriterien

7.7 Know-how für Fortgeschrittene

Base-Daten dienen sehr oft als Datenquellen für einen Serienbrief. Beim Seriendruck werden die Daten dann aus der Datenquelle entnommen und mit dem Hauptdokument verbunden, wobei die entsprechenden Platzhalter beim Ausführen ausgefüllt werden.

Im Folgenden werden Sie sehen, wie das Zusammenspiel von Base mit Writer problemlos klappt.

Der Serienbrief-Assistent

Beginnen Sie im Programmmodul Writer, indem Sie auf das Menü Extras klicken und dort den Eintrag Serienbrief-Assistent auswählen.

Der Assistent startet und zeigt Ihnen in seinem ersten Dialogfenster, dass Sie eine Reihe an Schritten zu durchlaufen haben.

Das Ausgangsdokument

Zunächst einmal geht es darum, welches *Ausgangsdokument* Sie verwenden möchten.

Haben Sie bereits ein bestehendes Dokument geöffnet und möchten es als Serienbrief umbauen, belassen Sie es bei der Vorgabe AKTUELLES DOKUMENT VERWENDEN.

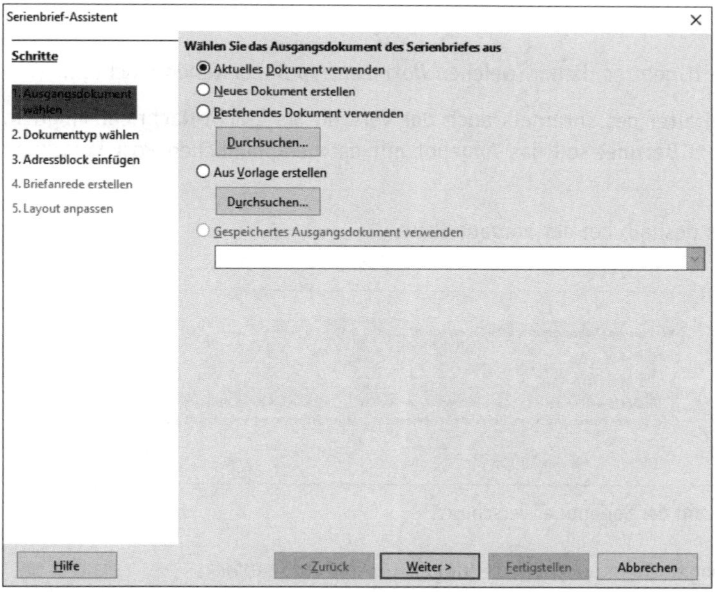

Abb. 7.47: Was ist Ihr Ausgangsdokument?

Möchten Sie von Grund auf beginnen, ist NEUES DOKUMENT ERSTELLEN die richtige Wahl.

Haben Sie nach dem Starten von Writer mit der Gestaltung angefangen und möchten dieses Dokument nun verwenden, ist BESTEHENDES DOKUMENT VERWENDEN die richtige Wahl.

Möchten Sie eine Briefvorlage verwenden, wählen Sie die Option AUS VORLAGE ERSTELLEN.

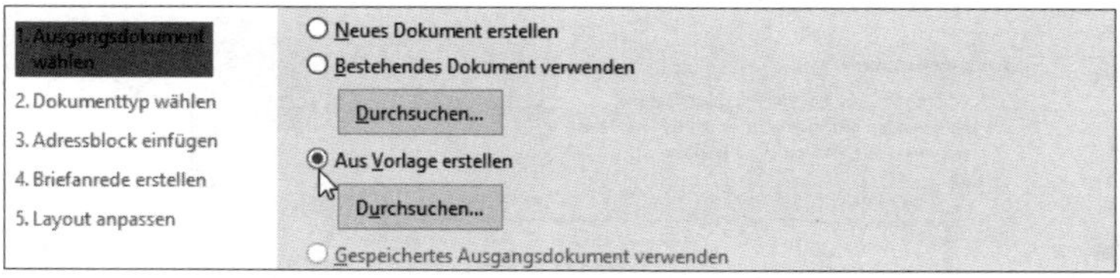

Abb. 7.48: Eine vorhandene Vorlage verwenden

Um aus den vorhandenen Vorlagen die benötigte auszuwählen, klicken Sie anschließend auf die Schaltfläche DURCHSUCHEN.

In unserem Beispiel wählen Sie die Briefvorlage aus und bestätigen mit OK. Nun wird die Schaltfläche WEITER aktiviert und Sie können mit einem Klick darauf zum nächsten Dialogfenster gelangen.

Der Dokumenttyp

In diesem Schritt geht es darum, welchen *Dokumenttyp* Sie erstellen möchten.

Zwar ist im Zeitalter des Internets auch der Versand als E-Mail-Nachricht möglich, doch in unserem Beispiel soll das Angebot mit der herkömmlichen Post verschickt werden.

Belassen Sie es deshalb bei der Vorgabe BRIEF.

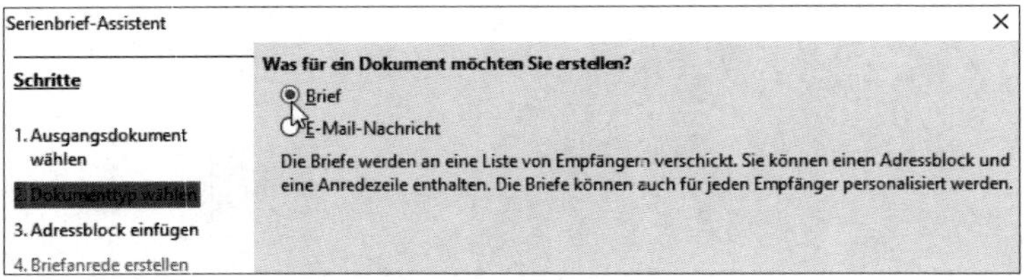

Abb. 7.49: Wie wird der Serienbrief verschickt?

Mit WEITER gelangen Sie zu den Einstellungen für den *Adressblock*.

Der Adressblock

Zunächst müssen Sie Writer mitteilen, aus welcher Adressenliste die Daten für den Brief bezogen werden. Hier kommt nun Base ins Spiel.

Klicken Sie dazu im Bereich ADRESSBLOCK EINFÜGEN auf die Schaltfläche ADRESSENLISTE AUSWÄHLEN.

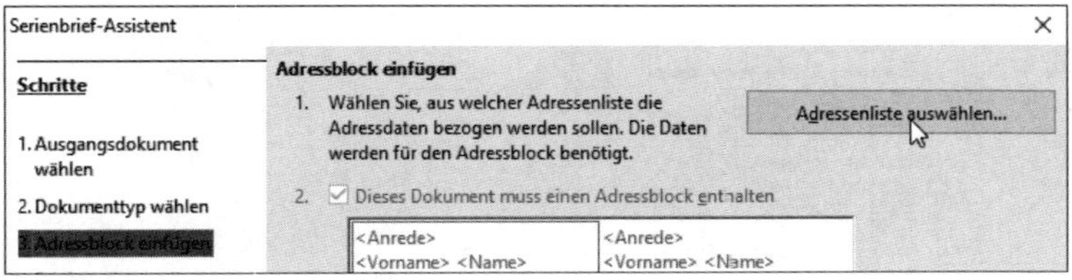

Abb. 7.50: Den Adressblock einfügen

Im folgenden Fenster müssen Sie die gewünschte Adressliste auswählen.

Befindet sie sich nicht im Listenfeld, klicken Sie auf die Schaltfläche Hinzufügen und stellen über das Dialogfenster Öffnen den Speicherort der Datenbankdatei – in unserem Beispiel die der Datenbank Adressen.odb – ein.

Nachdem Sie diesen Vorgang mit einem Klick auf die Schaltfläche Öffnen beendet haben, müssen Sie angeben, welche Tabelle oder Abfrage der Datenbank Sie verwenden möchten. Markieren Sie die gewünschte Tabelle und bestätigen Sie mit OK. Daraufhin befindet sie sich in der Empfängerliste.

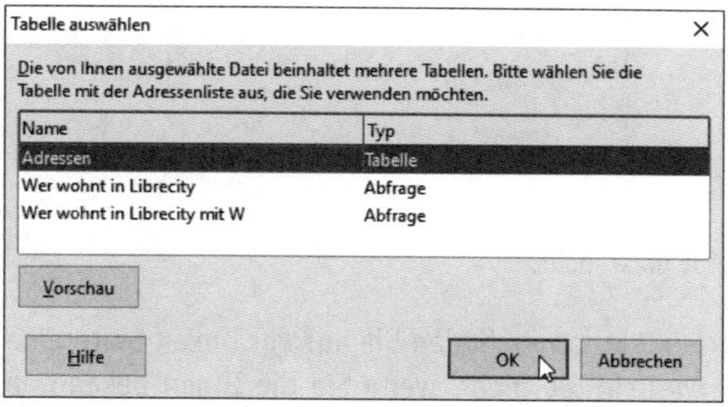

Abb. 7.51: Wo befinden sich die gewünschten Adressen?

Schließen Sie auch dieses Fenster mit OK.

Alsdann geht es darum, welchen Adressblock das Dokument erhalten soll. Writer listet Ihnen zwei Beispiele auf, die Sie per Mausklick übernehmen können. Das Ergebnis sehen Sie im untersten Feld.

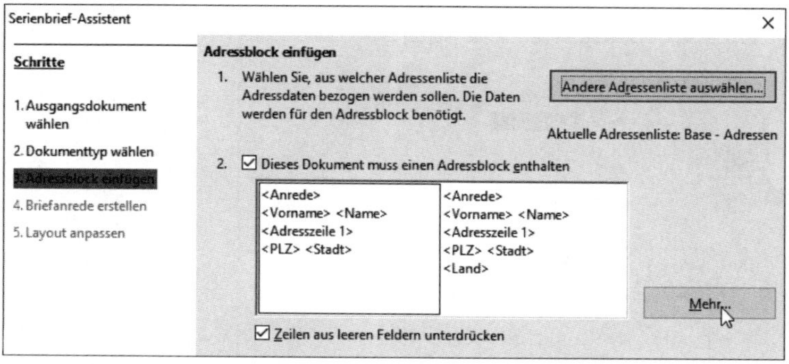

Abb. 7.52: Die Wahl des Adressblocks

Dies dürfte jedoch noch nicht überzeugen, da einige Felder noch nicht zugewiesen sind und der Aufbau nicht den gängigen Anforderungen entspricht.

Deshalb müssen wir uns an die eigene Gestaltung machen und auf die Schaltfläche Mehr klicken.

Im folgenden Dialogfenster ist die Auswahl zwar größer, aber es passt immer noch nicht so recht. Deshalb gestalten wir das Anschriftenfeld selbst und klicken auf Neu.

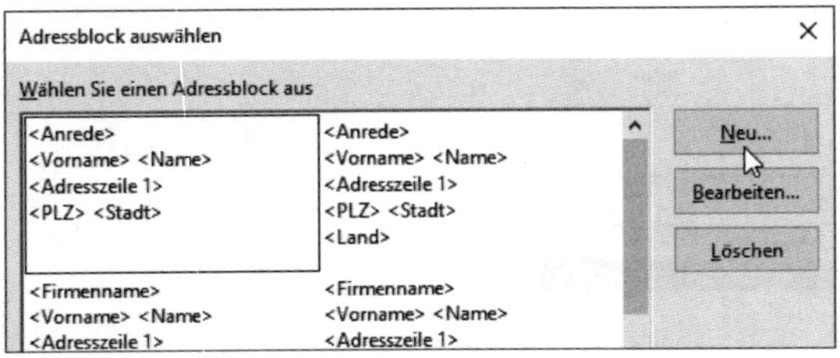

Abb. 7.53: Mehr Auswahl, aber es passt noch nicht.

In dem folgenden Dialogfenster Neuer Adressblock finden Sie auf der linken Seite eine Auswahl an Adresselementen. Verzweifeln Sie nicht, wenn Sie die Ihnen bekannten Namen nicht finden. Dieses »Problem« werden wir im Anschluss lösen.

Zunächst geht es um die Anordnung innerhalb des Adressfeldes. Markieren Sie das Adresselement Vorname und befördern Sie es mithilfe des nach rechts weisenden Pfeils in das Feld Adresselemente hierher ziehen. Verfahren Sie mit dem Adresselement Name ebenso. Da zwischen Vorname und Nachname ein Leerzeichen fehlt, belassen Sie die Markierung auf Name und klicken einmal auf die Schaltfläche Nach rechts, um den erforderlichen Abstand zu gewinnen.

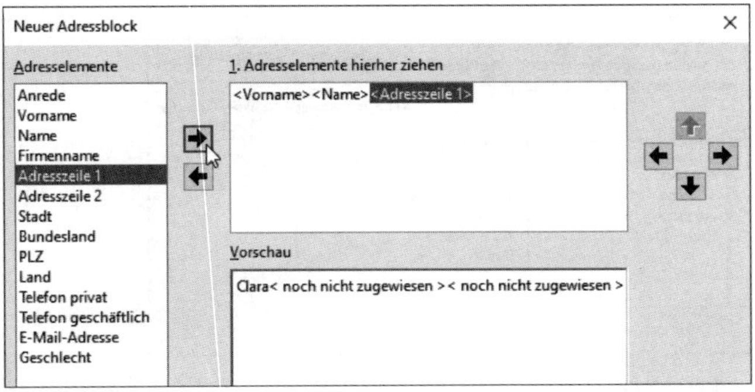

Abb. 7.54: Den Adressblock gestalten

Da die Namensnennung erst in der dritten Zeile auftauchen soll, befördern Sie beide Elemente durch dreimaliges Anklicken des Pfeils Nach unten an diese Position.

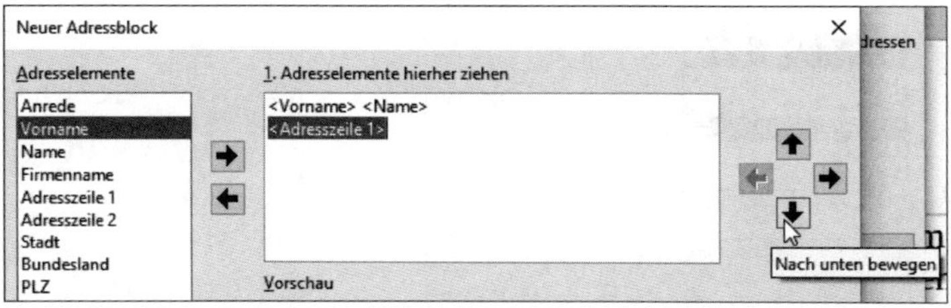

Abb. 7.55: Elemente nach unten befördern

Klicken Sie mit der Maus in die nächste Zeile und fügen Sie das Element Adresszeile 1 und darunter die Elemente Postleitzahl und Stadt ein. Die benötigten Leerzeichen erzeugen Sie wieder mithilfe der Pfeilschaltfläche Nach rechts. Mit OK beenden Sie diese Arbeiten.

Gleichfalls schließen Sie mit OK das Dialogfenster Adressblock wählen.

Zurück im Ausgangsfenster müssen Sie nun diesen Feldern die Spaltentitel aus Ihrer Datenbank zuordnen. Dazu klicken Sie auf die Schaltfläche Felder zuordnen.

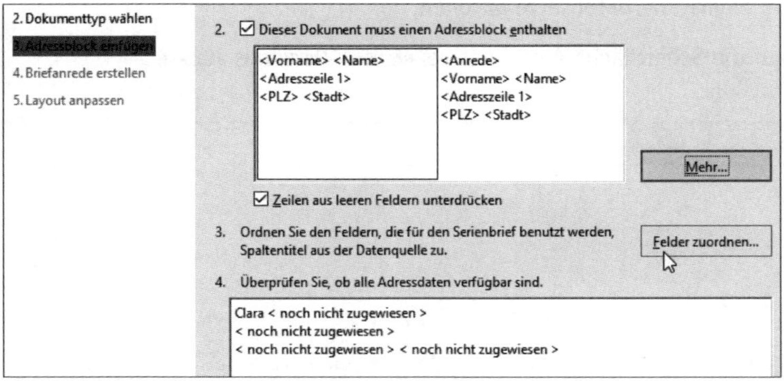

Abb. 7.56: Bringen Sie Ordnung ins System.

Über die einzelnen Listenfelder müssen Sie nun den Adresselementen die Felder Ihrer Datenquelle zuordnen. Wenn Sie das erste Feld anklicken, werden Sie gleich erkennen, dass hier die Felder der verbundenen Datenbank auftauchen.

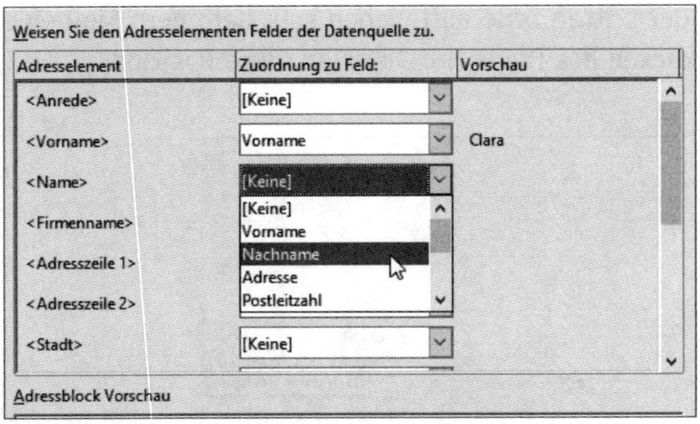

Abb. 7.57: Die Felder der Datenbank zuweisen

Verbinden Sie nun nach und nach die noch nicht zugewiesenen Felder mit denen Ihrer Datenbank. Als Kontrolle, ob Sie dabei das richtige Feld erwischt haben, wird Ihnen unmittelbar danach der erste Datensatz Ihrer Datenbank angezeigt. Achten Sie auch darauf, dass einige Felder noch nicht angezeigt werden und Sie die Bildlaufleiste verwenden müssen, um sie zu erblicken, und dass einige Felder nicht zugewiesen werden, also mit [KEINE] belegt bleiben.

Schließen Sie Ihre Arbeiten mit OK ab.

Anschließend sollten Sie sich mithilfe der beiden Schaltflächen am unteren Rand des letzten Feldes einmal die Datensätze ansehen.

Klicken Sie auf die Schaltfläche ADRESSBLOCK DES NÄCHSTEN DOKUMENTS ANSEHEN.

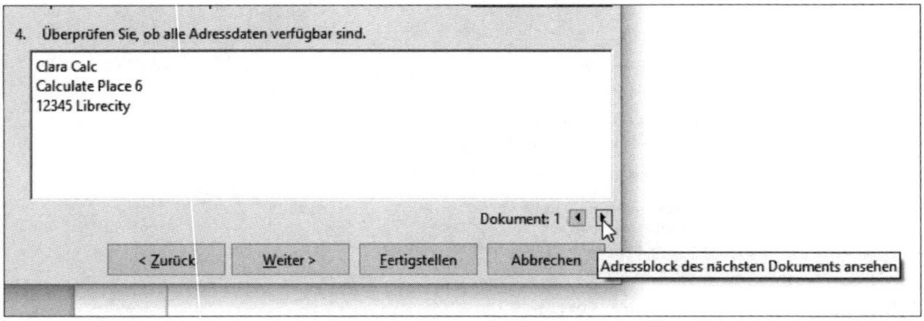

Abb. 7.58: Hat alles geklappt?

Ist alles in Ordnung, können Sie sich mit WEITER zum nächsten Dialogfenster begeben.

Die persönliche Briefanrede

In diesem Fenster können Sie eine persönliche Briefanrede in Ihren Brief einfügen. Damit dies klappt, sollte allerdings die Datenquelle über ein Feld mit der Angabe des Geschlechts verfügen.

> **Know-how**
>
> Wünschen Sie eine solche Option nicht oder verfügt die Datenbank über kein entsprechendes Feld, belassen Sie es beim deaktivierten Kontrollkästchen Eine Briefanrede in das Dokument einfügen und wechseln mit Weiter zum nächsten Schritt.

Aktivieren Sie zunächst die Kontrollkästchen Eine Briefanrede in das Dokument einfügen und Personalisierte Briefanrede einfügen.

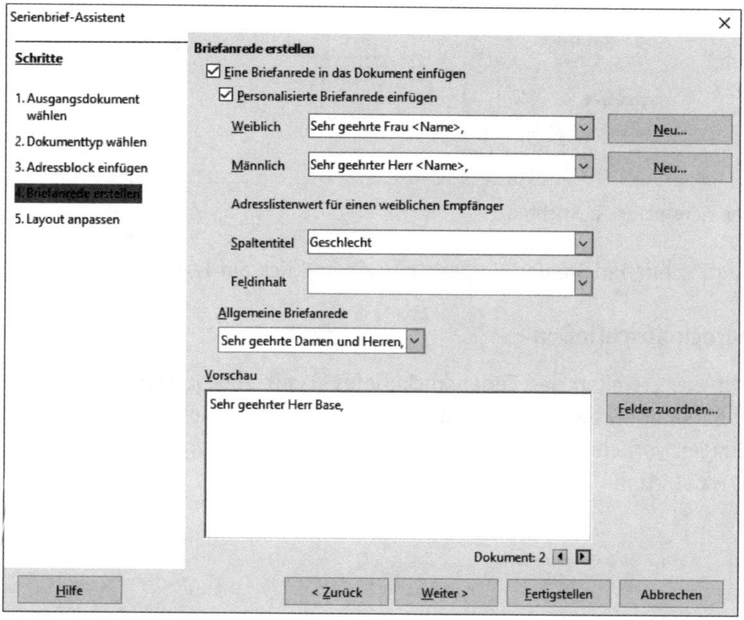

Abb. 7.59: Die Optionen für die persönliche Anrede

In den Feldern Weiblich und Männlich können Sie festlegen, ob die Anrede formell oder etwas salopper erfolgen soll.

Damit das Programm weiß, wer »Weiblein« und wer »Männlein« ist, müssen Sie im Feld SPALTENTITEL angeben, welcher ADRESSLISTENWERT FÜR EINEN WEIBLICHEN EMPFÄNGER steht. Damit er richtig zugeordnet werden kann, müssen Sie den entsprechenden Wert als FELDINHALT eintragen.

Wenn die genauen Ansprechpartner nicht bekannt sind, können Sie im Feld ALLGEMEINE BRIEFANREDE den Text eintragen, der dann erscheinen soll.

Ist alles erledigt, geht es mit WEITER beherzt in den nächsten Schritt.

Das Layout des Adressblocks

In diesem Schritt geht es um die Positionierung des Adressblocks.

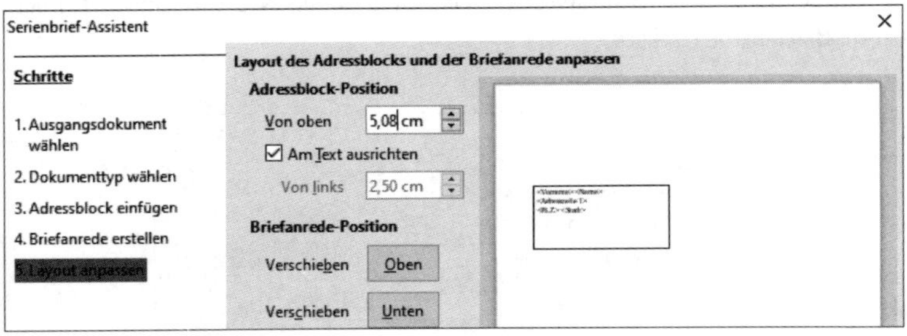

Abb. 7.60: Den Adressblock ausrichten

Ist das erledigt, schließen Sie den Vorgang mit einem Klick auf FERTIGSTELLEN ab.

Den Seriendruck abschließen

Im Prinzip ist das Erstellen des Seriendruckbriefes damit abgeschlossen. Über die Symbolleiste Serienbrief, die angedockt am oberen Rand, erscheint, können Sie weitere Einstellungen vornehmen, sich testweise durch den Seriendruck bewegen oder den Seriendruck starten.

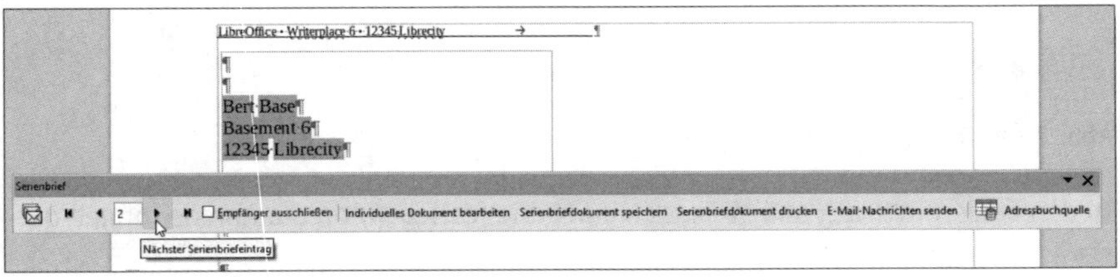

Abb. 7.61: Die Symbolleiste SERIENBRIEF (hier abgedockt)

Darüber hinaus können Sie das Ausgangsdokument kontrollieren und gegebenenfalls anpassen. Ist das notwendig, klicken Sie auf die Schaltfläche INDIVIDUELLES DOKUMENT BEARBEITEN. Der Assistent kreiert Ihnen ein neues Dokument, das alle Serienbriefe enthält und das Sie an der gegenwärtigen Bezeichnung UNBENANNT erkennen. Hier können Sie gegebenenfalls individuelle Änderungen vornehmen, bevor Sie den Ausdruck starten.

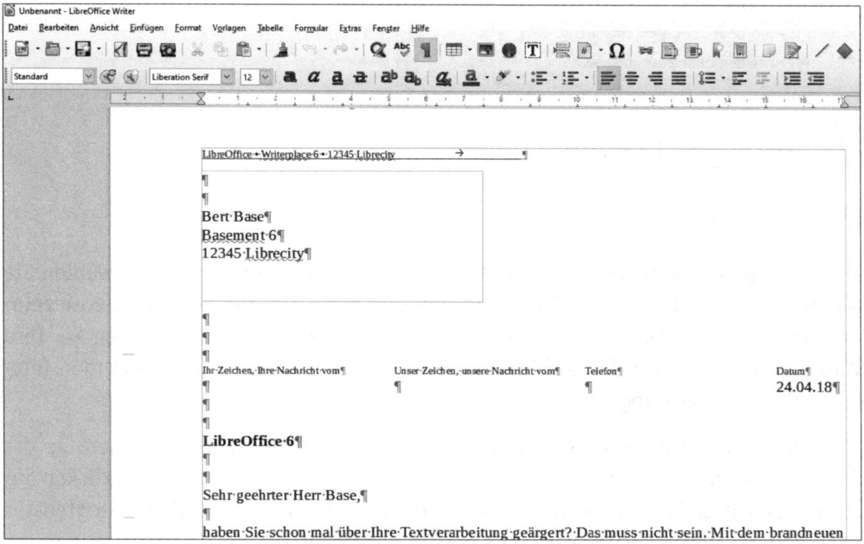

Abb. 7.62: Ein Serienbrief in dem neu erstellten Dokument

Der Versand

In diesem Schritt entscheiden Sie, welches Dokument Sie speichern oder drucken möchten.

Gewiss ist es sinnvoll, das Ausgangsdokument zu speichern. Klicken Sie also erst einmal auf die Schaltfläche SERIENDOKUMENT SPEICHERN.

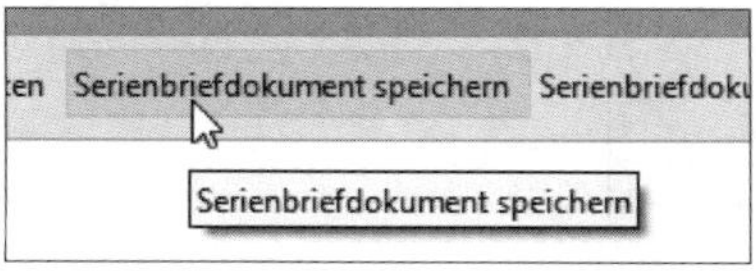

Abb. 7.63: Was soll mit dem Serienbriefdokument passieren?

Wenn Sie sich für diese Variante entscheiden, können Sie Einfluss auf die Art der Speicherung nehmen. Dazu müssen Sie sich für die gewünschte Option entscheiden und dann auf die Schaltfläche DOKUMENTE SPEICHERN klicken.

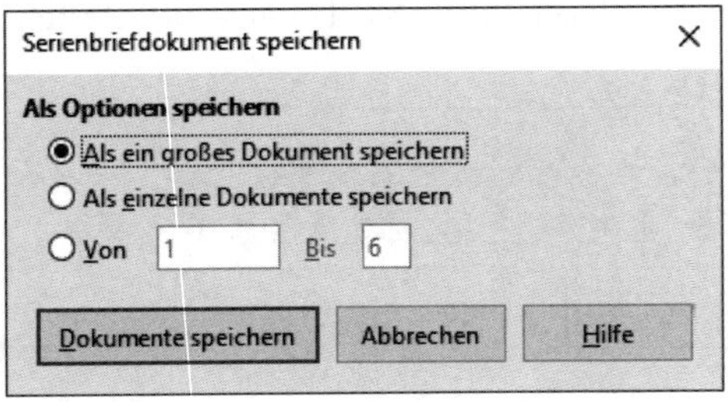

Abb. 7.64: Wie geht es weiter?

Möchten Sie das Serienbriefdokument als einzelnes Dokument speichern, wählen Sie die erste Option. Die zweite Option wählen Sie, wenn Sie alle Serienbriefe einzeln, und die dritte Option, wenn Sie nur bestimmte abspeichern wollen. Haben Sie Ihre Wahl getroffen, klicken Sie auf DOKUMENTE SPEICHERN. Einzelne Dokumente werden fortlaufend nummeriert abgelegt.

Wenn Sie sich für die Option SERIENBRIEFDOKUMENT DRUCKEN entscheiden, können Sie die Serienbriefe aber auch gleich auf Ihren Drucker ausgeben. In diesem Fall klicken Sie auf die Schaltfläche SERIENBRIEFDOKUMENT DRUCKEN und stellen im folgenden Dialogfenster noch den gewünschten Drucker nebst dessen Parameter ein.

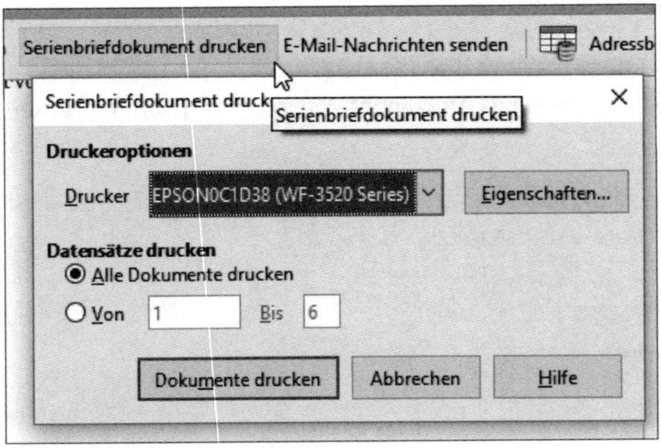

Abb. 7.65: Die Serienbriefe direkt ausdrucken

Mit der letzten Option können Sie schließlich noch den Anforderungen einer modernen Kommunikation gerecht werden. Sparen Sie Papier und wählen Sie die Option E-Mail Nachrichten senden. Im folgenden Dialogfenster wählen Sie im Feld An in der Liste das Feld eMail Ihrer Datenbank aus und fügen noch einen entsprechenden Betreff ein.

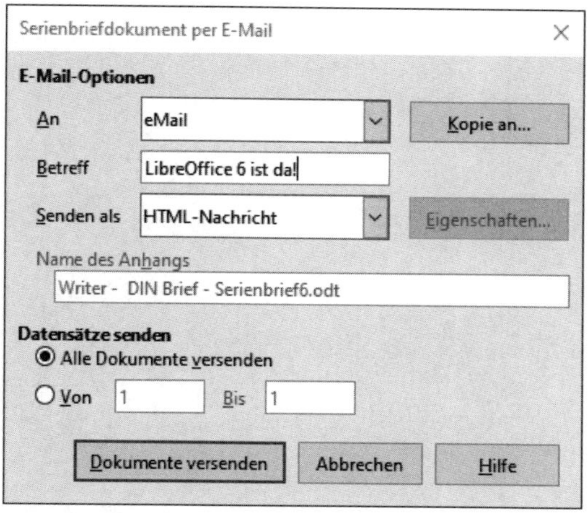

Abb. 7.66: Den Brief als Serien-E-Mail verschicken

Wenn Sie danach auf Dokumente versenden klicken, müssen Sie noch ein kleines Hindernis umschiffen. Damit die Serienbriefe per E-Mail versendet werden können, benötigt das Programm beim ersten Mal noch Informationen über Ihr E-Mail-Konto. Klicken Sie auf Ja, um diese Informationen einzugeben.

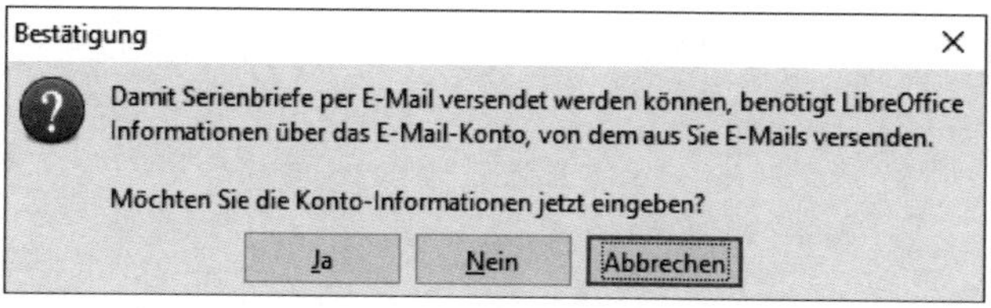

Abb. 7.67: LibreOffice braucht noch ein paar Informationen.

Nachdem Sie die Felder ausgefüllt und mit OK bestätigt haben, steht einem Versand per E-Mail nichts mehr im Wege.

Damit haben Sie alle Arbeiten getan und können jetzt den Feierabend genießen.

Index

D

E

F

G

H

I

T

U

V

W

Z

Christoph Troche

Linux

Praxiswissen für Ein- und Umsteiger

- Ganz einfach und Schritt für Schritt Linux kennenlernen, installieren und nutzen
- Die beliebtesten Distributionen wie Mint, Ubuntu, openSUSE, Raspbian und Co. an die eigenen Bedürfnisse anpassen
- Windows und Linux parallel betreiben oder problemlos ganz zu Linux wechseln

Willkommen im Linux-Universum!

Egal, ob Sie parallel zu Windows oder ausschließlich mit Linux arbeiten wollen: Dieses Buch hilft Ihnen bei den ersten Schritten und Entscheidungen, wenn Sie auf Linux umsteigen möchten. Sie lernen die bekanntesten Linux-Distributionen samt ihrer Vor- und Nachteile kennen und Christoph Troche erklärt Ihnen gut nachvollziehbar die verschiedenen Installationsmöglichkeiten: Live-Version oder Festinstallation, allein oder parallel zu Windows.

Der Autor demonstriert, wie Sie Ihr Linux und Ihren Desktop optimal einrichten, so dass Sie direkt loslegen können, und zeigt Ihnen, wie Sie gängige Programme ganz einfach unter Linux installieren. Für einen kompletten Ausstieg aus der Windows-Welt weist er Sie aber auch auf geeignete Linux-Alternativen hin. Im Verlauf des praxisnahen Buches erhalten Sie wertvolle Informationen und Tipps in Sachen Software, Mobilität, Nutzerverwaltung sowie Sicherheit Ihres Systems.

So hilft Ihnen dieses Praxisbuch mit seiner verständlichen Art dabei, einen problemlosen Einstieg in die Welt von Linux zu finden.

Probekapitel und Infos erhalten Sie unter:
www.mitp.de/613

ISBN 978-3-95845-613-6

Winfried Seimert

Affinity Photo

Praxiswissen für Einsteiger

Die beliebte Bildbearbeitungs-Alternative Schritt für Schritt erklärt

Von der Installation und den richtigen Einstellungen bis hin zu fachmännischer Fotoretusche

Der Einsatz von Ebenen, Filtern, Stapelverarbeitung und das Aufzeichnen von Makros

Winfried Seimert zeigt Ihnen ausführlich, wie Sie Affinity Photo bestmöglich nutzen und eigene Fotos bearbeiten können. Der Schwerpunkt liegt dabei auf elementaren Arbeitsweisen, die im Alltag am häufigsten eingesetzt werden. Dabei geht der Autor Schritt für Schritt vor und erklärt alles anhand von leicht verständlichen Beispielen.

Zuerst zeigt er, wie Sie Fotos aus Ihrer Kamera oder von Ihrer Festplatte einlesen und mit ein paar schnellen Klicks optimieren können. Danach lernen Sie u.a., wie Sie Ihre Bilder freistellen, um nur bestimmte Bereiche zu bearbeiten und wie Sie sinnvoll mit Ebenen arbeiten. Sie lernen Gradationskurven zu lesen und die Belichtung, den Kontrast und den Weißabgleich Ihrer Fotos zu verbessern. Außerdem demonstriert Winfried Seimert Ihnen, wie Sie trübe Himmel aufhübschen oder rote Augen sowie unerwünschte Bildteile wie Pickel & Co entfernen.

Sie erhalten eine Fülle an grundlegendem und strukturellem Wissen, so dass Sie zukünftig problemlos selbstständig mit Affinity Photo arbeiten und Ihrer Kreativität freien Lauf lassen können.

Probekapitel und Infos erhalten Sie unter:
www.mitp.de/739

ISBN 978-3-95845-739-3